江恩股票高级教程

(珍藏版)

[美] 威廉·D. 江恩 著
何 君 译

图书在版编目（CIP）数据

江恩股票高级教程：珍藏版 /（美）威廉·D. 江恩著；何君译. —北京：地震出版社，2022.2

ISBN 978-7-5028-5368-6

Ⅰ. ①江… Ⅱ. ①威… ②何… Ⅲ. ①股票投资—基本知识 Ⅳ. ①F830.91

中国版本图书馆 CIP 数据核字（2021）第 227550 号

地震版 XM5047/F（6171）

江恩股票高级教程（珍藏版）

［美］威廉·D. 江恩 著

何 君 译

责任编辑：王亚明

责任校对：凌 樱

出版发行：地震出版社

北京市海淀区民族大学南路 9 号　　邮编：100081

发行部：68423031　68467991　　传真：68467991

总编办：68462709　68423029

证券图书事业部：68426052

http：//seismologicalpress. com

E-mail：zqbj68426052@163. com

经销：全国各地新华书店

印刷：北京盛彩捷印刷有限公司

版（印）次：2022 年 2 月第二版　2022 年 2 月第二次印刷

开本：787×1092　1/16

字数：658 千字

印张：23.25

书号：ISBN 978-7-5028-5368-6

定价：98.00 元

版权所有　翻印必究

（图书出现印装问题，本社负责调换）

译 者 序

万物应有期

本书囊括了江恩时间循环法、神奇数字及其平方图、几何角度线、江恩三角形、江恩正方形和江恩轮中轮，以及一致性盈利的隔夜图表机械交易法，这些内容都是江恩理论高级技术的精华，它们在我们现代股市技术研究中有着不可替代的地位。本书内容实际上是十多份江恩生前内部培训课程的教学讲义，每一份讲义在当时都要花费1000美元以上才可获得，而当时美国的最低工资才25美分每小时，想想这个不菲的价格是一般人无法承受的，可见其价值。

江恩认为股市运动是自然法则的完美体现，并在此基础上创建了一整套股市价格运动的预测和交易理论，其核心点为“时间因素”。江恩股市高级技术利用几何学创造了各种简单明了的分析和交易工具，以“时间”为关键点判断和预测股市的价格运动，在此基础上进行一致性稳定获利的交易。

江恩的股市自然法则有两个核心点——秩序和循环，这是学习和掌握江恩股市高级技术的秘诀。本书所有的内容其实都在阐述股市的秩序和循环，江恩的原话就是“万物应有期”。

在股市中，江恩提示的“万物应有期”还有另一个重要隐喻，即体现自然法则的强势股规则。熟悉江恩理论的读者（译者注：参阅地震出版社出版的《江恩股市定律》《江恩选股方略》《江恩测市法则》和《江恩华尔街45年》）都知道，江恩在阐述他的理论与操作技术时，总是会进行股市或个股走势的历史回溯，他通常会以特定时期的强势股为案例，他也会进行下一个阶段强势股的预测。

研究江恩理论的读者会发现：江恩预测未来的强势股总是很成功。江恩反复讲，创出历史新高的个股就是强势股，他认为在新的价格空间开始新的时间循环的个股就是强势股，强势股内在的推动力是新技术革命的价值重估，是特定时期的核心资产，其时间循环同样符合自然法则中的神奇数字（以年为时间单位）。我国股市从2017年以来的走势，正在践行江恩定义的强势股行情——核心资产持续走牛，新能源、新技术类股票上涨10倍以上。

本书的出版首先要感谢吉尔曼先生，是他收集编撰了完整的英文资料，他在收集整理的过程中给出了同一个课程有A、B两种版本的情形，本书则选择内容详尽的版本进行翻译。需要说明的是，我们此次翻译出版仅删除了江恩对1903年至1939年道琼斯30种工业股平均指数的牛熊走势回顾，这些回顾只是数据的堆积，且这些数据已过去了80年以上，当今的市场环境已远不能与当年相比，罗列上百页的数据等于在浪费读者的金钱与时间，敬请见谅。

何　君

2022年1月于北京

关于该高级课程的注意事项

该股票市场高级课程是对威廉·D. 江恩的股票公开课程，即使不是全部，也是绝大部分内容的转录收集。它代表的是很少几个具有奉献精神的个人收集、录入、一丝不苟地校对和编辑的成百上千个小时的课程。出版本书的首要目标是提供一份可供搜索的电子参考文档，以帮助江恩的学员们。

为了保存江恩原作的原真性，我们已尽一切努力来准确地将他的课程转录到本高级教程当中。为了尽可能地与原始文档相符，我们对这些课程进行了排版，并标上了页码——甚至复制了抬头地址。

本书处理拼写和语法错误的一般方法是复制原始文档。然而，也有一些例外：如果原始文档看起来是很早以前抄写的，或者明显是拼写错误，我们就进行了改正。请注意，这些改正实际上是很小的，因为我们十分注重保证这些改正不会改变原文所隐含的意思。

有些情况下，我们把自己的修改意见插入到了原文中明显错误的旁边，只有在修改意见能被上下文证实，并且修改意见能使原文更加清晰的地方，我们才做了这样的处理。所有的修改意见都放在了方括号里［像这样］，这是进行编辑评论时的习惯做法。尽管所有修改意见都是诚实可信的，但最终必须由读者自己决定是否接受这些修改意见。

在此，我想向那些在本书出版过程中慷慨地付出了时间或提供了资源的人们致以最诚挚的感谢。没有你们的帮助，就不会有本书的存在！我希望本书能对江恩的学员们产生帮助。

达米安·吉尔曼

编辑/校订

2004 年 6 月 2 日

目　录

第一章　投机是一项有利可图的职业——股票交易指导课程

序

为机遇做准备，知识比本金更重要。想要在任何行业获得成功，你都必须做好准备。针对投机或是投资要做的准备是，查阅一只股票历史上最大幅度的上涨，最大幅度的下跌，以及从高点或是低点起算的最长时间周期。大部分盈利都是在活跃的快速运动市场中获得的。例如：股市中的 1924 年 9 月 29 日至 1929 年 11 月 15 日；1929 年 11 月 13 日至 1930 年 4 月 17 日。

快速上涨

你将发现从 1949 年 6 月到 1950 年 6 月是快速上涨；1950 年 6 月 13 日到 7 月 14 日是快速下跌。

1952 年和 1953 年——1953 年 9 月到 1954 年 4 月是快速上涨。

缓慢的交易市场

你应当远离缓慢的交易市场，并等到获得一个趋势变化的确切标志。1946 年 11 月到 1949 年 11 月就是一个缓慢的交易市场，这期间大部分股票都在窄幅波动，原因就在于市场正处于整固和吸筹的阶段，并在为接下来的大型牛市做准备。

走势分化

你必须要理解走势分化，也就是有时候一些股票正在下跌，而另外一些股票则在上涨。这是你必须要了解的。例如：在 1952—1954 年期间，斯图贝克、克莱斯勒和赛拉尼斯下跌的时候，钒钢、（美国）钢铁、杜邦和航空股则在上涨。只有通过研究个股和不同的股票板块，你才能确定当其他股票即将上涨时哪只股票即将下跌。

如何在上涨中选择领涨板块或是在下跌中选择领跌板块

在1953—1954年期间，航空股是最大的领涨板块。你可以从图表中看到航空股板块的平均指数突破到了新的高价区域。例如：当这个板块的平均价格指数或是平均价值指数显示出强势形态后，道格拉斯航空、波音飞机、统一、格伦·L. 马丁和洛克希德都表明了它们能够上涨。如果你没有这些方面的知识就不可能获得成功。

令人失望的低价股

对过去历史的研究证明，买进低价股会长时间地占用本金。在等待的过程中，即使不会亏钱你也会失去耐心；如果在上涨之初就耗尽了耐心，你便会离场。很多低价股在开始上涨或是下跌之前维持5年、10年，甚至更长时间的窄幅交易；有些则在长时间停留在箭头形状的交易区间[①]后会下跌到新的低价区域。最好的赚钱途径是要抓住价格更高的股票，在它们突破进入新高区域并表现活跃之后买进，正如随后的交易规则所阐述的那样。

新行业和成长股

你选择买进新行业的股票时要仔细研究它们的远景，并绘制自己打算交易股票的图表。如果它们是某个板块的组成部分，你就要得到这个板块的研究报告，然后挑选出这个板块中有领涨股迹象的个股买进。

未来的股票

在考虑将来可以买进什么股票的时候，你必须研究生产铀的公司和开发商用原子能机械的公司，并且要绘制它们的图表。这个板块中的股票包括：巴高克＆威尔科特斯公司、本迪克斯航空公司、陶氏化学公司、杜邦、通用动力公司、通用电气（从商业的角度来说，这家公司是美国政府最大的供应商）、纽波特纽斯造船、菲利普石油、西尔瓦尼亚电力有限公司、联合碳化物和炭精棒公司、美国钒钢和西屋电气公司。

我们认为这些股票中将来最好的是美国钒钢、Molybedeum和通用动力

① 对称三角形的形态。

公司，通用动力公司现在已经和伏尔特联合公司合并了。

在美国交易所上市的 New Park 矿业就属于这些未来可能由于铀储备而增值的低价股之一。Fairchilds 动力与航空公司也可能成为未来的领涨股。

当然，你必须在纽约证券交易所的总市值表明上升趋势时买进这些股票中的任意一只，在单个板块显示出上升趋势时买进个股当中最好的，要挑选处于最强势形态的一只股票进行买进。

现阶段你不能买进价格相对较高的任何股票，因为纽约证券交易所的总市值处于历史上的最高水平，并且因为股市从 1932 年以来整体向上，前一个极限低点出现在 1942 年 4 月，目前摆动的这轮牛市是从 1949 年 6 月开始的。因此，预计在 1954 年的下半年股市中出现一轮下跌是非常自然的事情，你必须谨慎地站在多头一边。

如何使投机成为一项有利可图的职业

如果你把投机和投资当作一项事业的话，它将是世界上最好的事业。但是，为了在这项事业当中取得成功，你必须学习和有所准备，不要猜测，不要听从内幕消息，也不要依靠希望或恐惧。否则，你将失败。你的成功取决于了解正确的交易规则并遵循这些规则。

基本交易规则

请牢牢记住：对股票来说，要显示出上升趋势并持续上涨，就必须形成更高的底部和更高的顶部；如果趋势向下，它们一定会形成更低的顶部和更低的底部，并且会持续下跌到更低的价格水平。但是要记住，价格可能会在一个非常狭窄的交易区间内运动数周、数月，甚至数年，期间不会形成新高或新低。但如果股票在很长一段时间之后跌破了这个区间，并连续出现新低，就表明它们将继续走低；如果股票在很长一段时间之后上涨到了老的高点或老顶上方，就表明它们正处于一种更加强势的形态，因而将继续走高。这就是为什么你必须要有一张追溯到很久以前的图表，以便查看一只股票正处于什么样的位置，以及正处于极限高点与极限低点之间的哪个阶段。

应当绘制的图表种类

中国谚语有云："片图抵千言。"你应该绘制各种图表，并在进行一只股票的交易之前，研究该股票的图形。你应该有一张最高价与最低价的周线图表，一张最高价与最低价的月线图表，以及一张最高价与最低价的年线图表。最高价与最低价的年线图表应当追溯到5年、10年或20年之前，如果你能获得这么久远记录的话。最高价与最低价的月线图表应当追溯到至少10年以前。最高价与最低价的周线图表应当追溯到2～3年以前。当股票非常活跃时，你应当有一张最高价与最低价的日线图表，这种图表只需要追溯到几个月以前，在该股票突破到非常活跃的状态之后，就要开始绘制日线图。

跟随主要趋势

通过跟随股票的主要趋势，不管是向上还是向下，你将总是能赚到钱。记住，**只要趋势向上，股票的价格永远不会高到不能买进；只要趋势向下，股票的价格永远不会低到不能卖出**。永远不要仅仅因为一只股票的价格高或是你认为该股的价格过高而卖空；永远不要仅仅因为价格高而卖出兑现盈利；**要依据明确的交易规则**，而不是希望、恐惧或猜测来**买进或是卖出**；永远不要仅仅因为一只股票的价格低而买进。股票的价格低通常都有很充分的理由，并且它可能还会继续走低。

买进和卖出的交易规则

在你开始运用任何交易规则之前，首先必须记住：一定要始终**通过设置止损单来保护自己的本金**。进行交易时要记住，你可能会出错，市场趋势可能会改变，而**止损单将保护你，限制你的损失**。一笔或几笔很小的损失都能很容易用一笔大的盈利弥补回来，但是，如果你让自己遭受了大损失就很难再弥补回来了。

凡事要查验，善美的要持守

这是《圣经》教导我们的，也是值得去记住的。许多人认为，**在新的高价水平买进或在新的低价水平卖出**是错误的，但这其实是**最有利可图的**。你必须向自己证明这一点，因为如果你确实**在新的高价水平买进**或是**在新的低价水平卖出**了，你其实是在跟随市场趋势，此时你获利的机会远大于你依据猜测、希望或恐惧来买进或卖出时的获利机会。

长时间的上涨

在股票出现了一轮长期的上涨，并且以一轮快速的、活跃的、像脱缰野马一样失控的运动方式结束上涨之后，绝大多数情况下都会非常快速地下跌，而且下跌的速度会比它们上涨时的速度快得多，或者说所花时间会更短。这就是为什么在一轮快速运动的尾声，你必须绘制一些日线图表和周线图表，以便能够判断趋势最初的变化并与趋势保持一致。

短时间周期内的陡直下跌

这种下跌通常出现在一轮快速上涨之后，而且第一轮陡直下跌可能会持续 1 个月到 7 周。这轮下跌通常会修正市场的超买状态，并使得市场处于能够出现第二轮的上涨。

如果你能够在任何**大的时间循环的**尾声捕捉到极限高（低）点，你就能够在一年的交易时间里，通过在快速而活跃的市场中交易而赚到一大笔钱。不管你是捕捉到了极限低点还是极限高点，情况均是如此——假如你选择了即将领涨（跌）的股票，赚钱的机会就非常大①。

以小风险换大盈利

假如设置了止损单，运用了所有的交易规则，并且**在进行交易之前等到了趋势掉头向上或掉头向下的确切标志**，你就能在承担小风险的情况下获得巨大的盈利。

固有的观念和固定的价格

永远不要对价格即将走多高或是即将走多低持有固有的观念。永远不要以固定的价格买进或是卖出，因为你可能是在依据希望或恐惧交易，而不是在跟随**市场的趋势**和运用可以判断趋势何时改变的交易规则。

如何保护盈利

在你已经积累了盈利之后，用止损单保护这些盈利就像保护你的原始本金一样重要。因为一旦你已经获得了盈利，这些盈利就成了你的本金，而你**必须设置止损单来保护你的本金**。你所能做出的最危险的事情，就是允许一**笔交易与你背道而驰**，从而失去已有的盈利。**止损单可以保护盈利**，而且如果你带着本金离场了，就总是能够再次进场。记住，**当你置身场外时，你唯一能失去或错过的不过是一次机会。**

我 52 年的经验已经教导我，已经有成千上万的人由于试图一直持有到趋势转变而破产。运动开始之后，如果你有了一笔小额盈利就要避免过早离

---

① 美国股票交易是双向的，可以做多买进，也可以做空卖出。

场。这可能是一个巨大的错误。一旦发现自己已经犯错就要快速离场，如果你设置了止损单，这将自动使你离场。

过早或过晚

过早进场或过晚离场都会使你损失钱财或错失良机。也就是说，你没有等到市场指示出明确的趋势变化，或是未能在你发现趋势的明确变化时及时采取行动。要等待到发现**趋势变化的确切标志**，然后再买进或是卖出。遵循我在《江恩华尔街45年》一书中列举的所有交易规则。在《江恩华尔街45年》一书中，我列举了许多该指导教程中没有提及的交易规则。通过运用所有这些交易规则，你将获得更大的成功。

希望与恐惧

我一再地重复这一话题，是因为我看到了如此多的人因为依据希望或恐惧进行交易而破产。**当你希望市场会上涨或下跌时，你永远不会通过买进或是卖出取得成功；当你害怕市场会上涨或下跌时，你也永远不会通过交易取得成功。**希望会毁了你，因为它不过是一种一厢情愿，不能为你的行动提供任何基础；**恐惧倒是常常能拯救你，如果在发现错误时迅速采取行动的话。**正所谓"智慧始于对市场的敬畏"。只有通过深入学习才能获得知识，你所学的知识将在成功之路上助你一臂之力。研究过去的记录越多，你就越能准确地探测到未来的趋势。

跟着市场走

你必须学着去了解：**你无法让市场跟着你走，而你必须跟着市场走，必须跟随趋势。**许多平时习惯于发号施令并让别人执行命令的成功商人在进入市场时，尤其是在第一次进入市场时，经常会期望市场同样也听从他们的命令，或者说期望市场跟着他们走。他们必须明白，**他们不可能使市场趋势跟着他们走。**他们必须跟着固定的交易规则所显示的市场趋势走，同时用止损单保护他们的本金和盈利。犯点儿小错或吃点儿小亏并无大碍，它是一个成功的投机者需要付出的成本。

永远不要摊平损失

这是让你损失掉全部或是绝大部分本金的最不可置疑的方式。如果你买进一只股票后出现了亏损，趋势的运动与你背道而驰，那么继续买进更多的股票就非常愚蠢了，这样做只会加大你的亏损。只有在市场对你有利时才能增加买进的数量，这样你才能获得盈利。**如果你打算使投机成为一门有利可图的职业**，你就必须学习所有的交易规则，并运用它们去判断市场的趋势。像律师、医生、会计师和工程师这样的专业人士们都花费了多年的时间和大量的金钱，去学习如何在他们选择的领域取得成功。你也必须花费时间和金钱去学习这门职业，以成为一个成功的投机者或投资者。

股市交易规则

规则 1. 以出新高的价格或在老顶的位置买进。

规则 2. 当价格上涨到老的低点上方时买进。

规则 3. 当价格下跌到老顶或老的高点下方时卖出。

规则 4. 以出新低的价格卖出。一般来说，更安全的做法是：等价格上涨到老的高点上方至少 2 个点再买进，更重要的是等到收盘价也高于这些老的高点时再买进；同样地，等价格下跌到老的低点下方至少 1～2 个点时再卖出，更加安全的是等到收盘价也低于这些老的低点时再进行交易。

规则 5. 收盘价。当市场表现异常活跃并且运动迅速的时候，要等到收盘价在日线或周线图表上高于老的高点或低于老的低点时再买进或是卖出；在使用最高价与最低价的日线图表时，高于老的高点或低于老的低点的收盘价是非常重要的。一天之中，价格有可能快速上涨，但是等到了收盘时，它们有可能快速下跌几美分，最终收盘价低于前一日的收盘价；同样，价格有可能急促下跌，也可能下跌到了前一日的低点下方，但是等到收盘时，它们却在高点附近收盘。因此，在最高价与最低价日线、周线和月线图表上绘制出的收盘价才是最重要的；价格超越老的高点或跌破老的低点所花费的以天、周、月或年为单位的时间周期越长，趋势的变化就越重要，上涨或下跌的幅度也越大。记住一条基本规则：当价格上涨到新的高点时，它们通常会回调到老顶处，此处是一个安全的买进位置；当价格下跌到新的低点时，它们通常会反弹到老的低点处，此处是一个安全的卖出位置。当然，始终要设置止损单做保护。

规则 6. 止损单。你必须一直用止损单保护自己的本金和盈利，而且止损单要在你进行交易之时就设置好，而不是之后才设置。

规则 7. 需要多少本金。在任何一笔交易中，你必须确切地知道自己可以拿多少本金去冒险，并且永远不要赔掉你所有的本金，这是非常重要的。当你进行一笔交易时，永远不要拿用来交易的本金的 10%以上去冒险。如果你已经有了1～2次的亏损，就要减小自己的交易单位。

最好的买进点。这个点位是一只股票的价格下跌到了其历史最高价的50%时的点位。下一个最有利的也是最好的买进价格是极限低点与极限高点之间的50%位（参见克莱斯勒汽车的例子）。

卖出位。当价格在下跌到了50%位下方的极远处后开始上涨，并且是**第一次**上涨时，该50%位就是一个卖出位和做多位，同时要在该50%位上方3个点设置**止损单**做保护。当一只股票第一次到达这个价位，如果在日线图表和周线图表上显示出正在构筑顶部的标志，你就应当卖出做多的股票并反手做空。

下一个重要的卖出位是极限低点和极限高点之间的50%位。

克莱斯勒汽车（关于50%位的例子）

1946年2月的高点是141½，这个价位除以2就得到了最高价的50%位70¾。在克莱斯勒于1947年拆细并除息之后，它在1949年6月下跌到了44，这是一个买进点，趋势从这个位置开始向上。

1953年1月的高点是98½；我们总会预计股价会恰好下跌到100的下方，而克莱斯勒在这个价位形成了顶部。我们计算出44～98½之间的50%位是71¼。

1953年6月，克莱斯勒的低点是70，恰好低于上述的50%位。该股在8月份反弹到了73，这是一次非常无力的反弹，并且收盘于71，预示着价格即将走低，此时应当进行卖空交易。

1932年，克莱斯勒的极限低点是5美元每股；1953年的高点是141½。两个极限高低点的50%位是73¼，当克莱斯勒能够上涨并且以高于73¼的价格收盘时，就预示着价格将会更高。

1954年2月，克莱斯勒下跌到了57，并且显示出反弹的力量微乎其微。截至我写到这里，该股的主要趋势向下，并且当收盘价低于57时，就预示着价格将会更低。下一个要注意的价位是1949年6月形成的老的低点44。

查看极限高点和极限低点，并用相同的方法计算出所有其他股票的买进点、卖出点和阻力位。

当你开始交易的时候要确认自己掌握了所有的交易规则，并且能遵循这些交易规则，而且还要确认自己设置了止损单。

在什么位置设置止损单：止损单必须设置在各次摆动的低点下方，不仅仅是日线图表上的低点下方。止损价必须高于周线图表或月线图表上的老顶，或是低于周线图表或月线图表上的老底。

止损单应当设置在日线、周线或月线图表上的收盘价下方。低于收盘价的止损单会安全得多，被触及的可能性会更小，因为你是在跟随趋势交易。在日线和周线图表上，止损单设置在收盘价上方要比日线的底部或是顶部更少被触及。

应当把止损单设置在市场中的各个摆动点或是逆转点的上方或下方。正确地把止损单设置在合适的位置是非常重要的。

如果股票的价格在 10 美元左右，那么你若是把止损单的止损价设置在收盘价下方 1 个点[①]通常都会是安全的。

如果股价在 20～30 美元之间，止损价就应该设置在底部或是收盘价下方 2 个点。

如果股价在 90～150 美元之间，在这个价格区间内，止损价就应该设置在低点或是收盘价下方 3 个点，以及高点或是最低收盘价上方 3 个点。

当股票非常活跃并且处在极其高的价位时，你必须依靠最高价与最低价的日线图表给出趋势变化的第一个标志，该标志之后会在最高价与最低价的周线图表上得到确认。

当价格处在极其高的价位时，你就要遵循我在《江恩华尔街 45 年》一书中所列举的所有交易规则。如果你上过我的**“高级市场预测课程”**，就要运用**“大的时间循环”**和**“小的时间周期”**中所提到的交易规则。

记住，学无止境。继续研究并学习更多的知识，会大有裨益，因为知识总是可以在以后转化成盈利的。

交易前需要做的：查看日线、周线、月线和年线图表上所有的价格记录，并标注出所有的时间周期。当价格正在靠近最近几周或几年中的一些老的高点或老的低点时要进行标注。接下来在进行交易之前，计算出你要承担的风险；开始交易之后，设置止损单做保护，以防自己出错。

最高价与最低价的周线图表：最高价与最低价的周线图表是一个非常重要的趋势指示器。当价格上涨到了周线图表上一系列高点或低点上方，或是下跌到了周线图表上一系列低点下方时，周线图表就更加重要了，而且这预示着趋势即将发生可能持续数周之久的更大变化。

最高价与最低价的月线图表：如果价格上涨到了过去数月出现的一系列高点或低点上方，或下跌到了其下方，这就意味着趋势可能发生持续几个月

① 美股 1 个点等于 1 美元。

的更大变化。

最高价与最低价的年线图表：如果价格上涨到了过去几年形成的一系列高点或低点上方，或下跌到了其下方，这几乎总是大型运动即将开始的可靠信号——这一运动可能会持续很长一段时间；或者至少会出现一轮短时间内的更大幅度的上涨或是下跌。当这些老的高点被穿越之后，始终要注意价格会回调到各个老的高点附近，或是比各个老的高点略低的位置；当这些老的低点被跌破之后，就要预计价格会反弹上涨到各个老的低点附近或是比各个老的低点略高的价位。①

研究年线上的各个高点和低点，你就会见到证据。记住，时间周期越长，当它被超越时所出现的上涨或下跌幅度就越大。

股市交易规则

A：在牛市中应当预期多大幅度的下跌，在熊市中应当预期多大幅度的反弹

在牛市开始之后股票正在快速上涨时，回调可能会快速而陡直，不过，一般来说从来不会持续 3～4 周以上，之后上升趋势便会重新开始。因此，在牛市中，你始终可以认为应当回调了大约 1 个月时买进股票。在熊市中，主要趋势被确定为向下之后，反弹将持续 3～4 周，几乎从来不会持续 1 个月以上；但是，有时候在短时间内的陡直、剧烈的下跌之后，反弹会持续长达 2 个月——正如牛市中的极限高点之后可能出现持续 2 个月的回调一样。记住这些交易规则，你就获得了一份关于主要趋势何时掉头向上或掉头向下的指南。

B：如何在最短的时间内赚最多的钱

绝大多数的人都是求富心切，这是他们赔钱的原因。他们在自身没有做准备，也没有掌握如何与何时在最短的时间周期内赚更多钱的知识情况下就想快速致富。我将用例子向你证明，你也能够自我证明，你能够**在最短的时间内赚到更多的钱**。切勿试图去引导市场或者说做市。

跟随那些赚大钱的人，你就能赚大钱。在市场主力准备好使市场快速上涨时买进，你就能在短时间内赚到最多的钱；在市场主力已经派发股票并且已经准备好使市场下跌，同时也出现了趋势向下的确切标志时卖出。然后做

---

① 本段原文在阐述交易技术时把穿越老的高点和跌破老的低点两种情形混在一起没有阐述清楚，因此译者根据交易技术做了更正。

空，这样你就能在最短的时间内赚到最多的钱。

市场需要时间来为股票的吸纳或吸筹做准备，但是一旦我们从弱势进入了强势，随后股票便会快速上涨，因为股票供给减少，大户只需要让市场自动运行并进行少量买进，市场就会轻易上涨。

当股票到达了高价区域时，市场也需要很长一段时间来卖出或派发股票，并让股票从强势进入弱势。当该时期结束并且市场准备好时，随后它便会快速下跌。因此，如果你按这种方式交易并等到出现趋势已经变化的确切标志，你就真的可以在最短的时间内赚到最多的钱。

下面我将给出一些例子，用以证明这些交易规则是有效的，而且市场在一段长时间的上涨之后会出现最快速的上涨；在一段长时间的下跌之后，市场在最后阶段会出现最快速的下跌。

波音飞机：1949 年 6 月，低点17¼；1950 年 5 月，高点31½，11 个月内上涨了 14 个点。

1950 年 9 月，以创新高的价格 37 买进；1951 年 2 月，高点 56，5 个月内上涨了 19 个点。这就是在最快、最短的时间内赚到最多的钱。

1954 年 2 月，以创新高的价格 57 买进；1954 年 4 月，以 83 的价格卖出，2 个月内上涨了 26 个点。在价格出新高时买进需要勇气，但这就是大户们所做的，因而当你在价格出新高时买进就是在跟随他们操作，于是你就会**在最短的时间内赚到最多的钱**。

道格拉斯航空：1951 年 6 月，低点43½；1951 年 10 月，高点66½，4 个月内上涨了 23 个点。

格伦·L. 马丁：1949 年 6 月，低点 7；1951 年，高点 22；1952 年 7 月，低点 9。因此，1952 年 7 月的低点 9 是一个更高的底部，是一个支撑位和买进位。直到 1953 年 2 月的高点18½为止，趋势一直向上。注意前一个出现在 1951 年 9 月的高点19½，趋势从这个更低的顶部开始向下。

1953 年 6～9 月，低点 12，位于 1952 年 4～9 月的各个老顶附近，价格在 2 个点的区间内停留了 4 个月，表明价格在此获得了良好的支撑，这是一个买进位，你应当买进。

1954 年 2 月穿越了 1953 年 2 月的高点18½。此时你应当遵循交易规则，以创新高的价格买进。

1954 年，高点是25½，1954 年 4 月 3 日结束那一周的成交量为 38.4 万股，这个巨大的成交量表明公众正在高价区域上买进和回补空头头寸，回调的时候到了。

注意，1948年4月的高点是22½，1951年1月的高点是22；价格25½比这些老的高点高了3½个点，表明价格将继续走高。

接下来，5月8日结束那一周的回调使价格下跌到了21¾，它位于1948～1951年的老的高点处，随后的上涨从21¾开始。

联合航空：1951年5月，高点41½；1951年7月，低点26；1951年10月，高点33；1951年12月，低点28½；1952年2月，高点33½，与1951年10月的高点相同，因而是一个卖出位。

1952年5月，低点27½，大概与1951年12月的低点相同，高于1951年6月的低点。

1952年9月穿越了老的高点33，此时应当以创新高的价格买进。

1953年4月，高点40½，刚刚低于1951年5月的高点41½，使得该价位成为一个卖出位。

1953年4月和5月，低点32～31½，刚刚低于老顶33，因而是一个买进位。随后上涨便重新开始。

1953年10月，价格穿越了1951年5月的高点41½。此时要遵循交易规则，以创新高的价格买进，因为趋势向上，并且在回调幅度非常小的情况下趋势会持续向上。

1954年4月，高点59½，这是自1930年9月以来的最高价。当时最后的高点是65，前两个高点是64；因此64～65是下一个要注意可能出现顶部的阻力位。价格现在已经从1952年5月上涨了100％以上，而当股票已经上涨了100％时，经常都会出现一轮自然回调。

用我们分析这些股票的方法分析任何其他航空股，事实上是要分析任何其他板块中的任何股票。首先，你应当像纽约证券交易所统计局所发布的那样，绘制一张该板块的总市值图表，然后绘制出不同个股的最高价与最低价的周线、月线和年线图表，以便你能够获得追溯时间足够长的价格记录，从中你可以知道重要顶部和重要底部都出现在什么位置，以及通过价格上涨到老的高点上方或跌破老的低点时知道趋势的变化。当你打算用自己的本金去冒险时，了解的信息或价格记录越多越好。你必须做好充分的准备，这样当机会来临时你才能依靠科学的数学推理，而不是希望、恐惧或猜测来抓住机会。

道格拉斯航空：1953年10月，以创新高的74买进。1954年4月，以133的价格卖出，6个月内上涨了59个点。这就是你在非常高的区域买进后在最短的时间内赚到最多的钱。为什么？因为大户们已经吸纳了所有低价抛售的股票，导致股票供给非常稀少，因此当买方进入时，市场就会快速上涨，那些在高位买进的买方就会在短时间内快速获利。

洛克希德航空：1943 年 11 月，低点12½；1944 年 8 月，高点 24，21 个月内盈利11½个点。

1945 年 8 月，低点 25；1946 年 5 月，高点45½，5 个月内上涨了21½个点。此时你在 5 个月赚到的钱几乎相当于你之前在 21 个月赚到的钱。

1951 年 7 月，低点17½；1953 年 3 月，高点26½，20 个月内上涨了 9 个点。这是很长一段时间内很小的盈利。

1953 年 10 月，以处在各个老的高点上方的价格 24 买进；1954 年 3 月，高点 37，5 个月内盈利 13 个点。这是短时间内在本金的基础上获得的快速且巨大的盈利。

格伦·L. 马丁：1943 年 12 月，低点14½；1944 年 12 月，高点24½，12 个月内上涨了 10 个点。

1945 年 8 月，以 22 的价格买进；1945 年 12 月，以46½的价格卖出，4 个月内上涨了24½个点。这是又一次在最短的时间内赚到最多的钱。

1952 年 6 月，低点 9；1953 年 3 月，高点18½，8 个月内上涨了9½个点。

1953 年 6—9 月，低点 12，这是一个买进位；1953 年 10 月，在该股穿越 5 个月的顶部时以 15 的价格买进。1954 年 4 月，以 26 的价格卖出，6 个月内盈利 9 个点。

南方铁路：1951 年 7 月，低点46½；1951 年 9 月，高点56½，2 个月内上涨了 10 个点。

1952 年 2 月，低点 48；1952 年 3 月，在该股穿越各个老顶之后以 53 的价格买进。1953 年 5 月，以 99 的价格卖出，12 个月内上涨了 46 个点。这是在最短的时间内获得最大的盈利。

联合航空：1951 年 7 月，低点 26；1953 年 3 月，高点 40，20 个月内上涨了 14 个点。1953 年 10 月，以创新高的价格 40 买进。1952 年 4 月，以 59 的价格卖出，6 个月内盈利 19 个点。

美国钒钢：1950 年 12 月，低点28½；1952 年 8 月，高点45½，20 个月内上涨了 17 个点。

1953 年 9 月，沿着一系列老底以 32 的价格买进。1952 年 4 月，以 59 的价格卖出，7 个月内获利 27 个点。

1954 年 3 月，以创新高的价格 47 买进；1954 年 4 月，高点59¾，1 个月内上涨了12¾个点。此时以创新高的价格买进之后你就可以在最短的时间内获得最大的盈利。为什么这轮运动如此快速？因为在很长一段时间之后，那些知情的内部人士或交易者已经买进了所有抛出的美国钒钢，而当它被全部吸纳且竞相买进者开始进入时，它就会非常快速地上涨。这样，买进时你就与趋势保持一致，并且是在跟随那些做市的交易者。因此，你就会在最短的时间内赚到最多的钱。

这7只股票的例子并不是特例。你可以查看一下股票名单，挑选出成百上千只形成了类似性质的运动的股票。你应当始终知道不同板块的平均指数，当这些板块的平均指数显示出上涨或下跌时，就挑选出处于强势或弱势形态的股票进行观察，当它们创出新高时就买进，创出新低时就卖出；在市场的第一阶段和最后阶段，你可以在最短的时间内赚到最多的钱。

你不可能在毫无准备的情况下赚到钱，而在准备的过程中你必须花费一些金钱在图表、（价格）记录、书籍和指导课程上。这样，你就准备好了跟随那些做市和赚大钱的大户们进行操作。

未被操纵的股票：在股票交易所开始管理经纪人和管控市场之前，存在着股票操纵，也经常有人组建炒作集团，它们能够使得那些内在价值非常小的低价股上涨到极其高的位置，这在目前条件下不经常发生。因此，绝大部分买进都来自投资者和长期投机者，实际上不存在操纵；由于这个原因，就更加有必要仔细研究市场和个股，获得个股即将上涨的确切标志，因为现在已经不能像过去几年那样仅靠操纵就能拉抬股票。在目前条件下，有更多的交易者和投资者依据分红前景和投资增长来买进股票。这一点你可以通过仔细研究所有的交易规则来做到。

新行业和成长股：未来与原子能有关的股票自然成为领涨股，因为就像所有的新发现和新发明一样，原子能将被证明是非常有价值的，许多公司都将赚到很多钱。这些在原子能方面很有前景的公司股票后面将谈到。在选择新行业的股票进行买进时，你应当对它们的前景进行仔细地研究并绘制出你打算交易的个股的图表。如果它们是这个板块的组成部分，你就要先获取这个板块的平均指数记录并对其进行研究，然后再挑选这个板块中有领涨迹象的个股买进。

铀类股：铀现在是所有贵金属当中最贵重的金属之一。它比黄金贵重得多，因而那些已经发现并拥有铀库存的公司的股票更有可能成为未来的领涨股，如美国钒钢的股票。后面我将在“铀类股”一节中介绍其他股票。

所有在纽约股票交易所上市的股票市值

纽约股票交易所的研究与统计部门为投资者做了一项非常有价值的工作，他们理应因此受到赞扬。

在每个月末，他们都会发布所有在纽约股票交易所上市的股票的总市值、所有股票的平均值、上市股票总数、总股数和 39 个或更多个不同板块的平均值。这对任何一个愿意研究并运用这些记录的投资者和交易者来说，都是非常有价值的，因为我后面将展示如何用包含了这些股票的平均值和总市值的图表进行操作。在纽约股票交易所上市的股票数是 1536 个。上市的总股数是 29.36 亿股，接近 30 亿股。截至 1934 年 3 月底，所有在纽约股票交易所上市的股票的市场价值接近 1250 亿美元，所有股票的平均价格是 42.53，这是最近几年中的最高价。

1932 年 6 月——所有股票的总市值略少于 160 亿美元。

1928 年 11 月——平均价格是 97.80，1929 年 3 月，平均价格是 96.67。1929 年 8 月 31 日，所有在纽约股票交易所上市的股票的总市值是 696.68 亿美元[①]。

1932 年 7 月 1 日——在纽约股票交易所上市的公司总数是 831；发行总数 1233，总股数 13.15334428 亿，目前上市的总股数接近 30 亿股。由此你可以看出，股票市值增加的同时股数也一直在增加。

1941 年 6 月，股市出现了最后的极限低点。当时的平均价格是 40.74 美元，所有股票的总市值是 639.21054342 亿美元。

1950 年 5 月，所有股票的总市值是 856.24559669 亿美元。平均价格是 38.48 美元。当价格穿越 1946 年 5 月的高点时，就标志着价格将继续大幅走高。当然，你必须学会在强势板块中挑选股票来买进。

纽约股票交易所股票平均价格以及如何表明价格的趋势

美元趋势[②]：请参考显示了所有股票在每个月末的总市值的图表。参考显示了航空股以美元表示的总市值的图表。参考显示了 39 种钢铁股在每个月末的总市值的图表。

---

① 原文中应该是多了一个“hundred”。

② 所谓美元趋势，是指以美元计价的总市值，或各板块的总市值，而非价格平均。

如何把市值图表用作趋势指示器指南

（图 1-1 的刻度从 16.24 上升到 135，其单位按 10 亿美元计）

举例：1932 年 6 月 30 日的低点正好显示在图中的低点 16。这就说明在 1932 年的极限低点处，所有股票的总市值是 156.33633 亿美元。后文我们还将提到刻度上的 26、36、46，等等，都是按 10 亿美元计。①

1932 年 2 月，高点略低于 28；6 月，低点 16；8 月，高点 28；1933 年 2 月，低点 200 亿美元——这是一轮次级下跌，形成了一个高于 1932 年 6 月的底部。1933 年 4 月，市值线穿越了 1932 年 2 月和 1932 年 8 月的高点，这表明主要趋势向上。1933 年 6 月和 8 月的高点略高于 360 亿美元。10 月的低点略高于 300 亿美元。

1934 年 1 月，高点 370 亿美元。2 月、3 月和 4 月，市值维持在了略高于 360 亿美元的位置。当所有股票的总市值跌破 36 时，就表明它将继续走低。

1934 年 7 月，低点略低于 31，高于 1933 年 10 月的低点。

1935 年 3 月，低点略低于 310 亿美元。这就在同一个水平附近形成了 3 个支撑低点，使得它成为一个买进位。

1935 年 6 月，市值穿越了 1934 年 1 月的高点 37。此时我们应当运用交易规则以创新高的价格买进。

随后上涨继续。1936 年 2 月和 3 月，高点略低于 520 亿美元。1936 年 4 月，下跌 1 个月到了 48，少于 40 亿美元的下跌。

接下来上升趋势重新开始，1936 年 7 月，平均市值穿越了 1936 年 3 月的高点 52，表明它将继续走高。我们再次遵循交易规则以创新高的价格买进。

1937 年 2 月和 3 月，高点 625 亿美元。市值在一个 10 亿美元的区间内停留了 3 个月，表明价格在此遇到了阻力和大量卖压，因为成交总量非常大。

1936 年 12 月，低点 58。1937 年 4 月，该低点被跌破，表明价格将继续走低。此时我们要遵循交易规则以更低的价格卖出。

1937 年 6 月，低点 55；然后出现的一轮反弹持续到了 7 月份的高点 59，这是一个更低的顶部；此后总市值跌破 6 月份的低点 55，表明趋势向下。此时你应当继续持有空头头寸并再次卖出，而且应当出脱所有做多的股票。随

① 本小节数字后面无单位的都按 10 亿美元计，如 16 就表示 160 亿美元。

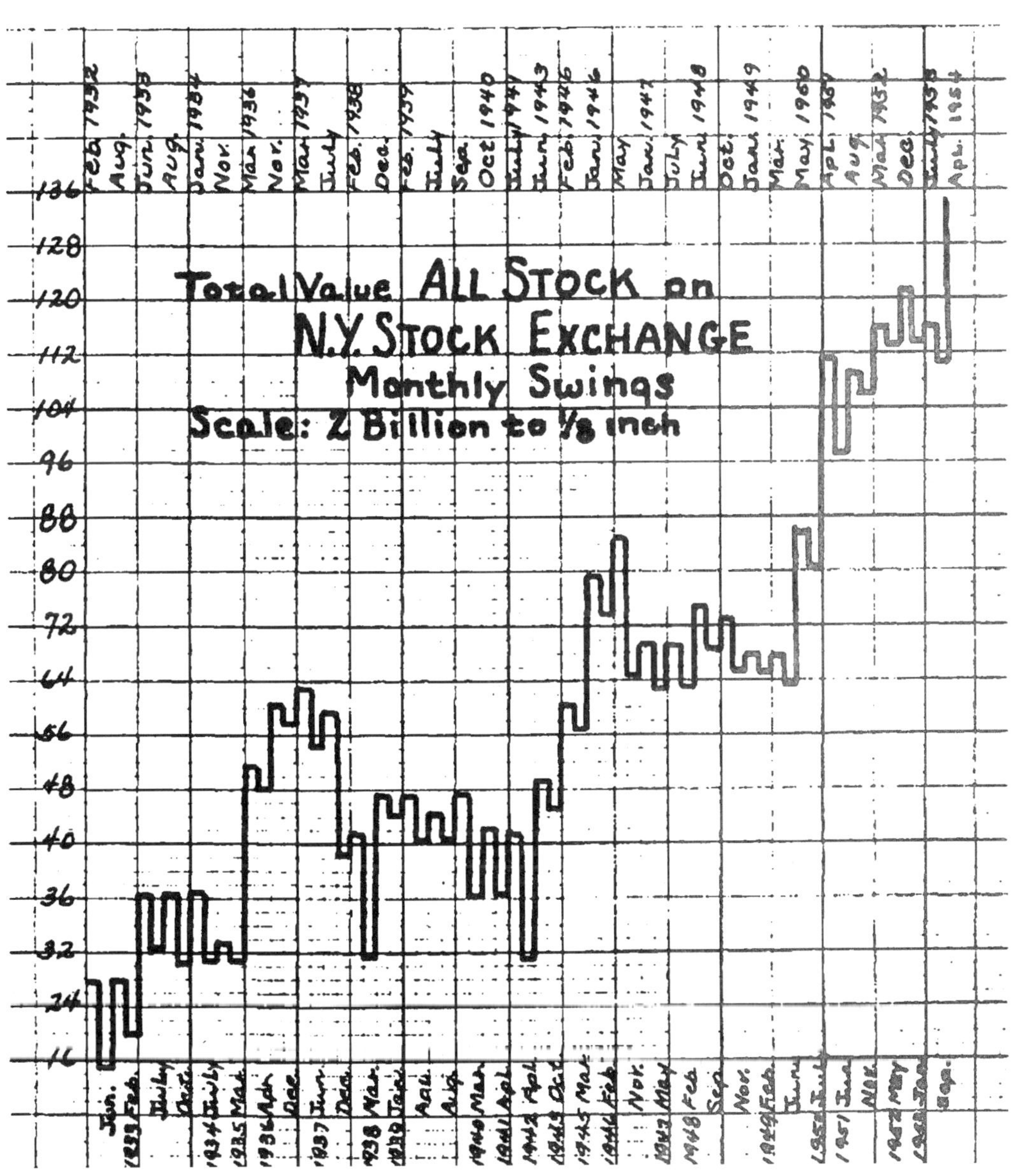

图 1-1 纽约证券交易所总市值月摆动图

后主要趋势继续向下。

1937年12月，低点39；1938年2月，高点41½，这是一轮小幅反弹；1938年3月，低点略低于320亿美元，高于1933年10月的各个低点。1934年7月和1938年3月，下跌幅度是1937年2月和3月的高点的50%。因此，1938年3月是一个买进位。

1938年6月，美元趋势穿越了1938年2月的高点41½，表明此时应当再次买进。

1938年10月和12月，高点47～47½。低于1936年价格跌破45时的低点，表明价格将继续走低。1939年3月和4月，低点略低于40。6月和8月形成更高的底部，表明价格在此遇到了支撑和大量买盘。

1939年9月，希特勒挑起战争，价格上涨到了略低于41～48的位置，这是沿着1938年12月的高点的一个双顶，是一个卖出位或者说应当注意趋势变化的位置。1940年5月，价格略高于36，随后反弹到了10月份的高点42。1941年7月，价格为41，高于1940年10月。11月，价格跌破了1941年4月的底部，接下来又跌破了1940年5月的低点，表明价格将继续走低。

何时注意支撑位和买进位的出现

1948年3月，低点略低于32。1942年4月，低点31½。1944年3月和5月的平均值是32½。随后开始上涨，表明了强劲的向上趋势。

1943年穿越了1940年10月和1941年7月的高点。此时要遵循交易规则以创新高的价格再次买进。1943年6月，高点略低于49，高于1938年12月和1938年9月的高点，表明价格将继续走高。

1943年9月，高点49，与1943年5月和6月的高点相同，表明价格在此遇到了大量卖压。

1943年11月，低点45½，这是一轮市值少于50亿美元的下跌，随后市值便开始恢复。1944年5月，价格穿越了1932年6月和9月的高点。此时我们再次遵循交易规则在价格创新高时买进。1945年8月，当对日战争结束时，价格穿越了1937年2月的高点62½，这是价格将继续走高的一个可靠标志。你应当买进强势板块中的股票。

1946年1月，高点78½；2月，下跌到了74，这次下跌大致与1943年11月的下跌幅度相同，因而不足以表明主要趋势的变化。

1946年5月，高点850亿美元，从1942年4月的低点上涨了550亿，比1937年2月的高点高220亿。此时应当注意趋势的变化。

1946 年 5 月的高点大概比 1929 年 8 月 31 日的略低于 900 亿美元的高点低 50 亿美元。

1946 年 4 月，高点是 800 亿美元；6 月，800 亿美元；7 月，低点 790 亿美元，表明将继续走低。随后趋势持续向下，直到 1946 年 11 月的低点 650 亿美元。

1947 年 1 月，高点68¼，这是一轮小幅反弹。5 月，低点 635 亿美元；7 月，高点69¼，与 1947 年 1 月的高点相同。接下来趋势持续向下。

1948 年 2 月，低点 631.58 亿美元，略低于 1947 年 5 月的低点，但仍然高于 1937 年 2 月的高点，使得此处成为一个买进位。

1948 年 5 月和 6 月，高点74½，低于 1946 年 2 月的低点。1948 年 7 月的低点预示着更低的价格。9 月，65½；10 月，高点72¼，随后下跌重新开始。1949 年 6 月，低点略低于 640 亿美元，与 1947 年 5 月和 1948 年 2 月的低点相同，因而是一个位于各个老的低点的买进位。1949 年 8 月，价格穿越了 1949 年 1 月和 3 月的高点，表明价格将继续走高，应当再次买进。1949 年 12 月，价值是 760 亿美元，高于 1948 年 5 月和 6 月的高点。此时要遵循交易规则以创新高的价格买进。接下来出现了一轮快速上涨。

1950 年 5 月，高点 856.24 亿美元，高于 1946 年 5 月的高点，这是价格将继续走高的一个标志。

1950 年 8 月，平均指数穿越了 1946 年和 1950 年 5 月形成的高点，此时要遵循交易规则以创新高的价格买进。1950 年 12 月，平均值高于 1929 年 8 月的高点。此时要遵循交易规则以创新高的价格买进。

1951 年 4 月，高点 1030 亿美元。6 月，低点 970 亿美元。这是一轮与 1950 年 6 月的下跌大致相同的一般性下跌。

7 月，高点 1040 亿美元，接近 4 月份的高点，此时要以创新高的价格买进。1952 年 1 月，高点 112；2 月，低点 108；3 月，新高 1130 亿美元；4 月，低点 108，下跌了 50 亿美元。这是在前一轮回调的基础上的正常下跌。从这个位置起，上涨重新开始。

1952 年 7 月，高点 1160 亿美元。9 月和 10 月，低点略低于 1130 亿美元，这是一轮比 1952 年 4 月的下跌幅度更小的下跌。

1952 年 12 月和 1953 年 1 月，高点 1205 亿美元。这比 1929 年的高点高33⅓％。

1953 年 2 月，低点略低于 1190 亿美元。这是没有出现盈利的第 3 个月，是回调时间到了的一个标志。自 1949 年 6 月以来，还没有出现超过 50 亿美元的回调，因而更大幅度的回调时间到了，可能会回调 100 亿美元。

1953 年 8 月和 9 月，回调幅度略低于 100 亿美元，即前一次回调的 2 倍[①]。

1953 年 10 月，平均价值 1160 亿美元，高于 1953 年 7 月的高点，这是价格将继续走高的一个标志。

1954 年 1 月，再一次地价格穿越了 1952 年 12 月的高点 1200 亿美元。我们应当遵循交易规则，选择显示出了强劲上升趋势的板块中的股票，以创新高的价格买进（参见美国钢铁、美国钒钢和航空股的图表以及它们的平均价格图表）。你可以通过波音飞机、道格拉斯航空、格伦·L. 马丁和美国钒钢的图表看出我们为什么要选择这些股票，以及这些股票的价格在 1954 年 3 月和 4 月快速上涨的情况。

1954 年 3 月 31 日，在纽约股票交易所上市的所有股票的平均市值略高于 1290 亿美元。我们现在面临的问题就是估计平均市值将何时遇到阻力和大量卖压，我们用 1929 年的高点 900 亿美元加上 50%就得到 1350 亿美元。

如果我们给 1944 年 4 月的高点加上大约 325%，就接近于用 1350 亿作为卖出位。

1954 年 4 月 30 日距离 1942 年 4 月 30 日的低点 12 年，而从 1932 年 6 月 30 日的低点到 1954 年 4 月 30 日是 262 个月。道琼斯工业指数于 1930 年 4 月在297½形成了次级高点。通过回顾过去的历史，你会发现趋势的许多变化都出现在 4 月份和 5 月份，因而此时接近注意各个股票和板块的趋势变化的时间，如航空股和钢铁股——它们曾在 1954 年的上涨中领涨。

应当预期多大幅度的下跌：自 1942 年的低点以来最大的下跌是从 1937 年 2 月到 1938 年 3 月和 4 月的下跌。这次下跌是 311.68 亿美元。从 1946 年 5 月到 1948 年 2 月和 1949 年 6 月的下跌是 217.85 亿美元。这为你提供了一个首次下跌总共可能达到多少的指南。

从 1949 年 6 月至今的上涨已经使得所有股票市值增幅超过了 100%，这表明已经接近至少出现一轮大的修正性下跌的时间，不过，你必须结合所有股票的平均值，研究各个板块和个股，以便确定它们的强弱。

股票何时处于最强势或最弱势的形态

若一只股票的价格先是处在非常高的位置，随后下跌并在低位停留了很长一段时间，然后最终穿越了历史最高价的 50%或极限低点与极限高点之间

① 原文是低点略低于 100 亿美元，有误。

的50%位，那么此时它就处于一种非常强势的形态，表明价格将继续走高。

当一只股票下跌并跌破了历史最高价的50%时，它就处于一种非常弱势的形态。一般来说，当股票到达这个点位时，它们都会出现一轮温和的反弹，有时这个点位也会是一轮大幅上涨开始的最终底部。下一个重要的点位是极限高点与极限低点之间的50%位，如果股价不但没能维持反而跌破了这个位置，它就处于可能出现的最弱势的形态，并且表明价格将继续大幅走低。在许多情况下，股票下跌或反弹到这些重要的50%位之后会好几周或好几个月都不会上涨到该半路点上方或跌破到它的下方；但是，一旦这些点位被超越，你就应当逆转头寸。如果你正在卖空，就要回补空头头寸；如果你正在做多，就要卖出多头头寸并反手卖空。这样，你就能赚到更多的钱，因为你将与趋势保持一致，即买进处于最强势形态的股票和卖出处于最弱势形态的股票。你必须记住，如果卖出一只股票的时候到了，你就要卖出，因为在弱势形态中，趋势是向下的；当然，此时遵循我在本书中以及我的《江恩华尔街45年》一书中给出的所有交易规则，进行卖空。

你必须给市场时间，让它表明趋势的变化。假设有人在过去两年中以过高的价格买进了斯图贝克或是高价买进了克莱斯勒或塞拉尼斯，当他们看到主要趋势已经改变时，如果他们已经有了5个点或者甚至是10个点的亏损，那么他们若是卖出，接受损失并反手卖空，就不但会弥补已经出现的损失，而且还会在空头一边获得大笔的盈利。这就是如何通过与趋势保持一致来赚钱。例如：1951年，塞拉尼斯的高点是58，该价格的50%是1953年4月的29。随后塞拉尼斯跌破了29，并且在1954年下跌到16之前价格从未高过29的2个点。这就是股票一旦失守其市值的50%之后会变得多么疲软的证据。

1953年，斯图贝克的高点是43½①。该最高价的50%是21¾。该股于1953年12月跌破这个价位之后，在价格到达1954年4月的价格15之前从未反弹2个点。这再一次证明了在股票从最高价下跌了50%时卖空很值得，因为当你这样做时，你是在与趋势保持一致。

为什么以创新高的价格买进和以创新低的价格卖出有利可图

当股票停留在新的高点下方几个月、几周或几年之后强势到足以上涨到这些新的高点时，它就会非常强势，这是大量需求的结果，因为强大的利益

① 此处原文是434½，但根据后文应当是43½，因此译者做了修改。

集团正在买进；因此，此时买进你就是与主要趋势保持一致，而这是获利的正确方法。

永远不要对抗趋势，要始终与趋势保持一致，这样你就能赚到钱。

当股票下跌到新的低点时，它们就处于一种弱势形态，因为此时供给大于需求，卖盘大于买盘。由于这个充分的理由，如果你在股票疲软时卖出，则90％的时间都会是正确的。但是，始终要根据交易规则设置止损单做保护。

摆动中更大的盈利：如果你愿意回顾一下任何一只活跃股在5年、10年或20年间的情况，并注意所有10个点或更大幅度的运动，你就会发现，与为了分红而交易或为了本金的大幅增长而持有相比，为了这样的摆动而交易能够获得更多的盈利。

克莱斯勒从1925年的28左右开始上涨到了141。在多次运行了10～50和75个点的上下摆动之后，它最终于1932年下跌到了5美元。从1932年上涨到1954年，克莱斯勒形成了一个5～141美元每股的区间，该区间一共是136个点，这就得到了每100股13600美元的盈利。在此期间，若只计算10个点或更大幅度的运动，克莱斯勒总共盈利1458个点。且假定你可以捕捉到这些运动的1/2或50％，依靠这个136个点的区间就能获得729个点的盈利。这就证明了为了摆动而交易是有利可图的。也就是说，要在市场显示出价格已经到达高点时离场，随后卖空，接下来在市场出现已经形成低点的确切标志时再次进场。如果不买进卖出，长期持有并让市场在几年内上涨和下跌，获得每年的分红，那么最终结果就会是：算上你买进到你卖出时的利息，你只获得了很小的资本回报率。查看一下任意的活跃股，你都能向自己证明这一点。

随趋势变化而变化：环境时常变化，趋势在一段时间之后也会变化，因而要想获利，你就必须随趋势和时间变化。不要持有太长时间，也不要仅仅因为你将获得分红而持有；要为了资本增长而交易，不要太在意分红。任何交易规则的价值都在于：“它能在实际交易中经得起时间的考验吗？”我用实践为我所有的交易规则提供了证据，如以创新高的价格买进和以创新低的价格卖出，并且向你证明了与趋势保持一致以及在股票到达新的高价区域时买进和在股票跌破到新的低价区域时卖出确实是有利可图的。研究一下Course、塞拉尼斯、道格拉斯航空、波音飞机、洛克希德、格伦·L. 马丁、斯图贝克、联合航空和美国钒钢的图表，这样你就能向自己证明各个交易规则多么有效。

买进一只股票的同时卖空另外一只股票：为了证明这条交易规则，我给出了塞拉尼斯、道格拉斯航空、斯图贝克和美国钒钢的图表。

买进一个板块的同时卖出另外一个板块：1951 年 7 月，以 48 的价格买进 100 股道格拉斯；8 月，以 52 的价格卖出 100 股塞拉尼斯，当时两只股票的价格处在同一个位置附近。假设你把道格拉斯的止损单设置在了 45，你以 52 的价格卖出塞拉尼斯时把止损单设置在了比 8 月份的高点 53 高 1 个点的 54[①]。假设你买进了更多道格拉斯股票——根据交易规则你应当多次买进，并且根据交易规则卖空了更多塞拉尼斯股票，那么你已经在承担很小风险的情况下赚到了一大笔钱。

假设 1954 年 4 月，道格拉斯形成最后的重要冲刺并上涨穿越了高点 110 时，你最终以 130 的价格卖出了道格拉斯，那么除去利息和佣金，你将在道格拉斯上获利 72 个点，即 7200 美元。与此同时，你以 16 的价格回补卖空的塞拉尼斯，除去佣金后你将获利 34 个点，即 3400 美元。这样这两笔交易一共就获利 10600 美元，本金 5200 美元，在少于 3 年的时间内获利 100%以上。参考斯图贝克和美国钒钢的图表，图表上我们通过买进美国钒钢和卖空斯图贝克显示了为什么能获得巨大的盈利。

1951 年 3 月，以 34 的价格卖空 100 股斯图贝克，因为有两个顶部出现在了 36，而且第三个顶部是 35，这是一个更低的顶部。把止损单设置在 37。

1951 年 8 月，以 26 的价格买进 100 股斯图贝克，因为有 3 个低点出现在了这个位置附近，同时再多头买进 100 股斯图贝克。

1951 年 3 月，以 32 的价格买进 100 股美国钒钢，因为与这个低点水平附近的 31 距离 6 个月。把止损单设置在 29。

1953 年 3 月，以44½的价格卖出 100 股斯图贝克，因为之前出现在 1952 年 8 月和 1952 年 3 月的高点是 45 和45½，使得此处成为一个双顶。

1953 年 3 月，以44½的价格卖空 100 股美国钒钢，把止损单设置在 47。

1953 年 2 月，斯图贝克的高点是43½，与美国钒钢接近同一水平。

1953 年 3 月，以38½的价格卖空 100 股斯图贝克，同时以38½的价格卖出 100 股我们之前多头买进的斯图贝克。当它跌破 2 月份的低点以及 1952 年 5 月形成的低点39½时，以45½的价格卖空斯图贝克并设置好止损单。

1953 年 6 月，斯图贝克跌破 1951 年 10—11 月的低点 34，此时你应当以 31 的价格再次卖出。

1953 年 6 月，把那 200 股空头头寸的止损单设置在 34。随后斯图贝克

① 原文是 59，但根据上文以及江恩的技术，这里应该是 54。

继续下跌并在 1953 年 12 月份跌破了21¾——这是一轮从43½开始的 50％的下跌，接下来仅反弹到了 26，然后又跌破了21¾，表明价格将继续大幅走低。

1954 年 1 月和 2 月，高点21¾，这是一轮非常无力的反弹，此时你要继续持有那 200 股的空头头寸并把止损单设置到22¾。

1954 年 4 月 30 日，斯图贝克的低点 15，主要趋势向下。如果你此时将斯图贝克全部平仓，将获利 60 个点，即 6000 美元。

1951 年 3 月，以 32 的价格买进 100 股美国钒钢；1953 年，以44½的价格卖出 100 股，同时以44½的价格卖空 100 股。

1953 年，以 31 的价格买进 100 股回补空头头寸，因为该价格处在 1951 年 4 月和 5 月的低点。与此同时，我们以 31 的价格多头买进 100 股美国钒钢，并把止损单设置在 29。

1954 年 2 月，以 41 的价格买进 100 股美国钒钢，因为它处在 1953 年 7 月和 8 月的 2 个位于39½的顶部上方的新高，同时处在 1953 年 12 月和 1954 年 1 月的两个39½的顶部上方。

1954 年 3 月，以 47 的价格买进 100 股美国钒钢，因为它处在 1952 年 8 月和 12 月以及 1953 年 3 月的高点上方的新高区域，表明主要趋势向上；同时处在 1931 年以来的最高价位又表明该股处于一种非常强势的形态。

1954 年 4 月，美国钒钢到达了高点59¾。注意，1953 年 9 月的低点30½加上（新高点59¾的）50％就得到 61，这可能会是一个高点。此时的成交量是几年以来最大的，表明该股无论如何都可能会到达某个回调开始的顶部。因此，我们以59½的价格卖出做多的 300 股，但不进行卖空，因为主要趋势仍然向上。我们卖出的这些股票是以 31、41 和 47 的价格买进的。这样除去利息和佣金总共获利 57 个点，即 5700 美元。把它加到斯图贝克的 6000 美元的盈利上，总共就获利 11700 美元，也就是通过遵循交易规则以及避免猜测在 3 年时间内以大约 3500 美元的本金获利 300％以上，即每年获利 100％。

我并不是因为这些股票是特例才选择它们的。在不同的板块中还有许多这样的股票，它们的表现一样好。

1953 年，美国钒钢的低点30½，斯图贝克的低点 28，相差仅 4 个点以内①。

① 实际相差2½个点。

1954年4月，美国钒钢比斯图贝克高了大约45个点，7个月内差额达45个点。这证明买进处于强势形态的股票和卖出处于弱势形态的股票是有利可图的。股票处于弱势形态时表明了主要趋势向下。

低价股为什么不上涨

变化后的环境是低价股或者说所谓的“阿猫阿狗”在1953年9月至1954年4月没有跟随大市上涨。既然道琼斯股票在7个月内上涨了66个点，在纽约股票交易所上市的所有股票的总市值上涨了大概240亿美元，那么低价股没有跟随本次上涨必定是有某种原因的。

过去，炒作集团进行操作、操纵和虚假交易都是被允许的，因而低价股几乎总是会在一轮牛市的最后阶段上涨，但是现在情况不同了，因为已经没有炒作集团操作了。现在投资信托和持有大量投资资金的人会买进有实力的公司的股票。这些公司的收益很好，分红前景也很好。他们会买进像通用汽车、新泽西标准石油、美国电话电报、杜邦公司、通用电子、西屋电力、道格拉斯、美国钢铁、伯利恒钢铁和美国钒钢这样的好股票。

公众会买进并持有低价股，以期它们会跟随高价股上涨，但希望并不会推动这些低价股上涨。

大户们不想要低价股，结果就会使许多低价股在接下来的熊市中比高价股下跌得更快。当然，总有一天会有大的时间循环预示一轮大萧条，此时大小投资者都将失去信心，并在非常低的价位卖出蓝筹股。

纽约股票交易所的航空股

纽约股票交易所研究部会在每月末发布在本交易所上市的所有航空股的总市值，研究本章给出的图表（图1－2至图1－11）对于挑选最好的航空股来买进或卖出是非常有参考指南的。我们称图1－4这张根据平均市值绘制而成的图表为美元趋势，因为它不是股票的平均价格，而是整个板块的美元市值，它是比平均价格更加重要的趋势指示器。不过，该研究部门确实也会在每月末发布所有航空股的平均市值以及其他所有板块的股票的平均市值。

1951年9月，（航空股）的总市值是11.35亿美元。11月，低点9.55亿美元。

1952年1月，（航空股的总市值是）10.1亿美元。4月，低点8.92亿美元，这是极限低点。此时你应当查看一下单个航空股的最高价与最低价的月线图表和周线图表，以便判断买进哪只股票最好。

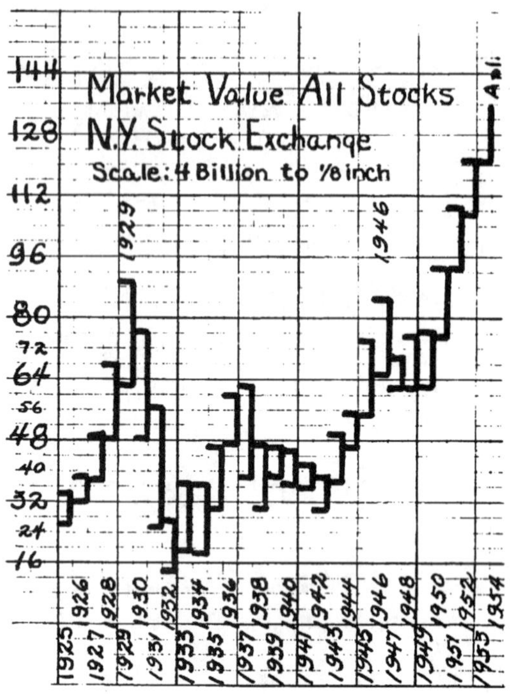

图 1－2　纽约证券交易所股票总市值年走势图

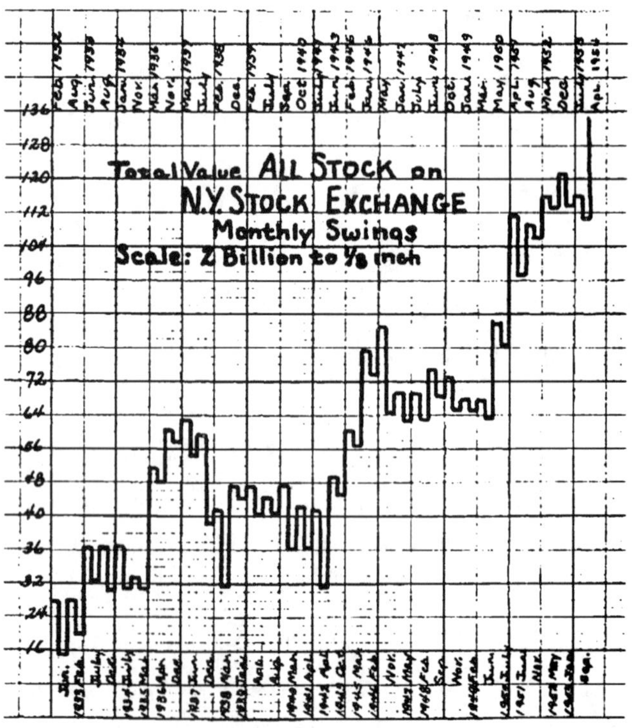

图 1－3　纽约证券交易所总市值月摆动图

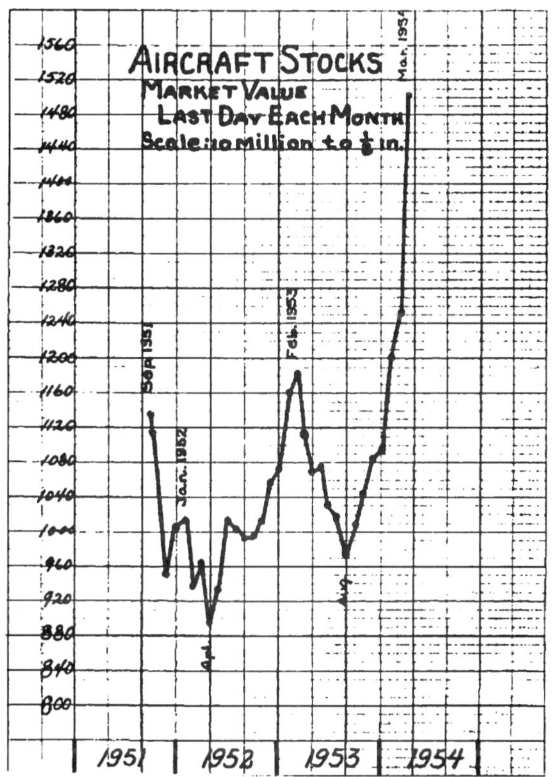

图 1－4　航空股市值（每月收市价）走势图

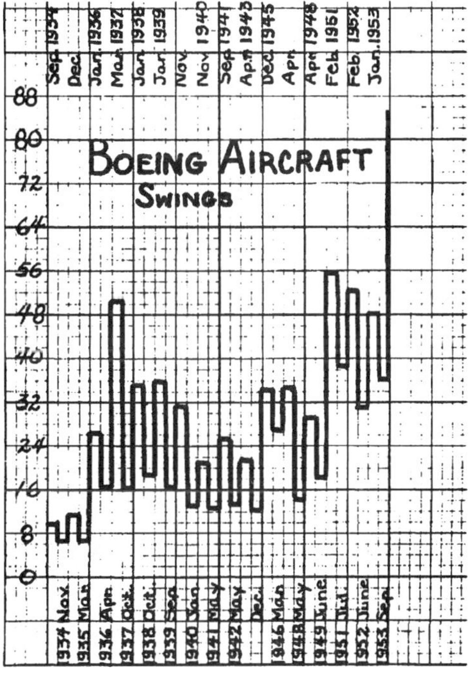

图 1－5　波音飞机摆动图

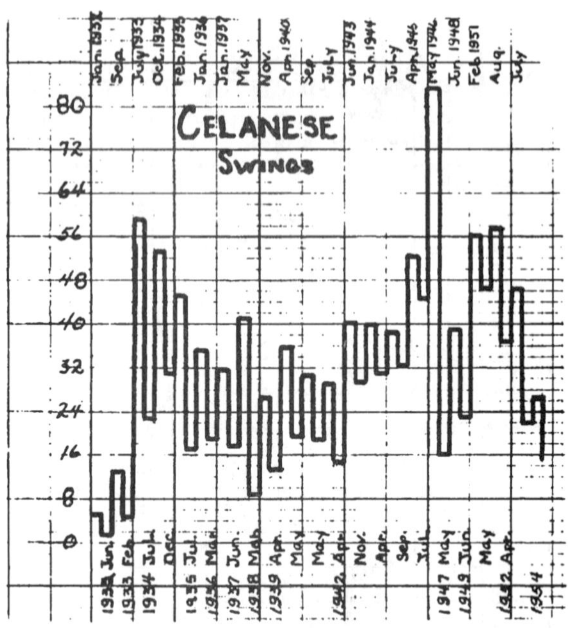

图 1－6　塞拉尼斯摆动图

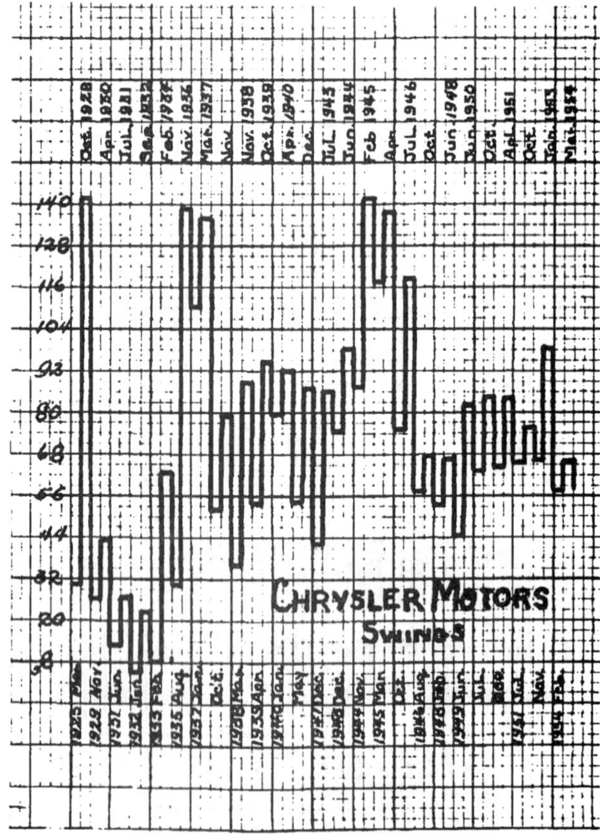

图 1－7　克莱斯勒摆动图

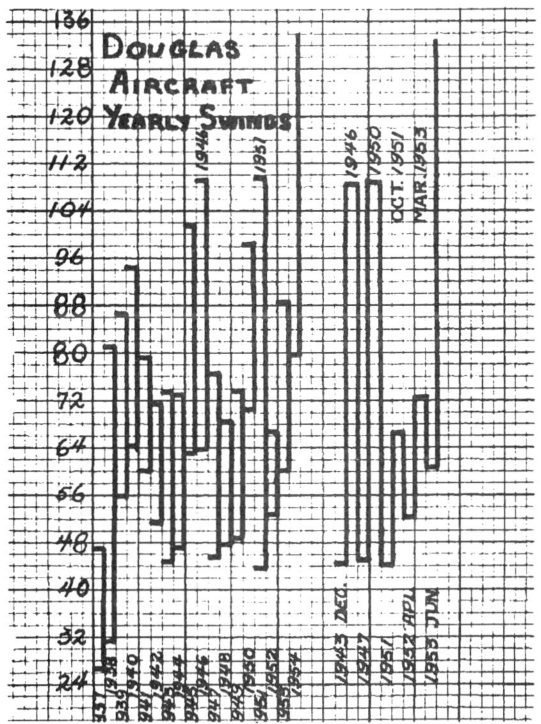

图 1－8　道格拉斯航空年摆动图

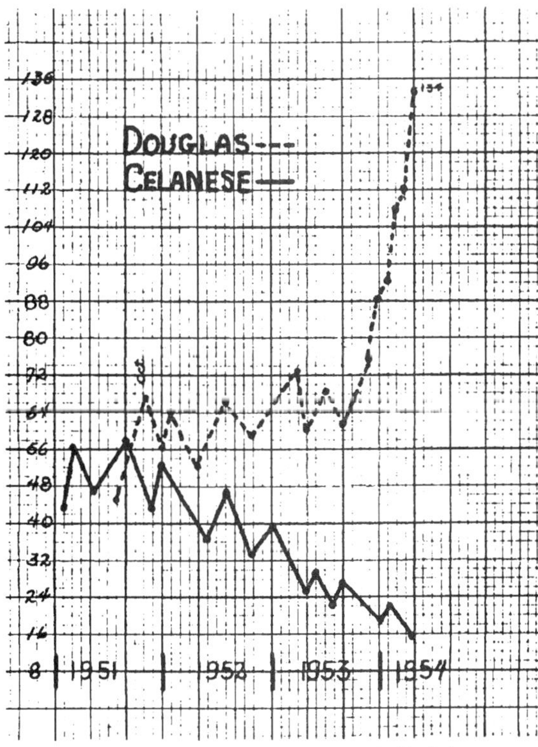

图 1－9　道格拉斯与塞拉尼斯走势对比图

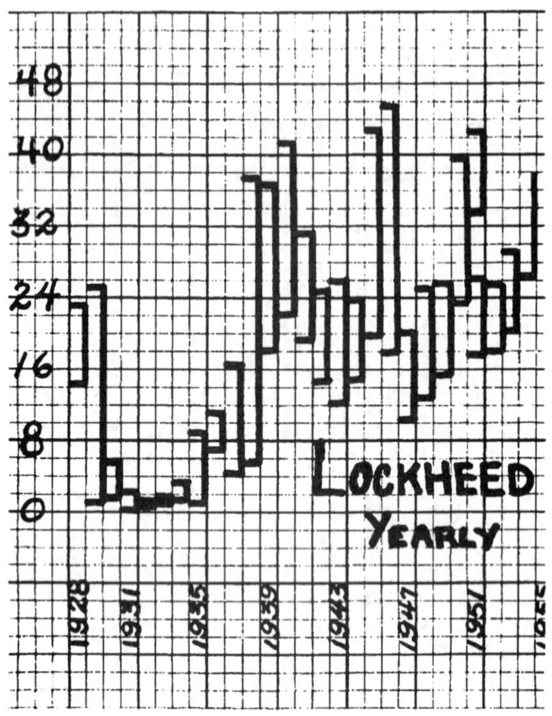

图 1－10　洛克希德摆动图

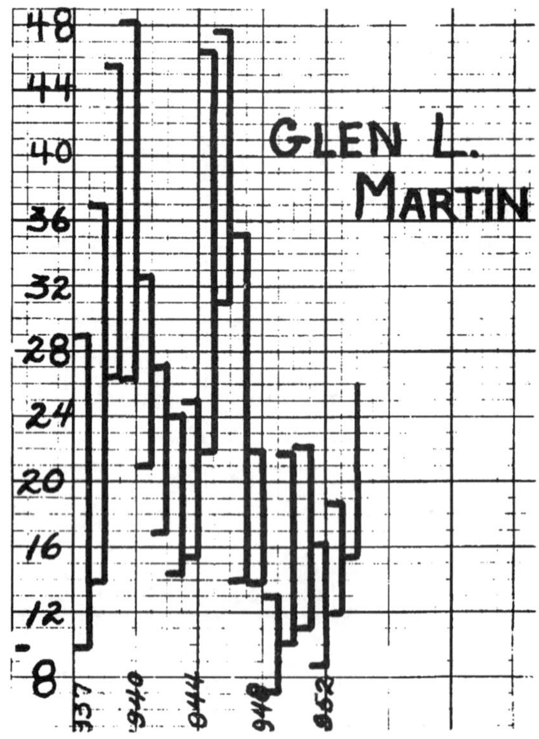

图 1－11　格伦·L. 马丁摆动图

贝尔飞机

1952 年 4 月，该股价格处在一个缓慢的交易区间，当时该股已经进行拆分，不属于应当买进的最好的股票之一。

1953 年 9 月——正在形成更高的底部，更加适合买进。

波音飞机

1952 年 4 月，股票拆分之后形成了低点，值得买进，但在 1953 年 9 月买进会更好，因为当时所有航空股的平均市值已经形成了一个新的更高的低点，表明趋势正在掉头向上（图 1－5）。

1954 年 2 月是买进波音飞机以期在短时间内获得快速盈利的时候了，因为它已经穿越了各个老的高点。

道格拉斯航空

1952 年 4 月，道格拉斯航空是航空股当中最值得买进的，因为它已经从 66½下跌到了 52，而从43½～66½之间的区间的 50％位是 55，并且该股在 1952 年 4 月收盘于 57，使得该股值得买进，同时要把止损单设置在 51（图 1－8）。

1953 年 9 月，道格拉斯形成了低点 62。该股自 1952 年 4 月以来一直在形成更高的底部，因而它是最值得买进的股票之一，同时要把止损单设置在 60 做保护。1953 年 12 月，它穿越了老的高点 74，因而是最值得为了一轮快速的上涨和短时间内获得巨大盈利而买进的股票之一。

洛克希德航空

1952 年 4 月，该股形成了更高的底部，但是运动很缓慢，因为它已经被拆分。在该股于 1953 年 10 月穿越各个老顶时买进要好得多（图 1－10）。

格伦·L. 马丁

1952 年 4 月，该股值得买进，因为它连续 4 个月形成了比 1949 年的低点更高的底部。在该股于 1953 年 9 月穿越各个老顶时买进甚至会更好（图 1－11）。

联合航空

1953 年 4 月，该股值得买进，因为它正在形成更高的底部，但是在 1953 年 9 月买进才会在短时间内获得巨大的盈利。

所有航空股的平均市值

1953 年 2 月，平均市值是 11.80 亿美元。

1954 年 1 月，平均市值创出新高，1954 年 2 月，平均市值走得更高。如果此时买进道格拉斯或者说其他任何一只航空股，你都会在短时间内获得巨大的盈利。

1954 年 3 月 31 日，所有航空股的平均市值是 15.04 亿美元，这是多年来的最高点。1954 年 4 月末，这些股票很可能已经从 1952 年 4 月的极限低点上涨了 100％（截至写到这里为止，我们没有 1954 年 4 月末的数据）。

39 只钢铁股的平均市值

这些数据是每月最后一天的平均价格。研究本章后面说明中的图表（如图 1－12 至图 1－15），它将帮助你判断整个钢铁股票板块的趋势；若你想要选择最好的股票来买进或是卖出，就研究单个钢铁股的图表。

1951 年 9 月，高点 38.05 亿美元。趋势从这个位置开始掉头向下并逐月形成更低的顶部和更低的底部，期间没有出现一个月内增长超过 1 亿美元的情况，直到 1952 年 4 月的低点 33.50 亿美元。趋势从这个低点开始掉头向上，7 月，高点 36.35 亿美元。

1952 年 9 月和 10 月，低点 33.84 亿美元，这是一个更高的底部，也是一个买进位。此时你应当查阅一下单个钢铁股，以便挑选出最值得买进的股票。

伯利恒钢铁

1952 年 9 月，低点 47，高于 1952 年 5 月的低点，值得买进，同时要把止损单设置在 45。但是在 1953 年 9 月所有钢铁股的平均市值为 31.05 亿美元时买进会好得多，此时伯利恒钢铁的价格是44½，没有低于各个老底 3 个点，因而值得买进，同时要把止损单设置在 43。

美国钒钢

1952 年 4 月，低点35½，值得买进，因为该股正在形成更高的底部，你此时买进将会获得相当大的盈利。

1952 年 9 月，低点30½，高于 1950 年和 1951 年的低点，值得买进，同时要把止损单设置在 29，尤其因为由于该股其自身的铀矿使得有如此好的盈利增长前景。

1954 年 2 月，以 41 的价格买进美国钒钢是安全的、最值得的，因为它穿越了老的高点。1954 年 3 月，你可以在它穿越老的高点 47 时再次买进，当时所有钢铁股的平均市值的趋势是向上的。1954 年 4 月，美国钒钢上涨到了59¾，而且成交量非常大。如果你在绘制最高价与最低价的日线和周线图表，你就应当在这个时候卖出。随后该股回调到了 54，接下来再次上涨到了

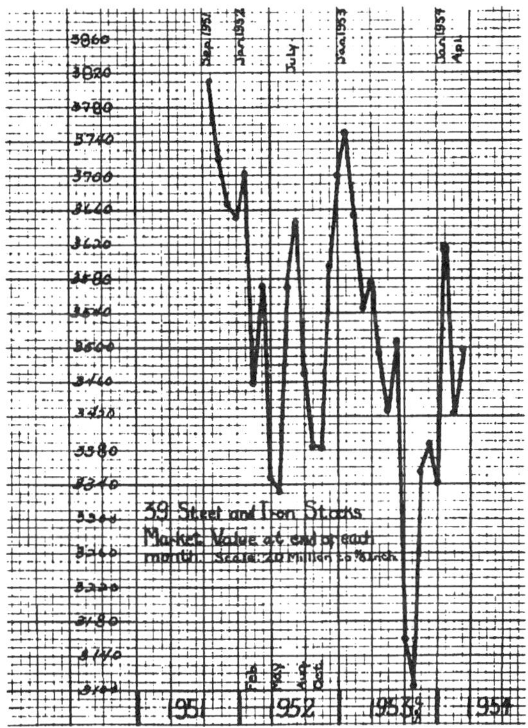

图 1－12　39 只钢铁股市值月变动图

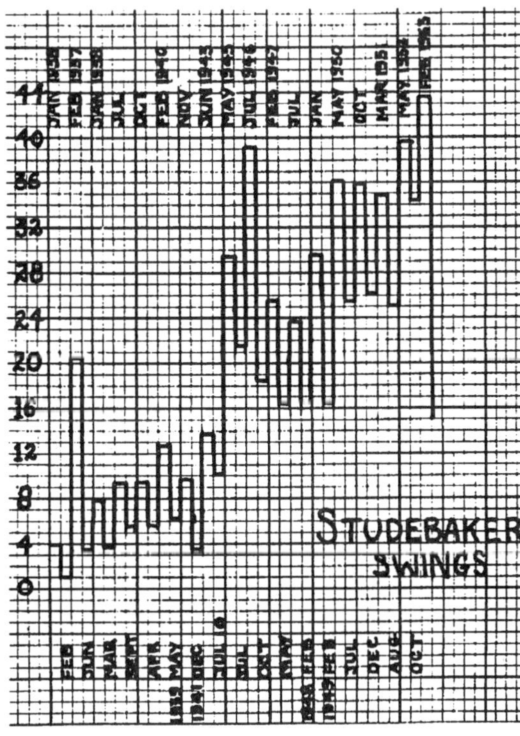

图 1－13　斯图贝克摆动图

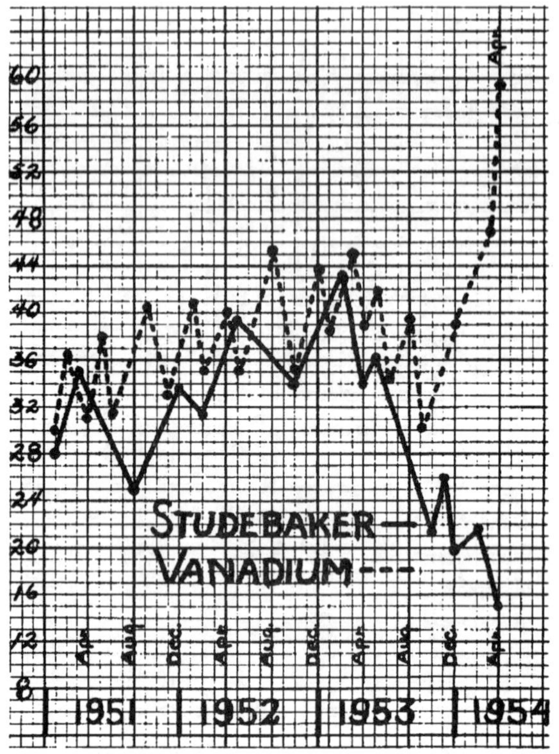

图 1－14　斯图贝克与美国钒钢走势对比图

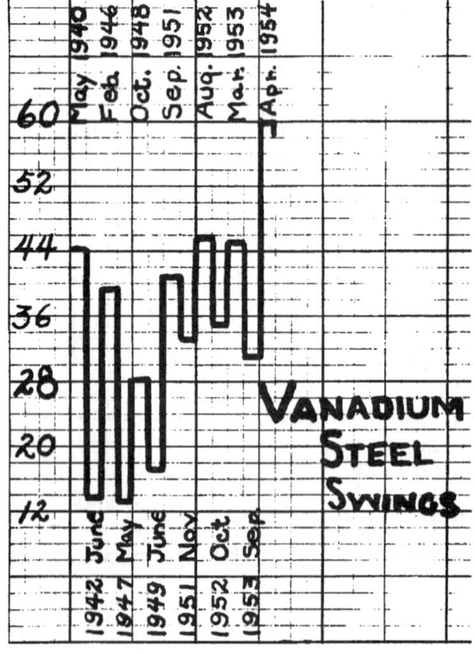

图 1－15　美国钒钢摆动图

59。它必须下跌到54的下方才能表明价格将继续走低。当它穿越60并收盘于这个位置上方时，下一个阻力位就是67～68；这个价格被穿越之后，下一个要注意的价格就是1931年3月的老的高点76½。

保留每只股票板块每月的平均市值、股票板块的平均价格和在纽约股票交易所上市的所有股票每月的总市值，将对你有所帮助。这些平均市值会给出美元趋势，它比道琼斯30种工业平均指数更加准确和有价值，因为后一种平均指数只覆盖了全部上市股票中的一小部分。

记住，你付出的努力越多，你将获得的知识就越多，你将获得的盈利也就越多。所罗门，这位有史以来最大的智者指出聪明和智慧高于其他一切事物。以他为榜样你将会表现得很好。“得着智慧、获致聪明的人是有福的”（箴言）。

我在本课程中所给出的交易规则是很实用的。我已经通过遵循这些规则赚到了钱，你也可以通过遵循它们赚到钱。我人生中最大的乐趣就来自帮助他人。

“愿我能投射一束光辉，
为他人穿越黑暗的路径；
愿我能启示某个灵魂，
明了生活或责任，由此保佑我的兄弟；
我若能抹去他人脸上的泪水，
此生无憾。”

我已将近76岁，我已经体会到幸福和成功。我感觉自己不虚此生，因为成千上万的人已经从我的书籍和指导课程中受益，我确信他们还将从《投机是一门有利可图的职业》这门课程中的交易规则中受益。

威廉·D. 江恩

1954年5月18日

第二章　股票市场预测方法与人体特征

图表种类

你应当绘制一张年线图表、月线图表、周线图表和隔夜图表[①]。你将在周线图表上发现，股票经常出现逆向小型趋势并向上运行 2 周或 3 周，但它不会在第 3 周形成一个更高的顶部或更高的底部；不过，其他一些时候它会停留几周，期间不会上涨到之前 2 周的反弹所形成的价位之上。在这种情况下，用高于或低于这 2 周逆向运动的高点或低点 3 个点的止损单做保护卖出或是买进始终是安全的。如果市场即将走高，它就应当继续上涨到第 3 周；如果市场即将走低，它就应当继续下跌到第 3 周。这些规则在熊市中与在牛市中同样适用。

要显示出趋势的反转，隔夜图表上的价格必须运行到上一个顶部或底部上方 3 个点。隔夜图表是以底部为依据的，只要形成了更高的底部，它就会继续向上；只要形成了更低的底部，它就会继续向下。所有运动都以底部为计算基准。对于上涨的市场来说，底部必须要抬高或者说上升；如果市场下跌，底部就必须下降。

如何预测

市场中的每一轮运动都是自然法则的结果，其原因在结果发生之前很长时间就存在，因而可以提前很多年就判断出未来的市场运动。未来不过是过去的重复，正如《圣经》中明白阐述的："已有的事，后必再有；已行的事，后必再行。日光之下，并无新鲜事。"——传道书 1：9。

一切事物都有大小之分，因而为了准确预测未来，你必须知道主要的循

① 参见本书第三章内容。

环，因为绝大部分钱是在极限波动时挣到的。

股票的大循环每 49～50 年出现一次。持续 5～7 年的极限最高价或极限最低价的“50 周年纪念”时期出现在 50 年循环结束时。

“7”是《圣经》中多次提到的毁灭性数字，它受会带来紧缩、萧条和恐慌的土星所支配。7 的平方等于 49，它被认为是致命的、不幸的一年，会引发剧烈的波动。

最重要的时间循环是 20 年循环，也就是 240 个月，绝大多数股票和平均指数都最接近于按照这个循环而不是其他的任何一个循环来运行。5 年是 20 年的 1/4；10 年是 20 年的一半，它非常重要，因为它是 120 个月。15 年是 20 年的 3/4，也很重要，因为它是 180 个月；同样，7½年也很重要，因为它是 90 个月，而84⅝是 90 的 15/16。

下一个重要的大循环是 30 年，它是由土星引起的。

这颗行星每 30 年绕太阳运行一周。土星支配着地球上的生物，在每 30 年循环结束时导致地球上的生物达到极限最高或极限最低，这也就使股票形成了高点或低点。所有循环当中最重要的是 20 年循环。

下一个重要的大循环是 10 年循环，它会每 10 年产生同样性质的波动以及极限高点或极限低点。股票非常准确地按照每整 10 年循环来表现。小循环是 3 年和 6 年，最小的循环是 1 年，它经常会在第 10 个月或第 11 个月表现出趋势的变化。

在快速的市场中，一轮运动会运行 6～7 周，然后便会出现趋势的某种小型逆转；但是，市场也经常会持续几个月，期间仅调整 2 周，随后可能会休整 2 周或 3 周，接下来便重新开始主要趋势。

它们经常会顺势上涨或下跌到第 3 周。这条规则同样适用于日线上的运动。快速运动的市场将只会在与主要趋势相反的方向上运动 2 天，第 3 天便会重新开始它们与主要趋势一致的上升或下降进程。

将角度线运用于所有运动当中，同时还要计算出主要运动或次要运动的 1/3、2/3、1/4 和 3/4 位。一半是最重要的，因为它等于 45°角度线，这是最强有力的、最致命的。次重要的是 2/3，它等于一个三角点，也就是 120°。所有基于自然法则的规则对于时间、空间和成交量的图表也同样适用。

猜测毫无益处。始终要考虑一个市场主要的时间摆动；然后注意你的周线图表和隔夜图表，直到它们显示出反转或者说时间已到。所有的市场都分 3～4 个阶段运行，第 3 次或第 4 次的向上或向下运动就标志着转折点的出现。反转信号总是会在时间到来之前被发出，之后市场可能会形成 2 次或 3

次到达同一个区域的向上或向下摆动，它会运行到比警告信号刚发出时的顶部高一点或底部低一点的位置。当这种情况正在发生时，市场要么是在吸筹，要么是在派发。

股票预测的时间规则

股票市场按照 10 年循环来运行，其中又分两个 5 年循环——一个上升的 5 年循环，一个下降的 5 年循环。

规则 1：牛市行情或熊市行情不会在不出现 3～6 个月或 1 年的反方向运动的情况下向上或向下运行 3～3½年以上。许多行情都结束在第 23 个月，不会走完整 2 年。注意周线图表和月线图表，以便判断顶点会出现在这轮运动的第 23～24 个月、第 34～35 个月、第 41～42 个月、第 49～60 个月、第 67～72 个月，还有第 84～90 个月。

规则 2：一轮牛市行情会运行 5 年，其中 2 年上升，1 年下降，2 年上升，完成一个 5 年循环。一轮 5 年行情会结束于第 59～60 个月。始终要在第 59 个月注意趋势的变化。

规则 3：一轮熊市循环会向下运行 5 年。首先是向下运行 2 年，然后向上运行 1 年，最后向下运行 2 年，完成 5 年的向下摆动。

规则 4：给任意顶部加上 10 年，你就得到平均波动大致相同的另外一个 10 年循环的顶部。

规则 5：给任意底部加上 10 年，你就得到下一个 10 年循环的底部。它将重复一年相同的高低点结构以及大致相同的平均波动幅度。

规则 6：熊市行情会在从任意彻底的底部，用 7 年时间循环走完，或是 3 年时间的循环加 4 年时间的循环，从任意一轮循环的彻底的底部加上 3 年就得到下一个底部；然后再加上 4 年就得到 7 年循环的底部。

规则 7：给任意彻底的顶部加上 3 年就得到下一个顶部；然后给第一个顶部加上 3 年就得到第二个顶部；最后给第二个顶部加上 4 年就得到第三个顶部，也就是一轮 10 年循环的最终顶部。

规则 8：给任意顶部加上 5 年就得到平均波动大致相同的下一个 5 年循环的底部。为了得到下一个 5 年循环的顶部，就要给任意底部加上 5 年，这样就得到平均波动大致相同的下一个顶部。1917 年，这是一轮大型熊市行情的底部，加上 5 年就得到 1922 年，这是一轮小型牛市行情的顶部。我为什么会说“一轮小型牛市行情的顶部”呢？原因在于 1919 年是顶部，给 1919 年加上 5 年就得到 1924 年是一轮 5 年熊市循环的底部。参考规则 2 和规则

3，它们将告诉你，一轮牛市行情或熊市行情从来不会在一个方向上运行 2 年以上。

从 1919 年开始的熊市行情下跌了 2 年——1920 年和 1921 年；因此，我们只能得到出现在 1922 年的 1 年反弹；然后是 2 年下跌——1923 年和 1924 年，这就完成了这一轮 5 年熊市循环。现在，回顾一下 1913 年和 1914 年，你会发现 1923 年和 1924 年一定会是用来完成从 1913 年和 1914 年的底部开始的 10 年循环的熊市年。接下来注意，1917 年是这轮熊市循环的底部，加上 7 年就得到 1924 年也是一轮熊市循环的底部。

规则 9：如何编制每年的年度预测。回顾过去 10 年，未来年份的运行会跟过去 10 年循环的运行非常接近。例如，1932 年将会像 1902 年、1912 年和 1922 年一样运行。

存在一个 30 年的大循环，它要走完 3 个 10 年循环。从当前往回的 10 年循环和 20 年循环对未来影响最大。但是在完成 30 年循环时，最好还是查阅过去 30 年的纪录，以便编制一份未来预测。例如：为了编制我的 1922 年预测，我会查阅 1892 年、1902 年和 1912 年，并且会留意月线上的运动的小型变化。但是我知道 1922 年的运行会最接近于 1912 年。然而，某些股票的运行会接近于 1892 年和 1902 年的波动。记住，每只股票都从它自身的起点或者说它自身的顶部和底部开始运行，不会总是按照平均顶部和底部来运行。因此，要单独判断每只股票并绘制出它们的周线图表和月线图表。

规则 10：极限大循环。必定始终存在主次、大小和正负之分；这就是为什么股票在一个 10 年循环中会有 3 轮重要运动、相隔 3 年的两个顶部以及相隔 4 年的下一个顶部。这对 5 年运动也同样有效，即 2 年上升，随后是 1 年下降，接下来是 2 年上升——两轮主要运动，一轮次要运动。市场中最小的完整循环或完整运行是 5 年，而 10 年也是一个完整的循环。5 乘以 10 等于 50，它是最大的循环。在一个 50 年的大循环结束时，会出现极限最高价或极限最低价。回顾过去的记录你就可以验证这一点。

数字“7”是时间的基础，股市中每 7 年就会出现一轮恐慌和萧条，这样的萧条很极端，并且比 3 年下跌的幅度更大。

注意 1907 年、1917 年等。7 乘以 7 等于 49，它是致命的，会引起第 49～50 年的极限波动。记住，你必须从底部或顶部开始计算所有的循环，不管是大循环还是小循环。通过回顾过去 30～50 年的历史走势你会发现，极限波动也会出现在一个 30 年循环结束的时候。

规则 11：可以用判断年线上的运动规则来判断月线上的运动。也就是说，为了得到次要底部和回调点数，可以给某个底部加上 3 个月，然后再加上 4 个月，一共加上 7 个月。但是要记住，在牛市中，一轮回调可能仅持续两周或 3 周；然后上涨便会重新开始。这样，一个市场就可能在不跌破任何月线上的底部的情况下持续上涨 12 个月。在大型的向上摆动中，一轮回调不会持续两个月以上，第 3 个月就会向上摆动，与年度循环中的规则一样——两轮下跌，第 3 轮上涨。该规则在熊市中同样适用——反弹不会持续两个月以上。绝大多数运动会在第 6～7 个月走完。一周有 7 天，7 乘以 7 等于 49 天，这是一个致命的转折点。始终要注意年度趋势，考虑你是处在熊市中还是牛市中。在牛市中，在月线图表显示趋势向上的情况下，一只股票经常会先回调两周或 3 周，随后休整 3 周或 4 周，接下来进入新的区域并继续上涨 6～7 周。在断定出现了反转运动之前，始终要考虑大的时限是否已经走完；同时不要忘记考虑从主要顶部和主要底部开始以来的时间标志。

规则 12：日线图表：日线上的摆动按照与年度循环和月度循环同样的规则来运行；当然，每日摆动只是年度循环和月度循环的一小部分。日线上的重要变化每隔 7 天或 10 天出现。在一个月当中，趋势变化大致出现在 6—7 日、9—10 日、14—15 日、19—20 日、23—24 日、29—31 日。这些次要运动与个股的顶部或底部一起出现。在距离上一个顶部或底部 30 天时要注意趋势的变化，这是非常重要的；接下来要在距离顶部或底部 60、90、120 天时注意趋势的变化；距离顶部或底部 180 天（即 6 个月）的时间是非常重要的，它有时标志着市场将会转向更大幅度的运动。此外，还应当在从顶部或底部开始的第 9 和第 11 个月注意重要的次要变化——经常是主要变化。

日线图表会给出最初的短暂变化，该变化可能会持续 7～10 天；周线图表会给出更加重要的趋势变化；月线图表则会给出最强的趋势变化。记住，在趋势反转之前，周线上的运动会持续 3～7 周；月线上的运动会持续 2～3 个月或更长时间，具体根据所处的年度循环而定。

注意一只股票是在逐年形成更高的底部还是更低的底部是很重要的。例如，如果一只股票已经连续 5 年逐年形成更高的底部，然后形成了一个低于前一年的底部，那么这就是一个反转信号，可能标志着一轮长期向下的循环。这条规则同样适用于那些已经在熊市中连续多年形成了更低的顶部的股票。

研究我给出的所有指导和规则，仔细阅读几次，因为它们每一次都将变得更加清晰。研究各种图表并在实践中和过去的市场表现中理解各条规则，这样你就会取得进步，也会认识和领会到我的预测法的价值。

股市预测指南

首先，要记住时间是所有因素当中最为重要的，任何大型的上涨或下跌都会等到经过了足够的时间后才会开始。时间因素将会使得空间和成交量失衡。时间到了，空间运动就会开始，巨大的成交量也会开始增加或减少。

第二，考虑每只个股并根据其自底部或顶部以来的时间距离来判断其趋势。不论其他股票如何运动，甚至不论同一个板块中的股票如何运动，每只股票都会按照它从自身的底部和顶部开始的 5、10、20、30、50 和 60 年循环来运行。

第三，月线上的反转或趋势变化经常出现在 2～3 个月之后。该变化会按照你所引入的主要时间因素在第 3 个月开始。

第四，周线上的时间规则。一只股票将向下运行 2～3 周，有时会运行 4 周；但是，一般来说，趋势的逆转或变化都会出现在第 3 周，而且只会违背主要趋势运行 3 周。在牛市当中，会出现两周的下跌，或者可能是 3 周，然后在第 3 周的中间趋势就会掉头向上并在第 3 周结束时以更高的价格收盘。某些情况下，趋势的变化要直到第 4 周才会出现，然后便会出现逆转，股票会在第 4 周结束时以更高的价格收盘。在熊市中，所有这些规则都要反过来用。

第五，伴随巨大成交量的快速上涨或下跌会运行 7 周左右，这些都是高潮性的上涨或下跌。在第 49～52 天左右注意底部或顶部的出现，不过有时底部或顶部在第 42～45 天就会出现，趋势的变化就会开始。

记住，在任何一轮大型运动结束时，不管是月线、周线还是日线上的运动，都会消耗一些时间来吸筹和派发。因此，你必须考虑到这一点，观察你的角度线和时间周期。一个市场下跌了 7 周之后，它可能会出现横向波动的应当卖空的两周或 3 周，然后掉头向上。这与月线图表上变化出现在第 3 个月的规则一致。

至于日线上的时间规则，日线图表会给出最初的变化；但是要记住，该变化可能只会运行 7～10 天，然后便会跟随主要趋势。周线图表将给出更加重要的趋势变化；但是要记住，该变化的运行可能不会超过 3～4 周，极端情况下也不会超过 6～7 周，然后便会逆转并跟随主要趋势。

月线图表在牛市中可能会逆转并向下运行 3～4 个月，然后再次逆转并跟随主要趋势向上；或者在熊市中向上运行 3～4 个月，然后逆转并跟随主要趋势向下。不过，一般来说，在熊市中股票从来不会反弹两个月以上，它们会在第 3 个月开始崩跌并跟随主要趋势向下。

你在没有参考以顶部或底部为起点的角度线以及考虑每只个股在循环中所处的位置的情况下，永远不要判定主要趋势已经变化到了哪个方向。当极限上涨或极限下跌出现时，在市场第一次逆向运动了最后趋势段距离的 1/4 或一半以上时，你就可以考虑趋势至少暂时已经掉头向上或向下了。

留意空间运动很重要，因为当时间即将在某个方向上运行完毕时，空间运动将通过回跌上一轮运动距离的 1/4、1/3 或 1/2 以上——这表明主要趋势已经变化——来表明趋势的反转。

如何运用以顶部或底部为起点的角度线

以一只股票的底部为起点的角度线从标为“0”的点开始向上绘制，而那些以标为“T”的图表的顶部为起点的角度线则从顶部开始向下绘制。记住，当你打算绘制从底部到顶部的角度线时，首先应当绘制出 45°角度线，然后在 45°角度线的两边绘制出 2×1 角度线。许多情况下，你很长一段时间都不必使用其他任何角度线，因此你可以在有必要时再绘制出其他角度线。当然，如果你选择的股票正在非常快速地上涨，就要绘制出 4×1 角度线和 8×1角度线。当你选择的股票正在陡直下跌时，这一点同样适用——像标准图上所显示的一样，使用 1 个点对应 1/8 英寸的刻度向下绘制出 8×1 角度线和 4×1 角度线。

一只股票要维持在 45°角度线上方就必须每个月形成 1 个点的盈利，也就是说，必须每月将自己的底部抬高 1 个点；要维持在向上的 8×1 角度线上方，就必须每月将自己的底部抬高 8 个点；要维持在 3×1 角度线上方，就必须每月将自己的底部抬高 3 个点；要维持在 3×2 角度线上方，就必须每月将自己的底部抬高1½个点，也就是每年盈利 18 个点。在 45°角度线的右方，以 6×1 角度线作为开始，该股票仅需要每年盈利两个点。如果一只股票不能上涨到这种角度线上方，它就处于一种非常弱势的形态，当然也就处在正方形的看跌一方。

位于 45°角度线右方的 4×1 角度线标志着每年盈利 3 个点，3×1 角度线标志着每年盈利 4 个点。下一条 2×1 角度线标志着每年盈利 6 个点，也就是每个月盈利 1/2 个点。

如果一只股票在跌破了 45°角度线之后下跌并且跌破了这条 2×1 角度线，它就处于一种非常弱势的形态并标志着价格将大幅走低，尤其如果它距离底部很长一段距离的话，就更是如此。

45°角度线右方的3×2角度线以每12个月8个点的速度上升，也就是每月盈利2/3个点。没有必要从很久以前的价格开始绘制角度线，你可以计算并判断角度线会经过什么位置。例如：假设一只股票在1900年1月在价格15形成了底部，而我想计算45°角度线在10（20）年后的1910年1月（1930年1月）将经过什么位置。该45°角度线以每月1个点的速度上升，那么10年是120个月，也就是120个点，把它加到底部的15之上，那么，该45°角度线将在1910年1月（1930年1月）经过135。[①] 其他所有角度线都可以以同样的方式计算到很久以前。

我已经在标准图上标出了各角度线的测量度数，即你看到的：3¾°、7½°、15°、18¾°、26½°、30°、33¾°、37½°、45°、52½°、56¼°、60°、63¾°、71¼°、75°、82½°、86¼°和90°，你不必困扰于如何测量这些角度，为了绘制出正确的角度线，你只需要数出空格并据此绘制出你想要的线或角度线。

在你的标准图上，你将注意到每一条以顶部和底部为起点的角度线是如何通过它们的交叉点来证明它们自己是否正确的。例如：从“0”开始绘制的8×1角度线和从90开始绘制的8×1角度线都经过了45和从“0”开始向右数的5⅝个点[②]。然后取从“0”开始的4×1角度线和从90开始向下的4×1角度线，你将注意到，它们相交于（11¼，45）点，与另外一条(8×1)角度线距离相等，当然，度数是其两倍。

这些角度线可以通过这种方式来证明的原因在于45°角度线、45个点、45°或是其他任何从0～45的区间都是90的一半。因此，从0开始上升和从90开始下降的相同角度的角度线必然相交于45°角度线或重心上。

以底部为起点的角度线的规则

从任何底部、基点或起点开始，都可以绘制两条45°角度线，一条从直角开始上升，一条从直角开始下降。你还可以使用从任意顶部开始的45°角度线或其他任意角度线。先从顶部开始向下绘制45°角度线，它代表每月、每周或每天（具体根据你所使用的价格刻度而定）1个点的下跌；然后从顶部开始向上绘制45°角度线，它代表每月、每周或每天1个点的盈利或1°的上升。

① 原文中本段数据有点儿混乱，译者根据本书第四章的内容做了更正，括弧里是原文中的数据。

② 若从坐标的角度来看，即相交于（5⅝，45）点。

例如：取美国钢铁在 1929 年 11 月 13 日的低点 150，从 150 开始向上绘制 45°角度线，它每月盈利 1 个点；然后从 150 开始向下绘制 45°角度线，该股票必须每月下跌 1 个点才能停留在该 45°角度线上。

1930 年 11 月与 1929 年 11 月距离 12 个月，而美国钢铁在 1930 年 11 月在 138 形成了低点，该低点就处在从底部 150 开始的一条 45°角度线上。

1930 年 12 月，美国钢铁形成了极限低点134⅜，该价格位于从 150 开始的 45°角度线下方两个点，但是停在了从 1927 年 1 月形成的低点111½开始的 2×1 角度线上。1930 年 12 月，美国钢铁收盘于从底部 150 开始的 45°角度线上方。只要它维持在该角度线上方，它就处于一种更加强势的形态；但是要重新回到最强势的形态，它就必须穿越从 150 开始向上的 45°角度线并维持在该角度线上方。

记住，任何一只股票在日线、周线或月线图表上跌破 45°角度线时，都使它处在了一种非常弱势的形态，表明它会下跌到下一条角度线。然而，如果该股票能够收复该 45°角度线，它就处于一种更加强势的形态。该规则同样适用于从任意顶部开始的 45°角度线。当一只股票在日线、周线或月线图表上穿越了该角度线并维持在该 45°角度线上方时，它就处于一种非常强势的形态。

一旦一只股票跌破或穿越了任何一条重要的角度线之后，又运动到该角度线上方或跌回到该角度线下方来逆转了自己的强弱形态，它就再次改变了自身的趋势。

月线图表和周线图表上的角度线当然比日线图表上的角度线更加重要，因为日线上的趋势可能会变化得十分频繁；而在最高价与最低价的月线图表和周线图表上，通过角度线显示出来的就只有主要变化。

当一只股票跌破或穿越任意重要的角度线时，一定要考虑该股票与其基点或起点的距离，与基点的距离越远，趋势的变化越重要，不管它此时是穿越了一条从顶部开始的角度线，还是跌破了一条从底部开始的角度线。

每只股票都通过其极限高点和极限低点来完成自身的正方形，或是自身顶部的正方形。例如：美国橡胶——143 是用来测量宽度的最高值；然后沿着 90°角度线向下移动 143 个空格或 143 个月并分割该正方形，就像我在最高价与最低价的月线图表上所做的一样。你可以看到它是如何走到它的正方形的 1/4、1/2、3/4、1/3、2/3 等的位置的。它将需要 143 个月或者说 11 年零 11 个月才能走完这个正方形。这个时间周期将结束于 1931 年 12 月，这将是一个注意美国橡胶的趋势变化的重要位置。

为什么几何角度线能对股票产生影响？

为什么 90°角度线是所有角度线中最强的？因为它是垂直的[①]或者说直上直下的。

90°角度线之后下一条最强的角度线是哪一条？180°角度线。因为它与 90°角度线成直角，也就是与 90°角度线距离 90°。

180°角度线之后下一条最强的角度线是哪一条？270°角度线。因为它与 90°角度线相对，也就是与 90°角度线距离 180°，等于圆周的 1/2——最强的点。

270°角度线之后下一条最强的角度线是哪一条？360°角度线。因为它结束了圆周，回到了起点，并且与角度为圆周的 1/2 的 180°（即半路点）相对。

强度仅次于 90°、180°、270°和 360°的角度线是哪些？120°和 240°，因为它们分别是圆的 1/3 和 2/3。120°是 90°加上 30°，即 90°的 1/3。240°是 180°加上 180°的 1/3，即 60°，这使得这些强有力的角度线对于时间测量尤其强有力。

强度再弱一点儿的是哪些角度线？45°角度线，因为它是 90°的 1/2；135°角度线，因为它与 45°距离 90°；225°角度线，因为它与 180°距离 45°；315°角度线，因为它与 270°角度线距离 45°；225°角度线与 45°角度线距离 180°，而 315°角度线与 135°角度距离 180°。

90°角度线、180°角度线、270°角度线和 360°角度线组成了第一个重要的十字形，即我们所说的十字交叉。45°角度线、135°角度线、225°角度线和 315°角度线组成了下一个重要的十字形，即我们所说的对角交叉。这些角度线对于时间、空间和成交量的测量来说是非常重要的。

为什么22½°角度线比11¼°更强？因为它是后者的两倍——与 45°角度线比22½°角度线更强是一样的理由。同样地，67½°角度线是 45 的1½倍，因此，当任何一种合约向上朝着 90°运动时，该角度线是相当强的阻力。78¾°比67½°更强，因为它是 90°的7/8，因此它是到达 90°之前最强的位置之一，对于观察时间、空间和成交量来说非常重要。许多股票都会在第 78～80 周、月或天附近出现重大的运动并形成顶部或底部。

为什么圆的 1/8 倍数的角度线对时间和空间测量来说非常最重要？因为我们把 1 美元分成 2、4 和 8 份。我们用使用 25 美分，即 1/4 美元；50 美分，即 1/2 美元；多年以前我们还有12½美分的钱币。尽管我们的货币单位

① 这里应该是 vertical，即“垂直的”，不是原文的 horizontal。

是 4 个 1/4 美元，但我们在所有的计算中都使用 1/8 美元，即12½美分。股票的波动是基于 1/8、1/4、3/8、1/2、5/8、3/4、7/8 和整数 1 的。因此，如果把这些数字变成时间的角度线，计算出来的任何价格和空间的单位量度值都会更接近于这些数字，而不是价格的 1/2 位或 2/3 位。原因很简单，在 1/8 大小的波动最终一定会更接近于这些数字。把票面价值 100 美元作为计算股票价格的基础，并把这些价格换算成度数，12½美元等于 45°，25 美元等于 90°，37½美元等于 135°，50 美元等于 180°，62½美元等于 225°，75 美元等于 270°，82½美元等于 315°，100 美元等于 360°。

例如：当一只个股在第 180 天、第 180 周或第 180 个月的价格是 50 时，它就处在其时间角度线上。1915 年 2 月 1 日，美国钢铁形成了低点 38，它非常靠近价格37½，即 100 的 3/8，等于一个 135°角。1915 年 2 月 25 日距离美国钢铁成立 14 年，即 168 个月，而此时它触及的是 135°角度线，这表明美国钢铁的价格落后于时间。但是，维持在了 135°角度线或37½上方的 38 它就处于一种强势形态。随后，当美国钢铁的价格穿越 200 时，它就等于两个 360°圆周。当它上涨到261¾时，它就非常靠近第三个 100 中的62½，或者说非常靠近 225°角度线。这是美国钢铁穿越了半路点（即 180°角度线）之后最强的角度线。美国钢铁在第三个 100 中的半路点是 250；262½（即 5/8 位，它等于 225°）将是下一个强阻力点。

在对主要时间角度线的说明中，你会发现从美国钢铁公司组建到它形成极限顶部，每条时间角度线已经运行了多久，研究这些时间角度线，你将发现每条时间角度线到达（距离美国钢铁组建）24、36、48、60、72、84、90、120、135、157½、180、210、225、240、270、300、315、330、345 以及等同于 360°的 360 个月时都发生了什么。在主要时间角度线中，我们还向你展示了时间角度线 5 号、6 号、7 号、8 号、9 号与其他时间角度线相交时，或是它们在美国钢铁组建时所处的位置发生了什么。当然，这些规则同样也可以被运用于其他任何股票，你可以看到每条核心时间角度线返回到它在美国钢铁组建时所处的位置，或是返回到美国钢铁到达任意极限最高价或极限最低价时的位置时发生了什么。你将了解到这些核心时间角度线何时从它们开始的位置返回到同一个位置或是同一个角度或度数。因此，你可以通过能量的转移来知道确切的循环周期测算。对核心时间角度线的说明会给出所有市场运动的起因，因而市场运动可以提前 2000 年就被计算出来。我们即将使用的数据是由美国政府的天文学家计算出来的，因此是绝对精确的。仔细研究所有这些数据并比较各种不同股票的运动，你将相信这些数据的价值。

如何使用几何角度线

我在股市中的操作方法是完全基于数学点或几何角度线的。阻力位全部都是几何角度线，因为阻力位是 1/8、1/4、1/2、3/4、1/3、2/3 位等，不管大小，它们都是圆周的一定比例，因此，代表了几何角度线。

有三个重要因素要考虑：价格、时间和空间运动。例如，当价格到达 45 时，它就会遇到阻力，因为该价格等于一条 45°角度线。随后，当价格跌破某条 45°角度线时，不管该价格是处在 45、67、90、135、180，还是其他任何位置，这都会使股票变为弱势形态，并且该角度线等于一条阻力角度线。如果该价格与底部距离很远，这会更加重要。股票跌破 45°角度线或其他任意角度线时，价格与底部的距离是最重要的。例如，一只股票在其上涨的早期阶段会多次停在 45°角度线上；随后在回调过程中再次停在该角度线上；接下来出现一轮长时间的上涨，然后再次回调并停在该 45°角度线上；此后到达一个更高的价位，最后第四次跌破该 45°角度线，这使得该股处于一种极其弱势的形态，因为该股的价格已经距离底部如此之远，而且自该股形成低点以来已经过了这么长的时间。在熊市或下跌市中，将该规则反过来用，并且不要忘记当角度线被跌破时，最高价与最低价的月线图表和周线图表是最重要的。在日线图表上，价格可以跌破角度线之后再回到角度线上，而且对于最高价与最低价的日线图表来说，要在一段很长的时间内维持住一条 45°角度线是可能的，除非是在大型牛市行情结束时的最后大冲刺阶段。

假设一只股票跌破一条 45°角度线时它处在第 135 个月，价格为 135，此时它将位于一个强有力的阻力位，因为从时间来看，该股触及并跌破了一条强有力的角度线。这将是时间与空间在阻力位上或者说在几何角度线上达到平衡，标志着一轮大的下跌即将出现。在一轮熊市行情结束时将这条规则反过来用。

在考虑了阻力位、时间和几何角度线这三个重要的因素之后，下一个，也是第四个非常重要的因素是顶部或底部的成交量。在顶部附近，成交量增加；在底部附近，成交量减少。也就是说，当一轮熊市行情已经运行了很长一段时间，并且股票套现已经大致完成时，成交量就会减少，这是市场正在为趋势变化做准备的一个标志。

美国钒钢的最高价与最低价的周线图表和成交量

这张图表开始于 1928 年 9 月 29 日。我用每个宽度为 1/8 的空格来表示

2.5 万股。例如，在 1928 年 9 月 29 日结束那一周，成交量是 2.66 万股，高点是 85，低点是 76，都用 1/8 来表示。此方法也适用于接下来的一周，这周成交量是 2.5 万股或更少，同时该股停留在一个狭窄的交易区间内，但逐渐走高，直到在 10 月 27 日结束那一周，此时成交量是 11.14 万股，并且该股上涨到了88¼。我用 4 格的宽度来表示 10 万股。接下来注意，11 月 10 日，或在 11 月 10 日结束那一周，该股从84¼上涨到了 108，成交量是 23.89 万股。接下来的一周，成交量是 11.64 万股，而价格仅仅走高了 3 个点。随后该股跌破了 45°角度线并下跌到了 85。在 12 月 8 日结束那一周及其接下来的一周，价格还是处在这个价位附近，维持在从底部开始的 4×1 角度线上方，没有回到 12 月 10 日结束那一周所到达的低点，这次下跌中的成交量很小。在 12 月 22 日结束那一周，成交量仅为 2.5 万股。接下来该股再次上涨。

在 1929 年 1 月 19 日结束的那一周，成交量是 13.88 万股。接下来一周的成交量是 6.12 万股，再接下来一周，该股仅仅走低 1/2 个点，成交量仅为 2.5 万股。随后出现的一轮快速反弹结束于 2 月 9 日那一周，其间成交量为 17.5 万股，这里是顶部。接下来出现了一轮快速回调，期间成交量为 7.42 万股。接下来的一周，底部处于同一个价位附近，成交量为 15.3 万股。在 3 月 2 日结束的那一周，成交量是 5.15 万股。然后出现了成交量很小的两周，成交量分别是 3.35 万股和 3.22 万股。此时该股再次跌破了从 1928 年 9 月 29 日价位开始的22¼°角度线，即 2×1 角度线，此后下跌接踵而至。在 6 月 1 日结束那一周，该股到达了底部 68，成交量仅为 3.37 万股。接下来一周的成交量仅为 2.7 万股，这表明股票套现已经不多，套现已经完成。在 7 月 20 日结束那一周，该股反弹到了 97，期间成交量仅为 4.87 万股，该成交量不足以大到表明此时的买盘已经强大到足够继续推动该股走高。随后出现了一轮下跌，成交量很小，在 8 月 10 日结束的那一周，该股到达底部77½。这几周成交量为 2.5 万股或更少，在 8 月 31 日结束的那一周，成交量下降到了 8800 股，这表明这个价位上的待售股票已经稀少，有人正在吸纳所有卖出的股票。

在 9 月 14 日结束的那一周，该股在成交量为 13.84 万股的情况下被抬高到了 100。注意，该股没能穿越 4 月 6 日的顶部，同时这两个顶部的成交量都低于 2 月 16 日结束的那一周和 23 日结束的那一周的巨大成交量，这表明发生在 104 与 115 之间的大规模派发，是由那些长时间内不打算买回股票的人引起的，同时也表明当该股靠近价格 100 时，这些人再次重仓卖出。

在9月28日结束的那一周，出现了一轮成交量很小的下跌，但是45°角度线被跌破，该股将继续走低。在10月26日结束的那一周，成交量增加到了5.66万股。接下来一周，成交量为5.06万股，表明此时有大量的股票套现。随后在11月9日结束那一周和11月16日结束那一周，成交量分别下降到了1.72万股和2.9万股。11月13日，该股到达了最终的底部37½。接下来的一轮反弹一直持续到了12月14日结束那一周，但是成交量很小，仅增加到了3.1万股，而且在顶部出现的那一周，成交量为2.1万股。然后出现了一轮回调，但成交量甚至更小了，分别是1.23万、1.13万和1.38万。在12月21日结束那一周，该股到达底部，成交量为1.9万股。此后出现了两周的窄幅波动，期间的总成交量没有超过2.5万股。这表明该股已经彻底套现，并正在为上涨做准备。在1930年2月1日结束那一周，该股穿越了12月14日的高点，成交量增加到了9.2万股。随后在2月8日结束那一周，出现了一轮小幅回调，但成交量仅为2.3万股。接下来一周，上涨重新开始，成交量也达到了6.24万股。再接下来一周，成交量为4.83万股。在3月1日结束那一周，出现了一轮小幅回调，但成交量仅为3.65万股，这表明买盘大于卖盘，也表明已经没有沉重的卖压了。

接下来上涨重新开始，并且成交量每周都在增加，直到3月29日结束那一周，此时该股的价格为124½，成交量为20.6万股，这是1928年11月以来的最大成交量，随后出现了一轮20个点的回调，但在4月5日结束那一周，成交量仅为8.36万股。接下来的一周，该股形成了一个更高的底部，表明市场还没有到达顶部。

在4月19日结束那一周，成交量为18.46万股；在4月26日结束那一周，成交量为25.81万股。该股从极限低点上涨了105个点，成交量也几乎等于该股的流通股总数，这是该股即将到达并可能开始一轮大幅回调的顶部的一个明显标志。在5月3日结束那一周，出现了一轮大幅下跌，成交量达到了30.4万股，同时从低点103½开始的一条45°角度线首次被跌破，随后从37½开始的45°角度线也被跌破，该股在5月10日结束那一周下跌到了87，成交量为31.04万股，打破了截止到当时为止的所有记录。该股下跌到了从低点37½开始的22½°角度线，即2×1角度线附近。这是一次持续了两周的大幅回调，价格下跌了57个点。计算从低点37½到高点143¼就得到一个半路点90⅜，该股下跌到了超过这个半路点3⅜个点的位置。这是由于巨大的成交量和下跌动能造成的。不过，一只股票经常会走到超过半路点3¾个点的位置，然后再回到半路点，尤其如果该股刚出现了一轮大幅下跌，下跌的点数越多，允许围绕主要中心或半路点波动的幅度越大。当然，股票的浮动筹码非常少的美国钒钢会比浮动筹码多的股票形成更快速的运动和更大的区间。在 5 月 10 日结束那一周，成交量是 24.24 万股，而且价格也穿越了下一周的顶部并上涨到了118½。接下来的一周价格上涨到了120¼，成交量为 24.86 万股，表明交易量在上涨过程中一路增加，但价格并没有相应上涨。

在 5 月 31 日结束那一周，该股到达了 124，成交量 13.57 万股，这标志着卖盘大于买盘以及价格水平已经靠近派发开始的位置，表明再次出现了最大的卖压。

在 6 月 7 日结束那一周，价格上涨到了 125。计算从顶部143½到低点 87。2/3 位处在126¾。然后计算该股的总市值143¼，我们发现 7/8 位处在125⅜。这使得 125 成为一个非常强的阻力位，因为它处在总市值的 7/8 位，并且靠近波动幅度的 2/3 位。125 是一个很强的阻力位的另外一个原因是 25 是 100 的 1/4。

在 6 月 7 日结束那一周，美国钒钢伴随着巨大的成交量跌破了从低点 87 开始的 45°角度线，当周的成交总量是 23.71 万股，价格下跌到了 100 并停在了从37½开始的22½°角度线，即 2×1 角度线上。6 月 9 日，美国钒钢跌破了 100，当然也就处在了 2×1 角度线下方。这一次该股下跌到了89½，并且在37½与143½之间的重心或半路点附近获得了支撑。然而，不论是从成交量图表还是周线图表上看，美国钒钢都在角度线上处于一种弱势形态；从最高价与最低价的月线图表上看，这一次指示出仅是一次反弹。然而，如果它能暂时维持住不跌破 5 月 10 日的低点 87，就将标志着即将出现一轮更大的反弹，很可能会是最近一轮下跌幅度的 1/3～1/2。

从 11 月 13 日的低点到 4 月份的高点，成交总量是 167.26 万股，按照每周移动与 1/8 格对应的 2.5 万股来计算，这将使得该成交量移动到第 67 格，这点我已在图表中注明。你将从成交量图表中看到，之所以这样移动是由于有些周成交量不等于 2.5 万股。我们必须对顶部和底部做好记录，这会向我们显示一点关于时间与价格平衡的信息。5 月 3 日结束那一周和 5 月 10 日结束那一周的成交总量是 61.4 万股，把截止到此时的成交总量达到了 228.2 万股，这在 5 月 10 日结束那一周把成交总量移到了第 91 格，使我们的成交量图表右移了 6 格。注意，这两周的成交量大约是价格从37½到143¾的成交总量的 1/3，当然也就扫除了一半的上涨。因此，随后会出现反弹就再自然不过了，因为从时间上来讲下跌太快了。这使得截至 6 月 7 日结束那一周，我们的成交总量是 317.08 万股，这将把我们带到第 126 格，我们在此用红色墨水标记；按照我们绘制该成交量图表的方式，这又向右移动了 8 格。因此，6 月 7 日结束那一周的成交量与空间运动一起，恰好停在了从37½开始的 2×1 角度线上，而且 101～100¾将在 6 月 9 日开始那一周向上触及这条角度线。6 月 9 日的价格是101¾，随后该股下跌到了89½。在一只股票摆脱一系列伴随小成交量的窄幅波动之后，要确保你的成交量图表准确无误，以便角度线能够更好地发挥作用。

道琼斯 30 种工业股 1921 年 6 月至 1930 年 5 月的月成交量图表

结果将证明研究这张成交量图表是非常有趣且有价值的。你可以看到，在 1921 年 6 月份、7 月份和 8 月份，每月成交量都下降到了 1000 万～1500 万股左右。1928 年 3 月，月成交量有史以来第一次达到了 8000 万股，从这个时候起，成交量就非常大。随着这一股票板块从 1928 年 6 月的回调，当时的价格是 194，到 1929 年 9 月的顶部，价格到达了 381，在此期间不断地走高，从未出现超过 1 个月的回调，该平均指数也从未跌破前一个的底部 10 个点。1928 年 10 月，成交量剧增，并且在 11 月和 12 月继续扩大。事实上，成交量一路扩大到了 1929 年 8 月，当月成交量再次超过了 1 亿股；9 月份的成交量也超过了 1 亿股。看一看在顶部时这么庞大的成交量图表上是如何体现的。随后的 10 月份，价格自 1929 年 5 月以来第一次跌破了前一个月的价格水平，表明趋势已经掉头向下。所有的成交量记录都在 10 月份被打破，当月成交量达到了 1.41 亿股。在 11 月份的最后回调当中，或者说在最后一波股票套现当中，成交量下降到了 8000 万股左右。接下来价格逐月走高，在成交量相当大的情况下不断形成更高的底部和更高的顶部，直到 1930 年 3 月，成交量达到 9000 万股。4 月，成交总量达到了 1.11 亿股，而价格上的盈利却非常小。5 月初，价格跌破了 4 月份的底部，这在 1929 年 11 月份以来到达的低点还是第一次，一轮陡直的下跌接踵而至。5 月份的成交量非常大，达到了 8000 万股；接下来的 6 月份成交量仍然相当大，同时价格在 6 月 9 日下跌到了 250。这次自 1929 年 11 月到 1930 年 4 月的成交量变化表明是熊市中的一次反弹。

注意 1929 年 1 月到 1929 年 5 月的底部，同时注意伴随着巨大的成交量，4 月份的反弹使价格上涨到了 1929 年的派发进行的位置。注意这张图表上的刻度是每 1/8 英寸对应 2 个点，而不是 1 个点，这是考虑到始于 1921 年 8 月的低点的角度线和始于 1923 年 11 月低点的角度线在价值上都翻倍了，也就是说，2×1 角度线等于 45°角度线，4×1 角度线等于 2×1 角度线，即22½°角度线。

例如，从1928年6月低点开始的2×1角度线就等于45°角度线。注意，价格于1929年5月停在了这条角度线上，而且该角度线在1929年10月份第一次被跌破，随后便出现了一轮大的下跌。注意从1921年8月开始的4×1角度线等于22½°角度线，即2×1角度线，它在1930年4月在这条角度线下快速上升。接下来考虑下一条从1923年11月开始的4×1角度线，它也等于22½°角度线。注意，价格在3月份和4月份上涨到了略高于这条角度线的位置，但是在1930年5月开盘时，价格下跌到了这条角度线下方，然后又跌破了从1929年11月开始的45°角度线，而如果该图表的计算基础中的2个空格换成1个空格的话，该45°角度线实际上是2×1角度线，即22½°角度线。从1929年11月开始的2×1角度线就等于45°角度线。该角度线在1930年6月经过了248，从1919年10月的顶部顶点开始的2×1角度线（即45°角度线）也经过了这个位置，这使得248成了一个非常重要的点位。此外还要注意，1930年1月的低点是246，如果这条角度线以及1月份的低点246被跌破，就将预示着这些平均指数的价格将会非常大幅地走低。

快速上涨和快速下跌

出现快速上涨的股票为什么会在跌破月线图表和周线图表上的67½°角度线或45°角度线之前快速反转并出现陡直、快速的下跌？

这是因为巨大的成交量迫使价格不断向前运动，直到45°角度线在非常高的水平上被真正跌破。通过绘制出时间、空间和成交量组合图我们可以发现这一点，成交量图表能显示出角度线被跌破，而仅以1个空格代表一个月或一周的时间图表则显示不出角度线被跌破。

例如，绘制出一张美国钢铁自1929年3月31日至今的周成交量图表，你就会发现，该股在1929年9月的高点之后出现了如此陡直的崩跌，这是因为在周线图表和月线图表上的价格角度线被跌破之前成交量就跌破了角度线。

我们将寄送给你一张美国钒钢从1929年至今的周成交量图表，它将向你展示当成交量与时间和空间一起制成图表时该股是如何运行的。

在一轮长期的下跌之后，股票为什么要在低价位上停留那么长时间，需要那么长的时间才能恢复？

因为在底部附近成交量严重萎缩，以至于它需要很长时间才能超越距离①的正方形。当一只股票在2或3个月内下跌了100个点或是更大幅度时，

① 此处的距离指的是价格区间。

例如，我们就假设恰好是100个点，那么它就需要100个月才能在一个低水平上超越距离的正方形。一只股票必须在最高价与最低价的周线、月线和日线图表上使自身形成正方形。穿越45°角度线时价格越低，该股票的形态越强势；跌破45°角度线时——实际上是跌破任一角度线时，该股的价格越高，与基点或起点的距离越远，该股就越弱势。

股票为什么经常会先在最高价与最低价的日线、周线或月线图表上穿越45°角度线，随后出现一轮长时间的上涨，接下来又下跌并停在该45°角度线上？

这是因为当它们第一次穿越该45°角度线时，它们实际上已经走完或超越了距离的正方形。因此，当它们再次回调并停在该45°角度线上时，它们就处于一个曾到达过距离的正方形，在这之后便会出现一轮更大的上涨。在一轮牛市的顶部将这条规则反过来用。这解释了股票为什么会先从顶部开始出现一轮陡直、快速的下跌，随后又上涨并形成一个略高的顶部或一系列略低的顶部，接下来不断重复以上动作，直到它在一个相对较高的水平上超越距离的正方形并跌破45°角度线，然后便会出现一轮快速的下跌。

当股票形成更高的底部和更低的顶部时，应当遵循什么样的规则？

随着股票上涨并在月线、周线和日线图表上形成更高的底部，你应当始终从更高的底部开始绘制角度线，这样当你到达一轮牛市的最后阶段，以及这些从上一个底部开始的重要角度线被跌破时，你就知道趋势已经掉头向下。当市场下跌时，也要运用这同样的规则，从每个更低的顶部开始绘制你的角度线，并留意你的角度线，直到股票再次穿越从第二、第三或第四个低的顶部开始的45°角度线，第二个低的顶部或第二个高的底部始终是非常重要的绘制角度线的起点，以及测算时间的起点。

当一只股票处于一种非常弱势或非常强势的形态时，它始终会通过它在角度线上的位置来表明这一点；同时一张成交量图表将表明股票何时处于一种强势形态或弱势形态，还将表明是买盘还是卖盘在占主导地位，使你能够判断供给是否在增加，或是需求是否在增加。这张图表应根据以适当的空格来代表成交量绘制而成，也就是说它考虑了一只股票的总股数。

心存疑虑时运用什么样的规则

当你对一只股票的强弱形态心存疑虑，并且不知道它的趋势时，你当然就不应当交易这只股票。在判断它即将朝着哪个方向运动时，尤其是在它像《江恩选股方略》里所说的那样，已经长时间停顿或横向波动之后，要等到它跌破或穿越某个阻力位，或是穿越或跌破某条重要的角度线。一般来说，重大的趋势变化发生时，成交量都会表明这一点。成交量通常会在一只股票从低水平或沉闷状态开始上涨时增加；同样地，在高价位上的长时间的沉闷之后，当股票在下跌开始时，成交量也会增加。当一只股票开始上涨并处于一种强势形态时，它将通过维持在从底部开始的强阻力的角度线上方来表明这一点。当它开始下跌时也是一样的。如果它正在快速运行并且处于一种非常弱势的形态，它将通过它在角度线上的位置，即下跌到或维持在强有力的角度线下方来表明这一点。在最高价与最低价的日线、周线和月线图表上，在一定的时间过去之前，重要角度线不能在极其低的位置上被穿越；在足够的时间过去之前，重要角度线也不能在高价位上被跌破。因此，角度线非常重要，因为当它们被跌破时，通常都意味着时间已经走完，不管你知道与否，趋势变化即将发生。

12 主控图

该主控图指的是“12”方形，即 12×12 正方形。第 1 个正方形结束于 144，第 2 个正方形结束于 288，第 3 个正方形结束于 432，第 4 个正方形结束于 576，该正方形将包含了你想要的绝大部分信息，不过，你也可以根据自己的需要绘制出任意多的正方形。

该图表可以被运用于任何方面——时间、空间或成交量、涨跌的点数、天数、月数和年数。

在第一个从 1～144 的正方形中，我绘制出了更细的角度线，以显示每个小正方形中的中心或最强的阻力位。对于次要顶部和底部来说，最强的小中心是：14、17、20、23、50、53、56、59、86、89、92、95、122、125、128、131。

大中心是遇到最强阻力的位置。这些数字是 66、67、78 和 79。上涨或下跌到这些价位的股票将遇到顽强的阻力。下一条强有力的角度线是 45°角度线。在其上的最强阻力数字是：14、27、40、53、66、79、92、105、118、151 和 144。另外一条从 12 开始的对角 45°角度线是一样强有力的。在其上的数字是：12、23、34、45、56、67、78、89、100、111、122 和 133。

穿过每个 1/4 大小的正方形①的中心的 45°角度线所经过的数字是第二强的。这些数字是：7、20、33、46、59、72、61、50、39、28、17 和 6。在

① 即 12×12 正方形中的 6×6 正方形。

穿过半路点之后的正方形的另一边，这些数字是：73[①]、86、99、112、125、138、139、128、117、106、95 和 84。

正方形顶端和底端的数字是可能形成重要顶部和底部的重要价格，因为它们是相对的数字，加起来除以 2 等于半路点。第 1 个正方形底端的这些数字是：1、13、25、37、49、61、73、85、97、109、121、133。顶端的数字是：12、24、36、48、60、72、84、96、108、120、132 和 144。

从东向西穿过正方形的中心，将正方形等分的这条阻力角度线是非常强有力的角度线之一，因为它等于 1/2。任何正在上涨或下跌的股票到达这些价格时，都将遇到阻力并形成顶部或底部。这些数字是：6、7、18、19、30、31、42、43、54、55、66、67、78、79、90、91、102、103、114、115、126、127、138、139。

记住，任何事物从起点运动了 3 段时，都会到达自身位置的平方，这是第一个强大的阻力。当它运动了 6 段时，就到达了相反位置，也就是它自身位置的半路点[②]，它将再次遇到更强大的阻力。从自身位置运动了 9 格或 9 段时，它就到达了 3/4 位，另外一个平方。第 8 段和第 9 段是最强、最难通过的位置，因为这里是“死亡”区域。下一个更强的是结束于 144 的第 12 段或第 12 列。任何事物进入这一段时都会越到最强大的阻力，但是一旦它运动到了这个正方形之外并进入第 2 个正方形内 3 个点以上（也就是形成 147）时，就将预示着价格将大幅走高。但是，在到达这个位置之后，它不能跌回第 1 个正方形内 3 个点，也就是跌回到 141。

当某只股票进入第 2 个正方形时，它就会出现更加快速的运动；当从任意底部或顶部起算的时间或月数进入第 2 个正方形时，就是标志着该股将出现更加快速的运动，不管是上涨还是下跌。

把同样的规则运用于第 3、第 4、第 5 和第 6 个正方形当中，你会发现，若是根据时间来确定分段，在用月数来测算时，绝大部分大型牛市和熊市行情都会在第 3 个和第 4 个正方形内达到顶点。已给出的所有其他运用于空间运动、角度线和时间的规则，都可以与“12”主控图表一起使用。

9 方形

我已经解释过 12 方形主控图（它代表天数、周数、月数和年数）和 12

① 此处原文中是 75，应当是 73。

② 也就是它自身所在这一行的半路点。

方形或圆周的正方形中的时间测算。

9 方形非常重要，因为 9 个数字被用来使得每件事情得到保证。不用 0 开始重复，我们就不能超越 9。如果我们用 360°除以 9，就得到 40，它表示 40 个月、40 天或 40 周，表明为什么底部和顶部经常出现在这些以圆的 1/9 测量的角度线上。

如果我们用 20 年周期（即 240 个月）除以 9，就得到26⅔个月，形成一条重要的26⅔°角度线或是26⅔个月、26⅔天或26⅔周。9×9 等于 81，它完成了第一个 9 方形。注意图中的角度线以及它们是如何从主要中心开始延伸的。第 2 个 9 方形结束于 162。注意这是如何与主要中心相对的。第 3 个 9 方形结束于 243，它等于 243 个月，也就是比 20 年周期多 3 个月，这就解释了为什么这个循环内的趋势发生变化之前经常会先流逝这么多时间，有时会顺延 3 个月或是更长时间。第 4 个 9 方形结束于 324。注意 45°角度线经过了 325，这预示着这轮循环中的趋势在此处的变化。要完成 360°需要 4 个 9 方形还多 36。注意，361 等于一个 19×19 的正方形，因而证明了 9 方形在计算重要角度线和探明差异上的巨大价值。

从中心的“1”开始，注意 7、21、43、73、111、157、211、27 和 343 全都落在一条 45°角度线上。来到另外一个方向，注意，3、13、31、57、91、133、183、241 和 307 也都落在一条 45°角度线上。记住，你始终有 4 种方法可以从中心开始沿着一条 45°角度线、180°角度线或 90°角度线运动。若在一个平面上测量，这些角度线都大致相同。注意，8、23、46、77、116、163、218、281 和 352[①] 全都在从主要中心开始的一条角度线上；同时还要注意，4、15、34、61、96、139、190、249 和 316 也都在从主要中心开始的一条角度线上。所有这些数据都是巨大的阻力位，它们测量出了重要的时间因子和角度线。

要结合 12 主控图和 360°圆周图，非常仔细地研究 9 方形。

6 个 9 方形

我们将给你发送 6 个永恒的图表，每个包含 81 个数字。第 1 个 9 方形从 1～81。每件事物都必须有一个底、一个顶和四条边才能成为一个正方形或立方形。上升到 81 的第 1 个正方形是底、地基、基底或者说起点。第 6 个 9 方形是顶，意思是它是《圣经》中所提到的倍数，或者说一个通过自乘

① 此处原文中是 353，应当是 352。

来复制自身的事物。9×9 等于 81，6×81 等于 486。我们还可以用 9×81，它等于 729。

数字 5 是最重要的数字，因为它是平衡数字或主要中心。它的每一边都有 4 个数字。注意在 9 方形中它是如何被显示为平衡数字或中心的。

我们通过从中心 1 开始，一圈一圈环绕到 360，来将圆变成正方形。注意，9 方形出现在 361。其原因是：361 是 19×19，1 作为开始，1～360 代表起点到终点。361 是开始下一个圆周的转换点。如果我们将第一格留白或是使它为 0，那么我们就将结束于 360。在数学里，每件事情都必须得到证明。你可以从中心开始计算，或是从外围开始向中心计算。从左边开始计算，向右到中心、外缘或正方形。

注意这个 9 方形或是圆周的正方形，我们从 1 开始，沿着最边上的一列上升到 19，然后继续横穿，直到形成 19 列，这样就再次得到了 19×19 正方形。注意这是如何满足圆的条件的。该圆周的一半是 180°。注意，在主要中心，即所有从四个角和东、南、西、北引出的角度线到达重心的地方，数字 181① 出现，表明在这个位置，我们正在穿过赤道或重心，并且正在开始该圆周的另一半。

我们有几何角度线起作用的原因、理由和起因的天文和数学证据。当你已经取得了进步，并且向你自己证明了（几何角度线）是有价值的，我将给出主控数字和主要作品。

要用尽所有的方式研究人体，这样你将发现，人体是心灵大师之作。一旦你了解了你自己和你自己的身体，你就会了解摩西律法和理解你所应当了解的一切。记住，所有的供给都有来源，你体内拥有了解你所应当了解的一切的力量，但你必须付出努力去寻求，这样你就会发现这一点。

人体特征

头部有 7 个开口——2 只眼睛、2 只耳朵、2 个鼻孔，它们都是对称的，一边 3 个。由此我们就得出了我们的 **“3 的法则”**，并且也知道了变化出现在 2 个周期之后，即第 3 个周期的原因。头部的第 7 个开口是嘴巴，什么东西都会被咽下去。研究你的 7 年周期，并且看一看市场是如何下跌以及如何形成顶部和底部的。

女人比男人更加完美是因为女人可以创造。她的身体包括 12 个开口，

① 此处原文中是 191，应当是 181。

男人的身体只包括 11 个开口。12 代表黄道十二宫。男人的身体只包括了 11 个开口，这一事实证明了为什么是一个男人而不是一个女人背叛了耶稣。注意11¼°角度线，注意你所有不同图表上的数字 11，研究 7 乘以 7（即 49）在你所有永恒图表上的位置。然后你就会懂得为什么以色列人会绕着耶利戈之墙行进 7 次、吹响号角 7 次，以及为什么耶利戈之墙会在第 7 天倒塌。这条法则也可以以占星学的证据作为支持，但是任何能被任意方式或任意科学证明的事情都只有在被数字和几何证明之后才能算是正确的。

时间循环和每个度数的角度线都可以用人体来代表。你每只手有 5 个手指头，它们在腰部或心口上方，代表 10 年循环，即 2 个 5 年循环，其中 5 年循环是 20 年循环的 1/4，10 年循环是 20 年循环的 1/2。你有 10 个脚趾头，但是要注意是一边 5 个，另外一边 5 个。这表示基线下方的一个 10 年循环必须运行到对面的、基线上方的 10，但是 10 年和 20 年的顶部和底部将依据从基点或起点起算的适当度量值出现。研究你四肢的不同分割点，注意你手指的 3 个分割点；你手指的第三节，即手指的末端，比其他两节要短；拇指实际上只包括 2 段空间，即 2 节，而你其他的手指包括 3 节。领会这其中的奥秘，你将了解到拇指为什么这么重要。研究所有这些主控图表，把它们运用到空间和时间当中，你将发现顶部和底部出现的原因，也将知道如何确定阻力位。回顾你所保存的任意一张老的图表，并研究它们曾出现过巨大阻力的位置。注意价格，然后确定以周、月或天为单位的时间，这样你将能够学会如何理解未来的运动。查看时间和价格在你的 12 主控图和 9 方形上的位置，然后按照时间考虑从左到右的几何角度线，接下来考虑从不同的基点或起点开始的角度线，这样你将能够确定一只股票的强弱形态。

9 方形、12 方形主控图和几何角度线全部都是数学点组成的，它们并不互相矛盾，而是相一致，探明的是不同的数学点。

威廉·D 江恩

1931 年 1 月 17 日

第三章　利用隔夜图表交易的方法
——股票机械交易法

该隔夜图表及其操作方法是完全机械的，你不用进行判断，只需要遵循交易规则，并在隔夜图表显示应当逆转头寸时逆转你的头寸就可以了。如果你买进或卖出并根据交易规则设置止损单，该方法将使你在长时间内获取大额盈利。

隔夜图表是从最高价与最低价的日线图表上得来的，其绘制规则如下：

只要一只股票每天都形成更高的底部，你就要把隔夜图表上移。但是，它形成比前一天的底部低 1/4 个点或更多个点的底部的第一天，你就要把隔夜图表下移到当天的底部。但是，始终要记录好隔夜图表出现转折之前所到达的最高顶部。随后只要隔夜图表形成更低的底部，你就要继续将它下移。如果它在同一天形成了一个更高的底部和更低的顶部，你就要把它上移到当天的顶部，因为隔夜图表是以底部为依据的。如果出现了一轮宽幅摆动，市场当天一早就上涨并形成了一个高于前一天的顶部，当天晚些时候又下跌并形成了一个更低的底部，你就要先把你的图表上移到当天所到达的顶部或最高点，然后把它下移到当天的最低点。此后假设它在接下来的一天形成了一个更高的底部，你就要把它上移到当天的顶部。

你可以结合隔夜图表来运用阻力位，但我结合美国钢铁的交易记录（后面将介绍）所使用的交易规则只有半路点，或是取上一轮运动的极限低点和极限高点之间的区间，并用该区间除以 2，得到重心或半路点。然后在某只股票到达该点时买进或是卖出，同时利用 1 个点的止损单做保护，其他的交易指示都是依据隔夜图表。

当一只股票到达了一个新高，而这个位置又不存在位于之前的某个高点与之前的某个低点之间的阻力位时，你就只需要跟随隔夜图表，在交易规则表明应当逆转头寸时逆转你的头寸。

你应当在日线图表上的永恒阻力位附近注意日高点和低点的出现，因为它们将帮助你判断隔夜图表上主要趋势或小型趋势的变化。

交易规则 1：用高于顶部 1 个点或低于底部 1 个点的止损单在双顶（底）或三重顶（底）买进或是卖出。这就是我所使用的交易规则。然而，许多情况下，如果使用 3 个点的止损单，你将赚到更多的钱；但是，绝大多数情况下 1 个点的止损单都不会频繁地被触及，当它被触及时，就是应当逆转头寸的时候了。最大的上涨和下跌通常都会从三重顶（底）开始，但是要记住，这些三重（底）必须相隔几周或几个月，这一点是非常重要的。仅相隔几天出现的三重顶（底）所预示的运动不如相隔几周或几个月出现的三重顶（底）所预示的运动那么大。

交易规则 2：当一只股票第四次到达同一个顶部或底部时，尤其如果是相隔几周或几个月到达时，它几乎总是会向上或向下突破。因此，当你第四次在某个底部或顶部买进或是卖出时，必须设置高于该顶部或低于该底部 1 个点的止损单。

交易规则 3：当隔夜图表在像 1/2 位、2/3 位和 3/4 位这样的阻力位上形成顶部或底部时，你应当用低于这些确切阻力位 1 或 2 个点的止损单买进或是卖出。一般来说，应当设置 1 个点的止损单。

交易规则 4：当你的止损单被触及时，就表明隔夜图表已经逆转，因此每当止损单被触及时，你都应当逆转头寸，反手卖空或做多。用这种方法，你赚到的钱将多得多，正如下面对美国钢铁的交易操作所显示的那样。在我的交易中，我唯一不会逆转头寸的地方，也就是在止损单被触及或趋势变化时不会反手卖空或做多的地方，就是如果我逆转头寸的话，将没有足够靠近的第二个顶部或底部来让我设置止损单的地方。一般来说，我会把止损单设置在之前某个顶部上方或之前某个底部下方 1 个点。

交易规则 5：加码规则是每相隔 3～5 个点，具体根据股票的活跃度以及之前被跌破的阻力位来判断，卖出或是买进交易的单位是上一次的一半。你在一次加码中的第三笔交易应当是第二笔交易量的一半，第四笔交易应当是第三笔交易量的一半，依此类推。这样，你最初就承担了最大的风险，随后在进行第二笔、第三笔和第四笔交易时，你就在缩小你的交易单位；因此，当止损单被触及时，你在加码过程中的最后一笔交易的亏损就会很小，你最初买进或是卖出的股票损失就会很大。假设当一只股票已经下跌或上涨了 20 或 30 个点，并且在隔夜图表上没有形成任何变化的情况下出现了一轮快速上涨或下跌时，你正在加码，几乎在所有的情形下，隔夜图表都会在趋势变化前形成一次逆向运动，允许你把止损单设置在距离底部或顶部至少 3～5 个点的位置。但是，当你有了非常大的一笔盈利，市场也在某个方向上出现了一轮陡直的运动，而且你也进行了加码时，你就会情不自禁地不想失去更多的盈利。在这种情况下，我通常会每天都把我的止损单下移到距离低点 5 个点的位置，如果是在上涨一方的话，我会把止损单上移到低于高点 5 个点的位置。这样，当市场第一次形成 5 个点的逆向运动时，我就会因为设置在所有加码交易上的止损单而离场。

交易规则 6： 对于非常活跃且快速运动的股票来说，尤其是当它们处在高价位时，你应当在逆转头寸之前等待隔夜图表上的趋势变化。我所说的隔夜图表上的变化指的是假使你在下跌一方操作，就要等到它跌破之前的某个低点或是穿越之前的某个高点。

交易规则 7： 在任何一次大型上涨或下跌之后，都要在隔夜图表显示出趋势变化时逆转头寸，也就是根据变化反手卖空或做多，与趋势保持一致。大钱是通过与趋势保持一致赚到的。这就是每次趋势变化时或止损单被触及时我们都要逆转头寸的原因。如果趋势已经变化并且是时候卖出多头头寸了，那么也就是时候卖空了，反之亦然。

例如：在快速运动的市场中，比如像 1929 年 10 月和 11 月的恐慌，当你在活跃股票上加码并赚到了一大笔钱时，如果你有了非常大笔的盈利，你就应当利用距离市价大约 10 个点的止损单在下跌过程中一路跟进。随后，在一轮剧烈的下跌之后就要下移止损单，把它设置在低点上方大约 5 个点的位置，因为一个市场像这样运动得如此快速时，你就不应当等到隔夜图表通过穿越之前的某个顶部显示出趋势的变化时才改变头寸。在快速运动的市场中，你还要留意市场可能会停在重要的半路点附近。例如，美国钢铁处在 150 时就已经到达了 38～261¾之间的半路点，你不用等到隔夜图表显示出变化，当美国钢铁到达 150 附近时，你就应当回补空头头寸并多头买进，同时把止损单设置在 149，或者如果你使用 3 点规则的话，就应当把止损单设置在 147。假设美国钢铁跌破了 150 这个价位，那么当你的多头止损单在 149 或 147 被触及时，无论你选用的是哪一个，你都应当反手卖空。

交易规则 8： 注意日线、周线和月线图表上的收盘价。如果一只股票表现活跃并且连续 3 天、3 周或 3 个月在同样的价格附近收盘，然后趋势变化，那么它通常都会继续在它开始的那个方向上运行相当大一段距离。然而，在结合隔夜图表时根本没有必要依靠这一条交易规则，我提供这条规则只是为了帮助那些研究日线、周线和月线图表的人。

交易规则 9： 在非常疲软或强劲的市场中，要注意从任意低点开始的第一轮整 3 个点的上涨。我所说的整 3 个点指的是，比如，从低点 100 反弹到 103 就是整 3 个点。假设低点是99½，那么在该股反弹到 103 之前我们都不能算作整 3 个点。当一只股票正在上涨时，将这条规则反过来用。假设该股上涨到了150⅞，而且已经有一段时间没有出现整 3 个点的回调了，那么，如果它下跌到了 147，我将把这看作是一轮整 3 个点的回调，以及小型趋势正在逆转的一个标志。在这个案例中，假设该股只下跌到了147½，或者哪怕是147¼，我们都不能把这算作是一轮整 3 个点的回调，因为整数点是以整数为基础的。

根据这种方法，无论你在什么点位或什么价位开始交易，你都必须遵循交易规则，并且在任何一笔交易上所冒的风险都不要超过 3 个点，在这之后再使用隔夜图表并把你的止损单设置在距离顶部或底部 1 个点的位置。我在接下来的美国钢铁的交易案例中一直是这样做的，然后在止损单被触及时，买进或是卖出双倍的数量，逆转你的头寸。当你依据止损单回补空头头寸时，你要多头买进并与趋势保持一致。同样地，当你依据止损单卖出多头头寸时，你要逆转头寸并卖空同样的数量，这会使得你始终与趋势保持一致。

在我的交易中，我不会使用或利用我所了解的其他可能在点位上对我有所帮助的交易规则。我在自己知道会出现亏损的情况下进行了很多笔交易，只为了证明这种方法将在多年的时间内有效，而且通过每次的逆转头寸并设置止损单，同时遵循本金规则，且不过度交易，每交易 100 股始终只使用 3000 美元的本金，这种方法能够赚到钱。如果你以 300 美元的本金起步，那么就每笔交易 10 股，并且在每一笔初始交易中所冒的风险绝不超过 3 个点，即 30 美元。在你的本金增加之前，不要扩大你在初始交易中的交易单位，这样即使出现亏损，亏损也只会是你本金的10%。

在进行加码时则有所不同。当你进行第二笔或第三笔交易时，你已经有了一笔盈利，因而是在拿你盈利的一部分去冒险，即便是这样你也始终要根据隔夜图表，使这些风险受到止损单的保护，这样即使你设置在加码头寸上的止损单被触及，你总共的损失也不会超过本金的10%。一个愿意多年遵循这条交易规则的人不只会保住自己的本金，而且还会赚大钱。这点可以在任何一只活跃股上得到证明。尽可能少地使用人为的判断，你将在交易中获得更大的成功。该机械法杜绝了人为的猜测，因为它在趋势逆转时就逆转头寸，并反手卖空或做多，同时与趋势保持一致，而正在猜测或使用人为判断的人只会等待。为了成功，你必须拥有机器般的行为，无论你所认为的和你所希望的是什么，都必须依据交易规则买进或是卖出。这恰恰就是我在接下来的美国钢铁交易操作中始终坚持的。

根据隔夜图表所进行的美国钢铁交易

1915—1930年[①]

该交易计划需要3000美元来启动，每笔交易100股。我的交易规则是，在任何一笔交易中，所冒的风险绝不要超过3个点，即300美元。我会利用止损单来保护所有的交易。

遵循阻力位规则和隔夜图表的使用规则。当我加码、或买进、或卖出第二笔时，我会限制自己的风险，以便我不会亏损原始本金的10%以上。换句话说，当我买进或是卖出第二笔时，我会设置止损单，以便我的亏损不会超过300美元。

以下操作是基于根据隔夜图表所进行的交易，以及对用来确定买进点和卖出点的阻力位的使用：

1915年

2月1日，低点38，2月3日，高点41½——一轮3个点的反弹，表明这是一个买进点。应当以市价买进或是在回调时买进。我们以41的价格多头买进100股。2月5日，该股下跌到了38¾，随后穿越了2月3日的顶部41½并使隔夜图表上的趋势掉头向上。现将止损单设置在36½，即39½下方3个点。接下来趋势持续上升到了2月13日的45，然后下跌到了2月24日的40¼，形成了一个高于2月5日的底部。此时应当把止损单上移到38½，

① 我们在这里仅翻译1915年和1916年两年的数据，其他年份的类似，这里就不再翻译展示了。

即 2 个紧挨着的底部下方 2 个点。

3 月 8 日，高点 46，随后于 3 月 5 日、13 日和 18 日在43½～44¼附近形成了 3 个底部。此时要把止损单上移到42½，即这 3 个底部下方 1 个点。接下来我们在该股运行到处于 46 的顶部上方 1 个点时以 47 的价格再次多头买进。然后趋势持续上升到了 3 月 29 日的49¾；此后该股再次在47¾～48¼附近形成了 3 个底部，此时要把止损单上移到46¾。随后我们以 51 的价格再次多头买进并把这三笔交易的止损单上移到 48。接下来上移持续到了 4 月 10 日的 58，然后在 4 月 13 日回调到了55¼。此时我们把止损单上移到52¼，即55¼下方 3 个点。

4 月 19 日，形成顶部60¾，随后在 4 月 24 日回调到了56¾。此时要把止损单上移到上一个底部处的55¼。4 月 29 日高点59¼，4 月 27 日，低点 57，这是第三个更高的底部。此时要把这三笔交易的止损单上移到 56。4 月 29 日，高点60⅝，仅比 4 月 19 日的顶部低 1/8，4 月 30 日，低点58½。此时要把止损单上移到57½。

5 月 3 日，上涨到了60¾，这是同一个价位附近的第三个顶部，我们应当在此处卖出或是卖空，同时把止损单设置在63¾或把止损单留在57½。（假设）我们利用处在57½的止损单卖出。

第一笔	在 41	买进	100 股	在57½	卖出——盈利	16½个点[①]
第二笔	在 47	买进	100 股	在57½	卖出——盈利	10½个点
第三笔	在 51	买进	100 股	在57½	卖出——盈利	6½个点
	几个 100 股共盈利					33½个点
	盈利					3350
	减去 100 美元的佣金、税收和利息					100[②]
	净盈利					3250

此后我们把交易单位扩大到 200 股，但每笔的亏损必须被限制在 600 美元以内，即每 100 股 3 个点。这将使得我们以57½的价格卖空 200 股，同时把止损单设置在60½。

随后出现了下跌并且跌破了形成于 4 月 24 日、27 日和 30 日的 3 个底部。我们以54½的价格再次卖空 200 股。该股一直下跌到了48¼，此处存在 3 月 26 日、31 日和 4 月 1 日的 3 个底部。根据交易规则，此时要利用 1 个点的止损单第四次多头买进。我们以48½的价格回补 400 股[③]的空头头寸并以

① 此处的 1 个点等于 1 美元。

② 数字单位为美元，带下划线的表示是负的。

③ 此处原文是 300 股。

48½的价格多头买进 200 股，同时把止损单设置在46¾，它比 3 月 26 日和 4 月 1 日的底部低 1 个点。此时盈利状况如下：

在57½	卖空	200 股	在48½	平仓——盈利	1800.00
在54¼	卖空	200 股	在48½	平仓——盈利	1150.00
	总共盈利				2950.00
	佣金和税收				116.00
	净盈利				2834.00
	之前的本金和盈利				6250.00
	净操作本金				9084.00

这些本金将允许我们用 300 股作为交易单位，同时要把每笔交易的风险限制在 900 美元以内。我们在回补空头头寸时以48½的价格多头买进 200 股，这样我们随后就可以再多头买进 100 股。

5 月 12 日，该股上涨到了55¼。如果我们正在观察阻力位54½，即60¾～48¼之间的 1/2 位，我们就能预计顶部和回调的出现，可以利用设置在57½的止损单在54½卖出多头头寸并反手卖空，但是我们选择了等待隔夜图表上的变化。

5 月 14 日，低点49¾。此时我们以50½的价格再次买进 100 股，然后把 300 股的止损单设置在 48。随后上涨重新开始，并在 5 月 17 日形成了53½的价格，接下来回调到了51¾，然后趋势再次掉头向上。现在我们把止损单上移到上一个底部的49¾。

5 月 24 日，高点56¼，第二次穿越了60¾～48¼之间的 1/2 位54½，预示着将会有更高的价格。

5 月 26 日和 6 月 1 日都回调到了53¼，形成了双底。此时把止损单上移到50¾，即前一个低点下方 1 个点。当它穿越上一个顶部56¼时，再次以56½的价格多头买进 200 股，并且把所有交易的止损单上移到52¼，即上一个双底下方 1 个点。6 月 4 日，该股上涨到了64⅛。6 月 9 日，下跌到了56¾。维持在了最后的低点48¼与高点64⅛之间的 1/2 位56¼上方，是该股在此遇到强有力支撑的一个信号，表明主要趋势向上，因为该股已经运行到了 4 月 19 日、29 日和 5 月 3 日形成的三重顶上方 3 个点。

从 6 月 9 日开始的一轮反弹持续到了 6 月 12 日的高点61¼。现在我们把止损单上移到55¾，即 6 月 9 日的低点下方 1 个点。

6 月 14 日下跌到了 59，于是要把所有交易的止损单上移到 58。该止损单从未被触及。6 月 22 日，该股上涨到了61¾，随后在一系列更低的顶部和底部之后于 7 月 7 日下跌到了58¼，接下来在 7 月 9 日反弹到了59¼，然后在同一天下跌到了58¼，形成了一个双底。此后上涨重新开始，并在 7 月 17 日到达了65⅛，随后在 7 月 20 日回调到了62½，接下来在 7 月 26 日反弹到了 62⅛，然后在同一天下跌到了62¾，再次形成了一个双底，此后运行到了新的高价区域，并穿越了94⅞与 38 之间的 1/2 位66⅜。此时我们以 67 的价格再次多头买进并把所有交易的止损单上移到61¾，即 7 月 26 日的上一个低点下方 1 个点。随后以 72 的价格再次多头买进 200 股。

8 月 10 日高点76¾；11 日下跌到了73⅝；12 日上涨到了75½；14 日下跌到了73⅜；18 日上涨到了77⅝。

现在我们把所有交易的止损单上移到72⅜，即上一个处在73⅜的底部下方 1 个点。随后该止损单被触及，我们以72⅜的价格卖空 400 股。

此时的账户如下所示：

在48½	买进	200 股	在72⅜	平仓——盈利		6275.00
在50½	买进	100 股	在72⅜	平仓——盈利		2162.50
在56½	买进	200 股	在72⅜	平仓——盈利		3125.00
在 67	买进	200 股	在72⅜	平仓——盈利		1075.00
						13087.50
在 72	买进	200 股	在72⅜	平仓		
	减去 200 股的 3/8 个点的亏损				75.00	
	佣金				225.00	300.00
	净盈利					12787.50
	之前的本金和盈利					9084.00
	净操作本金					21871.50

这将使我们最高可以用 700 股作为交易单位。

我们在72⅜卖空 400 股；在69⅜卖空 300 股。

始终要计算出前一轮运动的 1/2 位。

7 月 9 日最后的低点58⅛与 8 月 18 日高点77⅝之间形成了 1/2 位67⅞。8 月 23 日，该股下跌到了67¾，此时我们回补空头头寸并以68½的价格多头买进 700 股，同时把止损单设置在64⅞。不过，设置在仅低于 1/2 位 1 个点的66⅞的止损单也会保持住，因为该股没有再次到达过低点67¾。

此时我们的账户如下显示：

在72⅜	卖空	400 股	在68½	平仓——盈利	1750.00
在69⅜	卖空	300 股	在68½	平仓——盈利	252.50
					2002.50

减去税收和佣金	175.00
	1827.50
之前的本金	21871.50
净操作本金	23698.00

我们继续用 700 股作为交易单位。现在我们已经持有在68½多头买进的多头头寸 700 股，止损单设置在64⅞。此时以 72 的价格多头买进 300 股。

8 月 27 日，上涨到了 77；9 月 1 日，下跌到了73¾；9 月 2 日，反弹到了76¾。

此时我们把止损单上移到72¾，仅比 9 月 1 日的低点低 1 个点。

9 月 10 日，上涨到了76¼；9 月 11 日，下跌到了73¾；9 月 14 日，反弹到了 76；9 月 17 日，下跌到了74¼。

在74¼～73¾附近形成了 5 个底部，这是止损单应当被设置在72¾的一个确切标志。

9 月 27 日，上涨到79¾，高于 8 月 17 日以来的所有顶部。我们以78½的价格多头买进 300 股，把止损单设置在75½。

10 月 1 日，高点81¾；6 日，低点76¾；随后上涨重新开始，19 日，高点87¼；20 日，低点85½；21 日，高点87⅝，把止损单设置在84½；26 日，低点85¼；26 日，高点87¼，这是同一个价位附近的第三个顶部。

我们应该已经卖出，但是我们假设止损单在84½被触及，我们在84½卖空 700 股。

此时我们的账户如下显示：

在68½	买进	700 股	在84½	卖出——盈利	11200.00
在 72	买进	300 股	在84½	卖出——盈利	3750.00
在73½	买进	300 股	在84½	卖出——盈利	1800.00
	盈利				16750.00
	减去税收和佣金				325.00
					16425.00
	之前的本金				23698.00
	净操作本金				40123.00

现在我们可以把交易单位提高到 1000 股了。我们已经在84½卖空了 700 股。出现在 10 月 6 日的最后的低点是76¾，高点是 10 月 21 日的87⅝，这两者之间的 1/2 位是82⅛。10 月 29 日，该股下跌到了82¼。注意，10 月 16 日的低点也是82¼。此时我们应当回补空头头寸并多头买进，同时把止损单

设置在81¼。此时我们的账户显示为：

在84½　卖空　700股　在82½　平仓——盈利	1400.00
减去佣金	175.00
	1225.00
之前的本金	40123.00
净操作本金	41308.00
现在我们在82½多头买进1000股	

11月1日，该股上涨到了88⅜；3日，低点86；4日，高点88。

把止损单上移到85，即11月3日的低点下方1个点。止损单被触及，我们在85卖空1000股。此时我们的账户显示：

在82½　买进　1000股　在85　卖出——盈利	2500.00
减去税收和佣金	250.00
	2250.00
之前的本金	41308.00
净操作本金	43558.00

在85卖空1000股时，止损单设置在88⅜。11月9日，该股下跌到了83⅝；随后在11月12日反弹到了88⅜；11月16日和20日，下跌到了86¼；11月26日，高点88¼；12月2日，低点84½。12月7日，高点88¼，5次形成了同样的价位。我们的止损单应当设置在89¼。12月13日、17日、21日，在85¼～84⅞之间形成了低点，高于之前的几个底部，我们的止损单应当下移到87¼，即12月20日的高点上方1个点。随后该止损单被触及，我们应当逆转头寸并在87¼多头买进1000股。此时账户显示：

在85　卖空　1000股　在87¼　平仓——亏损	2250.00
佣金	250.00
净亏损	2500.00
之前的本金	43558.00
净操作本金	41058.00

我们已经在87¼多头买进了1000股。12月27日，该股上涨到了89½；12月29日，低点86¾；12月31日，高点89½，这是一个双顶——把止损单上移到85¾。这个接近一个强有力的阻力位90的双顶将是一个应当卖出并反手卖空的位置，但是我们先看看隔夜图表上的趋势是否已掉头向下。止损单在85¾被触及，因而我们在85¾卖空1000股。此时的账户如下显示：

在87¼　买进　1000股　在85¾　卖出——亏损　　1500.00

佣金　　250.00

净亏损　　1750

41058美元的本金还剩下39308美元的余额，此时已经在85¾卖空了1000股

1916年

1月24日，该股下跌到了82¼，与1915年10月16日和29日的低点相同。我们在82½回补空头头寸并以82½的价格多头买进1000股。

此时的账户显示：

在85⅗　卖空　1000股　在82½　平仓——盈利　　3250.00

减去佣金　　250.00

净盈利　　3000.00

之前的本金　　39308.00

净操作余额　　42308.00

在82½　买进　1000股　止损单设置　在81½

1月26日，高点86；27日，低点82¾；28日，高点84¼。把止损单上移到81¾，即1月27日的低点下方1个点。随后该止损单被触及，我们在81¾反手卖空1000股。此时账户显示：

在81½　买进　1000股　在81¾　卖出——算上佣金正好持平

之前的本金　　42308.00

在81¾　卖空　1000股　止损单设置在86¼

1月31日，低点79⅞；2月4日，高点84¾；5日，低点82¼；10日，高点85⅝。随后止损单被触及，我们在85⅝多头买进1000股。此时账户显示：

在81¾　卖空　1000股　在85⅝　平仓——亏损　　3787.50

42308美元的本金还剩下38520.50美元，同时在85⅝多头买进了1000股，止损单设置在81¼

2月17日和24日，在82½和82⅜形成了低点。此时把止损单上移到81½。随后止损单被触及，我们在81½反手卖空1000股。账户显示：

在85⅝　买进　1000股　在81½　卖出——亏损　　4125

减去佣金　　250

净亏损　　4375

58530 美元的本金还剩下 34145 美元，同时在81½卖空了 1000 股

3 月 21 日，下跌到了79¾，与 1 月 31 日的低点相同。我们在80¼回补空头头寸并多头买进 1000 股。此时账户显示：

在 81½ 卖空 1000 股 在 80¼ 平仓——盈利		1250.00
	减去佣金	250.00
	净盈利	1000.00
	加到本金上就得到	39520.00

此时已经在 80¼ 多头买进了 1000 股，止损单设置在了 79¼。3 月 17 日，高点 87¼，3 月 22 日，低点 84。我们把止损单上移到 83。4 月 4 日，高点 86；4 月 8 日和 3 月 31 日的低点都是 83¾；4 月 10 日，高点 85¼。下跌接踵而至，止损单在 83 被触及，我们反手卖空 1000 股。此时账户显示：

在 80¼ 买进 1000 股 在 83 卖出——盈利		2750.00
	减去佣金	250.00
	剩下的净盈利	2500.00
	加到本金上就得到	42020.00

此时在 83 卖空了 1000 股。4 月 22 日，该股下跌到了 80，我们在 80¼回补空头头寸并多头买进 1000 股，因为这是与 1 月 31 日和 3 月 1 日相同的底部。由于这是一个三重底，因而我们用设置在 79¼的止损单做保护。

4 月 25 日，高点 84，4 月 26 日，低点 80⅜，这是一个更高的底部。5 月 1 日，高点 84¼，5 月 5 日，低点 80½，这是一个略高的底部。从 1915 年 12 月 31 日的高点 89½到 1916 年 3 月 1 日的低点 79¾之间的 1/2 位是 84⅝，因而价格形成 85⅝就将预示着更高的价格。

5 月 25 日，高点 86⅝，而上一个出现在 17 日的低点是 84。因此，我们把止损单上移到 83。6 月 2 日，该股下跌到了 83⅝。6 月 12 日，上涨到了 87¼。6 月 13 日，低点 86。6 月 14 日，高点 87。我们把止损单上移到 85，随后止损单被触及，我们在 85 反手卖空 1000 股。账户显示：

在 80¼ 买进 1000 股 在 85 卖出——盈利		4750.00
	减去佣金	250.00
	净盈利	4500.00
	加上本金得到	46520.00

同时在 85 卖空了 1000 股，止损单设置在 88。

6 月 27 日，该股下跌到了 82¾，由于 6 月 26 日的顶部是 84¼，因此我

们把止损单下移到85¼。随后该止损单被触及，我们在85¼多头买进1000股。此时账户显示：

在85	卖空	1000股	在85¼	平仓——亏损	1/4个点
	从46520美元中减去佣金				500
	剩下				46020.00

在85¼多头买进了1000股，止损单设置在81¾。

7月6日，高点87¼；7月14日，低点83¼，我们把止损单上移到82¼；7月24日，高点87¼；7月25日，低点85¼，我们把止损单上移到84¼；7月27日、8月2日和5日，形成了低点85¾和86，我们把止损单上移到84¾。一轮大的上涨接踵而至，我们在90½处再次多头买进300股，因为该股在89½与79¾之间维持了9个月之后进入了新的高价区域1个点。8月17日，高点92⅝，8月18日，低点91。我们把所有交易的止损单上移到90，同时在94再次多头买进300股。8月23日，高点99½，这是该股的历史最高价。8月24日，低点96¾。我们把止损单上移到95¾。8月25日，高点99¼。8月28日，低点95¾。止损单被触及，我们在95¾反手卖空1000股。账户此时显示：

在85¼	买进	1000股	在95¾	卖出——盈利	10500
在90½	买进	300股	在95¾	卖出——盈利	1575
在94	买进	300股	在95¾	卖出——盈利	525
	减去佣金				400
	净盈利				12200
	之前的本金				46030
	净操作本金				58220

此时已经在95¾卖空了1000股。现在我们可以把交易单位扩大到1200股了。8月30日，低点95¼。8月29日的高点是97，因此我们把止损单设置在97。8月31日，止损单被触及，我们在97多头买进1200股。账户此时显示：

在95¾	卖空	1000股	在97	平仓——亏损	1500
	从本金中减去亏损还剩下				56720

同时在97多头买进了1200股。

8月31日，该股第三次上涨到了99⅜，无法穿越100，因此我们在99卖出并在99反手卖空1200股。账户此时显示：

在 97　买进　1200 股　在 99　卖出——净盈利	2100
加到本金上得到	58820

同时在 99 卖空了 1200 股。

9 月 1 日，下跌到了 95，仅比 8 月 30 日的低点低 1/4 个点。我们把止损单下移到 99，随后止损单被触及，但我们等到该股能够创出新高并穿越 100——一个非常重要的阻力位时再多头买进。账户此时显示：

在 99　卖空　1200 股　在 98　平仓——盈利	900.00
加到本金上得到	59720.00

上涨继续，我们在 100½ 多头买进 1200 股，把止损单设置在 97½。我们在 105½ 再次多头买进 600 股，在 110½ 再次多头买进 600 股。9 月 19 日和 20 日的低点都是 107，因此我们把所有交易的止损单上移到 106。我们在 115½ 再次多头买进 300 股。9 月 25 日，高点 120，这是一个阻力位。9 月 26 日，低点 113¾。我们把所有交易的止损单上移到 112¾。9 月 29 日，高点 120½。9 月 30 日，低点 116¼。我们把止损单上移到 115¼。10 月 2 日、4 日、5 日，在 118⅝ 与 118¾ 之间形成了顶部，而 10 月 4 日的低点是 117，因此我们把止损单上移到 116。随后止损单被触及，我们反手卖空 1200 股。账户此时显示：

在 100½　买进　1200 股　在 116　卖出——盈利	18600
在 105½　买进　600 股　在 116　卖出——盈利	6300
在 110½　买进　600 股　在 116　卖出——盈利	3300
在 115½　买进　300 股　在 116　卖出——盈利	150
减去佣金	675
净盈利	27675
之前的本金	59720
净操作本金	87395

下跌接踵而至，我们在 111 再次卖空 600 股。10 月 9 日，低点 108；10 月 10 日，高点 113。把止损单下移到 113。10 月 14 日，低点 108，与 10 月 9 日的低点相同，这是一个双底。我们从出现在 9 月 1 日的最后的低点 95 计算到 9 月 29 日的高点 120½，发现 1/2 位是 107¾，因此我们在 108½ 回补空头头寸并多头买进 1500 股，把止损单设置在 106¾。账户此时显示：

在 116　卖空　1200 股　在 108½　平仓——盈利	9000
在 111　卖空　600 股　在 108½　平仓——盈利	1500

减去佣金	950
净盈利	9650
之前的本金	87395
净操作本金	97045

此时已经在108½多头买进了1500股。在114再次多头买进700股。10月23日，高点121¾。在121½再次多头买进400股，因为这是一个新高。10月26日，低点117¼。把所有交易的止损单上移到116¼。11月2日，高点122¼。11月4日，低点119¾。把止损单上移到118¾。11月8日，高点126。11月9日，低点122½。把止损单上移到121½。随后止损单被触及，我们在121½反手卖空1500股。账户此时显示：

在108½	买进	1500股	在121½	卖出——盈利	19500
在114	买进	700股	在121½	卖出——盈利	5250
在121½	买进	400股	在121½	卖出——盈利	0
	减去佣金				650
	净盈利				24100
	之前的本金				97045
	净操作本金				121145

此时已经在121½卖空了1500股。现在我们可以不那么保守了[①]，可以把交易单位扩大到2000股。即使我们连续10次出现3个点的亏损，我们仍然还会剩下一半的本金来进行操作，而连续亏损10次的可能性非常小。

11月14日，该股下跌到了120¼，没有形成11月4日的低点119¾。我们把止损单下移到123¼。随后止损单被触及，我们在123¼多头买进2000股，并把止损单设置在120。11月27日，高点129¾，11月28日，低点125¾。我们把止损单上移到124¾。该止损单被触及，我们反手卖空2000股。账户此时显示：

在121½	卖空	1500股	在123¼	平仓——亏损	3000
在123¼	买进	2000股	在124¾	平仓——盈利	3000

从本金121145美元中减去这3500股的佣金损失875美元，剩下120270美元。

此时已经在124¾卖空了2000股。12月4日，高点120½，我们把止损单设置在127½。下跌接踵而至。我们在119¾再次卖空1000股。12月13

① 原文为“要非常保守”，不通。

日，高点 120½，我们把所有交易的止损单下移到 121½。我们在 115½再次卖空 500 股。12 月 15 日，低点 109¼。12 月 16 日，高点 114⅝。我们把止损单下移到 115⅝。随后止损单被触及，我们在 115⅝多头买进 2000 股。账户此时显示：

在 124¾	卖空	2000 股	在 115⅝	平仓——盈利	18250.00
在 119¾	卖空	1000 股	在 115⅝	平仓——盈利	4112.50
在 115½	卖空	500 股	在 115⅝	平仓——亏损	
	减去 500 股的 1/8 个点的亏损和佣金				937.50
	净盈利				21425.00
	之前的本金				120270.00
	净操作本金				141695.00

此时已经在 115⅝多头买进 2000 股。12 月 19 日，高点 116¼。18 日的低点是 112½，因此我们把止损单上移到 111½。随后该止损单被触及，我们在 111½反手卖空 2000 股。账户显示：

在 115⅝	买进	2000 股	在 112½	卖出——亏损	6250
	佣金				500
	净亏损				6750

从 141695 美元的本金中减去 6750 美元还剩下 134945 美元，此时已经在 111½卖空了 2000 股。随后下跌继续，我们在 106½再次卖空 1000 股。12 月 21 日，出现了恐慌性下跌。股票的价格下跌到了 100，这是一个阻力位，我们应当在此回补，但我们选择把止损单下移到 105。接下来止损单被触及，我们在 105 多头买进 2000 股。

（未完，略）

［未签名］

［未署日期，但可能是在 1931 年 3 月左右］

第四章　我的预测法的基础——几何角度线

数学是唯一精确的科学。掌握了数学这门简单科学的人将被赋予天地间所有的力量。爱默生曾说："上帝确实研究过几何学。"另一位智者说："宇宙间除了数学点之外别无他物。"曾存在过的最伟大的数学家之一毕达哥拉斯曾说过："数字先于上帝而存在。"他认为是数字的波动创造了上帝和众神。有人说过："数字不会说谎。"人类相信数字会揭示真相，而且所有的问题都可以用数字来解决。没有数学，就没有化学家、工程师和天文学家。

用数字来解决问题和获得正确答案是如此简单容易；然而非常奇怪的是，依靠数字来预测商业、股票和商品期货市场的未来走向的人竟是如此之少。基本原理很容易学习和理解。不管是运用几何学、三角学还是微积分学，你都要运用简单的算术法则。你只做两件事：加和减。

只有两种数字，即奇数和偶数。我们把数字相加就是增加；我们把数字相乘是更快地增加；我们把数字相减是减少；我们把数字相除也是减少。随着高等数学的运用，我们发现了一个更快、更容易的方法来做加减乘除。只要你掌握了，这种方法仍然是非常简单。

自然界的每件事物都分雄和雌、白和黑、和谐和不和谐、左和右。市场运动只有两种方式：上涨或下跌。存在着我们已经能够证明的三维空间：宽度、长度和高度。几何学里我们运用三种图形：圆形、正方形、三角形。我们利用圆内的正方形和三角形的点来确定时间点、价格点和空间阻力位；利用360°圆来测量时间和价格。

我们用三种角度线来测量时间和价格运动：垂直线、水平线和对角线。我们使用奇数和偶数的正方形，不仅能获得市场运动的证据，还能找到其原因。

如何绘制图表

图表是对过去的市场运动的记录。未来不过是过去的重复；没有什么新鲜事。正如《圣经》所说："已有的事，后必再有；已行的事，后必再行。"历史不断重复，而我们可以运用图表来判断历史将何时以及如何重复。因此，首先要学习的最重要的一点就是如何正确地绘制图表，因为如果你在绘制图表时犯了错，那么，你在将交易规则运用到自己的交易当中时同样也会犯错。

年线图表：你应当绘制一张最高价与最低价的年线图表，也就是把日历年间或一只股票存续期内的极限最高价和极限最低价记录在一条柱状线上。价格空间可以选用每 1/8 英寸对应 1 个点、2 个点或是更多个点，具体根据股票的活跃度和波动区间来定。

月线图表：你必须始终备有一张最高价与最低价的月线图表，在所有用来判断主要趋势的图表当中，它是最重要的。这种图表把日历月期间的极限最高价和极限最低价记录在了一条柱状线上，而且制表图上的每个空格或 1/8英寸应当代表 1 个点，或 1 美元每股。

周线图表：应当绘制的下一张非常重要的图表是最高价与最低价的周线图表。当股票的价格低于 50 时，绘制出这张图表通常都能带来回报。在该图表中要用 1/8 英寸代表 1/2 个点，即 2 个空格代表 1 个整数点，每个 1 英寸的空格代表 4 个点。当股票变得非常活跃时，尤其是当它们的价格高于 100 美元每股时，你就可以绘制周线图表了，同时要用图纸上的每个空格或 1/8 英寸代表 1 个点或 1 美元每股。

半周线图表或 3 日图：周线图表之后的下一个重要的图表是 3 日图，也就是先取周一早上开盘到周三晚上收盘时的极限最高价和极限最低价，在周三晚上结束该图表——然后取周四早上开盘到周六收盘时的极限最高价和极限最低价，在周六结束该图表。这会给出一个显示为半周的时间周期。正如后来的说明中所解释的一样，这张图表非常重要。这张图表的间距可以与最高价与最低价的周线图表一样。

周移动平均值或中点：为了获得周移动平均值，我们用一周的极限低点和极限高点相加后除以 2，就得到一周的半路点或中点。在最高价与最低价的周线图表上的柱状线上或是单独的一个图表上，用代表周移动平均值的一个点进行记录。周线图表上的一根柱状线代表一周。周中点的重要性将在后面解释。

日线图表：当你正在交易一只股票时，应当绘制一张最高价与最低价的日线图表。但是，就研究目的而言，绘制出周线图表和月线图表就足够了，这两种图表会显示出主要趋势。日线图表显示的是小型趋势，因而比其他任何一种图表都更经常显示出趋势的变化。日线图表上的趋势变化的标志持续时间不会那么长，也不会运行那么远。除了股票的价格低于 50 或是股票处于一种不活跃的交易区间时，该图表应当像其他图表一样绘制——此外，在图纸上的价格空间应当是 1/2 个点对应 1/8 英寸，也就是用 2 个空格代表 1 个整数点或 1 美元每股。当股票活跃且上涨得非常快速，每天都形成一个大的区间时，你就可以像绘制周线图表和月线图表那样绘制日线图表了，即在图纸上用 1 个点对应 1/8 英寸。当波动很大时，这样的价格空间可以缩小图表，使得它维持在一个易看和易读的区间内。

日线图表上没有为周日或节假日预留空格。因此，时间周期指的是实际的交易天数，而不是日历天数。然而，你应当至少每两周标注一次日历天数，因为在后面的趋势变化的时间周期规则中你会发现，有必要核对并知道市场何时距离某个顶部或底部 30 天、60 天、80 天、120 天、135 天，等等。这些指的都是日历天数，它是日线图表上精确的时间量度。经常会出现这样的情况，日线图表上的实际日线运动出现在某个时间量度的、精确的数学角度线上时，日历天数也出现在某个精确的时间量度上，使得这里成为对趋势变化加倍重要的位置。

几何角度线

经过多年的实践，我已经发现几何角度线可以准确地测量空间、时间、成交量和价格。

如前所述，数学是唯一精确的科学。不管它说的是什么语言，地球上每个民族都认同 2＋2＝4，而对其他所有科学都不像对数学这样意见一致。我们会发现，不同科学领域的人对问题的看法也会不同，但在数学计算方面却没有争议。

不管一个圆有多大还是有多小，它都是 360°。某些度数和角度是非常重要的，它们表明了股票的重要顶部和底部何时出现，还能指示出重要的阻力位。一旦彻底掌握了几何角度线，你就能够解决任何问题，也能够判断出任何股票的趋势。

经过 35 年的研究、试验和实际运用，我已经完善和证明了用来判断股票市场趋势的最重要的角度线。因此，集中精力研究这些角度线，直到你彻底理解它们，运用我所给出的每一条规则进行研究和试验，你将获得成功。

我们使用几何角度线来测量空间和时间周期，原因在于，如果你遵循交易规则并且正确绘制以顶部和底部，或极限高点和极限低点为起点的角度线，它将是比加法或乘法更加简捷和快速的方法。在运用加法或乘法时你可能会犯错，但正确绘制的几何角度线将纠正这样的错误。例如：如果你在自己的图表上从底部开始在水平方向数出 120 个空格——这就代表 120 天、120 周或 120 个月，然后从“0”开始在垂直方向上朝上数 120 个空格。接下来从 120 这个顶点开始，画一条向下的 45°角度线，该角度线从起始点经过了 120 个点之后将达到 0。如果你在计算时出现了错误，则应将对其进行纠正。

画在图表上的角度线始终会向你显示出股票的强弱形态和趋势。反之，即使你已经记录下了时间上的阻力位，你也可能会忘记该阻力位，但是这些图表上的角度线会始终在你面前。

这些正确绘制的角度线或移动平均趋势线将阻止你犯错或是错误判断趋势。如果你等待并且遵循交易规则，这些角度线将向你显示出趋势何时变化。

平均值，就像常用的一样，先把日历日、日历周或日历月的极限最低价和极限最高价相加，然后除以 2，这样就得到当天、当周或当月的平均值或平均价；在每个时间周期结束的时候都要持续这样做。这是一种不规则的每周空间或点数运动，因为它可能有时每周上涨 2 个点，有时每周上涨 5 个点。但时间周期是规则的单位。因此，几何角度线实际上就是移动平均线，它从日线、周线或月线图表上的任何底部或顶部以相同的速率向上或向下延伸。

如何绘制几何角度线

有三个重要的点位我们可以用数学或几何学来证明：圆、正方形和三角形。在绘制出正方形之后，我可以用同样的直径在正方形内画一个圆，这样就在这个圆内产生三角形和正方形。

角度线或移动平均趋势线测量并把时间和价格分割成相应的比例。参考图 4-1，我画出了 28×28 正方形。你将注意到它高为 28，宽为 28。换句话说，垂直 28，水平 28。它和正方形的房间是一样的，有底部或地板，顶部或天花板，还有墙壁。任何事物都有宽度、长度和高度。

为了获得该正方形中最强和最重要的点，我用水平线和垂直线分别把它分成 2 个相等的部分。注意标为“A”的角度线，它从 0 延伸到了对角的 28，把每个更小的正方形分成了 2 个相等的部分。这是一条沿着 45°角度线的对角线，它把这个大的正方形分成了 2 个相等的部分。接下来注意在（垂直方向上的）“14”这个点上水平延伸的角度线“B”，它也把该正方形分成了 2 个相等的部分。然后注意角度线“C”，它是一条从水平方向上的 28 的

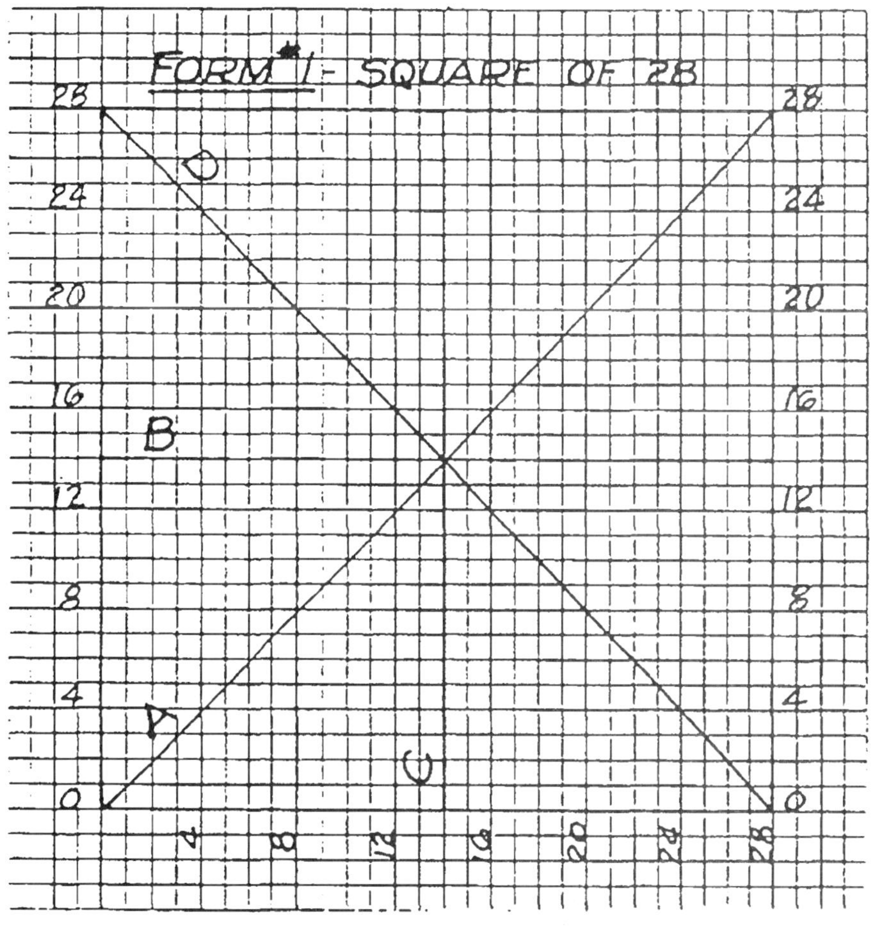

图 4－1

1/2，即从 14 开始向上延伸的垂直线。它在 14 这个位置穿过了其他角度线穿过的中心或者说1/2位，把该正方形分成了 2 个相等的部分。此后注意角度线“D”，它形成了另外一条 45°角度线，从西北角延伸到了东南角，恰好在1/2位穿过了 14。据此你可以看到，如果我们画第一条通过该正方形中心的线，就把它分成了 2 个相等的部分；当我们再从另外一个方向画一条线，就把它分成了 4 分相等的部分；接下来我们再从每个对角画 2 条线，就把它分成了 8 个相等的部分，这样就产生了 8 个三角形。

当你看到这个正方形时，应当一眼就能判断出哪个位置是最强支撑位或阻力位——就是在所有角度线都穿过的中心。4 条角度线都穿过了这个点，因此该点自然就是比其他只有 1 条角度线穿过的位置都更强的支撑或阻力。通过以相同的方式画出角度线，我还可以把这些更小的正方形全都分成 4 个或 8 个相等的部分。后面当我给出交易规则和案例时，我会解释如何用一只股票的价格区间——极限最低价与极限最高价之间的差或是任何低点与任何高点之间的差——组成正方形，以及如何用底部价格组成正方形。例如：如果顶部是 28，这个 28×28 正方形就代表用时间使价格形成了正方形，因为如果我们使价格上涨 28 个点，时间移动 28 个空格，我们就用价格和时间组成了正方形。因此，当该股已经运动了 28 天、28 周或 28 个月时，它就会使它的价格区间 28 成为正方形。

几何角度线的标准图

90×90 正方形或者说标准图，显示出了所有的角度线，这些角度线对于判断一只股票的强弱形态是非常重要的。这些角度如：3¾、7½、15、18¾、26¼、30、33¾、37½、45、52½、56¼、60、63¾、71¼、75、82½、86¼和 90 度。

没有必要用量角器测量这些角度。要想把角度线画正确，你只需要在 8×8（相当于 1 英寸）图表纸上数一下空格，然后相应地画出移动平均线或角度线。

在 90×90 正方形上，你将了解到这些用法。要注意以顶部和底部为起点画出的角度相等的角度线是如何通过它们的交叉点来证明自己的。例如：从“0”向上引出的 8×1 角度线和从“90”向下引出的 8×1 角度线相交于垂直方向上的 45 和从“0”开始向右数的 5⅝[①]；接下来你会注意到，从“0”引出的 4×1 角度线和从“90”向下引出的 4×1 角度线相交于（垂直方向上的）45 和从“0”开始向右数的 11¼[②]，它们与另外一条角度线[③]等距，度数为其 2 倍。这些角度线会这样是因为 45°角、45 点或 45 度是 90 的1/2。因此，从“0”向上引出的和从“90”向下引出的相同角度的角度线一定会相交于水平线 45 上或重心点上。

如何以一只股票的某个低点记录为起点绘制角度线。

标为图 4-2 的例子向你介绍了在一只股票走高或是上涨时所使用的最重要的角度线。

第一条重要的几何角度线 45°（1×1）：要绘制的第一条，也始终是最重要的一条角度线是 45°角度线，即每天上升 1 个点、每周上升 1 个点或每月上升 1 个点的移动平均趋势线。这是一条 45°角度线，因为它把空间和时间

① 若从坐标的角度来看，即相交于（5⅝，45）这个点。

② 若从坐标的角度来看，即相交于（11¼，45）这个点。

③ 即 8×1 角度线。

周期分成了 2 个相等的部分。只要市场或一只股票停留在 45°角度线上方，它就处于一种强势的形态，预示着更高的价格。你可以在一只股票每次停留在 45°角度线上时买进，并把止损价设置在 45°角度线下方 1、2 或 3 个点；但是要记住这条规则：永远不要使用距离 3 个点以上的止损单。

除非股票接近低点，或是刚刚开始牛市，或是处于非常低的价格，否则我会始终把止损单的止损价设置在 45°角度线下方 1 个点。如果这条角度线被跌破了 1 个点，你通常都会发现趋势已经改变——至少是暂时性的，该股票即将走低。

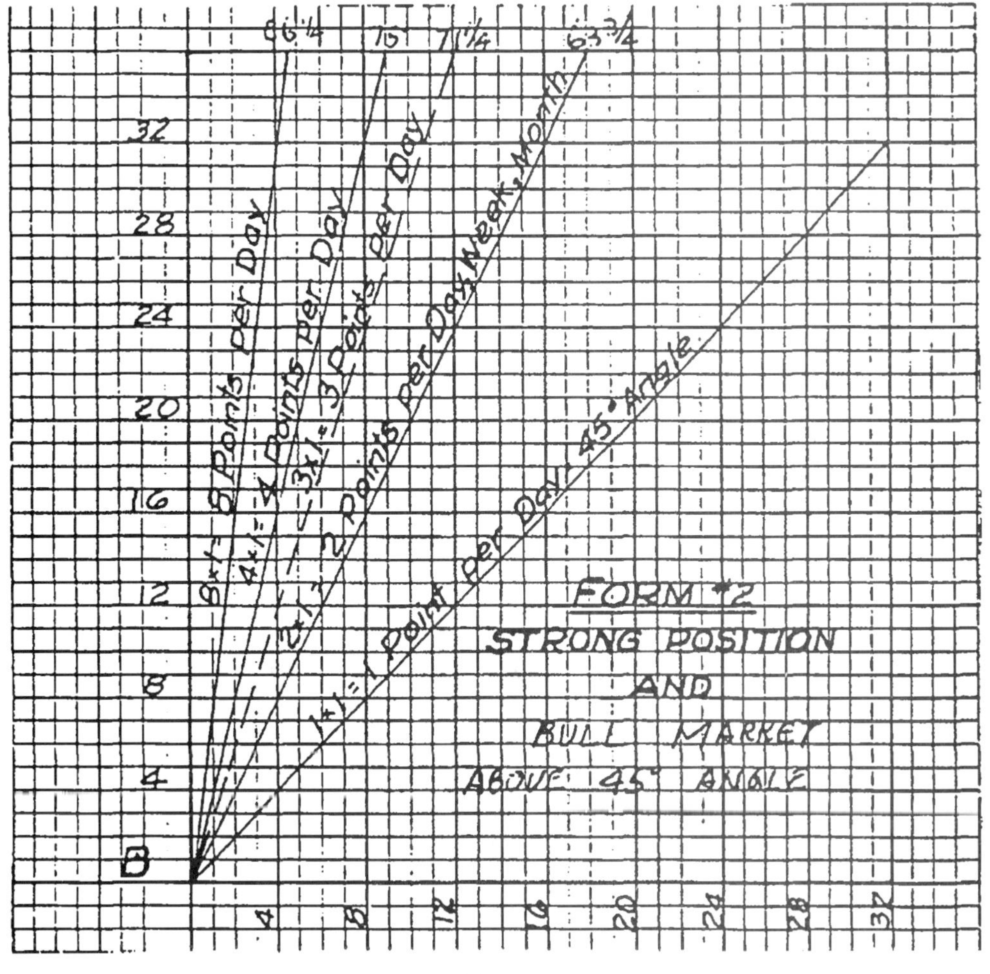

图 4－2

一种简单的精确计算，如何绘制这条 45°角度线的方法就是：例如，如果距离一只股票的底部价格的时间是 28 天、28 周或 28 个月，那么该 45°角度线就必须从底部上升 28 个点，而且要（与垂直线 28）相交于 28。这是最容易绘制的角度线之一，也是学起来最简单的角度线之一。如果你坚持这条规则：等到一只股票处在45°角度线上时买进，或沿着45°角度线卖出，你就可以通过只沿着45°角度线交易来战胜市场。

下一条重要的角度线2×1：它是2×1角度线或移动平均线，是以每天、每周或每月2个点的速度上升的移动趋势线。它把45°角度线与直角之间的空间分成了2个相等的部分，度数是63¾°。这就是为什么它是下一条最强和最重要的角度线的原因。只要一只股票维持在这条角度线上方，它就处于一种比停留在某条45°角度线上时更加强势的形态，因为这是一条更加陡峭的角度线。当一只股票跌破了这条2×1角度线，也就是每个时间周期2个点，这就预示着该股票将继续走低并跌回到45°角度线。记住关于所有角度线的规则：无论该股票跌破了哪条角度线，这都预示着它将下跌到这条角度线下方的一条角度线。

第三条重要的角度线4×1：该角度线每天、每周或每月上升4个点。只要一只股票维持在这条角度线上方，它就处于更加强势的形态。这条角度线是4×1角度线，即空间上的4个点等于1个时间周期。它的度数是75°，它把2×1角度线和90°角之间的空间分成了2个相等的部分。任何持续每天、每周或每月上涨4个点并且停留在这条角度线上方的股票都处于一种非常强势的形态。但是，当它跌破了这条角度线时，就预示着它将跌回到下一条角度线或下一个支撑位，这要取决于该股当时在时间上的强弱形态和阻力位。

第四条重要的角度线8×1：8×1角度线，即每天、每周或每月上升8个点的角度线。这条角度线的度数为82½°。只要一只股票能够在日线、周线或月线图表上维持在这条角度线上方，它就处于一种可能出现的最强势的形态。但是，当它的趋势反转并且下跌到了这条角度线下方时，就预示着它将下跌到下一条角度线。

下一条角度线16×1：16×1角度线，即价格在1个时间周期内上升16个点的角度线，其度数为86¼°。该角度线是有可能用到的，但仅仅运用于快速上涨的市场当中，比如1947—1948年，当时股票每日、每周或每月上涨或下跌16个点，这是非常少见的。

你将注意到，当我们认为市场强势或站在看涨的一边时要利用这4条重要的角度线，通过用角度线对空间进行分割，我们始终可以得到时间和价格的半路点或是重心。

3×1角度线：注意用绿色标为“3×1”的角度线，它以每天、每周或每月3个点的速度上升，度数为71¼°。在市场出现了一轮长期的上涨，并且从底部上涨了很长一段距离之后，这条角度线有时就很重要。它是运用于月线图表和周线图表上的一条重要的角度线。

只要一只股票持续上涨和走高，并且停留在45°角度线上方，或是移动平均线持续以每天、每周或每月1个点的速度上升，这些就是你所需要的所有角度线。

尽管一个圆有360°，而角度线可以在任意度数形成，但所有重要的角度线都形成于0°～90°之间。因为90°是直上直下的，所以是价格能够上涨的最陡峭的角度。例如：45°把0°～90°之间的空间分成了两半。135°角度线则是另外一条45°角度线，因为它是下一个处于90°和180°之间象限的1/2。一个圆内的225°角度线和315°角度线也是45°角度线。因此，所有这些在判断一只股票趋势方面有价值的角度线都可以在0°～90°之间找到。当我们用90°除以8，就得到了要运用的最重要的角度线；然后用90°除以3，就得到了30°或60°角度线，它们在用来判断时间和阻力点方面也是很重要的。

从什么样的底部开始绘制角度线或移动平均线

日线图表：如果一只股票已经下跌了一段时间，随后开始反弹（这里所说的从某个底部开始的反弹，指的是它必定会逐日形成更高的底部和更高的顶部）；接下来，在最高价与最低价的日线图表上的一轮3日反弹之后，你就可以以该底部或低点为起点绘制45°角度线和2×1角度线了。一般来说，最初的时候只需要绘制这2条角度线。如果该底部维持住了并且没有被跌破，那么你就可以以该底部为起点绘制其他的角度线。

周线图表：如果一只股票正在下跌，并且在回调了1周以上之后，继续下跌了比如3周或更长时间，随后开始反弹并且上涨了2周或更长时间，那么你就要以这轮下跌的低点为起点开始绘制角度线，并且在该股再次跌破45°角度线之前都只使用45°角度线上方的角度线。45°角度线被跌破之后，就要使用其他处于该正方形更低的或看跌一边的角度线。

以底部为起点的45°角度线被跌破之后应该做什么

在一只股票形成了顶部——不管是临时性的还是其他类型的，然后又跌破了45°角度线，并开始继续下跌，你应当做的第一件事就是以底部或低点为起点画出45°角度线下方的角度线。注意标为图4-3的例子。

正方形看跌一边的第一条角度线2×1：你在正方形看跌一边画出的第一条角度线是2×1角度线，即水平的2个点对应垂直的1个点。它以每天、

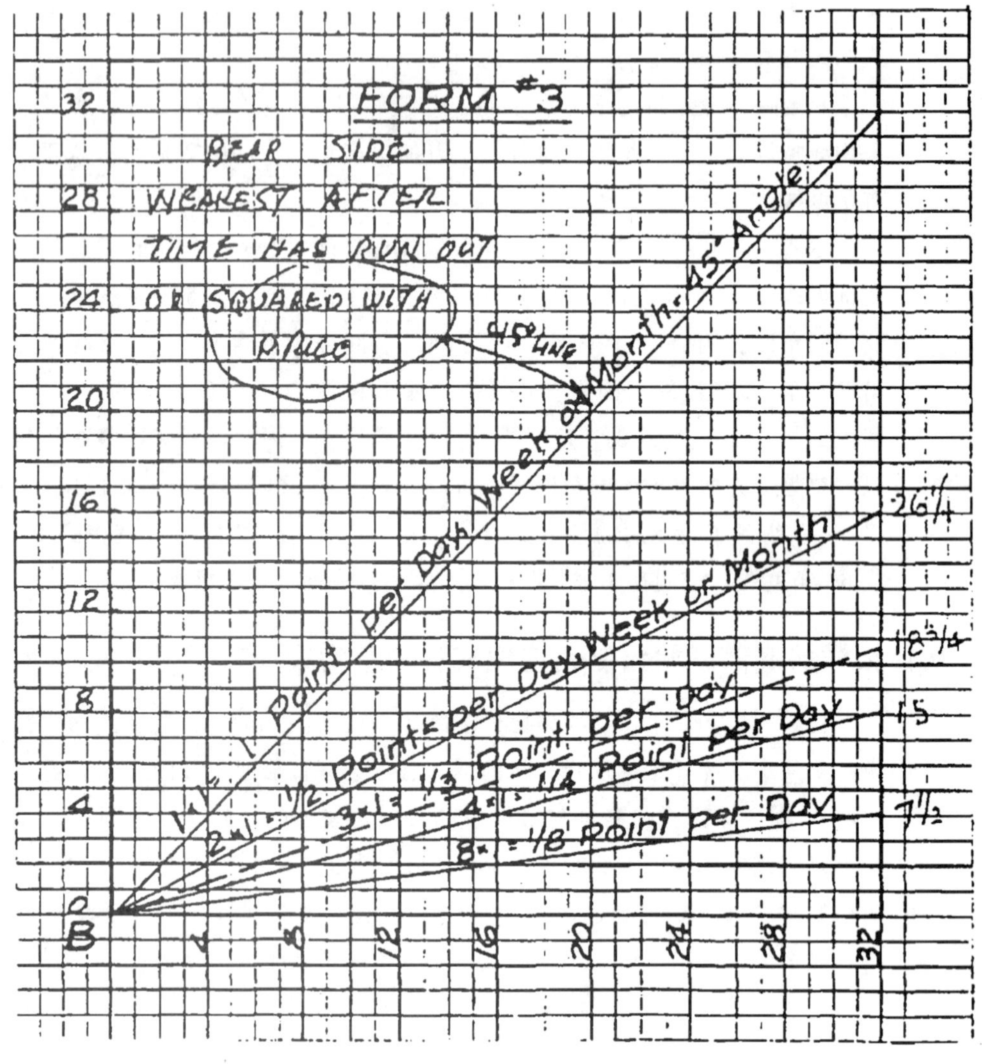

图 4－3

每周或每月1/2个点的速度上升，其度数为 26¼°。这是一只股票跌破 45°角度线之后应当到达的第一条支撑角度线。一般情况下，当价格到达这条角度线时，它都会获得支撑并反弹。有时，价格会在这条角度线上停留很长一段时间，维持在这条角度线上，并形成更高的底部。但是，当这条 2×1 角度线，或者说每天、每周或每月上移1/2个点的移动平均线被跌破之后，你就必须画出下一条 4×1 角度线。

下一条重要的角度线 4×1：该正方形看跌一边的下一条重要的角度线是 4×1 角度线。它以每天、每周或每月1/4个点的速度上升，其度数为 15°。它将是股票获得支撑并开始反弹的下一条强有力的支撑角度线。

下一条角度线8×1： 4×1角度线被跌破之后，你应当在自己的图表上绘制出下一条重要的角度线是8×1角度线，它以每天、每周或每月1/8个点的速度上升，其度数为7½°。这经常是一条非常强有力的支撑角度线。在一只股票已经出了一轮大的下跌之后，它将好几次停留在这条角度线上，或者可能在形成最终的底部之后从该角度线开始上涨。上涨期间它将穿越其他的角度线，再次回到一种强势的形态。因此，在一轮长期的下跌之后，这条角度线是应当运用于月线图表和周线图表上的很重要的角度线。

角度线16×1： 这条角度线可以在某个重要的底部形成了很长一段时间之后被运用到月线图表当中，它以每月1/16个点的速度上升，度数为3¾°。

角度线3×1： 这条角度线以红色墨水绘制，它是一条非常重要的角度线，其度数为18¾°。我强烈建议无论何时都要使用这条角度线，并且在月线图表上以所有重要的顶部为起点绘制出这条角度线。它有时也可以被运用到周线图表上，但在日线图表上很少具有大的价值。它以每天、每周或每月1/3个点的速度移动。通过长时间在月线图表上绘制出这条角度线，你很快就会相信它的价值；同样地，通过在周线图表上尝试它，你也会发现它很有价值。

以上就是你在任何时候以任何底部为起点所需要用到的所有角度线。

如何以日线、周线或月线图表上的顶部为起点绘制角度线

以顶部为起点绘制出的45°角度线下方的强弱形态： 当一只股票已经形成顶部并且下跌了相当长一段时间，比如3天、3周或3个月，而且期间跌破了之前的一些底部，那么你就要开始以顶部为起点画出向下的角度线。注意标为图4-4的例子，它是在45°角度线的下方以顶部为起点绘制角度线的标准图。

以顶部为起点的45°角度线： 你要绘制的第一条角度线是45°角度线，即表明每天、每周或每月下跌1个点的移动趋势线。只要一只股票处于这条角度线下方，它就处于一种最弱势的形态以及熊市当中。

其他角度线： 在许多情况下，一只股票都会以平均每天、每周或每月8个点、4个点或2个点的速度开始下跌。因此，你应当以顶部为起点绘制出所有这些比45°角度线移动更快速的角度线。

最弱势的形态： 当一只股票正在下跌并且维持在8×1角度线下方时，它就处于可能出现的最弱势的形态；当它正在以每天、每周或每月4个点的速度下跌或处于4×1角度线下方时，它就处于第二弱势的形态；当它正在

2×1角度线的下方下跌时，它就处于第三弱势的形态。

最强势的形态：当股票穿越了2×1角度线时，它就处于一种更加强势的形态，也表明了将有一轮更大的反弹，但这还得取决该股从顶部下跌了多远，以及离2×1角度线有多远。这将在以后的交易规则里进行解释。

正在变化的趋势：只要一只股票正在以每天、每周或每月1个点的速度下跌，或是下跌到了45°角度线下方，它就仍然处于熊市以及一种非常弱势的形态当中。当该股在一轮长期的下跌之后反弹并穿越了45°角度线时，你就要准备好在45°角度线的另一边绘制角度线，因为这一边表明的是该股在熊市中处于一种更加强势的形态，以及它可能正在为转入牛市做准备。

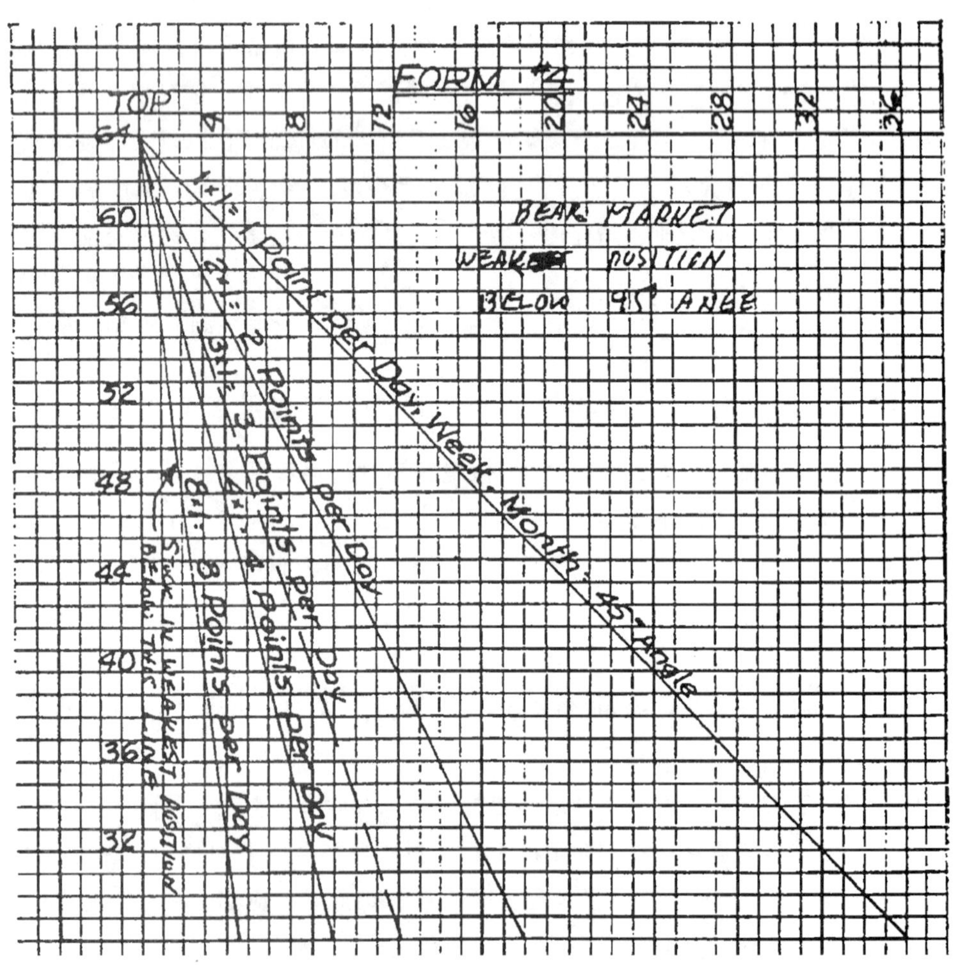

图4-4

以顶部为起点绘制出的45°角度线上方的强弱形态

参考图4－5，它是在45°角度线的上方以顶部为起点绘制角度线的标准图。

以顶部为起点的2×1角度线：以顶部为起点的45°角度线被穿越，以及一只股票表明它已经形成了一个临时性底部之后，你应当绘制的第一条角度线或移动平均线是2×1角度线，即水平的2个点对应垂直的1个点，也就是每一个时间单位运动1/2个点，该角度线以每月、每周或每天1/2个点的速度下降。

4×1角度线：你应当绘制的下一条角度线是4×1角度线，它以每天、每周或每月1/4个点的速度下降。

8×1角度线：你应当绘制的下一条角度线是8×1角度线，它以每8天、每8周或每8个月1个点的速度下移，也就是一个时间周期下移1/8个点。

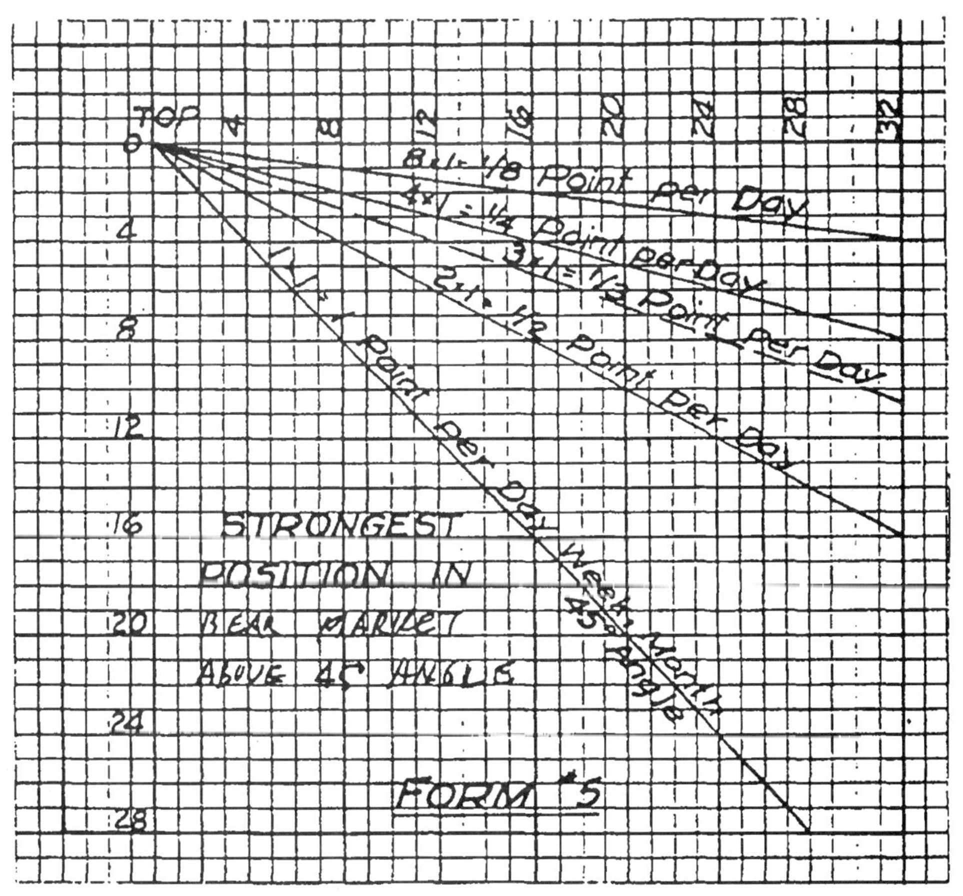

图4－5

强势形态：在一只股票穿越了45°角度线并且反弹到了2×1角度线之后，它将遇到卖压，并回调到从上一轮运动的底部向上引出的某条角度线。但是，如果它维持在这条2×1角度线上方，它就处于一种更加强势的形态。如果它穿越了4×1角度线，它就处于更加强势的形态。如果它穿越了8×1角度线——这是重要性最小的角度线，就表明它自顶部以来再次处于一种非常强势的形态。你必须始终考虑从底部开始上涨的运动以及它在以底部为起点的角度线上的位置，以便判断它是否强势，考虑价格已经从底部上涨了多少个点以及已经从顶部下跌了多少个点是很重要的。

3×1角度线：在图4-5中，3×1角度线以红色墨水绘制，它以每3天、每3周或每3个月1个点的速度下移，也就是以每天、每周或每月1/3个点的速度下移。在长期的下跌之后，这条角度线是应当运用的很重要的角度线。

以上就是你在任何时候以任何顶部或是底部为起点所需要用到的所有角度线，练习在顶部和底部绘制这些角度线，直到你彻底掌握了如何绘制，以及知道了自己能完全精确地理解它们。在此之后，你就可以开始根据股票在这些角度线上的位置，来研究用来判断趋势的交易规则。

双顶（底）和三重顶（底）

彼此交叉的角度线：当相隔几天、几周或几个月之后出现了一个双底时，你就要以这两个接近同一个价位的底部为起点绘制角度线。例如：以第一个底部为起点绘制一条45°角度线，并且以第二个底部为起点绘制一条2×1角度线，当这两条角度线彼此相交时，这个相交点就是注意趋势变化的重要点位。

注意标为图4-6的图表，我已经以第一个底部“1B”为起点画出了45°角度线以及45°角度线右边的2×1角度线。接下来，我又以第二个底部“2B”为起点画出了一条45°角度线以及45°角度线左边或看涨一边的2×1角度线，这表示每天、每周或每月盈利2个点。你将注意到，以第二个底部为起点的2×1角度线与以第一个底部为起点的看跌一边的2×1角度线相交于48，而且当价格跌破了这两条角度线时，趋势发生了变化，价格将走得更低。

注意，以第三个底部“3B”为起点的2×1角度线与以第一个底部为起点的看跌一边的2×1角度线相交于53½，同时与以第二个底部为起点的45°角度线相交于58。这将是一个注意趋势变化的点位。我已经在这些以不同的底部为起点的角度线交叉的位置画了一个圆圈。

以同样的方式把这些规则运用到双顶和三重顶当中。这些顶部或底部不一定要在完全相同的价位，但是一定要在同一个价位附近。记住，始终要以所有的顶部和底部为起点画出45°角度线。

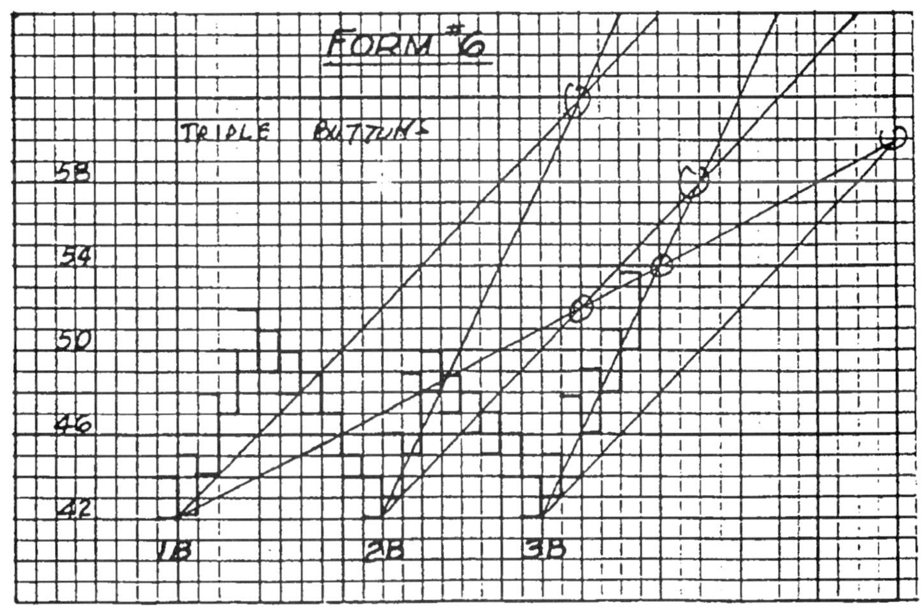

图4-6

平行角度线

平行角度线或平行移动平均线以重要的顶部和底部为起点开始延伸，如前面所解释的，45°角度线是最重要的，因而应当以所有重要的顶部和底部为起点绘制出45°角度线。如果一只股票开始上涨，我们就要以开始上涨时的底部为起点绘制一条45°角度线，随后，如果该股形成了顶部，接下来下跌并形成了一个更高的底部，然后上涨并形成了一个更高的顶部，那么你就要以第一个顶部为起点绘制出一条向上延伸的45°角度线。这样，以第一个底部为起点的45°角度线与以第一个顶部为起点的向上延伸的45°角度线，这两条平行线之间就形成了一个震荡区间或叫波动区间。一只股票经常会上涨到以第一个顶部为起点的45°角度线下，但无法穿越该角度线，随后便下跌并停留在以第一个底部为起点的45°角度线上。接下来再次上涨，并在这两条角度线之间形成一轮长期的牛市行情。

当这两条角度线离得非常远时，你可以在它们之间画出另外一条与这两条角度线等距的45°角度线，该角度线经常会是一条强有力的支撑角度线，股票将从该角度线开始反弹；但是，如果股价跌破了该角度线，它就会下跌到最下面的45°角度线。

2×1角度线之间或4×1角度线之间也可以像45°角度线之间一样，形成平行线，这种情况经常发生在一轮缓慢运动的市场当中。

以“0”为起点绘制的几何角度线或移动平均线

我已经告诉过你，当一只股票到达了底部并开始上涨时，要恰好以这个低点为起点绘制角度线——该低点显示了时间周期的支撑点。但是，还有其他角度线以后将与以该点为起点画出的角度线一样重要，而且有时还会更加重要。这就是从“0”开始的角度线，它们上升的速度与以底部为起点的角度线的上升速度一样。起点必须与底部处在同一条竖直线上，因为时间周期是从这个底部开始的，但这样的角度线却从0开始向上引出。一只股票每次形成底部时，尤其是在周线图表和月线图表上，都应当引出这样的角度线；在日线图表的重要运动上，也应当绘制出这样的角度线。例如：参考标为图4—7的图表。

如一只股票在20形成了低点，如图4-7所示，那么从“0”引出45°角度线的话，该角度线何时才能到达20？答案是：它将在20天、20周或20个月之内从该底部，即起始点到达20。换句话说，它将在20天、20周或20个月之内从0涨到20——该股形成底部的价格。随后，这条角度线将以同样的速度继续向上。接下来，当该股跌破了以形成于20的实际底部为起点的45°角度线，并且跌破了其他以形成于20的实际底部为起点的支撑角度线时，下一个重要的支撑点将是从“0”向上引出的45°角度线。当这条角度线被跌破时，该股就处于可能出现的最弱势的形态，并且预示着价格将大幅走低，不过这还得取决于该股的价格有多高，以及当它跌破以0为起点的45°角度线时，已经下跌了多少。这些以0为起点所绘制出的角度线，尤其是45°角度线，证明了价格和时间何时是平衡的，或者说从底部开始，该股何时在时间上形成正方形。

开始于顶部形成时的从“0”引出的角度线

当一只股票在日线、周线或月线图表上到达了极限顶部并且趋势掉头向下时，你就应当从该顶部形成的确切空间和日期，以0为起点向下[①]引出一条45°角度线。这将证明时间周期与价格组成了正方形。当股票到达这条角

① 原文是“向上”，但依据该段上下文意思应为“向下”。

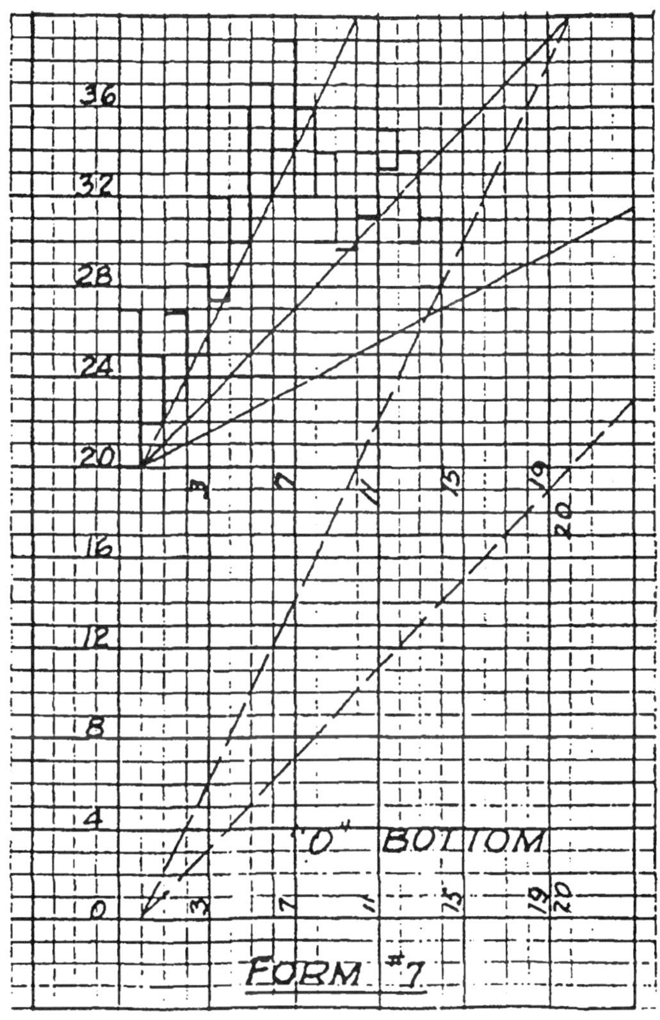

图 4-7

度线时是非常重要的，它表明了趋势的变化。这条角度线是最后强有力的支撑角度线，如果它被跌破，就预示着价格将大幅走低。

我已经在前面的每个例子中告诉过你，首先要以底部、顶部为起点以及标为 0 的底部和顶部为起点画出 45°角度线，但这并不意味着你不可以运用其他角度线。其他所有的角度线也都可以从 0 引出，但 45°角度线是第一位的、最重要的，在这条角度线被跌破之后，你就可以运用其他角度线；在需要之前，你没有必要画出所有的角度线。但是，在年份很长的月线图表上，当一只股票开始靠近可能被跌破的价位水平，或是靠近可能停留并获得支撑的价位水平时，你就应该引出这些其他角度线。

从“0”到顶部和底部的 45°角度线：当一条从 0 开始上升的 45°角度线

到达底部的趋势线或底部价格时，是非常重要的。同样，当它到达极限最高价时，对于趋势的变化来说也是非常重要的。

你应当从所有重要的第一个、第二个和第三个更高的底部向上引出以 0 为起点的 45°角度线和其他的角度线，尤其是如果这些底部之间的时间距离很远。你还应当从第一个、第二个和第三个更低的顶部向上引出以 0 为起点的 45°角度线，尤其是如果这些顶部之间的时间距离很远的情况下。这些角度线是在周线图表和月线图表上引出的最重要的角度线。

永远不要忘记以 0 为起点绘制角度线，因为这些角度线将告诉你从各个顶部和底部开始，时间将何时与价格形成正方形；而且在以某个底部为起点的第一条 45°角度线被跌破之后，它们还可以帮你确定出处于看跌一边的支撑角度线或移动平均线所在的点位。除了通过以 0 为起点的角度线，你没有其他方法可以确定出这个支撑点。

你应当回顾过去的记录，绘制出这些角度线，同时用不同的顶部和底部与时间组成正方形，这样你就可以向你自己证明运用这些角度线的巨大价值。

从顶部下降到“0”再上升的角度线

一条从月线或周线图表上的任何一个重要顶部开始下降的 45°角度线应当持续下降，直到到达 0，然后再以相同的速率开始上升。在重要的各个顶部和各个底部之间相隔多年以后，这条先下后上的角度线是很重要的。45°角度线也可以从任何一个重要的底部持续下降到 0，然后再次以相同的速率开始上升。这将表明从顶部或底部开始，价格与时间形成了正方形。

角度线可以在任意重要的时间循环走完时从 0 开始。例如：美国钢铁在 1904 年形成了极限低点。1924 年 5 月将是一轮 20 年循环，即 240 个月循环的结束。1924 年 5 月，美国钢铁在靠近一条 45°角度线的 109 形成了顶部，该角度线始于 1925 年 2 月在 38 形成低点时的“0”。由于这个顶部的重要性以及一轮 20 年循环在此走完，因此如果需要的话，我们将从 1924 年 5 月的“0”处开始绘制一条 45°角度线和其他角度线。

1931 年 5 月将结束一轮从 1924 年开始的 7 年循环，即 84 个月循环。从 1924 年 5 月的“0”处开始上升的 45°角度线于 1931 年 5 月经过了 84。注意，美国钢铁于 1931 年 6 月在 83⅛形成了低点。1924 年 6 月，美国钢铁在 94¼形成了最后的低点，这表明了 20 年循环结束的重要性。从 1924 年的“0”处开始上升的 45°角度线于 1931 年 6 月经过了 84，随后美国钢铁下跌并停在了这条角度线上。

以同一个底部为起点的两条45°角度线

正如我们之前所解释的，45°角度线以每月1个点的速度上升和下降。参考图4-8中的例子。

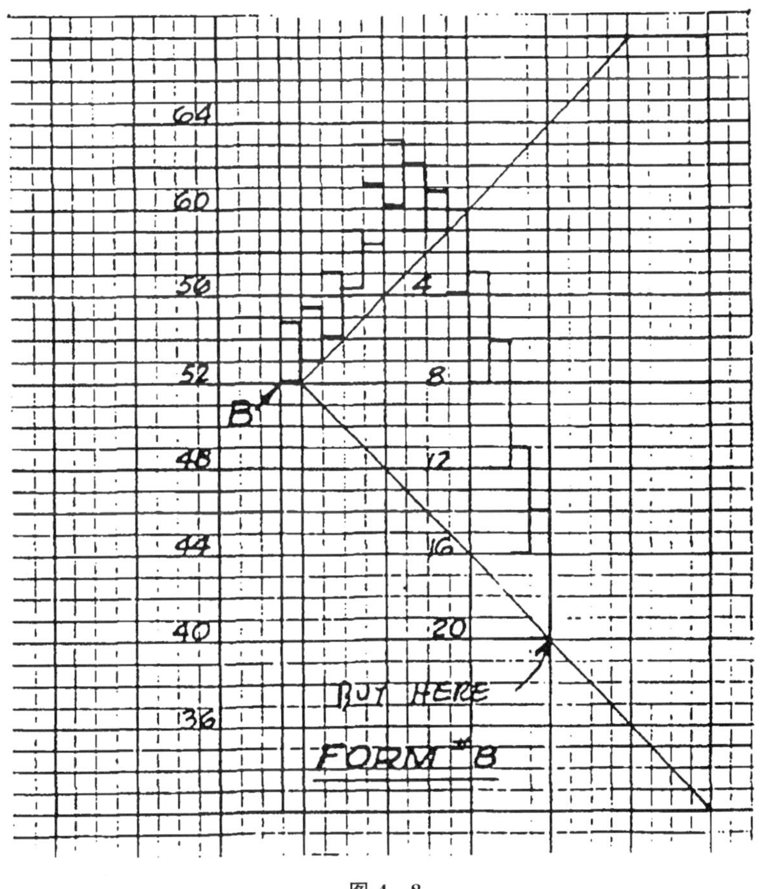

图4-8

你将注意到，该图表上的低点显示为52，并且股票上涨到了高点63。以该底部为起点向上绘制出了一条45°角度线；而且价格到达顶部之后开始走低，并且在59这个价格跌破了45°角度线。你还将注意到，我还以底部52为起点向下绘制出了另外一条45°角度线。该股跌破从52开始上升的45°角度线的那个点，到从52开始下降的45°角度线，距离的点数是16。因此，如果该股在到达从底部开始上升的45°角度线之前笔直下跌，那么，这两条角度线的距离就会拓宽，直到价格下跌了16个点。

注意，在图表上该股持续下跌，直到到达了40；该股在此停留在了以处于 52 的底部为起点向下的 45°角度线上。这表明该点是最强有力的支撑点，随后至少会出现一轮暂时的反弹，尤其是当该股已经从顶部下跌了 23 点时更是如此。后面，你将在“阻力位”一节里发现，22½～24 点是一个强有力的支撑点。

美国钢铁：取美国钢铁 1927 年 1 月的极限低点 111¼，在月线图表上引出一条以每月 1 个点的速度上升的 45°角度线；然后引出一条以同样的速度下降的 45°角度线。这显示了这两条角度线之间的跨度，当美国钢铁跌破从该底部开始上升的 45°角度线时会发生什么，以及该股在像 1931 年和 1932 年那样的极端恐慌市场中能够下跌到什么位置。

从 1927 年 1 月的低点开始上升的 45°角度线在 1930 年 10 月经过了 156，当美国钢铁跌破这条角度线时，它就顺势在 1930 年 12 月份走低到了 134⅜，在此停在了以 1927 年 1 月的这个底部为起点的 2×1 角度线上；随后反弹到了 1931 年 2 月。当它跌破以 111¼ 为起点的这条上升的 45°角度线时，它处在距离该低点第 45 个月的时间，这是即将出现一轮陡直、剧烈下跌的又一个标志。此时我们看一看从 111¼ 开始上升的 45°角度线，发现它从以 111¼ 为起点开始上升的 45°角度线下跌了 90 个点。这两条角度线以每月 2 个点的速度分离；当距离该底部 45 个月时，该股将必须下跌 90 个点才能触及从该底部开始下降的 45°角度线。这两条角度线相距如此之远，表明该股可能会出现一轮毫无抵抗的崩跌。这样的崩跌发生在 1931 年 12 月，当时美国钢铁跌破了从 111¼ 为起点的下降 45°角度线，使得该股进入了一种非常弱势的形态——事实上，是进入了一只股票在收复这条角度线之前可能进入的最弱势的形态。1932 年 6 月，美国钢铁下跌到了 21¼，此时它已经跌破了从 1925 年 3 月形成的最后的低点 113⅜ 开始下降的 45°角度线，而且在开始收复这些角度线之前已经连续两个月以低于 45°角度线的价格收盘。

这表明，当一只股票在跌破了从底部开始上升的强有力的角度线之后，又跌破了从底部开始下降的重要角度线，并因此进入了一种非常弱势的形态时，它可能会下跌到非常低的水平。这种极端的波动和下跌过去曾发生过，并且未来还会再次发生。这证明了下跌一边的时间与价格形成了正方形，或者说价格和时间达到了平衡。

这里还有另外一个关于价格与时间达到平衡的实例：从 1907 年的底部 21⅞ 处的“0”开始上升的 45°角度线在 1929 年 9 月经过了 262，美国钢铁上涨到了 261¾，这表明从 1907 年的底部开始的 262 个月里，美国钢铁相当于每月上涨了 1 个点。通过触及了 45°角度线但未能穿越，它表明时间已到，该股的趋势正在掉头向下，随后将出现一轮长时间的熊市。

从一个顶部到下一个顶部的角度线或移动平均线

参考图 4－9 当中的例子。

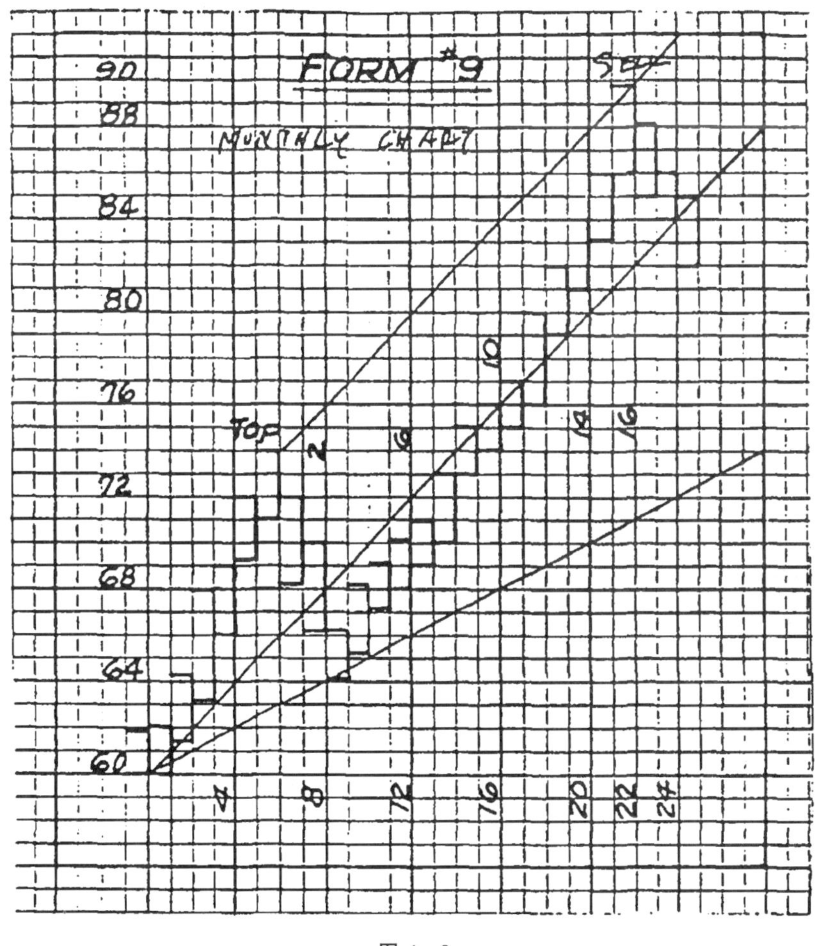

图 4－9

你会看到，我们从处于 60 的底部开始，该股上涨 6 个月后到达了 74，该点被标为“T”，该股在此形成了顶部；随后该股回调 3 个月后到达了 64，跌破了 45°角度线，但停在了以底部为起点的 2×1 角度线；接下来该股又开始上涨，并且最终再次穿越了以 60 为起点的 45°角度线，进入了一种更加强势的形态，收复了这条角度线。为了判断该股可能在什么位置遇到阻力——因为它正处在新的高价区间，我们以处于 74 的顶部为起点绘制了一条 45°角度线。该股在距离底部 22 个月时上涨到了 90，并且在此遇到了以第一个处于 74 的顶部为起点的 45°角度线，而此时距离第一个顶部 16 个月。该股上涨到了第一个顶部上方 16 个点，而时间等于价格相对于第一个顶部的上涨。这条 45°角度线表明，这是一个强有力的阻力点，也是一个卖空点，同时要把止损价设置在该 45°角度线上方 1～3 个点。随后该股开始下跌，并且在此后的第 3 个月在一个非常高的位置上再次跌破了以处于 60 的底部为起点的 45°角度线。换句话说，该股从底部上涨了 24 个点，并且现在处于一种弱势得多的形态——因为它距离支撑底如此之远，因而预示着价格将再次下跌到 2×1 角度线。

不要忽略这条交易规则：如果一只股票先是上涨到了一个新的高价水平，然后又下跌到了处于 74 的老顶，那么这个价位可能会是一个支撑点，除非该股跌破了该价位 3 个点。如果该股真的跌破了该价位 3 个点，而且还跌破了 2×1 角度线，那么它将处于一种更加弱势的形态，此时应当注意的下一个支撑点和反弹点就是下一个处于 64 的底部。

以第一轮陡直下跌的底部为起点的角度线

当一只股票在上涨了一段时间之后形成顶部并且在此维持了几天、几周或几个月，随后趋势掉头向下并且出现了一轮陡直、剧烈的下跌时，这第一轮下跌之后总是会出现一轮反弹。该股通常会在这轮次级反弹时形成一个更低的顶部，接下来便会再次开始走低。这第一轮下跌的底部是非常重要的点位，你应当以此为起点绘制角度线，尤其是向下的 45°角度线，正如我在标为图 4-10 的图表中所展示的一样。

该图表显示，该股反弹上涨到了 75 附近，以最后的底部为起点开始上升的 45°角度线，与从顶部开始下降的 2×1 角度线相交于该点。随后该股再次开始下跌，并且在 66 这个价位跌破了以顶部为起点的 45°角度线，这使得该股进入了一种非常弱势的形态。接下来该股下跌到了从第一轮陡直下跌的底部开始向下的 45°角度线。这将是从底部开始的时间与价格形成了正方形，也是一个应当为了反弹而买进的位置。一只股票经常会稍微下跌到以该底部为起点的角度线下方。然后，如果它维持在这条角度线上或其下方几天或几周，此时的价格就是应当为了反弹而买进的位置。

在月线图表上，始终要从第一轮陡直下跌的底部向下引出这一条角度线，因为它经常在后来的行情中变得非常重要。

当一只股票已经上涨了一段时间，随后出现了一轮持续了 2～3 天、2～3 周或 2～3 个月的陡直崩跌，接下来又出现了反弹，然后再跌破第一轮陡直崩跌的低点，这就表明主要趋势已经掉头向下，该股将继续走低。

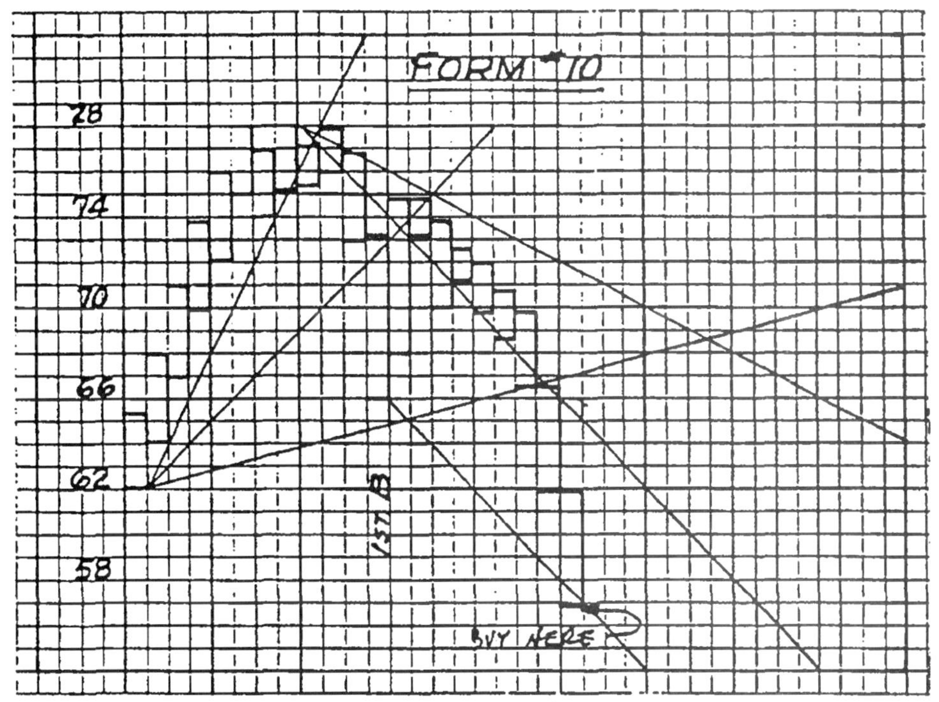

图 4 - 10

出现以下情况时要运用同样的交易规则，即当一只股票已经下跌了一段时间，随后形成了一轮持续了 2～3 天、2～3 周或 2～3 个月的陡直、快速的反弹，接下来又出现了回调，然后上涨穿越了它形成的第一轮反弹的高点，这是该股将继续走高的一个标志。

牛市或熊市中的最后一轮摆动

在牛市当中，以市场开始最后一波上涨时的点位为起点绘制角度线是很重要的。参考图 4 - 11。

在这个例子当中，注意标为“最后的底部”的点。在这轮牛市的最后阶段，价格快速上涨到了 84 这个价位。我们已经以这个“最后的底部”为起点绘制出了 2×1 角度线（每天、每周或每月盈利 2 个点）和 45°角度线。当这条 2×1 角度线被跌破时，就表明趋势已经掉头向下。随后该股下跌并停在了 45°角度线上，接下来该股反弹并形成了第二个更低的顶部，然后跌破了 45°角度线，此后便陡直下跌，并且停在了以处于 84 的顶部为起点绘制出的向下的 45°角度线上，这表明时间和价格已经组成了正方形，即时间和价格相等。这将是一个买进点，同时应当把止损单的止损价设置在这条角度线下方 2～3 个点，做好价格反弹回到 2×1 角度线的准备，正如图表中所显示

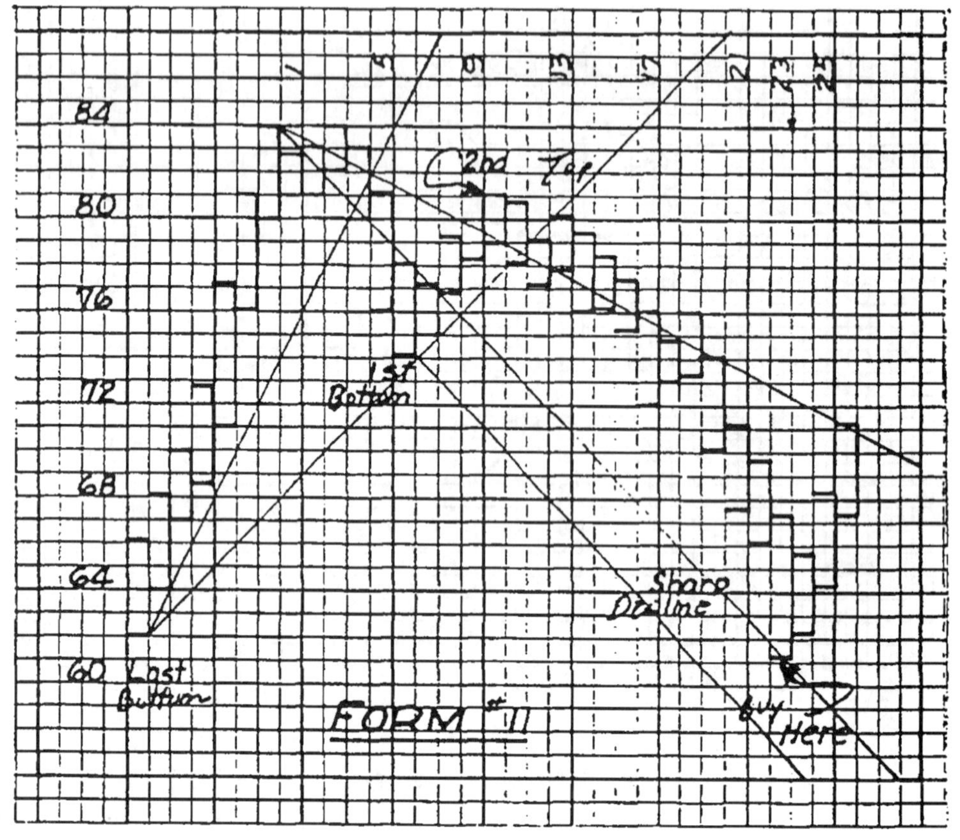

图 4－11

的一样。

在一轮非常活跃的、快速运动的市场当中，一只股票可能会停留在以“最后的底部”为起点绘制出的 4×1 角度线或是 8×1 角度线的上方。但是，在日线图表和周线图表上，在第一条陡直的角度线（即 4×1 角度线）被跌破之后，就表明趋势已经掉头向下。

始终要记住，在一轮长期的上涨之后，当主要趋势掉头向下时，等到反弹时卖空比对抗趋势买进更加安全。

在一轮熊市的尾声或陡直下跌时，要把所有这些规则反过来用。注意市场何时从最后的顶部或反弹开始下跌，并形成其跌向底部的最后一轮运动是很重要的。以这个最后的顶部为起点绘制出角度线，并且在市场到达以及穿越这些重要的角度线时仔细观察。例如：

1932 年 3 月 9 日，道琼斯 30 种工业平均指数在 90 形成了最后的顶部，随后出现的一轮下跌在 1932 年 7 月 8 日到达了底部 41，下跌期间的反弹非常小。注意，在周线图表上，从位于 90 的顶部开始向下的 2×1 角度线在

1932 年 7 月 30 日这个周末经过了 50；而且平均指数穿越了这个价位之后从未再次下跌到 50，而是在 1932 年 9 月份上涨到了 81。价格穿越了这条角度线是主要趋势已经掉头向上的第一个明确的标志。

回顾该平均指数到达高点 119½的 1931 年 11 月 9 日与 1932 年 7 月的低点 40½之间的主要摆动也很重要。这是这轮熊市的最后一轮大型摆动，一轮 79 个点的下跌。这轮运动的半路点位于 80。1932 年 9 月，该平均指数反弹到了 81——随后该平均指数回调到了 50，接下来上涨并运行到了半路点上方，然后穿越了 81，这预示着平均指数无论如何都将上涨到 119。在第二次穿越了半路点并上涨到了 81 上方之后，平均指数再也没有再次下跌到该价位，直到它上涨到 1935 年 11 月的 149½。

在一只股票已经上涨了很长一段时间之后，在最后的运动中会有许多动力，因而它可能会穿越从之前的各个顶部或底部引出的角度线，随后又跌回到这些角度线下方，这就是该股表现疲软的一个标志；当一只股票已经出现了一轮陡直的下跌并且正在形成底部时，它将跌破重要的角度线，随后又快速反弹到这些角度线上方，这就表明该股正在进入一种强势形态，趋势也正在改变。

以更高的底部和更低的顶部为起点的角度线

当股票形成更高的底部和更低的顶部时，你应当遵循什么样的交易规则？

当股票上涨并且在月线、周线或日线图表上形成了更高的底部时，你应当始终以这些更高的底部为起点绘制出角度线。这样在一轮牛市的最后阶段，如果从最后一个底部引出的这些重要的角度线被跌破了，你就知道趋势已经掉头向下了。

当某个市场下跌时，运用同样的交易规则。以每个更低的顶部为起点绘制出角度线并且注意观察这些角度线，直到股票再次穿越以第二个、第三个或第四个更低的顶部为起点的 45°角度线。第二个更低的顶部或是第二个更高的底部始终是绘制角度线的重要起点，也是测算时间的重要起点。

例如，道琼斯工业平均指数：

1929 年　9 月　3 日——极限高点；

1929 年　11 月　13 日——第一轮陡直下跌的底部；

1930 年　4 月　17 日——熊市中的大反弹，第二个更低的顶部；

1931 年　7 月　8 日——极限低点，最终的底部；

1932 年　9 月　8 日——熊市结束之后第一轮陡直上涨的顶部；

1933 年　2 月和 3 月——牛市重新开始后第二个更高的底部。

这些就是开始绘制角度线的最重要的顶部和底部。

市场行情的阶段

无论是向上还是向下，所有的市场行情都分 3～4 个阶段运行。当一轮上涨开始时，市场会先运行几周或几个月；随后在一个 5～10 个点的区间内——具体取决于该股票的价格——停留几周或几个月，期间不断地上下运动；接下来上涨重新开始，该股穿越第一阶段的高点，运动到更高的价位；然后再次停留；此后回调一段时间；随后穿越第二阶段的顶部，并再次向上运动另一段时间；接下来第三次停留，这里就是应当注意的非常重要的位置，因为市场经常在第三阶段结束时达到最高潮，然后便会出现一轮更大的下跌。

绝大多数市场都会在 3 个重要的阶段或 3 轮重要的运动后结束。然而，如果一只股票在休整和回调之后穿越了第三阶段的顶部，随后它就会向上运动到第四阶段的顶部。这第四轮上涨所消耗的时间可能会比前几个阶段短；在某些情况下，也可能会消耗更长的时间，尤其是如果该股非常活跃且处在很高的价位。这第四个顶部是非常重要的，它通常都标志着顶点的到来和反转到一轮更大幅度的下跌。

例如，1935 年 3 月 1 日，克莱斯勒汽车下跌并在 31 形成了低点——

第一阶段：这轮上涨的第一阶段使该股在 5 月 16 日上涨到了 49¾，随后该股下跌到了 41¼。

第二阶段：6 月 27 日，上涨开始，该股上涨到了新的高价区间，在 8 月 10 日到达了 62¾，这是第二阶段的顶部——接下来回调到了 57½ 并出现了一个休整期。

第三阶段：然后出现了另一轮开始于 8 月 28 日的上涨，该股穿越了第二阶段的顶部并在 9 月 11 日到达了高点 74，这是第三阶段的顶部。此后出现了一轮回调在 9 月 21 日到达了 68。

第四阶段：10 月份，第三阶段的顶部被穿越，克莱斯勒在 11 月 18 日到达了 90，这是第四阶段的顶部，该股在此高位形成了一个 6 个点的区间，并停留了 5 周，期间进行了派发。这是应当注意出现最终顶部和趋势变化的一个非常重要的点位。随后趋势掉头向下。

在熊市中，将这条规则反过来用。当市场形成第三轮或第四轮下跌时，要注意市场的行为。但是要记住，在熊市中当反弹出现时，它们可能只会形成 1 个阶段或者说 1 轮运动，即使在极端情况下也只会形成 2 个阶段，随后趋势便会逆转并跟随主要趋势向下。

你会发现，研究和观察一轮行情的这些不同的阶段是非常有帮助的；而且通过运用以顶部和底部为起点的角度线，你可以探测到趋势最初的小型变化或主要变化。

价格在角度线上的位置所表明的强弱形态

月线图表和周线图表上的角度线比日线图表上的角度线更加重要，因为日线图表上的趋势可能会十分频繁地发生变化，而月线图表和周线图表上所表明的只是主要的变化。

当一只股票跌破或穿越任何一条重要的角度线时，始终要考虑此时与起点的距离。此时与起点的距离越远，趋势的变化越重要，不管该股是穿越以顶部为起点的角度线，还是跌破以底部为起点的角度线。

一只股票何时处于最弱势的形态

当一只股票已经完成派发，并且跌破了某条以周线或月线图表上的某个重要底部为起点的 45°角度线时，就处于最弱势的形态。当它跌破了任何重要顶部与重要底部之间的半路点时，也处于最弱势的形态。该股已经运行的时间周期越长，价格越高，其形态就越弱势。例如：如果一只股票已经上涨到了 150 个点，而且当以周线或月线图表上的某个极限低点为起点的 45°角度线被跌破时，尽管该股只下跌了 25 个点，但是此时该股处于一种非常弱势的形态，因为它距离此轮价格运动的半路点如此之远，已经使得时间周期与价格形成了正方形。

当一只股票依次跌破3/4位、2/3位、1/2位等时，该股就会越来越弱势。但是，该股的价格在以底部为起点的时间角度线上的位置会告诉你更多关于该股弱势形态的信息。当一只股票跌破从牛市最后一轮运动中的最后底部开始上升的第一条重要的角度线时，就第一次表明了它的弱势。

一只股票何时处于最强势的形态

当一只股票正维持在日线、周线或月线图表上，尤其是月线和周线图表上的非常陡峭的角度线上方时，它就始终处于从某个底部上升以来的最强势形态。

只要一只股票维持在日线图表上的 2×1 角度线（即每天盈利 2 个点）的上方，它就处于一种非常强势的形态。事实上，在日线图表上，只要它维持在45°角度线上方，它就始终处于一种强势形态。该规则同样适用于周线和月线图表，而它们是最重要的趋势指示器。

我已经发现，出现最大上涨的股票是那些始终维持在月线图表上的2×1角度线上方，即连续很长一段时间每月盈利2个点的股票。我曾见过股票停留在2×1角度线10～15次，但从未跌破该角度线，直到上涨了100个点或是更多。这样，股票价格就始终领先于时间，并且由于其价格远在45°角度线的上方，因而它始终停留在时间与价格所形成的正方形内，因此，它处于一种非常强势的形态。但是，时间循环一定会有走完的时候，到时主要趋势会开始从牛市变为熊市——然后跌破以最后的底部为起点的角度线，表明趋势已经变化。

一只股票正处于一种强势形态的另外一个标志是，它先是上涨并向上运动到了前一轮价格运动的半路点上方，随后维持在该半路点上方，也就是说先上涨到了该半路点上方，随后发生了回调，但未能跌破该半路点。这就和停留在45°角度线上一样，也标志着该股处于一种强势形态。

最有利的买进点和卖出点：

最有利的买进点是当一只股票停留在45°角度线上时，此时要在该点下方设置好止损单。

另外一个买进点处在价格运动的半路点，此时也要在半路点下方设置好止损单。

当主要趋势向上时，在一只股票回调到周线或月线图表上的2×1角度线（即每个时间周期盈利2个点）时买进也是安全的。

收复角度线或穿越移动平均线

记住，当一只股票跌破以日线、周线或月线图表上某一轮运动的极限最低价为起点的45°角度线时，它就处于一种非常弱势的形态，表明它将下跌到下一条角度线。然而，如果一只股票能够收复45°角度线，它就处于一种更加强势的形态。

该规则同样适用于从任意顶部开始向上绘制出的45°角度线。当一只股票穿越日线、周线或月线图表上的这条角度线，并且停留在该45°角度线或其左边的其他任何一条角度线上方时，它就处于一种非常强势的形态。

一旦一只股票在跌破或穿越了任何一条重要的角度线之后，又回到该角度线上方或跌回到该角度线下方来逆转了它的强弱形态，这就使得趋势再次发生了改变。

一只股票何时处于一种自底部以来的强势形态和自顶部以来的弱势形态

当一只股票正维持在45°角度线或2×1角度线上方时，它就处于一种自底部以来的强势形态；但它同时也可能在上涨并且碰到了从顶部开始下降的45°角度线或2×1角度线，这时它就处于一种弱势形态，此时应当对它进行卖空，直到它能够穿越这两条角度线或穿越以前的各个顶部。当它跌破了以底部为起点的角度线时，它就处于一种弱势形态，并且预示着价格将走得更低。

一只股票可能处于一种自顶部以来的强势形态以及自底部以来的弱势形态，也就是它可能会在很长一段时间之后，穿越以顶部为起点的某些重要的角度线；但它同时也可能跌破以底部为起点的2×1角度线或45°角度线，这将表面它正处于一种弱势形态，并且正准备进一步下跌。

当以极限顶部为起点的角度线被穿越时

以一只股票的极限高点为起点绘制出的45°角度线是最重要的，当它被穿越时，可能会发生一轮大型的运动。例如：在道琼斯工业平均指数的周线图表上，注意从1929年9月3日的高点386开始下降的45°角度线。1935年1月12日与1929年的顶部距离279周。从386减去279我们就得到107，这是该45°角度线将经过的价格。该平均指数在1935年1月12日结束那一周上涨到了106½——随后在2月9日结束那一周下跌到了100。这是该平均指数第一次停留在了与该角度线距离0.5个点的位置，也是它自顶部形成以来第一次到达该角度线。在1935年2月16日结束那一周，该平均指数在103第一次穿越了该45°角度线；在1935年2月23日结束那一周，该平均指数上涨到了108，并且在此触及了从1932年7月8日的低点开始上升的2×1角度线。这是一个强有力的阻力位。平均指数在1935年3月18日结束那一周回调到了96，并且在此停在了以1929年的顶部为起点的45°角度线上；此外从1929年9月的“0”开始上升的3×1角度线（即每周盈利1/3个点）与从1929年的顶部开始下降的45°角度线相交于此。这对趋势变化来说是一个强有力的支撑位。随后平均指数开始上涨并且向上运动到了新的高价区域。这证明了角度线的重要性——尤其是从任意极限顶部开始绘制的45°角度线，以及其他任意角度线与45°角度线的交叉点的重要性。

当从1929年的顶部开始的45°角度线到达“0”时，或是当时间距离该顶部386周时要留意，这将发生在1937年1月下旬。注意到时会发生什么。

半周线图表上的角度线

半周线图表在极限上涨或极限下跌结束时有很大的帮助。通过运用所有的交易规则并在半周线图表上使用以各顶部和底部为起点的几何角度线，你经常会在周线图表上显示出趋势变化之前2～3天就获得趋势变化的标志。

半周线图表上的趋势变化比日线图表上的趋势变化更加重要。当市场处于某个狭窄的交易区间内时，该图表要比日线图表更加可靠得多。

新上市股票的角度线

多年的实践和研究耗费了我大量的金钱，它使我开发出了一种能够解释所有市场运动的方法，也给出了用来判断从任意顶部或底部开始的趋势的规则。

一只股票在任意交易第一次上市时，知道如何判断其趋势都是很重要的。当一只股票以前从未有过波动时，我们就没有顶部或底部可以作为绘制角度线的起点。因此，为了判断趋势，我们使用90×90正方形（即垂直90乘水平90），并且在正方形中绘制出所有的自然角度线，像标准图一样。如前所述，90×90正方形非常重要，因为它是一个360°圆周的1/4，而且由于90°（即垂直角度线）是可以使用角度最大的角度线，因此其他所有角度线都能在“0”（角度线）与“90”（角度线）之间找到。

如果一只新股的开盘价为18或任意低于22½的价位，那么你就可以绘制出一个22½×21½正方形来判断该股在角度线上的位置。如果该股的开盘价为36或任意一个处在22½与45之间的价位，你就可以绘制一个45×45正方形。如果该股的开盘价为50或任意一个处在45和67之间的价位，你就可以绘制一个67½×67½正方形。然而，你可以把开盘价为低于90的任意价格的任意股票放在90×90正方形中，得到它在角度线上的正确位置以及强弱形态。如果该股的开盘价为100或是90与135之间的任意价位，你就可以绘制一个135×135正方形，或是绘制另外一个从90～180的90×90正方形。

你可以在一个90×90正方形上从该股的开盘价或者说其开始交易的价格开始绘制一张月线图表，正如美国钢铁所展示的一样（参考对美国钢铁的特别分析），该股跌破了任意一条从“0”开始绘制的自然角度线时，与跌破了一条从某个底部开始绘制的角度线一样；该股穿越任意一条从“90”开始向下绘制的角度线时，与穿越了任意一条从某个顶部开始绘制的角度线一样，正如你用美国钢铁或其他任何一只股票进行试验所能看到的一样；但是，始终要考虑到价格阻力位以及该股已经从底部或顶部上涨或下跌了多少。随着市场运动的发展，你可以通过从任何更高或更低的底部绘制出重要的几何角度线，用 3 日图或半周线图表、日线图表以及周线图表来判断出趋势最初的变化。

对角度线的快速计算

你不必以很久以前的某个点位为起点绘制角度线，就可以进行计算并确定这些角度线会经过什么位置。例如：1900 年 1 月，一只股票在 15 形成了底部，我们想要计算出以该底部为起点的 45°角度线在 10 年后的 1910 年 1 月会经过什么位置。该 45°角度线以每月 1 个点的速度上升——那么 10 年就是 120 个点或 120 个月——把这个加到底部的 15 之上——这样该 45°角度线将在 1910 年 1 月经过 135。其他所有角度线都可以用同样的方式计算到很久以后的价格。

很少用到的角度线

3×2 角度线：这条处在 45°角度线右边的 3×2 角度线以每 12 个月 8 个点的速度上升[①]。一只股票要维持在该角度线上方就必须显示出每月 3/4 个点的盈利。该角度线可以在其他以底部为起点的重要角度线离得很远时使用，因为它将显示出时间和价格的位置以及其他角度线之间的阻力位或支撑位。

纬度和经度

在所有图表上，无论是日线、周线还是月线图表，价格都一定会在垂直的角度线上向上或向下运动。因此，价格运动就像纬度一样。在任何图表上，无论是日线、周线还是月线图表，你都应当以 0 为起点绘制出重要的角度线和水平方向上的阻力位，而阻力位可以用来计量纬度。

接下来，在水平方向上计算天数、周数或月数，并且在每条重要的自然角度线处，如 11¼、22½、33¾、45、67½、78¾、90、101¼、112½、120 等，画一条水平角度线。然后，你就会知道价格何时到达这些重要的角度线并遇到阻力。

经度测量的是横穿图表的时间。时间是以日、周和年为单位运动的，因此，你必须在图表上记录从每个重要的顶部和底部开始的时间，以便根据角

① 原文中是“左边”，应为 45°角度线下面的右半部分三角形区域中的角度线。

度线对时间进行计量。这些以每个底部和顶部为起点的重要角度线，如11¼、22½、33¾、45、56¼、60、78¾、90等，将向你表明价格和时间的最强阻力会出现在什么位置。这些角度线验证了平行线或交叉点。研究过去的记录，看一看当月线图表上的价格到达这些重要的角度线或时间周期时，都发生过什么。

举例：在价格从0向上到90处，我们画一条横穿图表的水平角度线。然后，在图表上向右的90天、90周或90个月处，我们画一条垂直向上的角度线；该角度线将与水平角度线相交于90，证明形成了正方形。通过在你的图表上绘制所有这些垂直的角度线并加以理解，你将知道重要的时间循环何时走完。

如果一只股票的价格60出现在第60天、第60周或第60个月，它就会再次遇到很强的阻力，因为它已经使时间与价格形成了正方形。它处在相同的纬度或价格以及相同的经度或时间周期。你始终可以把90×90正方形放在某个图表上，不管是日线图表、周线图表，还是月线图表，同时使用自然角度线。但是，我建议只把90×90正方形运用到周线图表和月线图表上，你可以以任何底部或顶部作为这个90×90正方形的起点，也就是向上90个点，或从90、135和180这些自然点开始。但是，你一定要使时间与极限低点、极限高点以及第二个和第三个更低的顶部和更高的底部形成正方形。

在图表上记录时间周期的规则

在所有的图表上记录时间周期是非常重要的，为了检查并知道你把角度线或移动平均线放置在了正确的位置，以及了解主要的和次要的时间循环在何处预示着趋势的变化，你要从每一轮重要运动的底部和顶部开始水平延伸时间周期。

始于底部的时间周期：当一只股票在某个月形成了底部，随后又在接下来的一个月形成了一个更高的底部和更高的顶部时，或者在它形成了一个更高的底部并反弹了1个月或更长时间之后，你就可以从这个底部开始计算时间周期了。它形成低点的那个月属于之前的向下运动，算是最后的下跌。将上涨的第一个月计为1，随后随着月份的数字向右延伸，我们就要在1/2英寸规格的绘图纸上每次加上4个格[①]。

① 这里跟使用的绘图纸规格有直接关系，4个1/2英寸格相当于1个大方格，代表1个时间单位，可以查看本章附图理解。

例如：如果一只股票已经形成了底部并上涨了 50 个点，你看一看图表上的底部就会发现，此时的价格正处在第 25 个月，每月上升 2 个点的 2×1 角度线将经过 50，而每月上升 1 个点的 45°角度线就会经过 25。如果价格在下一个月跌回到了 50 个点以下，它就会下跌到 2×1 角度的下方，因而表明该股将出现进一步的下跌。如果你在图表上从底部开始水平计算时间时或计算时出现了错误，最终绘制出的移动平均线或角度线就是错误的。

始于顶部的时间周期：当一只股票已经上涨并形成了一个极限高点，而且已经到达该极限高点几天、几周或几个月，同时你也已经开始从顶部向下绘制角度线，那么你就必须开始从顶部计算时间周期。把同样的规则运用到顶部：该股形成极限高点的那个月、那一周或那一天就完成了向上运动，因而不被计算在内。你可以在那之后开始计算天数、周数或月数，把出现顶部的那个月计为 0，其下一个月、下一周或下一天结束时计为 1，在正方形的水平方向上每次加上 4，以便得到正确的位置。如果你在所有图表上正确地水平延伸该时间周期，那么你就可以检查并查明自己在向下绘制角度线或移动平均线时是否犯了错误。

例如：一只股票下跌了 75 个点之后，不管是在周线图表还是月线图表上，角度线也会下降同样的幅度，除非间距不同。假设间距是每 1/8 英寸对应 1 个点，那么在该股下跌了 75 个点并且所有角度线都以顶部为起点绘制之后，2×1 角度线就可能会出现错误，因为你的直尺可能出错了，在该角度线从顶部下降了一段距离之后，你可能没有正确地放置它。现在，为了证明 2×1 角度线确切会出现在什么位置，你先判断时间周期数。如果下跌 75 个点需要 40 天、40 周或 40 个月，那么，每个时间单位下降 2 个点的 2×1 角度线就将从顶部下降 80 个点。如果你发现该角度线没有经过 80，那么，你就会知道自己出了差错，应当进行修正。

这是能让你始终知道角度线或移动平均线何时正确的一种简单的方法，因为你只是把运动加到底部或把运动从顶部减去。假设价格如上所说，如果该股在下跌了 75 个点之后是 150，那么就要从顶部 150 减去 80，这样角度线就会交于 70，而该股的价格下跌 75 个点后的价格是 75。因此，该价格处于以顶部为起点的 2×1 角度线的上方，因而，如果时间循环也表明能够反弹的话，那它就能够反弹。

计算时间周期的起点

在最高价与最低价的月线图表上，延伸时间周期最重要的起点就是一只股票存续期内的极限低点以及公司成立的日期或是开始在纽约股票交易所交易的日期。时间周期始终应当从这个极限底开始在图表上水平延伸，正如重要的角度线应当从这个极限低点开始持续延伸多年一样。

下一个重要的计算起点是第二个或第三个更高的底部。但是你不应当认为某个底部已经确定，除非市场已经连续升高或上涨 3～4 个月，然后你才可以从这个底部开始计算时间——如果该底部看起来很重要的话。例如：

美国钢铁：美国钢铁于 1901 年 2 月 25 日组建。水平计算月数，你会注意到，1931 年 2 月距离组建日期 360 个月，即 30 年。然后开始一个新的循环并从“0”开始水平计算，这将是第二个循环或 360°圆周。

下一个重要的点位是 1904 年 5 月 14 日形成的极限低点 8⅜。在月线图表上，从该底部开始水平延伸时间周期数，因为它是最低的底部，因此也是最重要的底部。注意，这轮 30 年循环或 360 个月循环结束于 1934 年 5 月。

下一个开始计算并绘制角度线的重要点位是 1907 年 10 月的低点 21⅞，这是第一个更高的底部。接下来，下一个重要的点位是 1915 年 2 月形成的第三个更高的底部。始终要从其他任意行情开始的重要底部绘制角度线和水平计算月数。

把同样的规则运用到顶部。在一只股票到达了顶部并且趋势掉头向下之后，从顶部开始水平延伸时间周期；但是，在任何一个你将其作为计算起点的顶部被穿越或底部被跌破之后，除非是为了确定另一轮向前 3 年、5 年、7 年、10 年或 20 年的时间循环中的某个时间周期，否则不要把这个顶部或底部算作重要的计算起点。维持了很长时间都没有被穿越的顶部始终是开始延伸时间周期最重要的起点。在一只股票所到达的极限高点被穿越之前，该高点始终都是最重要的。之后，下一个由次级反弹所形成的高点则是开始计算时间周期的第二重要的顶部；该顶部始终是一个更低的顶部。例如：在美国钢铁上，你首先要从 1901 年 4 月份的高点开始水平延伸月度测量；然后从 1909 年 10 月的极限高点开始延伸，接下来从 1917 年 5 月的高点开始延伸；此后从 1929 年 9 月的最后高点开始延伸，这是开始测算时间周期最重要的起点，此外还要从 1930 年 4 月的顶部开始计算。

工业平均指数：道琼斯 30 种工业平均指数在 1929 年 9 月 3 日到达了极限高点；随后在恐慌中陡直下跌，到达了 1929 年 11 月的低点——从这个低点开始反弹到了 1930 年 4 月的顶部，这是最后的高点，是非常重要的计算起点，因为这是一个次级顶部，是牛市中的最后一轮反弹。在熊市中的最后低点于 1932 年 7 月 8 日到达之后，一轮陡直的反弹持续到了 1932 年 9 月，此时到达顶部；接下来出现的一轮缓慢的下跌在 1933 年 2 月下旬到达了底部，使得这成为一个更高的次级底部，该股从这里开始上涨到了新的高价区域。1932 年的底部是最重要的计算起点，下一个 1933 年 3 月的底部是次重要的。

把这条规则运用到周线图表和日线图表上的底部和顶部。在任意次要顶部或底部被越过时停止时间周期的计算，同时只要重要顶部和底部没有被跌破，就只从这些顶部和底部开始延伸时间周期。

停止使用从顶部和底部起算的时间周期的规则是：当某个底部或顶部被越过 3 个点时，就要停止从该底部或顶部开始计算的时间周期。

始终要注意各个极限高点之间和各个极限低点之间所距离的月数，还要注意顶部和底部出现在哪条角度线上。

用时间使价格区间形成正方形

这是我最重要的、也是最有价值的发现之一。如果你严格遵守这条规则，并且始终在一只股票的价格与时间形成正方形时，即时间与价格走到一起时注意观察，你就能够更精确地预测趋势的重大变化。

时间与价格形成了正方形，意思是相同点数的价格上涨或下跌平衡于相同数量的时间周期，不管是天数、周数还是月数。举例：如果一只股票在 24 天内上涨了 24 个点，那就使得 45°角度线或移动平均线以每天 1 个点的速度上升，时间线或时间周期与该股的价格是处在相同水平的，而价格正停留在一条 45°角度线上。此时你就应当注意趋势的重大变化。如果一只股票要继续其向上趋势并保持在一种强势形态，它就必须继续上涨并保持在 45°角度线上方。如果它跌回到了这条角度线下方，那么它就在 45°角度线的看跌一方形成了正方形，并处于一种更加弱势的形态。当日线图表上的时间（与价格）形成正方形时，要查看一下最高价与最低价的周线图表和月线图表，看一看该股是否正处于一种强势形态，以及是否还未走完时间周期，因为只要周线和月线图表指向上方，股票在日线图表上就一定会做出反应，会恢复到某个位置，使其价格多次形成正方形。市场的修正或调整只是小的时间周期形成正方形，之后大的下跌或上涨才是大的时间周期形成正方形。

使区间形成正方形：参考图 4－12，它显示了从低点 48 到高点 60 的 12 个点的区间。现在，假设一只股票连续几周或几个月在这个区间内上下运动，期间从未上涨到该区间的底部上方 12 点以上，也从未跌破该底部，那么我们就要从底部 48 开始绘制 45°角度线，并且让它上升到该区间的顶部

60；然后，若是我们看到该股一直维持在这个区间，没有继续走高，就要使该45°角度线下降回到该底部；接下来再次回到该区间的顶部。要在这个区间内不断地使该角度线上升或下降，直到该股突破到新的低价水平或新的高价水平。你会发现，每次45°角度线到达该区间的顶部或底部时，该股的趋势都发生了某种重大的变化。

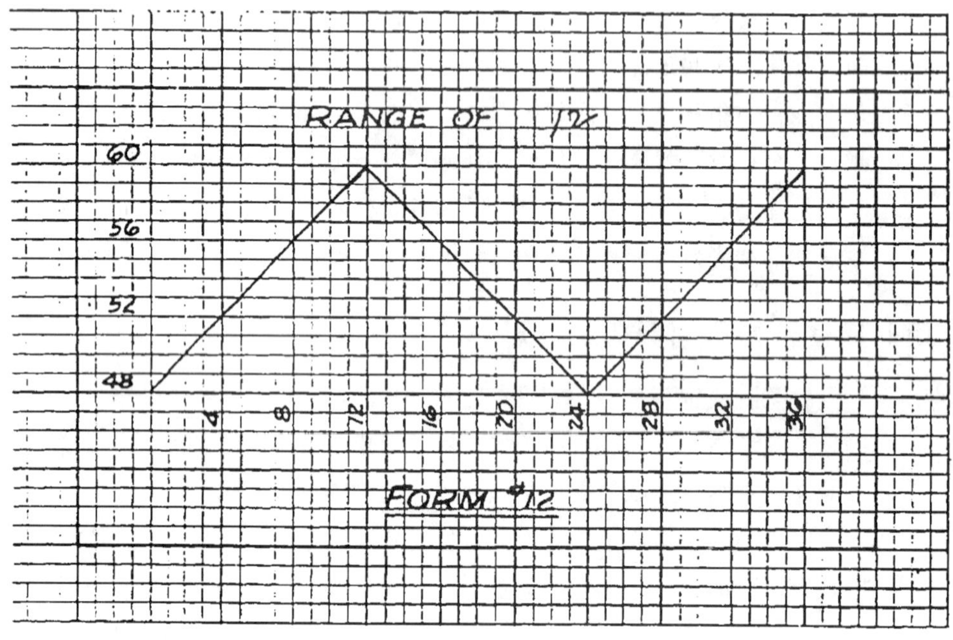

图 4－12

你也可以运用45°角度线右边和左边的2×1角度线，因为它们把时间周期再次分成了2个相等的部分，因而具有一定的价值。

如果一只股票最终向上脱离了这个区间，那么角度线就要从新的更高的底部开始上升。但是，从该股进入新的高价位时的那个点开始，或是从该股在这个区间内所形成的任何一个重要的底部，尤其是最后一个底部开始，是最重要的。到时你应当从这个底部开始绘制角度线并再次使其持续上升。当该角度线被跌破时，或者说当时间与价格再次形成正方形时就要注意了，因为这对于趋势的变化来说是很重要的，不管是小型变化还是主要变化。

使时间与价格形成正方形的三种方式：

我们可以使时间与区间，即从极限最低价到极限最高价的点数成正方形；也可以使时间与极限最低价成正方形；还可以使时间与极限最高价成正方形。当市场跑出这些正方形并突破重要的角度线时，趋势就掉头向上或向下。

1. 任何一只股票形成于极限高点与极限低点之间的区间都可以形成正方形，只要该股始终停留在同样的价格区间内。如果区间是 25 个点，那么 25 个时间周期——天数、周数或月数——就可以使其形成正方形。只要该股停留在同样的区间内，就要继续使用这个时间周期。

2. 用底部或极限最低价使时间形成正方形——下一个可用时间使其形成正方形的重要价格，是任意一轮重要下跌的最低价或底部。例如：如果一只股票的底部是 25，那么在 25 天、25 周或 25 个月结束时时间与价格就是相等的。注意基于底部或最低价的趋势变化。只要该股始终维持住一个底部并继续上涨，你就可以一直使用这个时间周期并继续水平延伸，同时在该股每次跑出该正方形时加以注意。当股票到达其时间周期的第 3 个正方形、第 4 个正方形，甚至第 7 个、第 9 个正方形时，尤其要注意。这些正方形只会频繁出现在日线或周线图表上，因为在月线图表上，股票多数情况下都会在某个底部形成正方形多达 7 次或 9 次之前向上或向下脱离某个区间。然而，当一只股票在一个狭窄的区间内停留了许多年时，这种情况有时确实会发生。

3. 用顶部或极限最高价使时间形成正方形——另外一个可用来使时间形成正方形的重要点位是一只股票的极限最高价。时间周期必须从日线、周线或月线图表上的高点开始水平延伸，而且你必须注意顶部价格与时间形成的正方形，并用其观察趋势的变化。如果一只股票的顶部是 50，那么当它已经运动了 50 天、50 周或 50 个月时，它就到达了其时间的正方形，这预示着趋势即将出现重大变化。这可以根据角度线距离顶部或底部的位置来确定。例如：道琼斯工业平均指数——1929 年 9 月 3 日的高点 386 将需要 386 个日历日才能使得价格与时间相等，这发生在 1930 年 9 月 23 日。看一看图表，注意那时趋势是如何变化及逆转的。接下来在 1931 年 10 月 14 日，该周期再次走完；1932 年 11 月 4 日，该周期再次走完；然后是 1933 年 11 月 25 日，1934 年 12 月 16 日，1936 年 1 月 6 日。查看一下这些日期，你会发现当这个 386 天的时间与价格 386 达到平衡时，日线图表上出现了哪些重大的趋势变化。

当不断形成正方形时，所有时间周期内的主要和次要的顶部和底部都必须被关注。所有顶部和底部当中，最重要的是最高价与最低价的月线图表上的极限最高价。该价位可能会非常高，因而可能会需要消耗很长一段时间才能使顶部与时间形成正方形。在这种情况下，你就必须把该价格分成 8 个相等的时间周期，并且注意最重要的位置，如1/4、1/3、1/2和3/4，不过，所有位置当中最重要的还是当时间等于价格的时候。

当你正在观察一只股票的强弱形态时，在它已经偏离某个底部或顶部之后，始终要查看一下时间周期和反方向的角度线。如果市场正在接近某个最低价，使某个顶部形成正方形，就要看一看它与该底部的关系是什么样的，因为它可能正处在底部以来的第二个或第三个时间周期的正方形内，而这将是趋势变化的双重标志。

使周时间周期形成正方形

一年包括 52 周，这个时间的正方形是 52×52。因此，你可以绘制一个宽 52，高 52 的正方形；以 0 为起点绘制所有的角度线；然后在这个正方形内标出一只股票的周最高价和周最低价。举例：如果一只股票的最低价为 50，那么这个周正方形的顶部就是 52 加上 50，这样，这个正方形的顶部就是 102。只要该股保持在 50 以上并且向上运动，它就会在这个 52×52 的周正方形内运行。反过来说，如果该股形成顶部之后走低，你就要绘制一个从顶部开始向下 52 个点，横跨 52 个时间周期的周正方形。

你可以取任意股票过去的运动，绘制出一个 52×52 正方形并研究其运动。注意 13 周，即时间的1/4；26 周，即时间的1/2；39 周，即时间的3/4；以及该股到达这些时间和价格的重要阻力点时所发生的趋势变化，你还应当注意这些时间周期附近的趋势变化。

使月时间周期形成正方形

当一只股票跌破某条 45°角度线时，如果它的价格正处于第 135 个月的 135，那么，它所跌破的就是一个加倍强有力的阻力位——一条强有力的角度线和一个强有力的自然阻力位。这就是时间和空间在阻力位或几个角度线达到平衡，标志着接下来将出现一轮大的下跌。在熊市的尾声把这条规则反过来用。

在月线图表上，12 个月就是 1 年。因此，12 的平方对于计算月线图表上的时间周期就是非常重要的。12 的平方是 144，因而重大的变化经常出现在距离一只股票的底部或顶部恰好 12 个月的周期上。如果你使用恰好为 12 的倍数（注意 24、36、48、60、72、84、96、108，等等）的价格阻力位，它将对你有所帮助。当该股在价格上到达这些重要的阻力点时，要注意该股在角度线上的表现。

价格领先于时间

为什么在日线、周线或月线图表上，股票经常穿越 45°角度线，随后出现一轮短时间的上涨，接下来又下跌并停在同一条45°角度线上？因为当该股第一次穿越该45°角度线时，它还没有跑出或越过时间的正方形。因此，当它在次级回调中停在该45°角度线上时，该股就在时间上到达了与价格的正方形。在这之后，将出现一轮更大的下跌。

在牛市的顶部，把这条规则反过来用。当一只股票跌破离底部距离很远的45°角度线时，是最重要的。在一轮上涨的早期阶段，一只股票会多次停在该45°角度线上，随后在回调时再次停在该角度线上；接下来出现一轮长期的上涨；然后再次回调并停在该45°角度线上；此后会上涨到一个更高的水平；下一次下跌时便会跌破该45°角度线，使得该股处于一种极其弱势的形态，因为它此时距离底部如此之远，而且自该股形成低点以来已经过了这么长时间。不要忘记：当月线和周线图表上的角度线被跌破时，是最重要的。

这导致股票从顶部陡直、快速地下跌，随后上涨并形成一个略高的顶部或一系列略低的底部，接下来继续运行，直到它们在一个相当高的水平上越过价格区间的正方形并跌破45°角度线，然后便会出现一轮快速的下跌。

衡量时间和价格的最强角度线

90°角度线：为什么90°角度线是所有角度线里最强的？因为它是垂直的，即直上直下的。

180°角度线：90°角度线之后的下一条最强的角度线是哪一条？180°角度线，因为它与90°角度线成直角，距离90°角度线90°。

270°角度线：180°角度线之后的下一条最强的角度线是哪一条？270°角度线，因为它与90°角度线相对，即距离90°角度线180°，等于圆的1/2——最强的点。270个月等于22½年，即45（年）的1/2。

360°角度线：270°角度线之后的下一条最强的角度线是哪一条？360°角度线，因为它完成了圆，回到了起点，与角度等于圆的1/2的180°相对。

120°和240°角度线：强度仅次于90°、180°、270°和360°的角度线是哪些？答案：120°和240°角度线，因为它们分别是圆的1/3和2/3。120°是90°加上30°，即90°的1/3。240°是180°加上180°的1/3，即60°，这使得这些强有力的角度线对于时间测量尤其强有力。

45°、135°、225°和315°角度线：强度再弱一点的是哪些角度线？答案：45°

角度线，因为它是 90°的1/2。135°角度线，因为它是 90°加上 45°。225°角度线，因为它是 45°加上 180°。315°角度线，因为它与 270°角度线相差 45°。225°角度线与 45°角度线相差 180°，而 315°角度线与 135°角度线相差 180°。

十字交叉和对角交叉： 90°角度线、180°角度线、270°角度线和 360°角度线组成了第一个重要的十字形，即我们所说的十字交叉。45°角度线、135°角度线、225°角度线和 315°角度线组成了下一个重要的十字形，即我们所说的对角交叉。这些角度线对于时间和空间或者说价格和成交量的测量来说，是非常重要的。

22½°、67½°和 78¾°： 为什么 22½°角度线比 11¼°更强？因为它是后者的两倍——与 45°角度线比 22½°角度线更强是一样的理由。同样地，67½°角度线是 45 的 1½倍，因此，当一只股票向上朝着 90°运动时，该角度线是相当强的阻力。78¾°比 67½°更强，因为它是 90°的7/8，因此它是到达 90°之前最强的位置之一——它对于观察时间、价格和成交量来说很重要。许多股票都会在第 78～80 天、周或月附近出现重大的运动并形成顶部或底部，但不要忽略了 84 个月，即 7 年——强有力的时间循环。

对 1 美元的划分： 1/8点：为什么圆的1/8倍数的角度线对时间和空间测量来说最重要？因为我们把 1 美元分成 2、4 和 8 份。我们使用 25 美分，即1/4美元；50 美分，即半美元；多年以前我们还有 12½美分的钱币。尽管我们的货币单位是 4 个1/4美元，但我们在所有的计算中都使用1/8美元，即 12½美分。股票的波动是基于1/8、1/4、3/8、1/2、5/8、3/4、7/8和整数 1 的。因此，如果把这些数字变成时间的角度线，计算出来的任何价格和时间的单位量度值都会更接近于这些数字，而不是价格的1/2位或2/3位。原因很简单，在1/8大小的波动最终一定会更接近于这些数字。

把票面价值 100 美元作为计算股票价格的基础，并把这些价格换成度数，12½美元等于45°，25美元等于90°，37½美元等于135°，50美元等于180°，62½美元等于225°，75美元等于270°，82½美元等于315°，100美元等于360°。例如：当一只股票在第180天、第180周或第180个月的价格是50美元时，它就处在其时间角度线上。

1915年2月1日，美国钢铁在38形成了低点，这靠近价格37½，即100的3/8，它等于135°角度线。1915年2月25日，美国钢铁组建14年，即168个月，此时它触及了135°角度线，表明美国钢铁的价格落后于时间，但它维持在了135°角度线或者说价格37½上方的38，处于一种强势形态。

当美国钢铁到达200时，它就等于2个360°圆周。当它上涨到261¾时，它就接近第三个100中的62½，即接近225°角度线或圆周的5/8位，这是该股穿越了位于250的半路点或180°角度线之后最强有力的角度线。

威廉·D. 江恩

1935年11月

第五章　股票的季节性变化

股票的平均指数和许多个股都会按照季节性变化形成重要的底部和顶部。比如：

冬季开始于12月22日，距离该日期15天的是1月5日和6日，这始终是每年年初应当留意的重要日期，因为股票经常会在这些日期附近形成极限高点或极限低点，趋势变化经常会在此时发生。如果股票在12月22日前后形成了低点，那么接下来的1月份通常都会出现上涨。1月1日会支付分红，人们会为了分红而买进，这将引起一轮反弹。该反弹经常会在3—7日左右结束。然而，在某些年份，1月份的上涨会持续到20—21日左右。

2月5日距离12月22日45天，小型变化经常会在2月5日附近发生，有时非常重要的顶部和底部还会在该日期附近到达。

3月21日距离12月22日90天。这是太阳横跨赤道以及春季开始的日期。股市中的春季反弹经常开始于该日期附近；如果股票从之前一直上涨到了该日期，春季反弹则会结束于该日期附近。

5月6日距离3月21日46天，距离12月22日135天，等于135°角度线。因此，应在该日期附近留意重大的趋势变化。

6月22日距离3月21日93天，这等于90°。当然，它与12月22日相对，对于季节性变化来说很重要，因为夏季开始于该日期。

7月7日距离6月22日15天，距离1月7日6个月，即180天。由于7月是一个分红月，因此上涨或下跌经常会在该日期附近结束，重大的趋势变化也经常会在该日期附近发生。它是6月22日之后的下一个应当留意的重要日期。

8月8日距离6月22日47天，但太阳运行了近45°，这等于45°角度线。这对趋势变化来说是一个非常重要的日期，因此你应当注意股票在该日期附近形成顶部或底部。

9月23日距离6月22日93天，但地球或太阳运行了近90°。太阳在此时横跨赤道，并且与它在3月21日横跨赤道时的位置相距180°，即相对。秋季开始于该日期，股票在该日期附近形成重大的趋势变化。

11月8日距离9月23日46天，这等于45°。通过核对历史记录，你会发现许多重要的顶部和底部以及趋势变化都发生在该日期附近。

12月22日距离9月23日91天，距离6月22日6个月，即180天。这是冬季开始的日期，它对于留意重大的趋势变化很重要。

月度变化

股票在距离任意重要顶部或底部每30、60、120、150、210、240、300、330和360天（或度）时形成重大的趋势变化。季节性变化或是基于任意季节性变化的开端的月度变化，对于留意顶部和底部的出现来说很重要。

1月21日距离12月22日30天，即30°，太阳在该日期改变星宫。

2月19日距离12月22日60天，即60°，太阳或地球在该日期再次改变星宫。

4月20日距离12月22日120天，即120°。

5月22日距离12月22日150天，即150°；距离3月21日60°。

7月23日距离12月22日210°，距离3月21日120°。

8月23日距离12月22日240°。

10月23日距离12月22日300°。

11月22日距离12月22日330°。

上述所有日期对于注意小型趋势和主要趋势的变化来说都很重要。

30天趋势变化之后最重要的是那些每7天、10天、14天、20天和21天发生的变化。你将在这些天发现某种变化，因为太阳每30天改变星宫，月亮每28天回到自己的位置，新月每29天左右出现一次。有时变化会发生在从前一个顶部或底部开始的第28天，另外一些时候则发生在第33或34天，这是由于月亮的变化，这些变化之间的时间变化，以及地球或太阳改变星宫的时间变化。

公司的组建日期和股票第一次在纽约股票交易所或其他交易所交易的日期导致它们形成顶部和底部的日期与季节性变化发生的日期略有不同。

例如：美国钢铁于1901年2月25日组建，于1901年3月28日在纽约股票交易所开始交易。这就是美国钢铁在2月份和3月份形成那么多次重大趋势变化的原因。美国钢铁以其组建日期为基础的季节趋势变化如下：

4 月 12 日距离 2 月 25 日 45°。

4 月 27 日距离 2 月 25 日 60 天，即 60°。

5 月 28 日距离 2 月 25 日 90°。

6 月 12 日距离 2 月 25 日 135°。6 月 28 日距离 2 月 25 日 120°。

7 月 30 日距离 2 月 25 日 150°。

8 月 30 日距离 2 月 25 日 180°。

10 月 30 日距离 2 月 25 日 240°。

10 月 14 日距离 2 月 25 日 225°。

11 月 29 日距离 2 月 25 日 270°。

12 月 28 日距离 2 月 25 日 300°。

1 月 11 日距离 2 月 25 日 315°。

1 月 27 日距离 2 月 25 日 330°。

2 月 25 日距离 2 月 25 日 360°，即 365 天。

通过核对美国钢铁形成了次要顶部（底部）和主要顶部（底部）的日期，你会发现这些顶部和底部在非常接近这些季节性趋势变化的日期出现的频率有多高。

美国钢铁的季节线图表

这张图表是根据每季度一次的季节性变化而绘制的，它开始并结束于每个季度，依据的是季节性变化而不是美国钢铁的个股季节性变化。每个季度的底部日期是该季度内极限低点形成的日期，每个季度的顶部日期是该季度内极限高点形成的日期。

下面给出的主要摆动和次要摆动取自美国钢铁 1901 年至今的隔夜图表，它们显示出了每个月绝大多数的次要摆动。对这些顶部和底部的研究将使你相信季节性变化的价值，也将向你展示顶部和底部是如何相隔 30 天、60 天、90 天出现的，还将向你展示 7、10、14、15、20 和 21 天周期与明显的规律性一起发挥作用。

1901 年

3 月 28 日——美国钢铁开始交易并开始上涨。

4 月 30 日——到达反弹的顶部，这是本季度的极限高点，随后在 5 月 6 日形成了第二个顶部。

5 月 9 日——北太平洋恐慌日。美国钢铁到达本季度的极限低点。

6 月 3 日和 5 日——位于 52⅜的最后的顶部。

6 月 24 日——本季度的极限高点。从未穿越这最后的顶部。趋势掉头向下。

7 月 5 日——本季度的极限低点。

7 月 22 日——回调的低点。

7 月 27 日——反弹的顶部。

8 月 6 日——回调的低点。

9 月 3 日——反弹的顶部。略低于 7 月 27 日的顶部。

9 月 13 日——回调的低点。

9 月 26 日——回调的第二个低点。反弹之后市场一直窄幅波动到 9 月 28 日。

10 月 28 日和 11 月 1—5 日——各轮回调的各个低点。

11 月 19 日——陡直反弹的顶部，本季度的极限高点。

11 月 21 日和 27 日——回调的低点。

12 月 7 日——陡直反弹的顶部。

12 月 12 日——回调的低点，本季度的极限低点。

12 月 24 日——回调的最后低点和本季度的极限低点。反弹接踵而至。

1902 年

1 月 6 日——本年的高点和本季度的极限高点。

1 月 21—26 日——回调的低点。

2 月 26 日——反弹的顶部。

3 月 12 日和 21 日——狭窄市场中各轮回调的各个低点。

4 月 4 日——自 1 月的高点开始的回调的低点。

4 月 25 日——反弹的高点和本季度的极限高点。

6 月 19 日——回调的极限低点和本季度的极限低点。

6 月 24 日——回调的第二个低点。

7 月 2 日——本季度的极限低点。

8 月 7 日——回调的低点。

9 月 5 日——反弹的顶部；本季度的极限高点。

9 月 24 日和 29 日——回调的低点。

10 月 20 日——反弹的高点和本季度的极限高点。

11 月 7 日——陡直下跌开始。

12 月 12 日和 15 日——本年的极限低点和本季度的极限低点。这是一个熊市年，高点出现在 1 月份，低点出现在 12 月份。

1903 年

1 月 5 日和 7 日——反弹的顶部。缓慢的市场，本季度的极限高点。

2 月 5 日和 9 日——反弹的顶部，1 月 7 日的顶部上方 3/4 的位置。

3 月 9 日——本季度的极限低点。

3 月 21 日——小幅反弹的顶部。随后趋势掉头向下。

3 月 22 日——刚开始这一季度的极限高点。

4 月 24 日——回调的低点。

5 月 5 日——小幅反弹的顶部。接下来下跌开始。

6 月 19 日——回调的低点和本季度的极限低点。然后小幅反弹到了 7 月 1 日。

7 月 1 日——本季度的极限高点。

8 月 6 日——回调的低点。

8 月 18 日——反弹的顶部。

9 月 8 日——快速下跌开始。

9 月 21 日——本季度的极限低点。

9 月 29 日——小幅反弹开始的低点。

10 月 13 日——反弹开始的低点。

10 月 28 日——反弹的顶部和本季度的极限高点。

11 月 10 日——本年低点。

12 月 11 日和 22 日——本季度的极限低点。与 11 月 10 日的低点相同。这是一个熊市年，高点出现在 1 月份，低点出现在 12 月份。

12 月 30 日——本季度的极限高点。

1904 年

1 月 6 日——回调的低点和本季度的极限低点。

1 月 22 日——小幅反弹的顶部。

3 月 16 日——小幅反弹的高点。市场非常呆滞且窄幅波动。

3 月 28 日——本季度的极限高点。

5 月 14 日——低点 8⅜，这是其历史最低价。

6 月 24 日——回调的最后低点 9½，本季度的极限低点。随后趋势掉头向上。

8 月 3 日和 8 日——缓慢、呆滞市场中反弹的顶部。

8 月 22 日——回调的最后低点。

9 月 17 日——反弹的顶部和本季度的极限高点。

9 月 23 日——大型上涨使得趋势掉头向上之前的回调的最后低点。

9 月 24 日——刚开始这一季度的低点。

11 月 1 日——趋势开始向上，市场变得更加活跃。

11 月 30 日——本年的极限高点和本季度的极限高点。

12 月 8 日——陡直回调的低点。

12 月 13 日——第二轮回调的低点。

这是最终的低点出现的年份，熊市结束。

1905 年

1 月 7 日——回调的低点。

1 月 25 日——再次出现相同的低点。本季度的极限低点。

3 月 13 日——反弹的高点。本季度的极限高点。

3 月 23 日——回调的低点。

4 月 16 日和 18 日——春季反弹的顶部，本季度的极限高点。

5 月 22 日——回调的极限低点和本季度的极限低点。

6 月 2 日和 6 日——与 3 月 22 日相同的低点。

6 月 19 日——趋势掉头向上。

6 月 23 日——本季度的极限低点。

8 月 3 日——小幅回调的低点。

8 月 29 日——与 4 月 18 日相同的高点。

9月7日和11日——回调的低点。

9月18日——本季度的极限高点。

10月3日和23日——反弹的顶部。

11月10日和13日——回调的低点和本季度的极限低点。

12月12日——反弹的高点和本季度的极限高点。

12月18日——回调的低点。

12月26日——本年的极限低点。

1906年

1月5日——小幅回调的低点。

1月25日——反弹的高点和本季度的极限高点。

1月30日——与1月5日相同的低点。

2月2日——反弹的高点。

2月7日和9日——小幅反弹的顶部，随后开始了一轮大幅下跌并且跌破了1月5日和30日的低点。

3月21日——回调的极限低点和本季度的极限低点。

4月16日——反弹的极限高点和本季度的极限高点。

4月21日和25日——更低的顶部。

5月2日——陡直下跌的低点和本季度的极限低点。

6月5日——反弹的顶部，随后便继续走低。

7月3日和13日——本年的极限低点和本季度的极限低点。接下来趋势掉头向上。

8月4日和9日——各轮小幅回调的各低点。

9月6日——反弹的顶部和本季度的极限高点。

9月28日——回调的极限低点和本季度的极限低点。

10月12日——本年极限高点和本季度的极限高点。

11月12日——回调的低点。

12月12日和15日——反弹的高点。

12月19日和24日——回调的低点。

1907年

1月7日——本年的极限高点和本季度的极限高点。

1月31日——陡直下跌的低点。

2月8日和15日——反弹的高点。

3月14日——鲜为人知的恐慌的低点和本季度的极限低点。

3月26日——本季度的极限低点。形成了比3月14日的低点低1½个点的低点。

4月10日——反弹的顶部和本季度的极限高点。

5月3日——小幅反弹的顶部。随后开始下跌。

5月27日——回调的极限低点。

6月17日和22日——形成了比5月27日的低点高3/4个点的低点。

7月8日——反弹的顶部和本季度的极限高点。

8月12日和17日——各轮回调的各低点。

9月7日——反弹的顶部。

9 月 16 日——本季度的极限低点。

9 月 21 日——小幅反弹的顶部。趋势继续向下。

9 月 23 日——刚开始这一季度的高点。

10 月 23 日——低点 21⅞，本年的极限低点和本季度的极限低点。

11 月 6 日和 12 日——反弹的顶部。

11 月 19 日和 26 日——各轮回调的各低点。

12 月 6 日——反弹的顶部。

12 月 16 日和 26 日——各轮回调的各低点和本季度的极限低点。一个熊市年结束，仅比本年低点高 4 个点。

1908 年

1 月 2 日——本年极限低点。

1 月 20 日——反弹的顶部。

2 月 10 日——回调的低点。随后开始上涨。

3 月 16 日——本季度的极限高点。

3 月 24 日——反弹的顶部。

4 月 4 日——回调的低点和本季度的极限低点。

4 月 28 日——小幅回调开始的顶部。

5 月 3 日——回调的低点。

5 月 18 日——反弹的高点和本季度的极限高点。

5 月 27 日——回调的低点。

6 月 2 日——小幅反弹的顶部。

6 月 24 日——回调的低点和本季度的极限低点。略高于 5 月 27 日的低点。

8 月 10 日——反弹的顶部和本季度的极限高点。

8 月 15 日——回调的低点。

9 月 8 日——与 8 月 10 日的高点相同。

9 月 22 日——陡直回调的低点。

9 月 24 日——刚开始这一季度的低点。

11 月 14 日——本年极限高点 58⅞ 和本季度的极限高点。

12 月 21 日——回调的低点。陡直反弹到了 12 月 29 日。

1909 年

1 月 6 日——回调的低点。随后反弹到了 8 日。

1 月 14 日——回调的低点。

1 月 22 日——本月高点和本季度的极限高点，该股从这里开始下跌。

2 月 23 日——本年极限低点和本季度的极限低点，从这里开始了一轮大型牛市。

3 月 1 日——反弹的顶部。

3 月 20 日——下跌的低点。

3 月 22 日——刚开始这一季度的低点。

5 月 3 日——回调的低点和 5 月份的低点。

5 月 8 日——持续到 5 月 14 日回调开始的顶部，5 月 14 日之后上涨重新开始。

6 月 14 日——反弹的顶部和本季度的极限高点。

6 月 22 日——回调的低点。

6 月 23 日——刚开始这一季度的低点。

8 月 12 日和 16 日——反弹的高点。

8 月 24 日——快速下跌的底部。

8 月 27 日——形成底部。该底部略高于 8 月 20 日的底部。

9 月 3 日——反弹的顶部；随后下跌到了 9 日，接下来快速上涨。

9 月 22 日——本季度的极限高点。

10 月 4 日——本年高点 94⅞和本季度的极限高点。

10 月 13 日——回调的低点。

10 月 15 日——快速反弹的顶部。

10 月 23 日和 27 日——形成略高于 10 月 13 日的底部。

11 月 5 日——反弹的底部，与 10 月 15 日的顶部相同。

11 月 30 日——回调的低点和本季度的极限低点。与 10 月 13 日的低点相同。

12 月 18 日——反弹的底部。

12 月 27 日——回调的低点，随后反弹到了 12 月 30 日，到达了本季度的极限高点。

1910 年

1 月 7 日——第一个低点；8 日出现了 3 个点的反弹；随后跌破了 7 日的低点。

1 月 19 日——回调的低点。

1 月 22 日——快速反弹的顶部。仅比 1 月 8 日的顶部低1/4个点。

1 月 25 日——回调的低点。

1 月 29 日——反弹的顶部。

2 月 8 日——本年初的极限低点和本季度的极限低点。

3 月 9 日——反弹的顶部。本年再也没有走得更高。

3 月 16 日——回调的低点。

3 月 22 日——趋势掉头向下。

3 月 31 日——回调的低点。

4 月 14 日——反弹的顶部和本季度的极限高点。

5 月 3 日——回调的低点。

5 月 21 日——反弹的顶部。

6 月 6 日——回调的低点和本季度的极限低点。

6 月 22 日——反弹的顶部和本季度的极限高点。

7 月 6 日——回调的低点。

7 月 11 日和 15 日——小幅反弹的顶部。

7 月 26 日——本年的极限低点和本季度的极限低点。

7 月 29 日——陡直反弹的顶部。

8 月 2 日——回调的低点和 8 月份的低点。

8 月 17 日——反弹的高点和本月的高点。

8 月 25 日——反弹开始的回调的低点。

9 月 14 日——反弹的顶部。

9 月 20 日——回调的极限低点。

9 月 24 日——刚开始这一季度的低点。

11 月 4 日——持续到了 10 日的快速回调开始的顶部。

11 月 4 日——本季度的极限高点。

11 月 19 日——反弹的顶部，略低于 11 月 4 日（的顶部）。

12 月 8 日——回调的低点。

12 月 10 日、15 日和 19 日——反弹的各顶部。

12 月 28 日——回调的低点，本季度的极限低点，但高于 12 月 8 日的底部；随后反弹到了 12 月 31 日。

1911 年

1 月 3 日——回调的低点，而且该低点在 8 月下旬之前一直未被跌破。

2 月 6 日和 10 日——反弹的顶部和本季度的极限高点。

3 月 4 日——回调的低点。

3 月 21 日——反弹的顶部。

4 月 24 日——回调的低点和本季度的极限低点。

5 月 1 日——反弹的顶部。

5 月 6 日——回调的低点。

5 月 18 日和 22 日——反弹的顶部和本季度的极限高点。

6 月 1 日——回调的低点。

6 月 15 日——反弹的顶部。

6 月 22 日——回调的低点。

7 月 22 日——反弹的顶部和本季度的极限高点，随后开始了一轮大幅下跌。

8 月 5 日——持续到了 8 月 7 日的小幅反弹开始的低点。

8 月 26 日——本月低点。

9 月 6 日——反弹的顶部。

9 月 22 日——下跌的第一个低点和本季度的极限低点。

9 月 25 日——本月的极限低点。

10 月 2 日——反弹的顶部。

10 月 7 日——持续到了 14 日的反弹开始的低点。

10 月 19 日——与 10 月 7 日的低点相同的低点。

10 月 20 日和 24 日——大幅崩跌之前最后的反弹。

10 月 27 日——低点 50，这是本年的极限低点和本季度的极限低点。

11 月 6 日——反弹的顶部。

11 月 8 日——回调的低点，但 11 月 3 日的低点是本月的极限低点。

11 月 27 日——反弹的顶部。

12 月 8 日——回调的低点。

12 月 20 日——反弹的顶部和本季度的极限高点。

12 月 29 日——回调的低点。

1912 年

1 月 2 日——反弹的顶部和本季度的极限高点。

2 月 1 日和 13 日——回调的低点和本季度的极限低点。

3 月 25 日——反弹的顶部；随后下跌到了 28；接下来重新走高。

4 月 8 日和 30 日——与本季度的极限高点相同的顶部。从 4 月 30 日开始出现了一轮陡直的下跌。

5 月 7 日——下跌的低点和本季度的极限低点。

5 月 20 日——反弹的顶部。

6 月 1 日——回调的低点。

7 月 2 日——反弹的顶部。

7 月 11 日——回调的低点和本季度的极限低点。

8 月 2 日——小幅回调开始的顶部。

8 月 7 日——回调的低点。

8 月 21 日和 28 日——本月高点。

9 月 12 日——回调的低点。

9 月 23 日——本季度的极限高点。

10 月 4 日——反弹的顶部和本年的高点，以及本季度的极限高点。

10 月 30 日——回调的低点。

11 月 4 日——从 10 月 31 日开始的回调的低点。

11 月 7 日——快速反弹的顶部和本月的高点。

11 月 12 日和 16 日——相同的回调的低点。

11 月 21 日——最后的顶部，此后开始了大幅下跌。

12 月 11 日和 16 日——下跌的低点和本季度的极限低点。

12 月 21 日和 28 日——反弹的顶部。

12 月 30 日——回调的低点。

1913 年

1 月 2 日——本月高点，本季度高点以及本年高点。

1 月 17 日和 20 日——反弹开始的低点。

1 月 31 日——反弹的顶部。

2 月 4 日——反弹的顶部和本月的高点。

2 月 25 日——回调的低点。

3 月 3 日——反弹的顶部。

3 月 10 日——回调的第一个低点和本季度的极限低点。

3 月 19 日——第二个反弹开始的低点。

4 月 4 日——反弹的顶部和本季度的极限高点。

4 月 29 日——回调的低点。

5 月 5 日和 8 日——反弹的顶部。

5 月 12 日和 14 日——小幅回调的低点。

5 月 26 日——反弹的顶部，接下来开始了大幅下跌。

6 月 11 日——回调的第一个低点和本季度的极限低点。

6 月 21 日——回调的第二个低点，略高于 6 月 11 日的低点。

7 月 9 日——本季度的极限低点。

8 月 13 日——反弹的顶部和本季度的极限高点。8 月 16 日和 22 日——回调的各低点。

8 月 29 日——反弹的顶部。

9 月 4 日——回调的低点。

9 月 13 日——反弹的顶部，略低于 8 月 13 日的顶部。

9 月 22 日——最后一轮反弹的顶部。随后出现了大幅下跌。

9 月 23 日——刚开始这一季度的高点。

10 月 17 日——下跌的低点。

10 月 27 日——反弹的顶部。

11 月 10 日——与 10 月 17 日相同的低点，也是本季度的极限低点。

12 月 8 日——反弹的顶部。

12 月 15 日——回调的低点。

12 月 24 日——本季度的极限低点。

12 月 26 日——反弹的顶部。

1914 年

1 月 3 日——回调的低点。

1 月 31 日——本年的高点和本季度的极限高点。

2 月 4 日和 14 日——各轮小幅反弹的各顶部。

3 月 7 日——回调的低点。

3 月 21 日和 24 日——反弹的顶部。

3 月 25 日——本季度的极限低点。

4 月 25 日——回调的低点。

5 月 1 日——小幅回调的低点。

5 月 28 日——反弹的顶部和本季度的极限高点。

6 月 25 日——回调的低点。

7 月 8 日——反弹的顶部和本季度的极限高点。

7 月 16 日——回调的低点。

7 月 22 日——反弹的顶部。

7 月 30 日——位于 50 的低点，本季度的极限低点。此后由于战争，交易所在 12 月 15 日之前一直关闭。

12 月 15 日——高点 55，这是本季度的极限高点。下跌接踵而至。

12 月 22 日——本季度的极限低点。

12 月 26 日——小幅反弹开始的低点 48。

1915 年

1 月 4 日——回调的低点。1 月 21 日——反弹的高点 53¼，这也是本季度的极限高点。大幅崩跌接踵而至。

2 月 1 日——美国钢铁通过了分红。该股的价格为 38，形成了本月的低点、本年的极限低点，以及本季度的极限低点。

2 月 13 日——反弹的顶部。

2 月 24 日——回调的低点。

3 月 8 日——反弹的顶部。

3 月 18 日——回调的最后低点。

3 月 24 日——刚开始这一季度的低点。

4 月 19 日——回调开始的顶部。

4 月 24 日——回调的低点。

5 月 3 日——大幅快速下跌开始的反弹的顶部。

5 月 10 日——回调的低点。

5 月 14 日——一个更高的底部。

6 月 4 日——反弹的底部和本季度的极限高点。

6 月 9 日——回调的低点。

6 月 22 日——反弹的顶部。

7 月 7 日和 9 日——回调的低点和本季度的极限低点，但高于 6 月 9 日的低点。

8 月 10 日——陡直上涨的顶部。

8 月 14 日——回调的低点。

8 月 18 日——本月的顶部和本季度的极限高点。随后出现了一轮 10 个点的快速崩跌。

8 月 27 日——反弹的顶部。

9 月 11 日和 17 日——回调的低点。

9 月 24 日——本季度的极限低点。

10 月 1 日——反弹的顶部。

10 月 6 日——回调的低点，与 9 月 24 日的低点相同。

10 月 21 日——反弹的高点和本月的高点。

10 月 29 日——回调的低点。

11 月 1 日和 4 日——反弹的高点。

11 月 9 日——回调的低点。

11 月 12 日和 26 日——反弹的高点和本季度的极限高点。

12 月 2 日——回调的低点。

12 月 7 日——反弹的顶部。

12 月 17 日和 21 日——回调的低点。

12 月 27 日和 31 日——反弹的高点和本季度的极限高点。

1916 年

1 月 7 日——持续到了 8 日的反弹开始的低点；8 日之后开始走低。

1 月 31 日——本月低点和本季度的极限低点。

2 月 10 日——反弹的顶部。

3 月 1 日——回调的低点。

3 月 17 日——反弹的高点。

3 月 27 日——回调的低点。

4 月 4 日——反弹的顶部。

4 月 22 日——回调的低点和本季度的极限低点。

5 月 1 日——反弹的顶部。

5 月 5 日——回调的低点。

6月12日——反弹的顶部和本季度的极限高点。

6月23日和27日——回调的低点和本季度的极限低点。

7月6日——反弹的顶部。

7月14日——回调的低点。

7月24日和26日——反弹的顶部。

8月5日——回调的低点；接下来趋势强劲地掉头向上。

8月23日——反弹的顶部。

9月1日——回调的低点。

9月22日——刚结束这一季度的高点。

9月25日和29日——反弹的顶部。

10月9日和14日——形成了相同的低点，然后出现了大幅上涨。

11月8日——反弹的顶部。

11月14日——回调的低点。

11月27日——本年的高点和本季度的极限高点。

12月21日——大幅崩跌的低点和本季度的极限低点。

1917年

1月4日——反弹的顶部和本季度的极限高点。

1月5日和11日——回调的低点。

1月26日——反弹的顶部，没有穿越1月4日的顶部。

2月1日——大幅崩跌的低点和本季度的极限低点。

2月3日——形成了一个略高的底部。

3月21日——反弹的顶部。

3月27日——回调的低点。

4月3日——反弹的顶部。

4月10日——回调的低点和本季度的极限低点。随后在17日和20日形成了更高的底部。

4月26日——反弹的顶部。

5月9日——回调的低点。

5月31日——本月的高点、本季度的极限高点，以及本年的高点。

6月1日和4日——回调的低点。6月14日——反弹的顶部。

6月20日——回调的低点。6月27日——反弹的顶部和本季度的极限高点。

7月19日——回调的低点。

8月7日——反弹的顶部。

9月17日——回调的低点和本季度的极限低点。

9月25日——反弹的顶部和本季度的极限高点。

10月15日——回调的低点。

10月22日和27日——反弹的顶部。

11月8日——回调的低点。

11月26日——反弹的顶部。

12月20日——陡直、快速的反弹开始的下跌的极限低点，本季度的极限低点。

1918 年

1 月 3 日——反弹的顶部。

1 月 15 日、18 日和 23 日——回调的各低点。

2 月 1 日——反弹的高点。

2 月 19 日和 27 日——本季度的极限高点，这是略低的顶部。

3 月 25 日——回调的低点和本季度的极限低点。

4 月 22 日——小幅回调开始的反弹的顶部。

4 月 25 日、27 日和 30 日——回调的各低点。

5 月 16 日——本季度的极限高点。陡直下跌开始的反弹的顶部。

6 月 1 日——回调的低点。

6 月 27 日——反弹的顶部。

7 月 15 日——回调的低点和本季度的极限低点，

8 月 10 日——回调开始的顶部。

8 月 15 日、17 日和 22 日——回调的各低点。

8 月 28 日和 9 月 3 日——大幅下跌开始前最后的顶部和本季度的极限高点。

9 月 13 日——回调的低点。

9 月 27 日——反弹的顶部。

10 月 9 日——回调的底部。

10 月 19 日——反弹的顶部和本季度的极限高点。

11 月 2 日——小幅反弹开始的底部。11 月 7 日——反弹的顶部。11 月 13 日——回调的低点。11 月 21 日——反弹的顶部。11 月 29 日——下跌的低点和本季度的极限低点。

12 月 11 日——反弹的顶部。12 月 26 日——本月的低点。

1919 年

1 月 3 日——反弹的顶部。

2 月 10 日——下跌的极限低点和本季度的极限低点。

3 月 12 日——反弹的顶部。

3 月 19 日——回调的低点。

3 月 22 日——反弹的顶部和本季度的极限高点。

3 月 26 日——本季度的极限低点；回调的低点，高于 3 月 19 日的低点。

4 月 23 日——反弹的顶部。

5 月 1 日——回调的底部。

5 月 5 日——一个更高的底部。

6 月 6 日——反弹的顶部和本季度的极限高点。

6 月 16 日——回调的低点。

7 月 7 日——反弹的顶部和本季度的极限高点。

7 月 11 日——回调的低点。

7 月 14 日——反弹的顶部，仅比 7 月 7 日的顶部高1/4个点。

7 月 22 日——回调的低点。

7 月 20 日——反弹的顶部。

8月8日——小幅反弹开始的低点。

8月11日和13日——反弹的顶部。

8月21日——大幅反弹开始的低点，本季度的极限低点。

9月4日——回调开始的顶部。

9月20日——回调的低点。

10月10日——反弹的顶部和本季度的极限高点。

10月25日——回调的低点。

11月5日——与10月10日相同的顶部。

12月12日——回调的低点和本季度的极限低点。

12月27日——小幅回调开始的顶部。

12月29日——回调的低点。

1920年

1月5日——反弹的顶部和本季度的极限高点。

1月6日——回调的低点。

1月10日——小幅反弹的顶部，未能到达1月5日的顶部。

1月19日——回调的低点。

1月27日——反弹的顶部。

2月13日——回调的低点。

2月18日——反弹的顶部。

2月27日——大幅反弹开始的下跌的低点和本季度的极限低点。

3月11日——反弹的顶部。

3月17日——回调的低点。

3月22日——反弹的顶部。

3月25日——回调的最后低点。

4月8日——反弹的极限顶部和本季度的极限高点。

4月12日——小幅回调的低点。

4月14日——小幅反弹的顶部。

4月23日——陡直下跌的低点。

4月27日——小幅反弹的顶部。

5月3日——下跌的低点。

5月8日和10日——反弹的顶部。

5月13日——下跌的低点，略低于5月3日的低点。

5月15日——反弹的顶部。

5月19日——下跌的极限低点。

5月28日和29日——反弹的顶部。

6月1日——小幅回调的低点。

6月5日——反弹的顶部。

6月8日——回调的低点。

6月12日——反弹的顶部。

6月20日——本季度的极限低点。

6 月 23 日——回调的低点。

6 月 24 日——刚开始这一季度的第一个低点。

6 月 26 日——小幅反弹的顶部。

6 月 28 日——小幅回调的低点，高于 23 日的低点。

7 月 8 日——反弹的顶部和本季度的最高价。

7 月 16 日——回调的低点。

7 月 23 日——反弹的顶部。

8 月 9 日——回调的低点和本季度的极限低点。

8 月 27 日——反弹的顶部。

9 月 13 日——回调的低点。

9 月 18 日——反弹的顶部。

10 月 1 日——回调的低点。

10 月 5 日——反弹的顶部。

10 月 13 日——回调的低点。

10 月 25 日——反弹的顶部和本季度的极限高点。

10 月 28 日——回调的低点。

11 月 1 日——反弹的顶部。

11 月 19 日——回调的低点。

11 月 23 日——反弹的顶部。

12 月 1 日——回调的低点，略低于 11 月 19 日的低点。

12 月 2 日和 6 日——反弹的顶部。随后出现了大幅下跌。

12 月 21 日和 22 日——本月的极限低点、本季度的极限低点，以及本年的极限低点。

1921 年

1 月 4 日——反弹的高点。

1 月 5 日——小幅回调。

1 月 11 日——反弹的顶部。

1 月 14 日——回调的低点。

1 月 19 日——反弹的顶部，低于 11 日的顶部。

1 月 22 日——回调的低点，与 1 月 5 日的低点相同。

1 月 28 日——反弹的顶部。

2 月 4 日——回调的低点，与 1 月 5 日和 22 日的低点相同。

2 月 17 日——反弹的高点和本季度的极限高点，高于 1 月 11 日的高点1/4个点。

3 月 14 日——回调的低点。

3 月 23 日——反弹的顶部。

4 月 14 日——回调的低点。

4 月 26 日——反弹的顶部。

4 月 28 日——小幅下跌的低点。

5 月 6 日——大幅下跌之前最后的顶部和本季度的极限高点。

5 月 16 日——回调的低点。

5 月 23 日——反弹的顶部。

6月21日——刚结束这一季度的低点。

6月23日——位于70½的本月的极限低点和本年的极限低点，以及本季度的极限低点。

7月7日——反弹的顶部。

7月16日——下跌的低点。

8月2日——反弹的顶部。

8月24日——回调的低点。

9月19日——本季度的极限高点。

9月26日——反弹的顶部。

10月17日——回调的低点和本季度的极限低点。

10月29日——反弹的顶部。

11月2日和7日——大幅下跌开始前最后的低点。

11月28日——反弹的顶部。

11月30日——回调的低点。

12月15日——反弹的顶部和本季度的极限高点。

12月23日——回调的低点。

12月28日和31日——反弹的各顶部。

1922年

1月6日——本月低点和本季度的极限低点。

1月20日——反弹的顶部。

1月31日——回调的低点。

2月7日——反弹的顶部。

2月9日——小幅回调的低点。

2月23日——陡直上涨的顶部和本季度的极限高点。

3月6日——回调的低点。

3月18日——反弹的顶部。

3月24日——最后的低点和本季度的极限低点；随后开始上涨。

4月10日和20日——各小幅回调开始的顶部。

5月11日——回调的低点。

6月6日——反弹的顶部和本季度的极限高点。

6月12日和16日——回调的低点。

6月20日——反弹的顶部。

6月27日——回调的最后低点和本季度的极限低点。

7月20日——反弹的顶部。

7月26日——回调的低点。

7月31日——反弹的顶部和本季度的极限高点。

8月10日和15日——回调的低点。

9月11日——反弹的顶部。

9月29日——回调的低点和本季度的极限低点。

10月16日——反弹的顶部和本季度的极限高点。

11 月 1 日——回调的低点。

11 月 9 日——反弹的顶部。

11 月 28 日——回调的低点。

12 月 18 日——反弹的高点。

12 月 21 日和 28 日——回调的低点和本季度的极限低点。

1923 年

1 月 4 日——反弹的顶部和本季度的极限高点。

1 月 17 日——回调的低点。

1 月 26 日——反弹的顶部。

1 月 31 日——回调的低点和本季度的极限低点。

2 月 26 日和 3 月 3 日——反弹的顶部。

3 月 12 日——回调的低点。

3 月 21 日——反弹的顶部和本季度的最高价。

3 月 26 日——回调的低点。

4 月 2 日——反弹的顶部。随后出现了缓慢且窄幅波动的市场，并且在 4 月 18 日形成了最后的顶部。4 月 25 日开始下跌。

5 月 5 日——小幅反弹的顶部。

5 月 22 日——回调的低点。

5 月 28 日——反弹的顶部。

6 月 2 日——回调的低点。

6 月 7 日——反弹的高点。

6 月 21 日——本季度的极限低点和持续到了 23 日的小幅反弹开始的低点。

6 月 30 日——本月低点。

7 月 3 日——反弹的顶部。

7 月 5 日、11 日和 17 日——同一个价位 89½附近的各低点。

7 月 23 日——小幅反弹的顶部。

7 月 31 日——回调的低点和本季度的极限低点。

8 月 30 日——反弹的高点和本季度的极限高点。

9 月 4 日——小幅回调的低点。

9 月 6 日和 11 日——反弹的顶部，但没有上涨到 8 月 30 日的高点。

9 月 23 日——与 7 月 31 日相同的低点。

9 月 25 日——刚开始这一季度的低点。

10 月 4 日——小幅反弹的顶部。

10 月 17 日——回调的低点。

10 月 24 日——小幅反弹的顶部。

10 月 29 日——大幅上涨开始的最后的低点。

11 月 12 日——反弹的顶部。

11 月 17 日——回调的低点。

11 月 27 日——反弹的顶部和本季度的极限高点。

12 月 19 日——回调的低点。

12 月 23 日——本季度的极限低点。

12 月 31 日——反弹的顶部。

1924 年

1 月 4 日——回调的低点和本月低点。

2 月 7 日——反弹的顶部和本季度的极限高点。

2 月 27 日——回调的低点。

2 月 29 日——反弹的顶部。

3 月 29 日——回调的低点。

4 月 5 日——反弹的顶部。

4 月 10 日、15 日和 22 日——同一个价位附近的各低点。

4 月 26 日——反弹的顶部和本季度的极限高点。

4 月 30 日——回调的低点。

5 月 2 日——小幅反弹的顶部。

5 月 20 日——回调的底部。

5 月 26 日——反弹的顶部。

5 月 29 日——回调的低点。

6 月 4 日——反弹的顶部。

6 月 6 日——回调的低点和本季度的极限低点。

6 月 23 日——刚开始这一季度的低点。

7 月 10 日——反弹的顶部。

7 月 17 日——回调的低点。

8 月 4 日——反弹的顶部。

8 月 12 日——回调的低点。

8 月 20 日——反弹的顶部和本季度的极限高点。

9 月 8 日——回调的低点。

9 月 25 日——反弹的顶部。

10 月 2 日——与 9 月 25 日相同的顶部。

10 月 14 日——大幅上涨开始的最后的低点和本季度的极限低点。

11 月 26 日——小幅回调开始的顶部。

12 月 11 日——回调的底部。

12 月 19 日——本季度的极限高点。

12 月 24 日——刚开始这一季度的低点。

12 月 29 日——反弹的顶部。

12 月 31 日——小幅回调的低点。

1925 年

1 月 3 日和 5 日——反弹的顶部。

1 月 6 日——小幅回调的低点。

1 月 23 日——反弹的顶部和本季度的极限高点。

2 月 3 日——回调的低点。

2 月 5 日——反弹的顶部。

2月17日——回调的低点。

3月6日和7日——反弹的顶部。

3月30日——本月的极限低点和本季度的极限低点。

4月18日——反弹的顶部。

4月30日——回调的低点，略高于3月30日的低点。

5月21日——反弹的高点和本季度的极限高点。

6月9日——回调的低点。

6月15日和19日——反弹的顶部。

6月29日——本季度最后的低点，高于4月30日和3月30日的低点。这是一个三重底，随后出现了一轮大幅上涨。

7月29日——本月高点。

7月31日——回调的低点。

8月26日——本月高点和本季度的极限高点。

9月3日——回调的低点。

9月15日——反弹的顶部，这是一个比8月26日的高点略低的顶部。

9月28日——回调的低点和本季度的极限低点，略高于9月3日（的低点）。

10月1日——本月低点。

10月24日和26日——本月高点。

10月29日——小幅回调的低点。

11月7日——本年顶部和本季度的顶部。

11月10日——短暂下跌的低点。

11月14日——快速反弹的顶部，但低于11月7日的顶部。

11月24日——本月低点。

12月8日——反弹的顶部。

12月22日——回调的低点。

12月28日——反弹的顶部。

12月31日——回调的低点。

1926年

1月4日——反弹的顶部和本季度的极限高点。

1月6日——小幅回调的低点。

1月7日——反弹的顶部，未能到达1月4日的顶部。

1月22日——本月低点。

1月25日——反弹的顶部。

2月1日——小幅回调的低点。

2月4日——小幅反弹的顶部。

2月26日——本月的极限低点。

3月1日——小幅反弹的顶部。

3月2日——小幅回调的低点和本季度的极限低点。

3月16日——本月的顶部。

3月30日——本月的极限低点。

4月6日——反弹的顶部。

4月15日——回调的低点和本季度的极限低点。

4月29日——本月的高点。

5月3日——回调的低点。

5月6日——小幅反弹的顶部。

5月17日——本月低点，随后大幅上涨开始。

6月17日——反弹的顶部和本季度的极限高点。

6月18日——5个点的快速下跌。

6月26日——刚开始这一季度的低点。

7月2日——反弹的顶部。

7月9日——回调的低点。

7月16日——反弹的顶部。

7月24日——回调的低点。

8月17日——本月的极限高点，本季度的极限高点，以及本年的极限高点。

8月25日——回调的低点。

9月8日——反弹的顶部。

9月20日——回调的低点。

10月2日——陡直反弹的顶部。

10月20日——短暂下跌的低点和本季度的极限低点。

10月28日——反弹的顶部。

11月3日——回调的低点。

11月16日——本月高点。

11月19日——陡直下跌的低点。

11月27日——反弹的顶部。

12月6日——回调的低点。

12月17日——本季度的极限高点。

12月27日——本月高点，高于1926年8月17日的高点1个点。

1927年

1月4日和7日——回调的低点。

1月11日——反弹的顶部。

1月20日　新股在本月的极限低点，本季度的极限低点，以及本年的极限低点。

2月24日——本月高点。

2月25日——小幅回调的低点。

3月1日——反弹的顶部。

3月8日——本月低点；随后开始人幅上涨。

3月17日——本季度的极限高点。

3月22日——刚开始这一季度的低点。

4月11日和16日——反弹的顶部。

5月2日——回调的低点；此后本月剩下的日子一直在上涨。

6月1日——反弹的顶部和本季度的极限高点。

6 月 30 日——本月低点和大幅上涨开始前最后的低点，以及本季度的极限低点。

7 月 29 日——本月高点。

8 月 1 日——回调的低点。

8 月 2 日——反弹的顶部。

8 月 12 日——回调的低点。

9 月 9 日——反弹的顶部。

9 月 12 日——回调的低点。

9 月 16 日——反弹的顶部和本季度的极限高点，略高于 9 月 9 日的顶部。

9 月 29 日——本月低点。

10 月 4 日——反弹的顶部。

10 月 29 日——本月低点和本季度低点，也是大幅上涨开始前最后的低点。

11 月 29 日——本月高点。

12 月 9 日——回调的低点。

12 月 22 日——本季度的极限高点。

12 月 24 日——反弹的顶部和刚开始这一季度的高点。

1928 年

1 月 5 日——回调的低点。

1 月 7 日——反弹的顶部，随后下跌并跌破了 5 日的低点。

1 月 17 日——回调的低点。

1 月 24 日——反弹的顶部。

1 月 25 日——与 16 日相同的低点。

1 月 27 日——反弹的顶部，低于 24 日的顶部。

2 月 4 日——回调的低点。

2 月 9 日——反弹的顶部。

2 月 27 日——本月低点。

3 月 1 日——小幅反弹的顶部。

3 月 2 日——回调的低点和本季度的极限低点，低于 2 月 20 日的低点 1 个点。

3 月 22 日——反弹的顶部。

3 月 23 日——快速回调的低点。

3 月 26 日——反弹的顶部，略低于 3 月 22 日的顶部。

4 月 2 日——回调的低点，

4 月 12 日——反弹的顶部和本季度的极限高点，高于 1 月 7 日的高点 1¼个点。

4 月 24 日——回调的低点。

5 月 7 日——反弹的顶部。

5 月 9 日——回调的低点。

5 月 11 日——反弹的顶部。

5 月 22 日和 29 日——本月低点。

6 月 1 日——反弹的顶部。

6 月 11 日——本季度的极限低点。

6 月 25 日——本月低点、本季度的极限低点，以及本年低点，随后大幅上涨开始。

7月9日——反弹的顶部。
7月17日——回调的低点。
7月28日——反弹的顶部。
8月3日和9日——各轮回调的低点。
9月17日——反弹的顶部和本季度的极限高点。
9月21日——回调的低点。
9月27日——反弹的顶部和本月高点。
10月3日——回调的低点和本季度的第一个低点。
10月4日——与9月27日相同的顶部。
10月9日——回调的低点。
10月24日——本月高点。
10月26日和31日——回调的低点。
11月2日——小幅反弹的顶部。
11月3日和8日——回调的低点。
11月16日——本月顶部和本季度的极限高点。
11月21日——回调的低点。
11月23日和26日——反弹的各顶部；大幅崩跌接踵而至。
12月17日——本季度的极限低点149¾，也是大幅上涨开始前最后的低点。
12月24日——反弹的顶部。
12月27日——回调的低点和本季度的极限低点。

1929年

1月3日——反弹的顶部。
1月8日——回调的低点157¼；随后开始上涨并且穿越了1月3日的高点。
1月25日——本月高点。
1月30日——回调的低点。
2月2日——反弹的顶部。
2月16日——本月低点。
3月1日——反弹的顶部和本季度的极限高点。
3月6日和11日——回调的低点。
3月15日——反弹的顶部。
3月26日——陡直下跌的低点。
4月12日——反弹的顶部和本季度的极限高点。
4月17日——回调的低点。4月30日——反弹的顶部。
5月2日——跌破了4月9日和17日的低点；趋势掉头向下。
5月3日——小幅反弹。
5月31日——本月低点，本季度低点，以及大幅上涨之前最后的低点。
6月17日——小幅回调开始的顶部。
6月20日——回调的低点。
6月25日——刚开始这一季度的低点。
7月20日——反弹的顶部。

7 月 22 日——回调的低点。

7 月 24 日——本月顶部。

7 月 29 日——回调的低点。

8 月 2 日——回调开始的顶部。

8 月 6 日——回调的低点，穿越了 8 月 2 日的高点。

9 月 24 日——本月高点。

8 月 29 日——回调的低点。

9 月 3 日——本季度的极限高点和最终的高点 261¾，从 5 月 31 日形成的最后的低点上涨了 95 天。

9 月 13 日——陡直下跌的低点。

9 月 19 日——快速反弹的最后的顶部。

9 月 24 日——刚开始这一季度的高点。

10 月 4 日——陡直下跌的低点。

10 月 10 日——快速反弹的顶部。

10 月 29 日——本月低点。

10 月 31 日——陡直的 2 日反弹的顶部。

11 月 7 日——回调的低点。

11 月 8 日——开始反弹的顶部。

11 月 13 日——本月的极限低点和本季度的极限低点 150，71 天内下跌了 111¾ 个点。

11 月 21 日——反弹的顶部。

12 月 2 日——回调的低点。

12 月 9 日——陡直反弹的顶部。

12 月 23 日——本月低点和本季度低点，以及上涨开始前最后的低点。

1930 年

1 月 2 日——反弹的顶部。同一天从 173¾ 下跌到了 166，这是本月的低点。

1 月 10 日——反弹的顶部，略低于 1 月 2 日的顶部。

1 月 18 日——回调的低点。

2 月 18 日——反弹的顶部和本月的高点，以及本季度的极限高点。

2 月 25 日——回调的低点。

3 月 1 日和 7 日——反弹的顶部。

3 月 13 日——回调的低点，3 月 17 日形成了更高的底部。

4 月 7 日——反弹的极限高点、本月的高点，以及本季度的极限高点。

4 月 8 日——回调的低点。

4 月 10 日——反弹的顶部。

4 月 15 日——回调的低点。

4 月 16 日——快速反弹；随后出现了大幅崩跌。

5 月 5 日——回调的第一个低点。

5 月 6 日——快速反弹的顶部。

5 月 8 日——回调的低点和本月的极限低点。

5 月 14 日——反弹的顶部。

5 月 20 日——回调的低点，略高于 8 日的低点。

5 月 28 日——反弹的顶部，与 5 月 6 日的高点相同，比 5 月 14 日的顶部低半个点。接下来下跌到了更低的位置，期间跌破了几个支撑位。

6 月 25 日——下跌的底部和本季度的极限低点。

8 月 5 日——反弹的顶部。

8 月 13 日——陡直回调的底部。然后缓慢走高。

9 月 8 日——本季度的极限高点和本季度的极限高点，低于 5 月 6 日、14 日和 28 日的高点。此后趋势掉头向下，价格走低。

9 月 24 日——最后的反弹，本季度的极限高点。

10 月——在下跌到新的低价区域的过程中跌破了几个支撑位。

12 月 17 日——到达底部；本季度的极限低点。此后开始反弹。

1931 年

2 月 26 日——上涨的顶部和本季度的极限高点。

3 月 25 日——本季度的极限高点。随后出现了一轮快速下跌。

4 月——跌破了 1930 年 12 月 17 日的底部，表明该股处于一种非常弱势的形态，也预示着更低得多的价格。

6 月 2 日——下跌的底部和本季度的极限低点。接下来开始反弹。

7 月 3 日——反弹的顶部和本季度的极限高点。

9 月 21 日——本季度的极限低点。

9 月 23 日——小型反弹的顶部，本季度的极限高点。然后趋势继续向下。

12 月 18 日——下跌的第一个低点。此后反弹到了 19 日。

1932 年

1 月 4 日——与 12 月 18 日几乎相同的低点；本季度的极限低点。随后开始反弹。

2 月 19 日——反弹的顶部，本季度的极限高点。接下来开始下跌。

3 月 22 日——本季度的极限高点。

4 月——下跌到了新的低点。

6 月 10 日——本季度的极限低点，自 1907 年以来任何一季度的最低收盘价。

6 月 28 日——下跌的极限低点 21¼，以及本季度的极限低点。注意，1907 年 10 月的低点是 21⅞，因而这是一个双底和支撑位。上涨接踵而至。

9 月 6 日——上涨的顶部，未能穿越 1932 年 2 月 19 日的顶部，这也是本季度的极限高点。然后开始下跌。

9 月 20 日——回调的底部。

9 月 26 日——下跌之前最后的高点，本季度的极限高点。

10 月——次级下跌继续。

12 月 22 日——本季度的极限低点。

12 月 28 日——暂时性的低点。

1933 年

1 月 11 日——反弹的顶部和本季度的极限高点。

3 月 2 日——本季度的极限低点。这一季度的区间仅为 8½ 个点，这是多年以来最小的区间，期间成交量也非常小。由于形成了高于1932年6月28日的底部，因此表明该股在此遇到了良好的支撑。随后趋势掉头向上。

3月31日——小型回调的低点。

6月13日——本季度的极限高点。趋势继续向上。

7月18日——上涨的顶部；本季度的极限高点。下跌接踵而至。

9月22日——本季度的极限低点。9月23日——下一季度的高点。

10月21日——下跌的低点和本季度的极限低点。随后趋势掉头向上。

1934年

1933年12月27日和1934年1月5日——相同的低点，本季度的极限低点。

2月19日——上涨的顶部，本季度的极限高点。随后趋势掉头向下。

3月26日——下一季度的高点。

6月2日——下跌的低点和本季度的极限低点。

7月11日——下一季度的高点。

9月17日——下跌的低点和本季度的极限低点。

10月30日——又一个低点和本季度的极限低点。

12月6日——反弹的顶部和本季度的极限高点。

1935年

1月8日——反弹的顶部和本季度的极限高点。

3月18日——上升趋势开始前最后的低点，本季度的极限低点，一个高于1933年3月31日的底部。

4月3日——下一季度的低点。随后趋势掉头向上。

［未签名］

［未署日期，但可能是在1935年前后］

第六章　自然阻力位与时间循环点

以下给出的阻力位都基于自然法则，它们可以被运用于时间和价格的测算。股票在上涨、下跌或是从某个顶部运行相同的点数到某个底部的过程中会在这些点位附近遇到阻力；主要或次要运动的顶部和底部会出现在这些阻力位上。

当人们最初开始学习计算时，他很可能是用自己的手指，在一只手上数到 5，在另外一只手上也数到 5。然后在一只脚上数 5 个脚趾，在另外一只脚上也数到 5，这样就是 10。他把两个 10 加到一起就得到 20，就这样利用 5 和 10 一路相加和相乘。计算基础产生了十进制，这计算出了我们的 5 年、10 年、20 年、30 年循环和其他年度循环，以及其他的阻力位。人们的计算基础是股票中的 100（即面值），和货币价值的基础 1.00 美元。因此，1/4、1/8、1/16 位全部都对顶部、底部、买进位和卖出位很重要。

选用 100 作为基础，最重要的点位就是 25、50 和 75，即1/4、1/2和 3/4。接下来最重要的点位是 33⅓和 66⅔，即 1/3 和 2/3 位。再接下来重要的点位是 1/8 位（及其倍数），即 12½、37½、62½和 87½。再接下来重要的是 1/16 位（及其倍数），即 6¼、18¾、31¼、43¾、56¼、68¾、81¼和 93¾。

由于 9 是最大的数字，因此它对于时间和空间的阻力位非常重要。与 9 成比例的最重要的价位是：9、18、27、36、45、54、63、72、81、90、99、108、117、126、135 和 144。你将注意到，在这些点位中，许多都与其他阻力位一致，也与 12 方形主控图所给出的重要阻力位一致，因为 12 也就是 9 加上 9 的 1/3。

由数字 9 形成的第二重要的阻力位是各 1/2 位，如 4½、22½、31½、40½、49½、58½、67½、76½、85½、94½、103½，等等。你只要把 9 的 1/2（即 4½）加到任意整数上，或任意等同于 9 的数字上。

接下来重要的阻力位是那些由 12 和 12 的倍数形成的阻力位。这些阻力位非常重要，因为 1 年有 12 个月。这些点位也会出现在与其他许多以 100 和 9 为测算基础的重要阻力位距离非常近的地方，以及与 360°圆周的分割位距离非常近的地方。与 12 成比例的最重要的阻力位是：12、18、24、30、36、42、48、54、60、66、72、78、84、90、96、102、108、114、120、126、132、138、144，以及你可以在 12 主控图上或者说 12×12 正方形上看到的其他阻力位。对 12 方形主控图的单独说明会给出其他重要的阻力位。绝大多数股票的顶部和底部都会出现在非常接近以 12 为基础的数字上。

当把 360°圆周分成几何部分时，就证明了所有阻力位出现的原因，也会非常精确地测算出时间、成交量和空间。用圆周除以 2、3、4、5、6、8、9 和 12 来得到重要的阻力位。

我们首先用圆周除以 2，得到 180，它是最强的阻力位，因为它是重心或 1/2 位。它等于 180 个月，即 15 年，这是 20 年循环的 3/4，30 年循环的 1/2，它非常重要。

接下来我们用圆周除以 4，得到 90、180、270 和 360。这些是非常重要的点位，因为它们分别等于 7½ 年、15 年、22½ 年，即圆周的 3/4（和 30 年）。这些点位在天数、周数或月数上标志着重要时间循环的开始和结束，同时当价格到达这些点位时，尤其是当时间也到了时，它们也是重要的阻力位。

接下来我们通过用 360 除以得到的重要点位是 1/3 位 120 和 2/3 位 240。它们分别等于 10 年循环和 20 年循环；当然还有第三个点位 360，它等于 30 年循环。

用圆周除以 12 我们就得到以下重要的点位，它们与其他点位一致：30、60、90、120、150、180、210、240、270、300、330 和 360。150 和 210 非常重要，因为 150 与 180°角度线距离 30 个月，即 120 与 180 之间的 1/2 位。210 是 180 月 240 之间的 1/2 位。

在用圆周除以 12 之后，接下来重要的就是用圆周除以 24，因为一天有 24 个小时，并且地球每小时运行 15°，24 小时就运行 360°。因此，我们得到以下点位：15、30、45、60、75、90、105、120、135、150、165、180、195、210、225、240、255、270、285、300、315、330、345、360。如果我们用 15 除以 2 就得到 7½。把 7½ 加到其他任意点位上去就得到一些与许多其他阻力位一致的重要点位。例如：把 7½ 加到 15 上就得到 22½，它是圆周的 1/16。150 是一个重要的点位，如果我们把 15 加到 150 上就得到 165，它是150月180之间的1/2位；而180是最强有力的角度线之一。通过加上7½或15，以同样的方式获得其他重要的点位。

用圆周除以8，我们也可以得到重要的点位，即：45、90、135、180、225、270和315。225非常重要，因为它与45距离180°。315也非常重要，因为它与135相对，与45距离90°。

接下来重要的阻力位和时间测算是通过用圆周除以16获得的，它们是：22½、45、67½、90、112½、135、157½、202½、225、247½、292½、315和337½。

通过用圆周除以32所得到的点位也很重要，因为它们测算出来的循环与12方形主控图测算出来的循环非常接近，并且这些循环的出现与月份非常接近。这些点位是11¼、33¾、56¼、78¾、101¾、123¾，等等；只是简单地把11¼加到其他任意数据上就得到了下一个数据。

重要的圆周的最小划分是1/64，它是5⅝，即11¼的1/2。这些点位不那么重要，但顶部和底部经常出现在这些点位上，尤其是当我们正接近一个小型循环的结束时。这些点位如下：5⅝、16⅞、28⅛、39⅜、50⅝、61⅞、73⅛、84⅜、95⅝、106⅞、118⅛、129⅜。所有这些点位都是其他重要点位之间的1/2位。22½是45的1/2，11¼是22½的1/2，5⅝是11¼的1/2。

用圆周除以9非常重要，因为9是使用中的最大的数字。除以9我们就得到以下重要的点位：40、80、120、160、200、240、280、320、360。所有这些都是非常重要的阻力位，而且与其他许多从不同点位计算而来的阻力位一致。

用这些点位除以2我们就得到：20、40、60、80、100、120、140、160、180、200、220、240、260、280、300、320、340、360。许多股票都会按照一个圆周的这些时间划分点来运行，按照价格和月数来形成顶部和底部。在测算时间循环时，我把这些点位、12方形主控图上给出的点位和其他通过用圆周除以2、4、8所得到的重要点位用作最重要的阻力位。

如果你愿意花时间回顾任意一只股票的过去10～30年走势，并且查阅其重要的顶部和底部，你就会发现在时间和空间上这些点位多么完美地产生了预期效果。在查阅最高价与最低价的周线图表时，你会发现这些点位的出现比你的月线图表上看到的要多，因为有些周线上的运动所形成的底部和顶部没有在最高价与最低价的月线图表上显示出来。接下来查阅日线图表，你会发现按照这些点位来运行的小型运动没有全部显示在最高价与最低价的周线图表上。

为了判断月线上的运动，用 1 年除以 4 很重要，这会得到季节变化或者说 4 个季度，它们大概等于时间上的 90°或 90 天，并且来到了强有力的阻力位。注意每 3、6、9 和 12 个月发生的变化。绝大多数股票都会在每 12 个月的周期结束时形成重大变化。接下来重要的是用 1 年除以 3，得到 4 个月、8 个月和 12 个月，它们都是应当注意的重要时间。用 52 周（即 1 年）除以 4 就得到各1/4位，即 13 周、26 周和 39 周作为应当注意趋势变化的重要时间。用 52 周除以 3 就得到各 1/3 位。在此基础上，17～18 周和 35～36 周会是应当注意趋势变化的重要时间。

当任何一轮时间循环即将走完时，都要注意你的最高价与最低价的日线图表和周线图表上是否出现了即将到达顶部或底部的标志。密切注意你的角度线，因为角度线将确定出趋势何时正在变化。在一轮非常大的、已经在空间上运行了 50 个点或是更大幅度的行情之后，应当使用的一条很好的规则就是，先取上涨或下跌过程中一段最大幅度的运动，然后当市场在调整时超过了该段运动时，就表明趋势正在变化。另外一个方法是，取整个运动的 1/12，假设一只股票已经上涨了 144 个点，那么 144 个点的 1/12 就是 12 个点。一般来说，当一只股票已经上涨了这么多并且回调了 12 个点时，尤其如果到这时为止回调后的反弹幅度一直在变小时，就表明这轮运动已经接近尾声。一些股票在反弹过程中永远不会超过回调幅度的 1/4，其他一些则会是回调幅度的 1/3，还有一些则会是回调幅度的 1/2 位。一定要从这轮运动最后一次开始的位置进行计算，并且要注意从上一个底部或顶部开始的 1/2、1/4 和 1/3 位，以及你从主要底部和顶部开始的计算。

以下给出的例子将向你展示我们是如何根据时间和空间运动计算出美国钢铁的行情的（图表见图 6－1 至图 6－3）。

美国钢铁公司

该公司组建于 1901 年 2 月 25 日。其普通股于 1901 年 3 月 28 日开始在纽约股票交易所交易，此时开盘价为 42¾。由于这是一只新股，以前没有在交易所挂牌交易过，因此我没有可以借其判断的高点和低点，所以应当运用的第一条规则就是：如果该股最初下跌了 3 个点，就表明它将走低；如果它上涨了 3 个点，就表明它将走高。接下来，我绘制出 90°角度线。你将看到我以 1901 年 3 月作为起点，从“0”开始向上绘制出了各角度线，同时以 1901 年 3 月为起点，从“90”开始向下绘制出了各角度线。这些角度线将表明该股在短时间的波动之后是处于一种强势形态还是弱势形态。

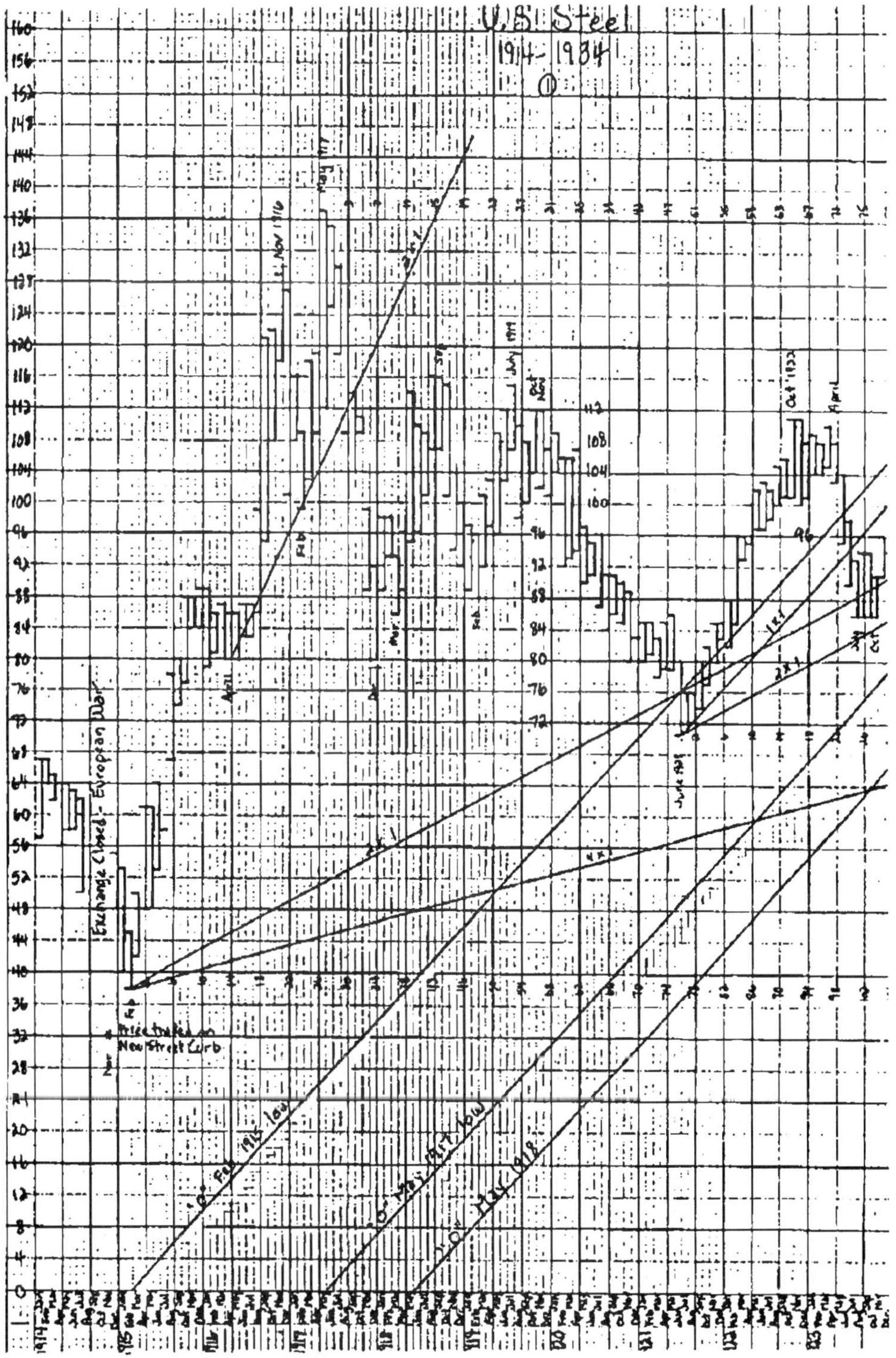
U.S. Steel
1914-1934
①
Exchange Closed - European War
Price traded on New Street Curb
Feb 1915 low
May 1917 low
May 1918
Nov 1916
May 1917
Oct 1932
April
June 1932

图 6－1

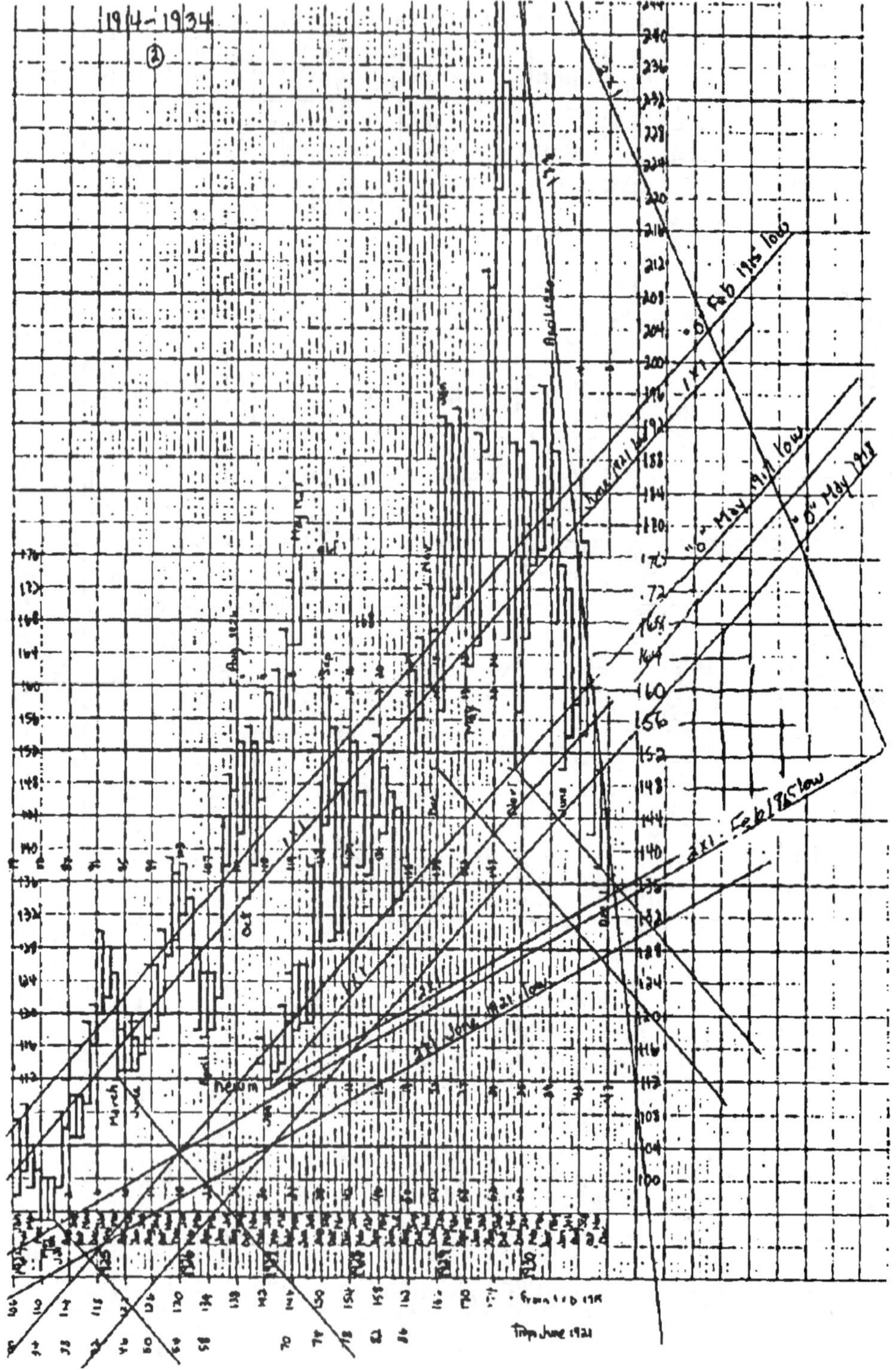
1914-1934
Feb 1915 low
1x1
May 1917 low
May 1918
2x1 Feb 1915 low
2x1 June 1921 low
From 110 1915
From June 1921

图 6－2

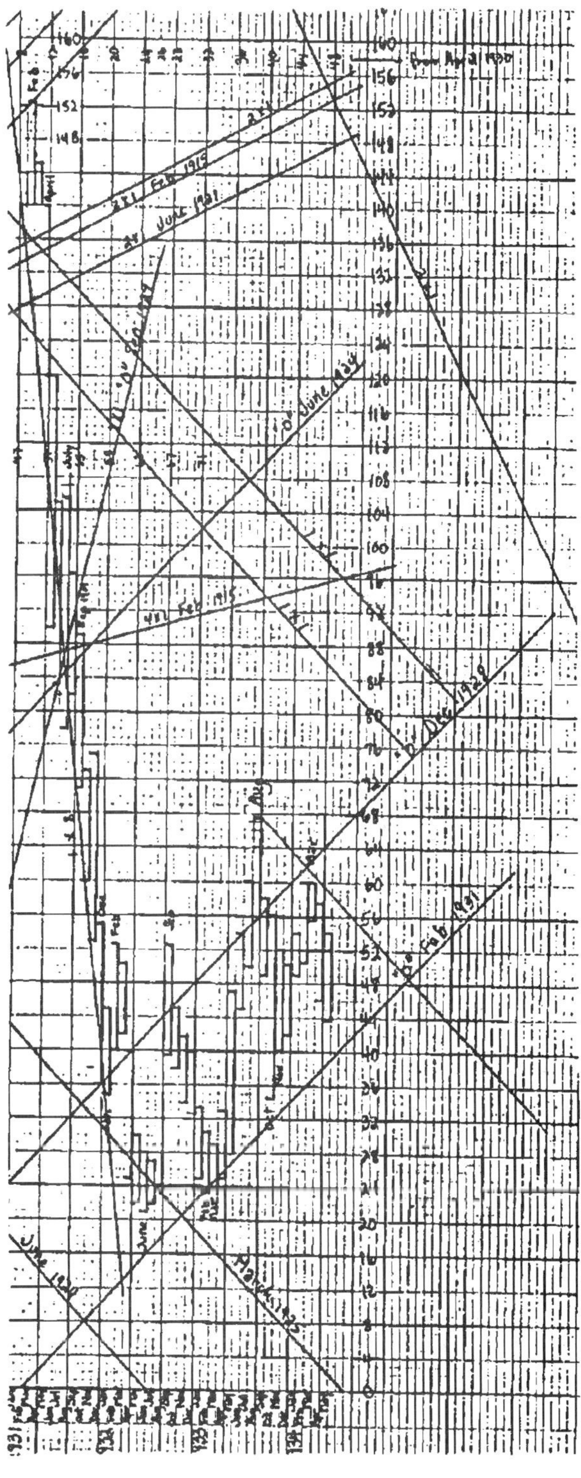

图 6－3

若使用 3 点规则，该股从 43 上涨到了 46，这是 3 个点的上涨，将预示着更高的价格，尤其是它已经穿越了 45。但是你将注意到，该股位于从“90”开始向下绘制的 8×1 角度线的下方，表明了一种弱势形态；然而，它又位于从底部开始向上绘制的 8×1 角度线的上方，因而强劲到可以出现一轮不错的反弹。随后，该股运行到了 55。现在注意你的阻力位。56¼是阻力位，因为它是 45 加上 11¼。54 是 9 方形上和 12 方形主控图上的阻力位。55 是一个心理点位，公众会在一只股票穿越 50 之后在此买进，因为他们认为该股将大幅走高。在该股上涨到了 55 之后，就要注意 43 与 55 之间的 1/2 位，即 49。跌破半路点 49 就表明趋势向下。跌破了这一价位之后，该股跌破了位于 43 的低点。

接下来的计算方法是取 55 的 1/2，即 27½。在 1901 年 5 月 9 日的恐慌期间，美国钢铁下跌到了 24。24 是 12 方形主控图上的一个确切点位，而 22½是角度线上的支撑位。取该股的半路点 27½和 22½°角度线上的 22½，得到这两个点之间的半路点，它恰好是 25，这表明 25 附近将是一个强有力的支撑位和一个为了反弹而买进的位置。

接下来，从顶部 55 到低点 24，我们得到半路点 39½。如果该股穿越了这个点位，那么下一个阻力位就是 3/4 位，即 47。该股在 1901 年 7 月份上涨到了 48，并且在没有跌回到 39½之下的情况下维持了几个月。然而，该股未能穿越从“90”开始的 45°角度线和从 55 开始的 45°角度线。1902 年 10 月，该股跌破了 39½并且跌破了从底部 24 开始的 45°角度线，使得该股进入了一种弱势形态。注意，1903[①] 年 7 月，从“0”开始的 45°角度线和从“90”开始的 45°角度线相交于 28，而 27½是 55 的半路点。该股首次跌破了从“0”开始的 45°角度线；后来在 1904 年 5 月份直线下跌到了 8⅜，并且停在了从基点或起点“0”开始的 4×1 角度线上，这是在距离 1901 年 3 月的第 39 个月时到达了底部，此时距离 1901 年 5 月的底部 36 个月，该底部出现在了一轮整循环上。从顶部下跌了 46 个点预示着将出现一个强有力的支撑位，因为 45 个点的下跌等于 45°角度线，表明将遇到强有力的支撑。9 是 55 的约 1/6[②]，它是一个支撑位，任何一只股票下跌到数字 9 附近时都始终会获得良好的支撑。这是一只股票会形成底部的强有力的数字。

1904 年 8 月，该股首次穿越了从 90 开始的 2×1 角度线，并且在 9 月份

① 此处原文中是 1923 年，但根据上下文，译者认为此处应当是 1903 年。

② 原文此处是 5/6，明显出错。

变得活跃起来，期间穿越了从 55 开始的 45°角度线，表明趋势向上。20 是 55 与 8⅜之间的 1/4 位。该股穿越了该价位，预示着更高的价格。下一个点位是（55 与 8⅜之间的）1/3 位，即 23⅝，该价位也被穿越了。下一个点位是（55 与 8⅜之间的）1/2 位，即 32⅞。1904 年 12 月，该股到达了 33，并且在此触及了从 55 开始的 2×1 角度线，随后回调，接下来穿越了 33 并且在 1905 年 4 月运行到了 38，这是 8⅜～55 的距离的 5/8 位。注意，39 是出现在 1903 年 2 月的最后的顶部。该股在（1905 年）5 月份下跌到了 25，停在了从 1901 年 3 月的“0”开始的 2×1 角度线上，同时停在了从 1904 年 5 月的“0”开始的 45°角度线左边的 2×1 角度线上，表明该股获得了强有力的支撑，这也是因为 23⅛是 8⅜与 38 之间的 1/2 位。这两条角度线使得该股维持在了该半路点上方。

1905 年 2 月到达的顶部是 46。我们自然会预计该股会在 45 遇到阻力。此外，43¼又是 8⅜与 55 之间的 3/4 位，而且此时位于第 60 个月，即一轮 5 年循环的尾声，因而应当出现一轮回调了。1906 年 7 月，该股下跌到了 33[①]。25 与 46 之间的半路点是 35½，而且 33¾是一个强有力的阻力位。此外，32⅞是 55 与 8⅜之间的 1/2 位。此时该股仍然位于从 1901 年 3 月的“0”开始的 2×1 角度线的上方，并且仅位于从出现在 1904 年 5 月的低点开始的 45°角度线下方 2 个点，使得 33 这个价位成为一个有利的买进位。下一个顶部位于 1906 年 10 月的 50，并且 1907 年 1 月再次到达了相同的顶部。这里出现了在一个 5 个点的区间内的 4 个月的派发，期间价格维持在了 45 的上方。1907 年 1 月是顶部到达的最后一个月，它距离 1901 年 4 月的顶部 69 个月，距离该公司的组建日期 1901 年 2 月 71 个月，距离出现在 1904 年 5 月的低点 32 个月。进入第 7 年预示着更低的价格。第 7 年总会是一个恐慌下跌的年份，而未能运行到 1901 年 7 月形成的顶部上方 3 个点是该股疲软的一个信号。50 是一个阻力位，因为它是 100 的 1/2，而且 45 加上 5⅝等于 50⅝。

1907 年 1 月，美国钢铁跌破了从 33 开始的 2×1 角度线。1907 年 3 月，该股跌破了从 1904 年 5 月的底部开始的 45°角度线，此外还跌破了从 1904 年的“0”开始的 45°角度线，使得该股进入了一种非常弱势的形态。它下跌到了 1906 年 7 月的支撑位 32，即 8⅜与 55 之间的一半。29¾是 8⅜与 50 之间的一半。该股连续 3 个点在 32 附近形成了底部。1907 年 7 月，该股反弹

① 根据下文，译者推测此处应当是 33，原文是 43。

到了39。注意，从1901年3月的“0”开始的2×1角度线与从1904年5月的“0”开始的45°角度线相交于38，使得该价位成为一个强有力的阻力位，很难穿越。1907年8月，美国钢铁下跌并跌破了32。这是该股第四次位于该水平，而根据我的交易规则，当一只股票第四次到达同一个水平时，它几乎总是会突破该水平并形成一个更高的顶部或更低的底部。

1907年11月，美国钢铁下跌到了21⅞。阻力位位于22½，而且20是8⅜与55之间的3/4位；此外，12方形主控图上显示，24是一个强有力的支撑位。该股未能下跌到从1901年3月的“0”开始的4×1角度线和从1904年5月的“0”开始的2×1角度线，表明该股获得了强有力的支撑。（21⅞这个）底部形成于从1901年4月的顶部开始的第78个月。注意，78¾是一个强有力的阻力位，因为它是90的7/8。这是从1901年3月开始的第80个月。注意，出现在1904年6月的最后的低点位于从1901年3月开始的第40个月，而40个月之后，该股再次在时间达到平衡时形成了顶部。40强有力的原因在于它是360的1/9，120（即10年循环）的1/3。

1908年1月，美国钢铁穿越了从1907年1月开始的2×1角度线，3月份又穿越了从1901年5月开始的2×1角度线和从1904年的“0”开始的3×2角度线，使得该股进入了一种强势形态。随后，该股穿越了50与21⅞之间的半路点36，这预示着更高的价格。1908年8月距离1901年3月90个月，此时从1901年3月的“0”开始的2×1角度线和从1901年3月的“90”开始的2×1角度线相交于45；同时从21⅞开始的2×1角度线也经过了45。该股在8月份上涨到了48，在9月份回调到了42。此时该股已经运动了90个月以上，走出了第一个90×90正方形，这使得该股进入了一种强势形态。根据我的交易规则，股票总是会在一轮10年循环的第8年和第9年走得更高。

1908年11月，美国钢铁在从1901年4月的顶部开始的第90个月里穿越了50并上涨到了58¾，这将预示着顶部和一个强有力的阻力位的出现。但是，该股运行到了1901年的高点55上方3个点又预示着随后会出现更高的价格，尤其是它已经走出了90×90正方形。该股从1904的低点上涨了50个点，而减去58¾的1/3将使得该股回到42，即1908年9月形成的最后的低点。1909年2月，美国钢铁下跌到了41⅛。本书作者预测到了1908年11月的底部为58¾和1909年2月的顶部为42。见1909年12月的《股票电传杂志》（*Ticker Magazine*）。

1909年4月，美国钢铁穿越了58¾与41⅛之间的1/2位，收复了从

1901 年 3 月的“0”开始的 2×1 角度线；5 月，该股穿越了顶部 58¾，运行到了从 1904 年的“0”开始的 45°角度线上方，使得该股进入了一种非常强势的形态。现在问题出现了，当该股在这么多年以后进入了新的区域时，要如何计算该股将上涨多远。如果我们把 45 加到上一个重要的顶部（即 1906 年和 1907 年的 50）之上，我们就得到 95。美国钢铁在 1909 年 10 月份的价格是 94⅞。记住，根据我的交易规则，顶部和底部会变成半路点。底部21⅞到 58⅞之间的半路点是 37。把 37 加到 58¾之上我们就得到 95¾。位于94⅞的顶部使得 58½成为 1907 年与 1909 年之间的半路点。本书作者在94⅞卖出了美国钢铁，并且说明了该股不会运行到 95。这记录在了 1909 年 12 月的《股票电传杂志》上。当美国钢铁的价格为 94⅞时，它略高于从 1906 年 1 月的顶部 50 开始的 45°角度线。该价格恰好从 1907 年的低点上涨了 73 个点，从 1904 年 5 月的低点上涨了 86½个点。在任何时候，一只股票从底部或基点上涨了 84～90 时，它都位于卖出区间。当该股的价格为 94⅞时，它从其基点上涨了 86½个点；因此，它必须穿越 99 才能走出从其 1904 年 5 月的极限低点开始的 90×90 正方形，这是根据空间运动计算的。该股从 1909 年 2 月的低点——强有力的阻力位之一——上涨了 53¾个点，该股在第 102 个月形成了顶部，阻力位是 101¼。该顶部与 1907 年 11 月距离 24 个月，它出现在一个准确的循环上，与 1904 年 5 月距离 65 个月。该股在到达 67½或 67½°角度线时开始崩跌。此时与 1901 年距离 104 个月。第 105 个月或者说 8¾年是一个重要的阻力位。

为了确定出阻力位，我们首先计算空间运动的 1/8、1/4、3/8、1/2、5/8、3/4、7/8、1/3 和 2/3 位。76⅝是从 21⅞～94⅞之间的运动的 1/4 位。1910 年 2 月，美国钢铁下跌到了 75，并且在该 1/4 位获得了强有力的支撑。1910 年 3 月，该股上涨到了 89，在从 75～94⅞之间的距离的 3/4 位形成了顶部，并且恰好低于从 94⅞开始的 45°角度线。1910 年 7 月，美国钢铁下跌到了 61⅛，未能到达 1907 年与 1909 年之间的半路点 58½，表明该股正在获得强有力的支撑。63¼是 94⅞的 1/3 位，表明它是一个支撑位。随后该股开始上涨并且在 1911 年 2 月走高到了 82，恰好位于 94⅞与 61⅛之间的 2/3 位下方，触及了从 1904 的“0”开始的 45°角度线，一轮下跌接踵而至。

1911 年 4 月结束了从 1901 年的顶部开始的 10 年循环。1911 年 8 月，美国钢铁跌破了从 61⅛开始的 45°角度线；1911 年 9 月，跌破了从 1907 年 11 月开始的 45°角度线；1911 年 10 月，下跌到了 50。注意，这是从 1904 年 5 月的低点开始的第 89 个月，该股走完了 7½年循环，到达了 90°角度线。

位于50的底部从顶部下跌了$44\frac{7}{8}$个点，使得50成为一个强有力的支撑位，因为它下跌了45个点，这等于45°角度线。$50\frac{5}{8}$是一个阻力位，表明50是一个应当再次买进美国钢铁的点位；此外，$51\frac{5}{8}$是$8\frac{3}{8}$～$94\frac{7}{8}$之间的一半，而$47\frac{3}{8}$是该股的高点$94\frac{7}{8}$的一半，所有这些都表明了50是一个非常强有力的支撑位。该股恰好位于从1904年5月开始的2×1角度线下方，而该股很快便回到该角度线上方。该股从顶部下跌了2年，即恰好24个月，此时距离1907年11月的底部48个月，这使时间达到了平衡，是另一轮上涨运动即将开始的一个标志。此时是从1901年3月开始的第128个月，这使得该股走出了六边形运动。见六边形图表。

1912年9月和10月，美国钢铁在$94\frac{7}{8}$～50的3/4位80形成了顶部，并且未能穿越1911年5月的高点。现在注意10年前的1902年9月的顶部，在这之后出现了一轮下跌。1912年10月，该股开始下跌并在12月份跌破了从50开始的2×1角度线，然后变得更加疲软并跌破了1901—1904年的所有支撑角度线和1907—1909年的各个底部。1913年6月，该股再次下跌到了与1911年10月相同的阻力位50，从1909年的顶部下跌了44个月，距离1909年2月的底部52个月，距离1907年的低点68个月，距离1904年的低点104个月。此时距离1906年的底部7年，即84个月。由此你可以看出，从空间运动或阻力位来看，该股仍然处于一种强势形态；但是，该股处于角度线上的一种弱势形态，并且即将继续下跌，以便完成从1907年开始的7年循环。

1914年2月，美国钢铁反弹到了67，仅高于$94\frac{7}{8}$～50之间的1/3位2个点。注意，该股连续2个月形成了价格67，触及了从1904年5月开始的2×1角度线，并且未能到达从1909年10月开始的2×1角度线。走完从1904年的低点开始的10年循环将预示着底部会出现在1914年5月或6月，而走完从1907年11月的低点开始的7年循环将预示着底部会出现在1914年11月。由于战争，股票交易所于1914年7月末关闭，而美国钢铁1914年11月在新街场外市场的价格是32左右。因此在计算时，按照时间，美国钢铁到达低点的1914年11月应当被考虑进去。然而，这一价位低于交易所营业之后该股所到达的价格，因此我们还必须计算出美国钢铁形成极限低点的确切日期。这是在1915年2月，当时该股的价格是38，此时恰好距离1901年3月168个月，即14年；距离1909年的顶部64个月；距离1909年2月的底部72个月；距离1907年的底部88个月，所有这些强有力的时间循环都表明了该股将到达底部。该股运行到了从1904年5月开始的4×1角度线的下方，但又快速恢复并维持在了该角度线上方。位于38的底部恰好位于94⅞～8⅜之间的2/3位上方，而21⅞～94⅞之间的3/4位是40。1909年2月的底部位于41⅛。37½是一个自然阻力位，它是30加上7½，或22½加上15，而45的7/8是39⅜——这些全部都是空间运动的强有力的阻力位。

如何根据时间点进行预测：追溯10年前我们会看到，1905年、1906年和1907年1月，该股上涨；这样在1915年、1916年和1917年，该股就应当是上升趋势。我们把7年加到1909年10月的顶部就得到1916年10月。顶部于1916年11月初到达，当时该股的价格为129；随后出现的一轮陡直下跌持续到了1916年12月，当时该股的价格为101；但是，最终的低点直到1917年2月才到达，当时该股的价格为99。这个时间非常接近于从出现了恐慌的1907年3月开始的10年循环，以及从1910年2月的顶部开始的7年循环。位于129的顶部距离1914年2月的底部21个月。该股在1915年2月的低点开始后的第22个月出现崩跌，在第23个月出现了一轮小幅反弹，在第24个月形成了底部。注意99处在角度线上的强弱形态，99比基点8⅜高90或一个正方形，并且恰好位于从1916年4月的顶部80开始的2×1角度线上。

第180个月或15年循环结束于1916年2月，当时该股维持在从1904年5月的低点开始的2×1角度线的上方，但价格仍然低于90。1916年8月，该股穿越了1909年位于94⅞的顶部，预示着更高得多的价格。

现在我们想知道应当预计美国钢铁会上涨到什么价位，因此我们回头看一看1909年、1910年、1911年和1912年位于80的顶部。1916年，有3个月的底部位于80。这个最后的低点一定会变成一个重要的中心点或半路点。取1909年的顶部94⅞，减去1915年位于38的低点就得到56⅞。把56⅞加到80之上就得到136⅞。1917年5月31日的确切高点是136⅞，该股从1914年的低点上涨了98⅝个点，从1904年的低点上涨了128个点。追溯到5年、7年、10年、15年和20年前的各底部和顶部始终很重要。取1907年位于21⅞的低点和1917年位于136⅞的顶部，我们发现这两者之间的半路点是79¼，这证明了位于80的起点变成了一轮10年循环的中心、重心或半路点。

1917年的顶部距离1909年10月的顶部91个月，仅比90方形多出1个月。1917年的顶部与1901年的底部距离193个月，即16年。注意，1908年11月的顶部与1901年4月的顶部距离90个月。16年是20年循环的4/5。

股票会在一轮循环的第 8～9 年形成最大的上涨。1917 年 5 月与 1901 年 3 月距离 16 年零 3 个月。存在一个 32 年零 6 个月的循环。因此美国钢铁已经走完了这个到顶部的循环的一半。顶部在第 91 个月到达并且在确切的空间运动上到达，这一事实证明该股到达了一个随后就将出现进一步下跌的顶部。1917 年的顶部出现在之前指示出的价格以及第 91 个月，表明该股已经到达顶部，应当卖空。此外，成交量非常大，表明正在进行派发。

我们知道，1907 年是一个恐慌年，股票在 1907 年 10 月和 11 月形成了低点。那么 1917 年一定会重演 1907 年的走势。1910 年也是一个熊市年，因而 7 年之后的 1917 年就预示着一轮下跌。趋势在 1917 年 6 月掉头向下，而在 1917 年 12 月的恐慌中，美国钢铁的价格下跌到了 1907 年以来的半路点 80，恰好低于从 1907 年开始的 2×1 角度线，并且在从 1904 年 5 月的“0”开始的 2×1 角度线下方 1 个点获得了支撑。1917 年 12 月与 1910 年 7 月距离 90 个月，与 1914 年 2 月距离 30 个月，恰好是位于 33¾的角度线。这是该股已经到达了即将开始反弹的底部的又一个标志。我们知道，美国钢铁在 1908 年和 1909 年上涨。因此，在 10 年之后的 1918 年和 1919 年，我们预测它会像 1908 年和 1909 年那样运行。美国钢铁在 1918 年上涨并且在 1919 年 10 月和 11 月形成了最后的顶部，恰好与 1909 年的顶部距离 10 年。1920 年和 1921 年，美国钢铁跟随了 1901 年、1910 年和 1911 年的表现。1921 年 6 月形成了底部，与 1914 年 7 月的低点距离 7 年，与 1907 年的低点距离将近 14 年，与 1905 年的低点距离 76 个月，与 1917 年的顶部距离 49 个月，与 1901 年 4 月的顶部距离 242 个月，走完了 20 年循环——最重要的循环。

取位于 136⅝的顶部，我们发现该价格的一半是 68¼。该股在其顶部价格的半路点上方获得了支撑，表明此处是一个很好的买进价。它从顶部下跌了 66¼个点，是另外一个阻力位。8⅜与 136⅝之间的 1/2 位是 64。该股维持在了这些半路点上方这一事实表明它获得了强有力的支撑，接下来将出现更高得多的价格。下一个点位 87¼是 38 到 136⅝的一半。该股于 1918 年 2 月和 1919 年 2 月在这个位置形成了底部。1920 年美国钢铁跌破了 87 之后就再也没有反弹到 91，直到该股在 1921 年 6 月下跌到 70½。1922 年，美国钢铁穿越了半路点 88，运行到了 111；随后又下跌到了 86。它在这个底部停留了 4 个月，期间未能下跌到 1915 年的低点与 1917 年的高点之间的半路点下方 2 个点。这足以证明该主要中心处存在着强大的买盘和良好的支撑，该股接下来将大幅走高。1924 年 5 月和 6 月——恰好与美国钢铁形成低点的 1904 年 5 月距离 20 年——该股的价格为 95，而且在形成高点 261¾之前，再也没有到达过 95 这个价格，期间也没有形成更高的顶部和更高的底部。

1928 年 11 月，美国钢铁形成了顶部，此时与 1908 年 11 月的顶部距离 20 年。1929 年 1 月、2 月和 3 月，各顶部出现在同一个位置附近，也就是 192～193 附近。随后美国钢铁下跌并在 1929 年 5 月在 162½形成了最后的低点，略低于 1929 年 2 月和 3 月的低点。

1929 年 9 月 3 日，美国钢铁到达了其历史最高价 261¾。注意，各顶部在 1919 年 7 月和 1909 年 10 月到达，因此该顶部比 1909 年的顶部早了 1 个月，比 1919 年的顶部晚了 1 个月。该顶部是在从 1901 年 3 月开始的第 343 个月到达的。这是一个非常重要的数字，它标志着顶点的出现，预示着底部或顶部的出现，因为它是 7 乘以 49，而 49 又由 7 个 7 组成。该顶部在从 1921 年的低点开始的第 98 个月（即 8 年零 2 个月）到达，也就是在第 9 年初形成了顶部。注意，在卖出被拆分的股票之前，已售完股票的顶部已经在 1927 年 5 月到达，此时与 1917 年 5 月的顶部距离 10 年。1929 年 9 月与 1915 年的低点距离 174 个月，接近 180 个月，表明即将出现一轮大的下跌。此时与 1917 年的顶部距离 147 个月，与 1924 年的低点距离 62 个月，与 1923 年的低点距离 72 个月，与 1926 年 8 月的顶部距离 56 个月，与 1927 年 9 月的顶部距离 24 个月，与 1917 年 5 月距离 147 个月。这是很重要的，因为 135 加上 11¼ 等于 146¼，这是 12×12 正方形主控图上一个重要的阻力位。

从趋势掉头向上的 1904 年 9 月到 1929 年 9 月一共是 300 个月——一个重要的循环，这预示着向上趋势的结束。在此计算出空间运动很重要，计算 1915 年的低点 38 到 1919 年的高点 261¾，我们得到 223¾个点，而我们知道 225 是非常强有力的阻力位之一；然后计算 1907 年的低点 21⅞到位于 261¾的顶部，我们发现空间运动为 240 个点，这是另外一个非常强有力的阻力位，因为它是 360°圆周的 2/3。美国钢铁从 1904 年 5 月的极限低点上涨了 253⅜个点，而 255 是 240 与 270 之间的半路点，因此这是一个非常强有力的阻力位。

计算 1921 年的低点 70½到 1929 年的顶部，空间运动等于 191¼个点，这恰好是 180 加上 11¼，这是另外一个强有力的阻力位。美国钢铁从 1929 年 5 月的 162½到顶部的最后一轮上涨了将近 100 个点。根据我的交易规则，当股票出现了陡直的上涨，上涨了 90～100 个点时，就是注意顶部的出现和趋势变化的时候了。

在多年的实践之后，我发现一只股票无法在多年内保持每个月 1 个点以上的盈利，或者说它无法表现得比维持住 45°角度线还要好。如果一只股票早年上涨得过快并且领先于时间，那么当该股正在使它自身形成正方形时，或是正在调整自身以适应时间周期时，就一定会发生陡直的回调。我的其中一条交易规则就是，当时间和空间达到平衡时，该股就会形成顶部或底部。这是美国钢铁在 261¾时已形成顶部的所有标志中最重要的一个。

1907 年 10 月是美国钢铁 1904 年 5 月到达极限低点之后的下一个重要的低点（形成的时间）。1907 年 10 月到 1929 年 9 月一共是 262 个点。确切地说，这个时间在 1929 年 8 月 23 日到达。位于 261¾的顶部在 1929 年 9 月 3 日到达，它与从 1907 年 10 月的“0”开始的 45°角度线相差 1/4 个点，表明该股已经回到了该 45°角度线。这表明时间和空间已经达到平衡。假设该股已经穿越了该角度线，那么只要它停留在该角度线上方，就预示着更高的价格；但是，只要它一跌破该角度线，就是价格走低的一个标志。依据同样的交易规则来分析其他股票。考虑到该股要跟随 45°角度线需要每个月盈利 1 个点，美国钢铁在 1929 年（的价格）落后于时间。这就是为什么会发生 100 个点的快速上涨，把该股拉高到能够触及该 45°角度线并在时间和空间达到平衡时形成最终的顶部。

如前所述，重要的顶部和底部会变成半路点或主要中心。这一来，知道美国钢铁 1929 年 11 月为什么会在 150 形成低点就非常重要。我们追溯到 1928 年 12 月，发现美国钢铁最后的低点是 149¾，它从位于 172½的顶部下跌而来。有 3 周的底部出现在 149¾这个价位附近。从这个位置上涨到了 192 和 193 之后，该股又下跌到了 162½；随后上涨到了 261¾。美国钢铁从 149¾这个价位上涨到了截至当时的新的历史最高价。因此 149¾或 150 一定会变成一个重要的中心或半路点。上一个重要的低点位于 1915 年的 38。我们从 149¾减去 38 就得到 111¾。然后我们（用 149¾）加上 111¾恰好就得到 261½。该股在 261¾形成了顶部，使得 1915 年与 1929 年之间的半路点位于 149⅞。1929 年 11 月，美国钢铁下跌到了 150，这是一个有利的买进点，同时要把止损单设置在 147 做保护。

计算该股的总价 261¾，我们发现 3/4 位位于 196¼，因此这是一个强有力的阻力位。然后，计算 1921 年 6 月最后的低点 70½到极限高点 261¾，我们发现 2/3 位位于 198。本书作者建议在 1930 年 4 月卖空美国钢铁，把止损单设置在 199。1930 年 4 月 7 日，美国钢铁的价格为 198¾。它低于从 261¾开始的 8×1 角度线，在从顶部开始的角度线上处于一种弱势形态。但是，我们始终还必须考虑其在从底部开始的角度线上的位置。此时，美国钢铁位于从 1914 年的低点开始的 45°角度线上方和 1921 年的低点开始的 45°角度线上方。

根据时间循环来考虑该股的强弱形态很重要。1930 年 4 月与 1920 年 4 月的高点距离 10 年，而 20 年前的 1910 年的高点在 3 月份和 4 月份到达。追溯 7 年前，我们会发现 1923 年 4 月的高点；从 1930 年 4 月追溯 90 个月之前，我们发现美国钢铁在 1922 年 10 月形成了顶部，并且在随后的 11 月份出现了一轮陡直下跌。所有这些时间循环都预示着美国钢铁将在 1930 年 4 月份到达顶部，而当它到达强有力的阻力位且日线图表和周线图表显示趋势向下时，就是应当卖空并在下跌过程中一路加码的一个可靠信号。

预测未来

既然知道美国钢铁的组建日期是 1901 年 2 月 25 日，你就应当回头看一看在 5 年、10 年、15 年、20 年和 30 年循环结束时都发生了什么？

你会发现，在 1901 年、1902 年、1903 年和 1904 年，美国钢铁都处于熊市当中，不断走低。因此，你应当预计在 30 年循环结束时价格会大幅走低，尤其是美国钢铁已经在 1929 年到达极限高点——这轮牛市行情中的第三高的顶部——之后，你还应当回顾 20 年前的 1911 年和 10 年前的 1921 年，这些循环预示着 1931 年可能会是一个熊市年。接下来你应当依靠几何角度线来判断美国钢铁何时进入底部以来的弱势形态，因为它已经在从 1929 年的顶部开始向下的角度线上处于一种非常弱势的形态。

1930 年 5 月，当美国钢铁跌破前 3 个月的各底部并跌破 178 时，它就跌破了从 1915 年的底部处的“0”开始的 45°角度线；而当它低于 174 时，它就跌破了从 1921 年的低点开始的 45°角度线，使得它进入了一种非常弱势的形态，并预示着更低的价格。

1930 年 12 月，美国钢铁下跌到了 135，停在了从 1927 年的低点 111¼开始的 2×1 角度线上。由于这是该股存续期内波动区间的半路点，因而是一个强有力的支撑位。

1931 年

1931 年 2 月，该股反弹到了 152⅜。这是从该公司的组建日期开始的 360 个月的结束日，即 30 年循环的结束。美国钢铁的趋势变化几乎总是会出现在 2 月份。当该股进入新的循环时，趋势掉头向下。在到达了 152⅜的最后反弹中，该股未能到达从底部 111¼开始上升的 45°角度线，随后便下跌并跌破了从 1918 年 5 月的“0”开始的 45°角度线。

1931年4月，该股跌破了底部135；跌破了从111¼开始的2×1角度线和从1915年的低点38开始的2×1角度线；随后跌破了从1921年的低点开始的2×1角度线，使得该股进入了一种非常弱势的形态。由于跌破了从1929年11月的低点150开始下降的45°角度线和从1928年12月的150[①]开始的45°角度线，所以该股在这些45°角度线的后方处于一种非常弱势的形态，以至于它几乎没有指示出反弹。

1931年6月，低点是83¼。该价格停在了从1924年5月的低点处的"0"开始上升的45°角度线上，当时的底部形成于95。注意，从1904年和1915年开始的4×1角度线经过了这些位置附近，同时从1929年9月的"0"开始上升的4×1角度线经过了84，使得该价位成为至少是一轮反弹的强有力的支撑位。

1931年7月，美国钢铁反弹到了105½，根据从顶部和底部开始的角度线来看仍然很疲软。

1931年9月，美国钢铁跌破了83，跌破了从1924年5月的"0"开始的2×1角度线，并且跌破了从1927年1月的111¼开始下降的2×1角度线，同时还位于从1929年的顶部开始下降的8×1角度线的后方。由于从底部开始的绝大多数强有力的角度线都被跌破了，因此该股处于一种非常弱势的形态。

1931年12月，该股下跌到了36，停在了从1928年12月的"0"开始的45°角度线上，当时的低点是150。在36处，该股停在了从1925年6月最后的低点114开始下降的45°角度线上。这是位于1915年的低点38下方2个点，与1911年的低点距离242个月，与1927年1月低点距离60个月。该股维持在了这个位置，随后出现的一轮短暂的反弹持续到了1932年2月，当时的价格是52½。

1932年

这是新一轮30年循环中的12个月。注意1902年1月的顶部是在30年之前，而1912年1月的顶部是在20年之前。

下跌继续，并且在1932年6月到达了低点21¼，与1907年10月的低点相同。此时与1929年的顶部距离34个月。在底部到达时，该股位于从1925年3月的低点开始的45°角度线的下方。注意，从1924年5月开始下降的45°角度线在1932年6月到达了"0"，这是该股已经到达底部和趋势变化

---

① 原文中此处是1950，应当是笔误，见下面，第4段正文。

的一个标志。鉴于美国钢铁在 1904 年 5 月形成了极限低点这一事实，我们要注意 5 月份和 6 月份可能出现的趋势变化。1932 年 6 月与 1904 年 5 月的低点距离 336 个月，与 1930 年 4 月的顶部距离 26 个月。注意，1912 年 5 月和 6 月出现了一轮反弹开始的低点。

1932 年 9 月，美国钢铁陡直反弹到了 52½，这是与 1932 年 2 月的顶部相同的高点，股价未能穿越，仍然在角度线上处于一种弱势形态，一轮下跌接踵而至。

1933 年

1933 年 2 月，美国钢铁下跌到了 23¼，这是一个次要的低点，也是一个比 1932 年的底部更高的底部，表明该股获得了良好的支撑。此时与 1929 年 9 月距离 42 个月，即一轮 7 年循环的一半；与 1930 年 4 月的顶部距离 34 个月，而且是新一轮 30 年循环中的第 24 个月。1913 年 2 月出现了一轮小幅反弹开始的低点；1903 年，2 月份出现了一轮下跌开始的顶部。美国钢铁几乎总是会在 2 月份形成趋势变化。回顾 7 年前的 1926 年，你会发现 3 月份和 4 月份的低点。

注意从 30 年循环结束时的 1931 年 2 月的“0”开始的 45°角度线在 1933 年 2 月经过了 24。因此，该股停在了这条强有力支撑的角度线上。

1933 年 7 月，高点 67½。注意，1923 年，低点分别形成于 7 月份和 8 月份；1913 年，高点形成于 8 月份；1903 年，新的低点形成于 7 月份。

1933 年 10 月，美国钢铁下跌到了 34½，此时与 1929 年 9 月的顶部距离 49 个月，与 1930 年 4 月的顶部距离 42 个月。1923 年的低点出现在 10 月份，与 1933 年 10 月距离 120 个月，即 10 年循环；1913 年的低点也出现在 10 月份；1903 年的低点出现在 11 月份。回顾 7 年前的 1926 年 10 月，我们发现了一个低点；回顾 5 年循环开始的 1928 年 10 月，我们发现了一个低点。15 年前，即 180 个月以前的 1918 年的高点出现在 9 月份。因此，有许多标志表明 1933 年 10 月会出现底部和趋势变化。

1934 年

股价开始上涨并一直上涨到了 1934 年 2 月，此时形成了高点 59¾。再一次地，我们发现趋势在 2 月份发生变化并掉头向下。股价未能到达 1933 年 7 月份的各个高点，这是一个看跌的标志和价格走低的一个信号。位于 59¾的顶部处在从 1933 年 7 月的顶部开始的 45°角度线的下方。预计未来，我们发现 1904 年 5 月出现了该股的极限低点，因此我们预计该股会下跌到

1934年5月，因此时结束了从该底部开始的一轮30年的循环。此外，要查阅1914年和1924年，以便判断美国钢铁在1934年可能会如何运行。

1934年9月，低点29½，此时与1929年的顶部距离60个月，即5年，这预示着趋势的变化。注意，1924年的低点出现在10月份，而由于纽约股票交易所关闭，美国钢铁1914年在场外市场的低点出现在11月份。1904年，美国钢铁在9月份开始上涨。回顾7年前的1927年，我们发现低点出现在10月份。

1935年

1月，美国钢铁的高点位于40½，这是一轮无力的反弹，该股仍然位于从1932年的低点和1933年的低点开始的45°角度线的下方。然而，它穿越了从1934年2月的顶部开始下降的2×1角度线，但始终未能收盘于该角度线之上，表明该股处于一种弱势形态。随后趋势再次在2月份掉头向下，跌破了从1932年的底部和1933年的底部开始的2×1角度线。

3月份，低点27½，仍然高于1932年的底部和1933年的底部，而在更高的价位上获得了支撑表明该股能够继续反弹。

该股位于从低点21¼开始的4×1角度线的下方，但位于从1933年2月的“0”开始的45°角度线的上方，并且处在从1933年7月的高点开始的2×1角度线上。注意，1925年的低点形成于3月份；1915年的低点形成于2月份；1905年的顶部形成于4月份。此时与1933年的低点距离25个月，与1932年的低点距离33个月，同时是第二轮30年循环中的第49个月。回顾7年前，我们发现1928年的低点出现在3月份。我们看一看1905年、1915年和1925年，发现它们全部都是美国钢铁价格上涨的年份。

1935年4月，美国钢铁开始上涨并穿越了从1934年2月的顶部开始的2×1角度线，而且第一次维持在了该角度线上方。1935年7月，高点44紧挨着从1933年7月的顶部开始的45°角度线。8月，美国钢铁穿越了从1933年的顶部开始的45°角度线，并回到了从1932年6月的“0”开始的45°角度线上方。这表明该股正处于一种更加强势的形态。注意从1934年2月顶部形成时的“0”开始上升的2×1角度线。该股在1935年5月份和6月份停在了该角度线上；此外也停在了从1932年6月的低点开始的45°角度线上；同时在1935年10月的一轮回调中，它还停在了从1935年3月的低点开始的2×1角度线上。从1933年7月开始下降的45°角度线与从1935年3月的低点开始的2×1角度线在这个位置相交，此时（即1935年10月）的最低价是42。这表明该股正在这些角度线上获得强有力的支撑。

1935年11月，该股上涨到了50。注意，从形成于1931年7月的最后的顶部105½开始下降的45°角度线将在1935年11月份经过53½。回顾以前的各轮循环，我们发现：1905年的高点出现在12月份；1915年的高点出现在12月份；1925年的高点出现在11月份；1928年的低点出现在12月份。看一看5年前的1930年，这是一个熊市年，我们发现低点出现在12月份。1935年，美国钢铁将跟随并重复1905年、1915年和1925年的牛市循环。

预测未来：1936年

为了预测美国钢铁在1936年的表现，你要回头看一看1906年、1916年、1926年、1921年、1922年和1929年。注意1906年和1916年的高点都在1月份到达并且趋势掉头向下，但这两年的7、8月份到12月份趋势都强势上升。1926年，1月份出现了高点；5月份到达了低点；8月份出现了高点；10月份出现了低点；随后陡直反弹并在12月份形成了本年的高点。

在预测其他任何一只股票的未来趋势时，都要把这些交易规则运用进去。绘制出所有从顶部和底部开始的角度线；查看阻力位；研究成交量并注意股票在最高价与最低价的周线图表和月线图表上的位置。通过运用所有这些交易规则并考虑所有的标志，你将能够预测得更加准确。

按照数字平方出现的时间和阻力位

一只股票在上涨或下跌过程中所停留的每一个价格都是某个重要的数学点，它可以通过对360°圆周的划分、12的平方、20的平方或是其他某个数字的平方或半路点来确定。

没有任何顶部价格和底部价格不能通过数学来确定。每一轮市场运动都是某个原因的结果，因此一旦你判断出了原因，要知道为什么会出现这样或那样的结果就非常容易了。

任何事物都会运动到某个重心，或是某个底部与顶部，或其他某个重要的阻力位之间的半路点。例如：我们用360°圆周除以2就得到180；除以4就得到90；然后用90除以2就得到45；用45除以2就得到22½；用22½除以2就得到11¼；用11¼除于2就得到5⅝；用5⅝除以2就得到$2\frac{13}{16}$，这是我们可以用作时间周期的圆周的最小划分。这些点当中的每一个都是其他某个重要的圆周划分的一半。

股票按照时间周期——不同数字的平方、不同数字的三角点、它们的底部的平方、它们的顶部的平方来运行，或是运行到不同平方的半路点。因此，对你来说依据这些数字来研究阻力位是很重要的，概述如下：

各个数字的平方

每个数字的平方和一个数字的平方与下一个数字的平方之间的半路点非常重要。例如：

2 的平方是 4。3 的平方是 9。4 与 9 之间的半路点是 6½。

4 的平方是 16。3 的平方与 4 的平方之间的半路点是 12½。

5 的平方是 25。16 与 25 之间的半路点是 20½。

6 的平方是 36。25 与 36 之间的半路点是 30½。

7 的平方是 49。36 与 49 之间的半路点是 42½。

8 的平方是 64。49 与 64 之间的半路点是 56½。

9 的平方是 81。64 与 81 之间的半路点是 72½。

10 的平方是 100。81 与 100 之间的半路点是 90½。

11 的平方是 121。100 与 121 之间的半路点是 110½。

12 的平方是 144。121 与 144 之间的半路点是 132½。

你可以用同样的方法计算出 13 的平方、14 的平方，等等。

要记住重要的一点是：一只在某个奇数上形成了低点的股票将运行到奇数平方，也就是说，一只在 3、5、7、9 或 11 形成了低点的股票将运行到奇数平方；而一只在 2、4、6、8 或 10 形成了低点的股票则将运行到偶数平方中的点位。

当股票正处在低价位上时，它们会在 2、4、6½、9、12½、16 等附近形成底部或顶部，并遇到阻力，所有这些点位对时间周期来说也很重要，尤其是在月线图表上；同时在周线图表上也应当留意这些点位。当股票非常活跃并到达了高价区域，而且时间周期也与顶部或底部有很长一段距离时，就要在日线图表上留意这些平方点位。

重要的阻力数字——12～100

11～12：这是一个重要的阻力点，不管是在时间还是价格上，因为 12 等于 12 个月，而 11¼是圆周的 1/32，22½°的 1/2。

15 和 16：下一个重要的阻力点是 16，即 4 的平方。15 很重要是因为它是 1¼年。

18：这在时间和价格上是一个重要的阻力数字，因为它是 9 的两倍，是 1½乘以 12，也是圆周的 1/20。

20½： 它是 16 与 25 之间的半路点，因此有时很重要。

22½和 24： 22½是圆周的 1/16，45 的 1/2。股票经常在第 23 个月形成顶部或底部的原因就在于 22½°角度线出现在这个点位。

24 和 25： 它们非常重要，因为 24 是 12 的两倍，而 25 则是 5 的平方和 100 的 1/4。

26： 当你在考虑 4 的平方数 16 和偶数 6 的平方数 36 时，它们之间的半路点就是 26，它有时是时间和价格的重要阻力点。

27 和 28： 重要顶部和底部经常出现在第 27～28 个月附近，而且主要行情或次要行情也会在这个时间周期结束。原因在于，4 乘以 7 等于 28，同时 28 是 2⅓年。3 乘以 9 等于 27，同时任何出现在 3 的倍数上的点都非常重要，因为 3 是第一个我们可以求平方的奇数，因为 1 的平方还是 1。

30： 任何一个半路点或重心都很重要。因此，30，即 2½年，对趋势变化来说是一个重要的时间周期。因为 30½是 5 的平方数 25 与 6 的平方数 36 之间的半路点，这使得该时间周期很重要。

34～36： 33¾是 45 的 3/4。你将回忆起熊市行情结束时的 1932 年 7 月与 1929 年的顶部距离 34 个月。在第 34～36 个月留意趋势变化始终很重要。由于 36 是 6 的平方，使得它成为一个强有力的阻力点。3 乘以 12，即 3 年的结束，是这个点位出现强大阻力的又一个原因。

39 和 40： 40 是《圣经》中多次提及的数字。以色列人在荒野中游荡 40 年。食物保质 40 天。40 个月等于 3⅓年。45 的 7/8 是 39⅜。40 是圆周的 1/9。所有这些都使得这两个数字对时间周期和价格阻力位很重要。

42： 它是下一个时间和价格上的重要阻力位数字。它等于时间上的 3½年，即一轮 7 年循环的 1/2。此外，42½是 6 的平方与 7 的平方之间的半路点。

45： 这是所有数字中的主控数字，因为它包括了所有 1～9 的数字。45°角度线把 90°角划分成了两半，使得 45 成为一个重要的重心。它是 360 的 1/8，等于 5 乘以 9。快速的上涨或下跌经常发生在第 45 个月。在你利用各平方所绘制的任何一种图表上，你都会发现 45 出现在 45°角度线上、90°角度线上或是等价于这两条角度线的某条角度线上。注意 45 是如何出现在 9 方形、20 方形和 12 方形中的，所有这些都证明了 45 是一个主控数字。以一切可能的方式使用 45 来测算价格、时间、空间运动和成交量运动。

48 和 49： 它们对趋势变化来说是强有力的重要数字。49 等于 7 乘以 7，即 7 的平方；而 48 则是 4 乘以 12，即第 4 年的结束。一只股票在下跌到

49～50时经常会遇到阻力，并从这个位置开始出现一轮大幅反弹。一只股票上涨到49～50附近时也是一样，它会在这个位置附近遇到阻力，并至少回调到45。

50：它很重要的原因在于它是100的一半。如果我们把5⅝加到45之上，就得到50⅝。

52：这个数字有一定的重要性是因为一年有52周，而且51⅞是360°圆周的1/7。它是4⅓年。52½是45与60之间的半路点，这使得它对于注意阻力的出现很重要。

56和57：它们非常重要的原因在于56¼等于45加上11¼，同时它也是45与67½之间的半路点。56½是49与64之间的半路点。

60：这是对于注意阻力出现的非常重要的数字之一。它是一个重要的时间周期，因为它在时间上等于5年，即一轮10年循环的1/2，一轮20年循环的1/4。它是45～49之后最重要的时间周期之一；60是圆周的1/6；我们在此使用3的规则，用20乘以3我们就得到60；60是180的1/3，也是45与75之间的半路点。留意上涨或下跌到60附近的股票，如果它们踌躇了几天、几周或几个月，你就知道它们在这个位置遇到了阻力，即将出现一轮逆向运动。

63～64：62½是100的5/8。63等于7乘以9。64是8的平方，也是5⅓年，因而是60之后下一个应当注意的重要点位。

66和67：66是5½年，即5½乘以12。67½是45加上22½，即圆周的3/16。

70～72：数字70在《圣经》中多次提及，它是70年，人的正常生存年限。70等于7乘以10，是20年循环的3½倍。72个月等于6年，而72½是8的平方与9的平方之间的半路点。72是360的1/5，它也是12的平方的一半，是一个非常重要的时间周期。

78～80：这两个数字全都很重要，因为78¾是90的7/8；80是4乘以20，是40的两倍。80等于360°的2/9，是100的4/5。9的平方是81。巨大的阻力会出现在这些价位附近，循环的结束和开始会发生在这些月份数附近，通过在图表上查看这些数字你将发现这一点。

84～85：它们是强有力的阻力位，因为84⅜是90的15/16，84是7乘以12，等于7年循环。一只股票在到达第90个月或价格90之前会在这个位置遇到巨大的阻力。股价跌破90之后，这个位置是90之下的第一个重要的阻力位。

89 和 90： 90 是所有点位中最强有力的点位，因为它等于一条垂直角度线，并且代表圆周的 1/4。90½是 81 与 100 之间的半路点，即 9 的平方与 10 的平方之间的半路点。在活跃的市场中，当到达第 90 个月、第 90 周或第 90 天时，会发生直上直下的运动。第 90 个月是最重要的，但第 90 周也相当重要。

你应当始终注意第 89 个月可能出现顶部和底部，以及重大的趋势变化。许多重要的行情都开始或结束于第 89 个月；有一些则会运行到第 91 个月。注意美国钢铁 1915—1916 年的月线图表，看一看在第 89～90 个月附近都发生了什么。

在日线图表上，（趋势）变化经常出现在第 92～93 天，但在出现重大变化之前，一轮运动经常会运行到第 98 天左右。在日线图表上留意这个位置很重要。

95～96： 这等于 8 乘以 12。95⅝等于 90 加上 5⅝，对价格和时间变化来说是一个相当强有力的阻力位。当一个重要的时间周期出现在第 96～98 个月时，你经常会发现重大的趋势变化，因为这等于 8 乘以 12，并且开始了第 9 年。第 9 年总是很重要，伴随着极限最高价或极限最低价的出现，它标志着重要行情的结束。

股票经常会上涨到 95～97，但无法到达 100；它们也经常会下跌到 97～95 并遇到强有力的支撑，然后反弹并再次穿越 100。

99～100： 这个位置很重要，是因为 100 是 10 的平方，99 等于 11 乘以 9。100 是一个心理数字，公众会在此买进或是卖出，或是希望价格会到达这个位置。股票经常会运行到 99，但无法到达 100；它们也经常会下跌到 99，然后再次开始上涨。

研究所有这些重要的平方、重心或半路点，以及大于 12 的数字的平方，正如 360°圆周图表上所显示的一样，所有这些数学点都将帮助你判断趋势变化和阻力点。

威廉·D. 江恩

1935 年 11 月

第七章　如何交易——利用主控时间因素和利用数学规则进行的预测

市场中的每一轮运动都是自然法则的结果，其原因在结果发生之前很长时间就存在，因而可以提前很多年就判断出未来的市场运动。未来不过是过去的重复，正如《圣经》明白阐述的：

已有的事，后必再有；
已行的事，后必再行。
日光之下，并无新鲜事。

——传道书 1：9

由于作用与反作用的自然定律，每件事物都会以周期循环的方式运行。通过研究过去，我发现了未来会重复什么样的循环。

大的时间循环

世间万物必定总是存在着主次、大小和正负之分。为了准确地预测未来，你必须知道大的循环。绝大部分钱都是在大循环的尾声出现快速运动和极限波动时赚到的。

为了确定大循环和小循环的位置以及判断这些循环会在未来的哪些年份重复，我已经尝试着比较了过去的市场。在多年的研究和实践测试之后，我发现以下循环在使用时是最可靠的。

大循环——主要的时间周期——60 年

这是所有循环当中最大的以及最重要的循环，它每 60 年重复一次，即在第三个 20 年循环结束时重复。通过查阅 1861—1869 年的战争时期、1869 年之后的恐慌、60 年之后的 1921—1929 年——历史上最大的牛市，以及随后出现的历史上最大的恐慌，你将发现这一循环的重要性。这也证明了这一大的时间周期的准确性和价值。

50 年循环

一个大的循环每隔 49～50 年出现一次。持续 5～7 年的极限最高价或极限最低价的“五十周年纪念”时期出现在 50 年循环结束时。“7”是《圣经》中多次提到的毁灭性数字，它会带来紧缩、萧条和恐慌。7 的平方等于 49，它被认为是致命的、不幸的一年，会引发剧烈的波动。

30 年循环

30 年循环非常重要，是因为它是 60 年循环即大循环的一半，并且包含了 3 个 10 年循环。在编制一只股票的年度预测时，你应当始终与 30 年前的记录进行比较。

20 年循环

最重要的时间循环之一就是 20 年循环，即 240 个月。绝大多数股票和平均指数都更加接近于按照这个循环而不是其他任何一个循环来运行。参考后面给出的对“20 年预测图表”的分析。

15 年循环

15 年是 20 年循环的 3/4，也非常重要，因为它等于 180 个月，即圆周的一半。

10 年循环

下一个重要的大循环是 10 年循环，它是 20 年循环的一半，60 年循环的 1/6。它也非常重要是因为它等于 120 个月，一个圆周的 1/3。产生极限高点或极限低点，或者同样性质的波动每 10 年出现一次。股票非常准确地按照每整 10 年循环来表现。

7 年循环

该循环等于 84 个月。你应当注意从任意重要的顶部和底部开始的第 7 年。42 个月，即该循环的一半，也非常重要。你将在第 42 个月附近发现许多顶点①。21 个月，即该循环的 1/4，也很重要。一些股票会在从前一个顶部或底部开始的第 10～11 个月形成顶部或底部，因为该时间周期是 7 年循环的 1/8。

存在着一个 84 年循环，即 7 年循环的 12 倍，注意该循环非常重要。该循环的一半是 42 年，1/4 是 21 年，1/8 是 10½年。这是出现了 1921 年 8 月

① 此处原文中用的是“combination”，即“组合”，但根据前后文，此处可能是拼写错误，本应该是“culmination”，即“顶点”。

的底部与 1932 年 7 月的底部之间的接近 11 年周期的原因之一。这种变化经常发生在一轮大循环，即 60 年结束时。

底部和顶部经常出现在从任意重要的顶部或底部开始的 135°角度线上，即出现在从任意重要的顶部或底部开始的第 135 个月即 11¼年周期附近。

5 年循环

该循环非常重要是因为它是 10 年循环的一半，20 年循环的 1/4。市场中最小的完整循环或运行就是 5 年。

小循环

小循环指的是 3 年和 2 年。最小的循环是 1 年，它经常在第 10～11 个月显示出趋势的变化。

预测未来循环的规则

股票按照 10 年循环来运行，其中又分两个 5 年循环——一个上升的 5 年循环，一个下降的 5 年循环。要从极限顶部和极限底部开始计算所有的循环，不管是大循环还是小循环。

规则 1——一轮牛市行情通常会运行 5 年——2 年上升，1 年下降和 2 年上升，完成一个 5 年循环。一轮 5 年行情会结束于第 59 或第 60 个月。一定要在第 59 个月注意趋势的变化。

规则 2——一轮熊市循环会向下运行 5 年——首先是向下运行 2 年，然后向上运行 1 年，最后向下运行 2 年，完成 5 年的向下摆动。

规则 3——牛市行情或熊市行情很少会在不出现 3～6 个月或 1 年的反方向运动的情况下，向上或向下运行 3～3½年以上，除非是在大循环的尾声，比如 1869 年和 1929 年。许多行情都会在第 23 个月达到顶点，而不会走完整 2 年。要观察周线图表和月线图表，以便判断顶点会出现在这轮运动的第 23、第 24、第 27 还是第 30 个月，或者在极限行情中顶点会出现在第 34～35 个月还是第 41～42 个月。

规则 4——给任意顶部加上 10 年，你就得到下一个 10 年循环的顶部，下一个 10 年循环将重复大致相同的平均波动。

规则 5——给任意底部加上 10 年，你就得到下一个 10 年循环的底部，下一个 10 年循环将重复类别相同的以及大致相同的平均波动。

规则 6——熊市行情经常会在从任意彻底的底部开始的 7 年循环（即 3 年循环加上 4 年循环）内走完。首先给任意一轮循环的彻底的底部加上 3 年就得到下一个底部；然后再加上 4 年就得到 7 年循环的底部。例如：1914 年的底部加上 3 年就得到 1917 年恐慌的低点；随后再给 1917 年加上 4 年就得到 1921 年另外一轮萧条的低点。

规则 7——给任意最终的主要或次要顶部加上 3 年就得到下一个顶部；随后给该顶部加上 3 年就得到第三个顶部；接下来给第三个顶部加上 4 年就得到这一轮 10 年循环的最终顶部。任意顶部之后的趋势变化有时会发生在时间周期结束之前，因此你应当在第 27、第 34 和第 42 个月开始留意趋势的反转。

规则 8——给任意顶部加上 5 年就得到下一个 5 年循环的底部。为了得到下一个 5 年循环的顶部，就要给任意底部加上 5 年。例如：1917 年是一轮大型熊市行情的底部，加上 5 年就得到 1922 年将是一轮小型牛市行情的顶部。我为什么说是“一轮小型牛市行情的顶部”？因为大型牛市行情应当在 1929 年结束。

1919 年是顶部，给 1919 年加上 5 年就得到 1924 年作为一轮 5 年熊市循环的底部。参考规则 1 和规则 2，它们告诉你，一轮牛市行情或熊市行情很少会在一个方向上运行 2～3 年以上。从 1919 年开始的熊市行情下跌了 2 年——1920 年和 1921 年；因此，我们只能预计出现在 1922 年的 1 年反弹；然后是 2 年下跌——1923 年、1924 年，这就完成了这一轮 5 年熊市循环。

回顾一下 1913 年和 1914 年，你会发现 1923 年和 1924 年一定会是用来完成从 1913—1914 年的底部开始的 10 年循环的熊市年。

接下来注意，1917 年是这轮熊市循环的底部，加上 7 年就得到 1924 年也是一轮熊市循环的底部。然后加上 5 年到 1924 年就得到 1929 年是一轮循环的顶部。

预测月线上的运动

可以用判断年线上的运动的规则来判断月线上的运动：

给一个重要的底部加上 3 个月，随后加上 4 个月，一共是 7 个月，就可以得到次要的底部和回调的点数。

大型向上摆动中的回调通常不会持续 2 个月以上，第 3 个月就会向上；这与年度循环中的规则相同——2 年下降，第 3 年上升。

在极端市场中，一轮回调有时仅持续 2 周或 3 周，随后上涨便重新开始。在这样的上涨方式中，市场可能会持续上涨 12 个月，期间每一个月的底部都不会被跌破。

牛市中的小型趋势可能会逆势向下运行 3～4 个月，随后掉头向上并再次跟随主要趋势。

熊市中的小型趋势可能会向上运行 3～4 个月，随后逆转并跟随主要趋势。不过一般来说，股票从来不会在熊市中反弹 2 个月以上，然后便会在第 3 个月开始崩跌并跟随主要趋势下跌。

预测周线上的运动

周线上的运动给出了趋势中下一重要的小型趋势变化，这种变化有可能被证明是趋势的主要变化。

在牛市当中，一只股票经常会向下运行 2～3 周，也可能是 4 周，随后便会逆转并再次跟随主要趋势向上。一般来说，趋势会在第 3 周中间掉头向上并在第 3 周结束时以更高的价格收盘，也就是该股仅背离主要趋势运动了 3 周。某些情况下，趋势变化会直到第 4 周才出现；然后便会出现逆转，该股会在第 4 周结束时以更高的价格收盘。在熊市中，要把这条规则反过来用。

在伴随巨大成交量的快速市场中，在出现小型趋势逆转之前，一轮运动经常会持续 6～7 周。某些情况下，如 1929 年，这些快速运动会持续 13～15 周或是 1/4 年。这些都是高潮性的向上或向下运动。

由于一周有 7 天，而且 7 乘以 7 就是 49 天，即 7 周，因此 49 经常标志着一个重要的转折点。因此，你应当在第 49～52 天附近注意顶部或底部的出现；不过，变化有时会在第 42～45 天开始，因为一个 45 天的周期是一年的 1/8。此外还要在第 90～98 天结束时注意顶点的出现。

在某个市场已经下跌了 7 周之后，它可能会出现横向波动 2 周或 3 周，随后便掉头向上，这与月线图表上变化出现在第 3 个月的规则一致。

始终要注意一只股票的年度趋势，并考虑它正处于牛市年还是熊市年。在月线图表显示趋势向上的牛市年当中，很多时候一只股票都会先回调 2～3 周，随后休息 3 周或 4 周，接下来进入新的区域并再次上涨 6～7 周。

一只股票形成了顶部并回调了 2～3 周之后，它可能会出现一轮 2～3 周的反弹，期间不会运行到第一个顶部的上方；随后在一个交易区间内停留几周，期间不会穿越该区间的最高顶部，也不会跌破该区间的最低底部。在这种情况下，你可以在该区间的低点附近买进或是在该区间的高点附近卖出，同时利用距离 1～3 个点的止损单做保护。然而，更好的计划应该是在买进或是卖出之前先等到该股显示出明确的趋势；然后在该股穿越该交易区间的最高点时买进，或是在该股跌破该交易区间的最低点时卖出。

预测日线上的运动

日线上的运动会给出最初的小型变化，并且尽管它只是周线循环和月线循环的一小部分，但它与周线循环和月线循环遵照同样的规则。

在快速市场中，仅会出现与主要趋势方向相反的 2 日运动，第 3 天与主要趋势一致的上涨或下跌进程就会重新开始。

一轮日线上的运动可能只会逆转趋势运行 7～10 天，然后便会再次跟随主要趋势。

在一个月当中，自然的趋势变化会出现在以下日期附近：

6—7 日　　14—15 日　　23—24 日

9—10 日　　19—20 日　　29—31 日

这些次要运动的出现与个股的顶部和底部的出现一致。

在距离上一个顶部或底部 30 天时注意趋势的变化非常重要，然后在距离顶部或底部 60、90、120 天时注意趋势的变化。180 天，即 6 个月，非常重要，有时标志着将有更大的运动变化。此外，在从重要顶部或底部开始的第 270 天和 330 天，你也应当注意出现重要的小型变化，它们经常也会是主要变化。

1 月 2—7 日和 15—21 日

留意每年的这些时期并注意最高价和最低价的形成。在这些时期最高价被穿越或最低价被跌破时考虑趋势已掉头向上或向下。

很多时候当股票在 1 月初形成低点时，该低点都要到接下来的 7 月或 8 月才会被跌破，有时一整年都不会被跌破。该规则在熊市中或者说主要趋势向下时也同样适用。1 月初形成的最高价经常会是一整年的高点，或者要到 7 月或 8 月之后才会被穿越。例如：美国钢铁在 1930 年 1 月 2 日形成了位于 166 的低点——这是 1921 年与 1929 年之间的半路点，随后在 1930 年 1 月 7 日再次下跌到了 167¼。当该价位被跌破时，美国钢铁就预示着会有更低的价格。

7 月 3—7 日和 20—27 日

7 月份像 1 月份一样，是绝大多数红利支付的一个月，投资者通常会在这个月初左右买进股票。在 7 月份这两个时期注意顶部或底部的出现以及趋势的变化。回顾各种图表，看一看趋势的变化有多少次发生在距离 1 月份的各个顶部或底部 180 天的 7 月份。例如：

1932 年 7 月 8 日，低点；1933 年 7 月 17 日，高点；1934 年 7 月 26 日，市场的低点。

如何划分年时间周期

用 1 年除以 2 就得到 6 个月，即相对点或 180°角度线，它等于 26 周。

用 1 年除以 4 就得到 3 个月的周期，即 90 天或 90°，它是 1/4 年，即 13 周。

用 1 年除以 3 就得到 4 个月的周期，即 120°角度线，它是 1/3 年，即 17⅓周。

用 1 年除以 8 就得到 1½个月，即 45 天，它等于 45°角度线。这也是 6½周，这表明了为什么第 7 周总是如此重要。

用 1 年除以 16 就得到 22½天，即大约 3 周。这解释了那些仅向上或向下运行 3 周就逆转的市场运动。当任何一只股票连续 4 周以更高的价格收盘时，一般情况下它都会走得更高。第 5 周对于趋势变化以及快速的上涨或下跌也非常重要。第 5 可以是第 5 天、第 5 周、第 5 个月或耶稣升天的第 5 年，它总是标志着快速的上涨或下跌，具体是上涨还是下跌，根据即将走完的大循环而定。

牛市或熊市日历年

通过研究最高价与最低价的年线图表并追溯很长一段时间之前，你将发现牛市达到顶点的年份以及熊市开始和结束的年份。

每个 10 年或者 10 年循环（即 100 年的 1/10）都标志着一轮重大的行情。数字 1～9 很重要。你所要做的就只是用手指数出这些数字，以便确定市场正处于什么样的年份。

数字 1 在一个新的 10 年中是一轮熊市结束、一轮牛市开始的一年。查阅 1901 年、1911 年、1921 年。

数字 2 或者说第 2 年是一轮小型牛市的一年，或者说熊市当中的一轮反弹将在某个时候开始的一年。见 1902 年、1912 年、1922 年、1932 年。

数字 3 开始了一个熊市年，但从第 2 年开始的反弹在达到顶点之前可能会运行到 3 月份或 4 月份，或是从第 2 年开始的一轮下跌可能会继续下跌，并在2月份或3月份形成底部，如1933年。查阅1903年、1913年、1923年。

数字4或者说第4年是一个熊市年，但是它结束了熊市循环并为牛市奠定了基础。对照1904年、1914年。

数字5或者说第5年是耶稣升天的一年，是牛市非常强劲的一年。见1905年、1915年、1925年、1935年。

数字6是一个牛市年，一轮开始于第4年的牛市行情将在这一年秋天结束，随后便会开始一轮快速下跌。见1869年、1906年、1916年、1926年。

数字7是一个看跌数字，第7年是一个熊市年，因为84个月或84°是90的7/8。见1897年、1907年、1917年，但是要注意1927年是一轮60年循环的结束，因此没有多少下跌。

数字8是一个牛市年。市场在第7年开始上涨并在第8年到达了第90个月。这是非常强劲的一年，通常会发生一轮大幅上涨。回顾1898年、1908年、1918年、1928年。

数字9是最大的数字和第9年，它是所有牛市年份中最强劲的一年。最终的牛市行情会在这一年的极限上涨之后达到顶点，随后市场便会开始下跌。熊市通常会在第9年结束时的9—11月开始，而且此时会出现陡直下跌。见1869年、1879年、1889年、1899年、1909年、1919年和1929年——出现最大上涨的一年，牛市在这一年秋天达到顶点，随后便出现了一轮陡直的下跌。

数字10是一个熊市年。反弹经常持续到这一年的3月份和4月份；随后出现的一轮剧烈下跌将持续到11月份和12月份，此时一轮新的循环开始，同时另一轮反弹开始。见1910年、1920年、1930年。

关于这些数字和年份，我指的是日历年。为了理解这一点，研究1891—1900年、1901—1910年、1911—1920年、1921—1930年、1931—1939年。

10年循环反复不断地重复，但最大的上涨和下跌出现在20年循环结束时和30年循环结束时，也会出现在50年循环结束时和60年循环结束时，这两个循环比其他循环更加强有力。

预测时应当记住的重要点位

时间在所有的因素中是最重要的。任何大型的向上或向下运动都只有在经历了足够的时间之后才会开始。**时间**因素将会打破空间与成交量这两个方面的平衡。当时间到了，无论是向上还是向下，空间运动都会开始，并且大的成交量也会出现。在任何重要运动结束的时候，无论是月线、周线还是日线，都必须花费时间进行派发与吸筹。

单独考虑每只个股，并根据其在从底部或顶部开始的时间距离中的位置来判断其趋势。每一只股票都会不顾其他股票的运动——即使是同一个板块的股票，按照从自身的基点或者说底部和顶部开始的 1 年、2 年、3 年、5 年、7 年、10 年、15 年、20 年、30 年、50 年和 60 年循环来运行。因此，要单独判断每一只股票并绘制出它们的周线图表和月线图表。

在没有考虑过从顶部或底部开始的**角度线**、市场的强弱形态，以及每只个股的自身**循环**的情况下，绝对不要判定主要趋势已经发生这样或是那样的变化。

在判断出现了逆向运动之前，一定要考虑**年度预测**和大的时间限制是否已经运行完毕。不要忘记考虑从主要顶部和底部开始的时间的标志和成交量，以及在几何角度线上的位置。

日线图表会给出最初的短暂变化，它可能运行 7～10 天；周线图表给出下一重要的趋势变化；月线图表给出最强烈的趋势变化。记住，在趋势逆转之前，周线上的运动持续 3～7 周，月线上的运动持续 2～3 个月或更长时间，具体根据年度循环而定。

年线上的底部和顶部：知道一只股票是否每年都在形成更高或是更低的底部非常重要。例如，如果一只股票已经连续 5 年形成了更高的底部，随后一年形成的底部却低于前一年，这就是一个逆转的信号，并可能标志着一轮长期向下的循环。当股票在一轮熊市中持续几年形成了更低的顶部时，适用同样的交易规则。

当极限上涨或极限下跌出现时，在**市场第一次逆转了前一轮运动幅度的 1/4 或 1/2 以上**时，你就要考虑趋势至少暂时已经变化。

留意**空间运动**很重要。当时间即将在某个方向上走完时，空间运动将通过回跌上一轮从极限低点到极限高点的运动距离的 1/4、1/3 或 1/2 以上——这表明主要趋势已经变化——来显示出趋势的反转。

研究我给出的所有指南和规则。仔细阅读几次，因为它们每一次都将变得更加清晰。研究各种图表并在实际应用中和过去的市场表现中理解各条规则。这样你就会取得进步，也会认识和领会到我的预测法的价值。

如何编制年度预测

如前所述，未来不过是过去的重复；因此，要编制一份对未来的预测，你就必须参考之前的各个循环。

之前的10年循环和20年循环对未来影响最大，但在编制预测时，最好检查过去30年的记录，因为重大变化发生在30年循环结束时。在编制针对整体市场的1935年预测时，我会查阅1905年、1915年和1925年。进行1929年预测时，我会对照10年前的1919年、20年前的1909年、30年前的1899年和大循环60年前的1869年。

你还应当注意5年、7年、15年和50年周期，看一看市场是否正在密切地重复其中一个周期。

20年预测主控图1831—1935年

为了绘制一份年度预测，你必须参考我的20年预测主控图，看一看各个循环是如何运行完毕的，以及它们在过去是如何重复的。

如前所述，对于预测未来的市场运动来说，20年循环是最重要的循环。它是60年循环的1/3，当3个20年循环走完时，重要的牛市行情或熊市行情也随之结束。

为了让你看到并研究各个循环是如何重复的，我绘制了一张20年循环图表，它开始于1831年。为了显示1831年至今的所有循环，我们在该图表上延伸了铁路管道股1831—1855年的最高价与最低价的月线图表。从1856年开始，一直到道琼斯平均指数开始的1896年，我们一直使用的是威廉·D. 江恩铁路股平均指数。1896年之后，我们使用的是道琼斯工业股平均指数。

在20年循环于1860年结束之后：

下一轮循环开始于1861年，持续到了1880年；

下一轮循环开始于1881年，持续到了1900年；

下一轮循环开始于1901年，持续到了1920年；

下一轮循环开始于1921年，持续到了1940年。

通过把每一个20年周期的最高价与最低价的月线图表放到其他每一个20年周期的月线图表上，很容易就能看到这些循环是如何重复的。这些循环的年份从“1”标到“20”。研究该图表并注意每个循环的第8年和第9年发生了什么——极限最高价总是在此时到达。例如：

1929年预测

根据我的60年循环这一发现，我曾推测1929年将重复，比如1869年、1909年和1919年。回顾20年前，我们发现顶部在1909年8月份到达，而

60年前顶部则在1869年7月份到达。如果你愿意看一看我的1929年年度预测，你将发现我曾推测顶部的出现一定不会迟于8月末，而且我曾说过，一个“黑色星期五”将出现在9月份。如果严格跟随1869年的顶部，顶部将出现在1929年7月份，而一些股票的确在这个时候形成了顶部。如果跟随1909年的顶部，我们就可以预计顶部会出现在8月份，而该平均指数和许多个股实际的高点在1929年9月3日到达。追溯到1919年，我们发现该平均指数在7月份形成了第一个顶部，随后出现了一轮大幅下跌，但极限高点在11月初形成。

在所有这些顶部之后——1869年、1909年和1919年——这一年秋天都出现了陡直的下跌，正如1929年一样。因此，你可以发现跟随这样的大幅上涨并判断它将何时达到顶点是多么容易。除了使用20年循环和60年循环，没有其他方法可以让我们在1929年如此准确地预测到这轮大的牛市行情及其顶点。

1869—1873年对比1929—1933年

1869年的顶部之后，股票继续下跌并在1873年11月到达了低点。看一看有多少其他循环中的底部在这个时间左右到达。1929年开始的大幅下跌之后，注意1933年10月道琼斯平均指数到达了最后的低点；随后出现的一轮上涨到达了新的高价区域，穿越了1933年7月份的顶部。

1935年预测

如果做出1935年预测，我们就会在这张20年预测主控图上发现我们即将沿着1855年、1875年、1895年和1915年运行。因此，我们要看一看这些年份都发生了什么。我们发现1895年，高点在9月份到达；1915年，本年高点在12月份到达。

接下来，回顾1865年、1885年、1905年和1925年，这些都是处在第5区域或10年循环中的年份。我们发现1865年的高点在10月份到达；1905年的高点出现在10月份；1925年的高点出现在11月份。

这样，我们在绘制1935年的预测时就有了很好的指南，而且我们将知道在哪些月份注意顶部和趋势变化的出现。我在1934年10月份编制的1935年年度预测指示，顶部将出现在1935年10月28日，11月15—16日将出现一个次级顶部。

还有其他使用该图表获利的方法，其中一种判断趋势的方法就是比较之前的循环中处在同一个区域的年份。例如：在道琼斯30种工业平均指数于

1935年5月穿越108之后，该平均指数就处在了之前所有处在第15年区域年份的平均最高价之上。因此，市场指示出了更高的价格，并且表明了即将出现一轮牛市行情。

1936年预测

如果我们打算编制一份1936年预测，我们就要比较处在第16年区域的年份，也就是1856年、1876年、1896年和1916年。由于过去60年是一轮非常重要的循环，因此我们首先看一看1876年，然后再看1896年和1916年。

1876年——我们发现该平均指数上涨并在3月份到达了高点；随后下跌到了本年末。

1896年——接下来，我们看一看1896年，即40年或2个20年循环之前，这是一个非常重要的总统大选年，正如1936年一样。我们发现一轮温和的反弹持续到了2月份，随后下跌到了3月份，接下来一轮小幅反弹持续到了5月份，然后出现的一轮恐慌性下跌在1896年8月8日达到了顶点，随之出现的是该平均指数位于多年来的最低水平。从这个位置开始，一轮牛市行情开始了，价格走高到了12月份。

1916年——下一个重要的循环是20年之后，即1916年。我们发现价格在1月份下跌，随后在2月份温和反弹，接下来陡直下跌到了4月份，然后反弹到了6月份，此后下跌并在7月份形成了底部，随后从这里开始了一轮大型牛市行情，并且于1916年11月份在一个战时市场中形成了顶部。接下来从11月下旬开始的一轮恐慌性下跌持续到了12月份。

这就完成了我们对1936年过去60年、40年和20年循环的比较。接下来，我们看一看处在该图表另外一方的循环，即20年循环中的第6年，即10年循环的第6区域。这些年份是1866年、1886年、1906年和1926年。

1866年——我们发现1866年出现了一轮陡直下跌，它在2月份了到达了底部；随后出现的一轮上涨在10月份到达了本年顶部。

1886年——我们发现1月份出现了一轮陡直下跌并到达了底部，随后出现的一轮温和反弹持续到了3月份，接下来的一轮陡直下跌在5月份到达了新的低点；然后出现的一轮陡直上涨在11月份到达了高点，此后的12月份出现了一轮陡直下跌。

1906年——下一个应当考虑的重要循环是1906年。这一年，开始于1896年的“麦金利繁荣”结束。截至当时为止，铁路股平均指数到达了历史最高价。从1月份的高点开始出现的一轮陡直下跌持续到了5月份，这次的卖盘绝大部分都是由旧金山大地震引起的，随后出现的一轮反弹持续到了6月份，接下来的一轮陡直下跌持续到了7月份的低点，该底部略高于5月份的低点。从这个低点开始出现的一轮上涨持续到了9月份，此时形成了另外一个顶部，但是该顶部低于1月份的顶部；然后出现的一轮下跌持续到了12月份，紧接着的1907年出现了恐慌。

1926年——下一个应当考虑的重要10年循环是1926年，当时巨大的柯立芝牛市行情正在起步。从1925年12月的低点开始，股市反弹到了1926年2月；随后出现的一轮陡直下跌持续到了3月份，一些股票在这期间崩跌了多达100个点。从这个底部开始出现的一轮陡直上涨到达了新的高价水平，它在8月份到达了顶部；接下来出现的另外一轮陡直下跌在10月份到达了底部，从这里开始的一轮反弹持续到了12月份，但股市没有再回到当年8月份到达的高点。

现在，当我准备编制1936年预测时，我将考虑所有这些周期。我还将回顾并核对7年循环、14年循环和30年循环的一半的15年循环。但是，截至写到这里为止，根据我在未来循环方面的知识和经验，我预计1936年将重复1896年循环。

1936年可能会是一个非常不稳定的大选年，正如1896年一样，当时的“布莱恩白银恐慌”引起的一轮恐慌性下跌持续到了8月份。1936年可能出现三人竞争，其中两个民主党总统候选人和一个共和党总统候选人。1936年期间必定会出现投资者恐慌以及投机者恐慌并卖出股票，从而导致陡直下跌的时候。

截至写到这里为止，我认为第一轮下跌将开始于1月份并以一轮陡直下跌结束。2月，市场可能会在一个狭窄的交易区间内横向波动，期间会出现一些反弹。但是，3月份会出现另外一轮下跌，正如1926年一样。我确信5月份和6月份将出现另外一轮崩跌，尤其是在5月下旬，因为此时即将走完从1932年的低点开始的4年和从1930年的高点出现的4月份开始的6年，所有这些都是即将出现重大趋势变化的标志。

我们知道总统提名将在7月份进行，因此有一个月的时间可以用来留意不确定因素和下跌，除非陡直下跌在那之前出现。这轮从1896年开始的循环在8月份的结束相当重要，不管到时股市价格多高或多低，都有可能在8月结束之前出现一些陡直下跌。此外，市场还指示出了9月下旬会出现不确定环境和出现陡直下跌的可能性。这可能标志着最后低点的出现，同时如果有迹象表明可能出现共和党总统当选引起行政上的变化——截至写到这里为止，我认为这种情况将会发生——就可能开始一轮选举反弹。

9月、10月和11月全都很重要，因为这些月份与1929年9月的顶部距离7年，与1929年10月份和11月份的恐慌性下跌距离7年。我预计11月份的选举之后会出现一轮反弹，它至少会持续到12月初。如果各种情况显示出了改善迹象并且人们满意当选人，那么这轮上涨很可能会持续到12月份，在本年末附近出现高价。

这只是我在还未完成全部计算以及编制出详细的年度预测的情况下给出的大概轮廓。

个股

我之前曾说过，你不应当依靠平均指数来预测个股的趋势。这些平均指数给出的是总体趋势，尽管许多股票将遵循该平均趋势，但你应当单独理解每只股票，并让它在几何角度线上的位置和时间周期来确定这一年中该股可能形成顶部和底部的各个月份。

取任意个股并绘制出像预测主控图表这样的图表，将它水平延伸10年或20年，看一看该股的顶部和底部是如何出现的。我已经绘制出了一张美国钢铁的10年循环图表，以及一张20年循环图表，而且我始终乐于把这些图表提供给学习我的预测课程的学生，以便他们可以研究个股并相信该理论在个股上甚至比在平均指数上更加有效。

如果不相信时间循环确实每隔一段时间就会重复，同时也不相信是有可能预测未来的市场运动，那么没有人能够学到20年预测主控图表和循环。通过结合时间循环研究阻力位、几何角度线和成交量，你可以在行情的尾声判断趋势何时变化。

重要时间周期内的快速运动和顶点

回顾工业股平均指数、铁路股平均指数或是任何一只个股的月线图表，查看曾出现过快速上涨和快速下跌的月份，以及计算从任意重要顶部和底部开始的月数，是很重要的。

注意底部和顶部是如何出现在重要的几何角度线和360°圆周的一定比例上的，即：

11¼	56¼	*90	123¾	168¾	213¾	247½	292½	326½
22½	*60	101¼	*135	*180	*225	258¾	*300	337½
33¾	67½	112½	146¼	191¼	236¼	*270	303¾	348¾
*45	78¾	*120	157½	202½	*240	281¼	*315	*360

注：* 表示非常重要。

这些角度线可以测算时间周期。始终要注意距离任意重要顶部或底部的 45、60、90、120、135、180、225、240、270、300、315 和 360 个月左右时发生了什么，因为所有这些角度线都非常强有力，也非常重要，正如 45°角度线一样，它们预示着强有力的顶点的出现。

回顾自 1896 年开始的道琼斯工业股指数

追溯到 1896 年 8 月的极限低点——

1897 年——一个次级低点被记录在了 1897 年 8 月。我们发现在从 1896 年的低点出现的 8 月份开始的第 11～13 个月出现了一轮快速上涨。

1898 年——从 1897 年的底部开始的第 16 个月、从 1896 年的底部开始的第 24 个月出现了一轮快速上涨，分别从这两个底部开始的第 17 个月和第 25 个月出现了一轮快速下跌。

1899 年——这是一个牛市年。从 1896 年的底部开始的第 29～32 个月、从 1897 年的底部开始的第 21～24 个月出现了一轮快速上涨，分别从这两个底部开始的第 32 个月和第 40 个月出现了快速下跌。

1900 年——从 1897 年的底部开始的第 42～44 个月、从 1896 年的底部开始的第 50～52 个月出现了快速上涨。

1901 年——从 1897 年的低点开始的第 49 个月、从 1896 年的低点开始的第 57 个月出现了一轮快速下跌，底部在 6 月份到达。

1903 年——这是一个熊市年。从 1901 年的顶部开始的第 22～28 个月出现了一轮快速下跌——此时也是从 1897 年的顶部开始的第 72～78 个月，以及从 1896 年的底部开始的第 80～86 个月，底部在 1903 年 10 月和 11 月到达。

1904 年　从 1903 年的底部开始的第 12～14 个月出现了快速上涨。

1905 年——在从 1903 年的底部开始的第 16～18 个月出现了快速上涨；在第 19 个月出现了快速下跌；在第 25～27 个月出现了快速上涨。

1906 年——这轮行情的顶部在 1 月份到达。在从 1903 年的底部开始的第 30 个月出现了快速下跌。

1907年——从1906年的顶部开始的第14个月和第19～22个月出现了快速下跌。极限低点在1907年11月到达，此时是从1896年的底部开始的第135个月、从1897年的低点开始的第127个月、从1906年的顶部开始的第22个月。

1909年——这里行情的顶部在10月份到达，此时与1906年的顶部距离45个月、与1907年的底部距离23个月、与1896年的底部距离158个月。

1914年——7月份出现了一轮快速下跌，此时与1909年的顶部距离57个月、与1912年的顶部距离21个月。这轮行情的极限低点出现在12月份，此时与1906年的顶部距离107个月、与1912年的顶部距离26个月、与1896年的低点距离220个月、与1907年的底部距离84个月，即7年，与1903年的底部距离134个月。

1915年——这是一个战争年。3月和4月快速上涨，此时是从1914年的底部开始的第3个月和第4个月。5月陡直、剧烈的下跌，此时与1907年11月的底部距离90个月、与1896年的底部距离225个月。

1916年——4月份陡直下跌，此时与1914年的底部距离16个月、与1906年的顶部距离123个月、与1896年的低点距离236个月。9月份快速上涨，此时与1914年的低点距离21个月、与1896年的低点距离240个月，即此时是20年循环的结束，预示着即将出现重大的趋势变化。11月——一轮快速上涨的顶部；道琼斯工业平均指数到达了截至当时为止的历史最高价。此时与1914年的底部距离23个月、与1896年的底部距离243个月。12月一轮陡直的下跌，此时与1914年的底部距离24个月。

1917年——8—12月一轮快速下跌，此时与1916年11月的顶部距离9～13个月、与1914年的底部距离32～36个月、与1907年的底部距离117～121个月、与1896年的低点距离252～256个月。

1919年——一轮快速上涨开始于2月份并持续到了7月份。这与1916年的顶部距离27～32个月、与1914年的低点距离50～55个月。1919年2月与1907年的低点距离135个月、与1896年的底部距离270个月。第135个月和第270个月分别是圆周的3/8和3/4，它们对趋势的变化和运动的开始非常重要。10月和11月初形成最终的顶部，此时与1916年的顶部距离36个月。11月一轮恐慌性下跌，此时与 1917 年的低点距离 23 个月、与 1914 年的底部距离 59 个月，即一轮 5 年循环的结束，与 1896 年的底部距离 279 个月。

1920 年——11 月和 12 月一轮快速下跌，此时与 1919 年的顶部距离 12～13 个月、与 1917 年的低点距离 35～36 个月、与 1914 年的底部距离 72 个月、与 1907 年的底部距离 157 个月、与 1896 年的底部距离 291～292 个月。

1921 年——8 月本轮熊市行情的低点、与 1919 年的顶部距离 21 个月、与 1914 年的底部距离 80 个月、与 1907 年的底部距离 165 个月、与 1896 年的底部距离 300 个月。

1924 年——5 月最后的低点形成，从这里开始的一轮快速上涨开始了史上最大的牛市行情之一，该行情结束于 1929 年。此时与 1919 年的顶部距离 54 个月、与 1921 年的低点距离 33 个月、与 1914 年的低点距离 113 个月、与 1896 年的低点距离 333 个月。

1926 年——3 月一轮大的下跌，一些股票下跌了 100 个点。此时与 1924 年的低点出现的 5 月份距离 23 个月、与 1923 年的低点距离 29 个月、与 1921 年的低点距离 55 个月、与 1914 年的低点距离 135 个月、与 1896 年的低点距离 355 个月。8 月股市到达了截至当时为止的最高价，道琼斯工业平均指数当时的价格是 166。这与 1924 年的低点出现的 5 月份距离 27 个月、与 1923 年的低点出现的 10 月份距离 34 个月、与 1921 年的底部距离 60 个月、与 1907 年的低点距离 225 个月、与 1896 年的低点距离 360 个月，即 30 年。随后出现的一轮 20 个点的下跌持续到了 10 月份，这是从 1896 年的底部开始的新一轮 30 年循环中的第 2 个月。

1928 年和 1929 年是历史上最快速运动中出现的一些年份。

1929 年——5～9 月最快速的运动之一，平均指数上涨了将近 100 个点，最终的高点出现在 9 月份。此时：

与 1919 年的顶部距离 118 个月；

与 1921 年的低点出现的 8 月距离 97 个月；

与 1909 年的顶部距离 240 个月；

与 1914 年的低点距离 177 个月；

与 1926 年的低点出现的 3 月距离 42 个月；

与 1907 年的低点距离 262 个月；

与 1924 年的底部出现的 5 月距离 64 个月；
是从 1896 年的低点开始的第二轮 30 年循环中的第 37 个月；
与 1923 年的低点出现的 10 月距离 91 个月。

注意结束于 1929 年 10 月和 11 月的月线图表上的强有力的时间角度线，它们的度数是 32、40、67½、75、120、180。

1930 年——4 月另外一轮大的下跌之前最后的顶部。此时与 1926 年的低点出现的 3 月份距离 49 个月、与 1924 年的低点距离 71 个月、与 1923 年的低点距离 78 个月。5 月一轮陡直、剧烈的下跌。此时与 1907 年的低点距离 270 个月，是从 1896 年的低点开始的第二轮（30 年）循环中的第 45 个月。随后到 1931 年出现了一些快速下跌。

1931 年——9 月道琼斯平均指数下跌了 46 个点。此时与 1929 年的顶部距离 24 个月，分别与 1923 年的低点和 1924 年的低点距离 95 个月和 86 个月、与 1921 年的低点距离 121 个月或者说是从 1921 年的低点开始的新一轮 10 年循环的开始、与 1914 年的低点距离 201 个月，是从 1896 年（的低点）开始的新一轮循环中的第 61 个月。

1932 年——7 月 8 日到达了本轮熊市行情的极限低点。此时是从 1896 年的低点开始的新一轮循环中的第 71 个月、与 1921 年的低点距离 131 个月，分别与 1923 年的低点和 1924 年的低点距离 105 个月和 96 个月，与 1930 年的顶部出现的 4 月份距离 27 个月、与 1929 年的顶部距离 34 个月。8 月和 9 月股市中一轮陡直、快速的下跌。此时与 1929 年的顶部距离 35 个月和 36 个月；与 1930 年的顶部出现的 4 月份距离 28 个月和 29 个月，是从 1896 年的低点开始的新一轮循环中的第 72 个月和第 73 个月，与 1921 年的低点距离 132～133 个月。

1933 年——4～7 月一轮快速的下跌。此时与 1929 年的顶部距离 43～46 个月。始终要在第 45 个月和第 45 的倍数个月附近注意顶点的出现。此时还与 1930 年的顶部距离 36～39 个月、与 1932 年的低点距离 9～12 个月，是从 1896 年的低点开始的新一轮循环中的第 80～83 个月，也就是说即将在新一轮 30 年循环中走完一轮 7 年循环。1933 年 10 月回调的低点，此时与 1930 年的顶部距离 42 个月、与 1929 年的顶部出现的 4 月距离 49 个月、与 1932 年的低点距离 15 个月。

1934 年——2 月顶部。此时与 1930 年的高点距离 46 个月、与 1929 年的高点距离 53 个月、与 1933 年的低点距离 12 个月、与 1932 年的低点距离 19 个月，最重要的，是从 1926 年 8 月份开始的新一轮 30 年循环中的第 90 个月。从这个顶部开始，一轮陡直下跌接踵而至。7 月这标志着一轮大型牛市行情开始前最后的低点。此时与 1929 年的顶部距离 58 个月、与 1930 年的顶部距离 51 个月、与 1932 年的低点距离 24 个月。由于此时进入了这一轮循环的第 9 年，因此，正如之前所解释的，市场预示着随后的 1935 年将出现一轮大型牛市行情。

回顾其他个股并用同样的方式计算它们的循环。查阅一下曾形成过极限高点和极限低点的月份，并注意每个快速上涨和快速下跌中的底部和顶部曾出现过的月份。通过保留从重要顶部和底部开始的时间周期，你将知道重要的时间周期何时即将走完，以及何时可能发生趋势变化。此外还要在 3—4 月、9—10 月和 11—12 月注意季节性趋势变化的发生。

所有这些都将帮助你挑选出那些即将出现最大涨幅的股票，以及那些即将出现最大下跌的股票。你研究得越多，你所学到的就越多，你将获得的盈利也越多。

纽约股票交易所永恒图表

该主控图表是一个 20 方形，即垂直 20，水平 20，一共 400（图 7 - 1）。它可以用来衡量天数、周数、月数和年数，以及判断顶部和底部将何时沿着强有力的角度线形成，正如这张永恒图表上所显示的一样。这张图表非常好地按照 20 年循环来运行，因为它是 20 方形。例如：纽约股票交易所组建于 1792 年 5 月 17 日。因此，我们从 1792 年 5 月 17 日的“0”开始。1793 年位于“1”，此时该股票交易所组建 1 年。1812 年将出现在 20，1832 年将出现在 40，1852 年在 60，1872 年在 80，1892 年在 100，1912 年在 120，1932 年在 140。注意，1932 年的 140，即 7 乘以 20，它等于 90°角度线并处在第 7 区域（即水平的第 7 个空格）的顶部。这表明了 1932 年是一轮循环行情的结束、一轮大循环的结束，以及一轮牛市的开始。我们将在 1932 年 5—7 月左右注意顶点的出现，因为这一轮循环结束于 1932 年 5 月 17 日。

你将注意到，把该正方形划分成相等部分的数字穿过了 10、30、50、

1	2	3	4	5	6	7	8	9	10	11	12	13	14	15	16	17	18	19	20
20	40	60	80	100	120	140	160	180	200	220	240	260	280	300	320	340	360	380	400
19	39	59	79	99	119	139	159	179	199	219	239	259	279	299	319	339	359	379	399
18	38	58	78	98	118	138	158	178	198	218	238	258	278	298	318	338	358	378	398
17	37	57	77	97	117	137	157	177	197	217	237	257	277	297	317	337	357	377	397
16	36	56	76	96	116	136	156	176	196	216	236	256	276	296	316	336	356	376	396
15	35	55	75	95	115	135	155	175	195	215	235	255	275	295	315	335	355	375	395
14	34	54	74	94	114	134	154	174	194	214	234	254	274	294	314	334	354	374	394
13	33	53	73	93	113	133	153	173	193	213	233	253	273	293	313	333	353	373	393
12	32	52	72	92	112	132	152	172	192	212	232	252	272	292	312	332	352	372	392
11	31	51	71	91	111	131	151	171	191	211	231	251	271	291	311	331	351	371	391
10	30	50	70	90	110	130	150	170	190	210	230	250	270	290	310	330	350	370	390
9	29	49	69	89	109	129	149	169	189	209	229	249	269	289	309	329	349	369	369
8	28	48	68	88	108	128	148	168	188	208	228	248	268	288	308	328	348	368	388
7	27	47	67	87	107	127	147	167	187	207	227	247	267	287	307	327	347	367	387
6	26	46	66	86	106	126	146	166	186	206	226	246	266	286	306	326	346	366	386
5	25	45	65	85	105	125	145	165	185	205	225	246	265	285	305	325	345	365	385
4	24	44	64	84	104	124	144	164	184	204	224	244	264	284	304	324	344	364	384
3	23	43	63	83	103	123	143	163	183	203	223	243	263	283	303	323	343	363	383
2	22	42	62	82	102	122	142	162	182	202	222	242	262	282	302	322	342	362	382
1	21	41	61	81	101	121	141	161	181	201	221	241	261	281	301	321	341	361	381

MAY 17 1792

图 7－1

70、90、110 等，而 1802 年出现在 10，1822 年出现在 30，1842 年出现在 50，1862 年出现在 70。注意，内战爆发时的 1861 年处在数字 69，它位于一条 45°角度线上。接下来注意，1882 年在 5 月份结束于 90°角度线上，并且处在 1/2 位，即水平延伸的 180°角度线上。

此外，在 1902 年，它处在 1/2 位 110；1903 年和 1903 年，它触及了 45°角度线。注意，1920 年和 1921 年在数字 129 触及了 45°角度线，而牛市的第一年 1922 年处在 1/2 位 130。

注意，1929 年处在数字 137，即第 137 个月，并且触及了一条 45°角度线；而 1930 年处在第 4 个正方形的 1/2 位，这是一个强有力的阻力位，这预示着一轮陡直、剧烈的下跌。

1933 年位于 141，即第 8 区域的起点，同时处在 20 方形的第 2 个正方形的中心或半路点，预示着该股即将活跃起来并出现快速上涨或快速下跌。

结束于 5 月份的 1934 年和 1935 年处在 142 和 143，同时 1935 年在第 8 区域的出现是在 45°角度线上，并且处在第二个正方形的半路点，正朝着整个正方形的 1/2 运行，这预示着该股即将非常活跃。

你也可以从哥伦布发现美洲的 1492 年 10 月 12 日开始使用该图表。1892 年是 400 年或 20 方形的结束。1932 年是新的 20 方形中的第 40 年。

你可以把该 20 方形用于个股的时间周期和价格阻力位。

如果你愿意研究周数、月数和年数，并将它们运用到这些重要的点位和角度线，你将发现它们在过去的行情中是如何确定出重要的顶部和底部的。

如何交易

在你彻底掌握了全部的课程之后，要在进行交易之前确保自己是正确的。永远不要猜测，只依据数学标志进行交易。

开始交易前你必须知道什么

你必须确切地知道如何运用所有的交易规则；如何以顶部和底部为起点绘制几何角度线或移动平均线；如何使时间与价格形成正方形；如何绘制重要的 45°角度线或代表了一个移动平均值的 45°线。你必须知道把止损单设置在什么位置，必须查看某一年处在哪一个循环当中，也就是根据预测主控图表判断该年是一个牛市年还是熊市年，以及主要趋势可能向上还是向下。

在你进行一笔交易之前，不管是买进还是卖出，都要考虑每只个股在月线图表上的位置；接下来考虑周线图表，然后考虑日线图表。如果它们全部都证实了是上升趋势，那就肯定应该买进，前提是你已经确定出把止损单设置在什么位置。相反，如果循环显示此时是一个熊市年，而且月线图表、周线图表和日线图表都显示出了下降趋势，那么此时就是应当卖空的时候。但是，此外你还必须寻找最重要的位置——把止损单设置在什么位置才能使它距离参考位不超过 3 个点，或者如果可能的话距离再近一些。

进行交易之前应当查看什么

以下是你在买进或是卖出一只股票之前必须考虑的最重要的几点：

1. 年度预测确定出时间循环中的年份是牛市年还是熊市年，总体市场的主要趋势是向上还是向下。

2. 个股自身的循环，确定出这一年是上涨年还是下跌年。

3. 月线图表上在以顶部和底部为起点的角度线上的位置和在从顶部和底部开始的时间周期中的位置。

4. 周线图表上在从顶部和底部开始的时间周期中的位置和在以顶部和底部为起点的角度线上的位置；看一看自顶部或底部以来它是否即将使得时间与价格形成正方形。

5. 日线图表上在以重要顶部和底部为起点的角度线上的位置和所处的时间周期；看一看一只股票是否正接近走完最近的顶部或底部的正方形。

6. 价格阻力位。看一看该股是否正接近任何一个半路点或其他支撑位或阻力位。

7. 看一看该股是否已经在同一个水平附近维持了几天、几周或几个月，以及它是否已经差不多准备好了穿越或跌破以顶部或底部为起点的重要角度线。

8. 查看成交量。看一看一只股票在过去几天或几周的成交量是放大了还是缩小了。

9. 查看过去的空间运动或价格运动，不管是向上的还是向下的。找出过去几周或几个月的最大上涨或下跌。例如：如果一只股票已经好几次回调了 5 个点，而在查看时，如果你发现该股已经从上一个顶部下跌了 3 个点，而且月线、周线和日线图表上的趋势向上，而价格又接近支撑角度线，你就可以利用距离 2～3 个点的止损单买进了；然后，如果该股回跌了 5 个点以上，它就将显示出趋势的变化，而你则应当卖出。

10. 记住，在判断一只股票的强弱形态时，应当依靠的最重要的因素是几何角度线；一定要在最近的各顶部和底部处从“0”开始绘制角度线。

11. 永远不要忽略你在进行一笔交易之前必须拥有一个明确的标志这一事实。

12. 最为重要的是——一定要确定出在什么位置设置止损单，以便限制风险。

练习纸上交易

在确信自己已经掌握了所有的交易规则，并且确切知道了如何判断一只股票的趋势和开始交易的位置之后，为了使自己加倍确信并建立信心，你要先在练习纸上交易，直到你彻底懂得如何使用以及何时使用这些交易规则。如果你在进行纸上交易时犯了错，那么你在实际交易中也会在那个时候犯错，因而你还没有准备好开始交易。当你感觉自己有能力开始交易时，就要运用所有的交易规则并且只根据确切的标志进行交易。如果你不确定趋势、买进价格或是卖出价，也不确定应当把止损单设置在什么位置，那么就要等到你获得一个确切的标志。你始终可以通过等待机会来获利，在一定程度上，依据猜测进场并亏损毫无意义。

何时平仓

开始实际交易之后，当你进行一笔交易时，在根据交易规则获得卖出、买进或是上移止损单的确切标志之前，不要平仓或是兑现盈利，要等到止损单被触及。取得成功的方法就是始终跟随趋势，并且等到趋势变化时再离场或是平仓。

何时等待而不交易

知道何时不要进场与知道何时进场一样重要。当你发现一只股票已经在一个狭窄的交易区间内（比如一个 5 个点或 3 个点的区间）停留了一段时间，但是还未跌破之前形成的各个底部，也未穿越之前形成的各个顶部时，此时就是不应当进行交易的时候。一只股票可能会在一个交易区间内停留几周、几个月，甚至几年，期间不会指示出任何大的运动或趋势变化，直至它穿越之前的某个顶部或是跌破之前的某个底部。如果一只股票在这个位置不活跃，此时就绝不应当开始交易该股。

另外一个不应当进行交易的是，当一只股票一直在两条重要的角度线之间收窄——既不跌破一条角度线，也不穿越另外一条角度线——的时候。在交易之前，要等到该股走出到不受阻碍的状态并发出明确的标志。

股票几乎总是会在一轮长期的下跌之后收窄并在一个交易区间内停留一段时间，此时在进行交易之前，你就应当等到以底部为起点的角度线被跌破，或是以顶部为起点的角度线被穿越且该股突破了某个老顶。换句话说，任何时候都要在你获得了确切的、明确的趋势之后再进行交易。

交易所需的本金

在进行交易之前，你必须知道需要多少本金才能交易成功，以及你必须冒险在任何一笔交易中的确切金额，以便始终能够剩下足够的本金交易。

你可以从 10 股、100 股、1000 股或是其他任意数量开始交易，重点是要适当划分你的本金以及平均分散风险，以便保护自己的本金。

不管你使用多少本金进行交易，都要遵循这条交易规则：将自己的本金划分为 10 等份，在任何一笔交易中，永远不要拿超过 10%的本金去冒险。如果你连续亏损了 3 次，就要缩小自己的交易单位，并且只拿你剩余本金的 10%去冒险。如果你遵循了这条交易规则，就一定会成功。

一般来说，我始终认为比较可取的是，每交易股票的 100 股至少要使用 3000 美元的本金，并且要把每笔交易的风险限制在 3 个点或是更小。这样，你就能用自己的本金进行 10 次交易，因此市场必须连续 10 次打败你才能扫光你的本金，而市场不可能做到这一点。你应当尽力在只需要使用 1～2 个点的止损单的价格处进行交易，这将降低风险。

如果你打算以小单位开始交易，那就每 10 股使用 300 美元的本金，并且最初交易承担的风险不能超过 3 个点，如果可能的话，尽力在能够把止损单设置在不超过 1 个点或 2 个点时进行交易。

始终要遵循以下交易规则：在开始交易之前解决这一重要点——如果你不打算严格遵循交易规则，就不要开始交易。永远不要允许猜测或是人性因素介入到你的交易之中。坚持“本金”规则，并且绝不拿超过1/10的本金冒险在任何一笔交易上。遵循各数学规则，你就会获得成功。

加码

你应当只在成交量高于正常水平的活跃市场中加码或是扩大交易；在角度线上的位置和活跃的成交量将向你表明应当何时加码；你应当决不在一只股票进入了角度线上的一种强势形态或弱势形态之前开始加码；也决不在它通过穿越老顶或是跌破老底的方式突破某个交易区间之前开始加码。

如何加码

如果你正在以 100 股的单位进行交易，那么在你把风险限制在 3 个点或本金的 10%以内的情况下进行了第一笔交易之后，你就要等到市场已经朝着对你有利的方向运动了至少 5 个点才加码或者说买进或是卖出第二笔；然后当你买进或是卖出第二笔时，要把两笔交易的止损单设置在距离第二笔买进点或卖出点不超过3个点的位置。

举例：我们假设买进第二笔之后，趋势逆转，两笔交易的止损单都在距离你买进最后一笔的价格3个点的位置被触及。这将使你最后一笔交易亏损3个点，第一笔交易盈利2个点，净亏损仅1个点。相反，如果市场继续朝着对你有利的方向运动，你的盈利就会在你买进第二笔之后翻倍。

当市场已经再次朝着对你有利的方向运动了5个点时，你就买进第三笔，同时把第一笔和第二笔的止损单上移，并把三笔的止损单设置在距离不超过3个点的位置，或者如果可能的话距离再近一些。

只要市场朝着对你有利的方向运动了5个点，就要继续加码，同时始终要利用止损单在上涨过程中跟进。当一只价格位于5～75每股之间的股票已经朝着对你有利的方向运动了15～25个点时，你就应当开始留意趋势的变化，并且小心你买进或是卖出可能得遭受损失的最后一笔交易。

快速运动或适合加码的运动

加码过程中的大钱是在吸筹与派发之间的快速运动中赚到的，也就是在一只股票走出了吸筹区域之后赚到的。应当在双重顶或三重顶被穿越以及股票走出了吸筹区域之后再开始加码。然后，当你介入了这轮快速运动时，每上涨5个点买进一笔，同时利用距离最后一笔交易不超过3个点的止损单做保护。

在一轮正在下跌的市场中把这条交易规则反过来用：在双重底或三重底被跌破以及股票走出了派发区域之后，每下跌5个点卖出一笔，同时利用位于最后一笔交易上方不超过3个点的止损单做保护。

快速市场和宽幅波动

当股票非常活跃，同时运动非常快速且价格高于100美元时，你会发现最好利用距离市价7～10个点的止损单进行交易。角度线、价格阻力位以及老顶和老底，将决定应当设置止损单的安全点位。

在快速运动的市场中，如1929年10月、11月恐慌，当你在活跃股票中加码并且有了非常大的盈利时，你就应当利用距离市场大约10个点的止损单在下跌过程中跟进。然后，在一轮剧烈下跌之后，把止损单下移，把它们设置在低点上方大约5个点。当某个市场正在这样快速地运动时，你就不应当等到股票进入一种角度线上的强势形态才卖出。在一个正在上涨的市场中把这条交易规则反过来用。

最安全的加码规则

当股票的价格处在极其高的位置或极其低的位置时，应当使用的最安全的加码规则是以 100 股起步，当市场朝着对你有利的方向运动了 5 个点时，买进（或是卖出）另外 50 股；随后当市场再次运动了 5 个点时，买进或是卖出 30 股；接下来在市场再次朝着对你有利的方向运动了 5 个点时，买进或是卖出 20 股，同时利用这个数量继续在市场上涨或下跌过程中跟进，直到出现主要趋势的变化。

何时不要加码

在一只股票中开始或继续一轮加码运动时，安全是第一考虑。如果在太接近吸筹点或派发点的位置买进或是卖出第二笔，就会犯下错误。在一轮大的上涨或下跌之后，你始终必须在开始加码之前等待明确的趋势变化。

当一只股票正接近某个双重顶时，决不要加码买进第二笔；当一只股票正接近某个双重底时，决不要加码卖出第二笔。

一只股票经常在一个 10～12 个点的区间内停留几天或几周，保持在区间内上下运动，但不会穿越最高顶部，也不会跌破最低的底部。只要它停留在这个区间内，你就不应当加码。当它穿越了最高顶部或是跌破了最低底部，走出了该区间时，它就会指示出一轮更大的运动，而你则应当开始加码。

一定要检查、再检查，遵守所有的交易规则，研究用于预测的大小时间循环、以顶部和底部为起点的角度线和顶部与底部之间的价格阻力位。如果你忽视了重要的一点，它就可能使你出错。记住，整体永远超不过各部分之和，各部分构成了整体。如果你忽略了其中一个部分或者说一条交易规则，你就不会获得一个完整的趋势指示器。

威廉・D. 江恩

1935 年 11 月

第八章　形态解读和判断股票趋势的交易规则

投机或投资中成功要求必备的条件

知识

在投机或其他任何事情当中获得成功至关重要的、最重要的因素之一就是知识。聪明的人或是了解自己事业的人就是会成功的人。因此，把这一点当作一条规则记下，即在获得知识方面努力付出就一定会带来投机或事业中的成功。

耐心

在获得知识之后，如果你还没有了解到耐心的价值，你就还需要学会耐心。你必须学会在买进或是卖出之前等待趋势变化的明确标志。你不能猜测或是依据希望或恐惧进行赌博。你必须有在正确的时机行动并且快速行动的能力，要在你已经获得了知识并且知道是时机行动之后行动。

勇气

你必须有勇气行动。勇气和胆量要在你已经获得知识之后才会有，因为你将对已经被证明过的交易规则有信心，对自己的能力有信心。因此，获得知识将赋予你在真正的机会到来时采取行动的勇气。

研究

一个不愿意努力工作和研究并提前为成功付出的人，永远也不会取得成功。如果你愿意花时间去研究，并且仔细回顾道琼斯 30 种工业平均指数从 1892 年至今的记录，你就会相信，交易规则能够发挥作用，而且你能够通过跟随市场的主要趋势来赚钱。

形态解读

我们当中的任何人所学的知识中都有 85％是来自我们的所见。常言道：

“片图抵千言。”这就是为什么形态解读，或者说对不同时间周期的不同形态的解读会这么有价值。未来不过是过去的重演。不同时期的顶部、底部或中间位表明了市场的趋势。因此，当你第二次和第三次在市场中看到相同的图像或形态时，你就知道这意味着什么，同时也就能够判断趋势。

我所给出的交易规则在未来将与过去一样有效，你不必接受我这种说法，但你有必要用过去的记录去证明这些交易规则确实有效，这样你便会有信心遵循这些规则并赚到钱。

需要多少本金

不管你在股票市场上运用的是什么方法，首要考虑的都应当是需要多少本金。你要能凭这笔本金进行交易，要在 5 年、10 年或 15 年的周期内永不损失本金，并且还要能获利，因为能使你获利并永不损失本金的方法，就是每一位想要成功的交易者都应该遵循的方法。

一般情况下，我始终认为比较可取的是，每交易 100 股股票至少要使用 3000 美元的本金，并且将止损单限制在每 100 股至多 3 个点。这样，你就能用自己的本金进行 10 次交易，因此市场必须连续 10 次打败你才能把你的本金扫光。而市场不可能做到这一点。无论你使用多少本金进行交易，都要遵循这条交易规则：将自己的本金分成 10 等份，在任何一笔交易中，都不要拿超过1/10的本金去冒险。如果你连续亏损 3 次，就要缩小自己的交易单位，并且只拿剩余本金的1/10去冒险。如果你遵循了这条交易规则，就一定会成功。

当股票在 15～30 美元每股的价位交易时，你就可以用 1500 美元的本金开始。第一笔交易应当在你可以把止损单设置在距离买进点或卖出点不超过 2 个点时进行；而且你应当尽力在自己的风险只有 1 个点时开始交易。换句话说，你必须考虑到自己要能够用这 1500 美元的本金交易至少 7～10 次，也就是市场必须连续打败你 7～10 次，才能扫光你的交易本金。用这种方法，市场就不可能将你的本金扫光，前提是你遵循交易规则，并且依据明确的标志进行交易。

在交易高价股时，这种方法将赚到最多的钱；而交易价格在 100 美元每股以上的股票时，你应当使用 4000 美元的本金，并且严格遵守所有的交易规则。

如果你打算以股票的小单位开始交易，每 100 股就要使用 300 美元的本金，并且最初的交易承担的风险不能超过 3 个点。如果可能的话，尽力在能够把止损单设置在距离买进点或卖出点不超过 1 个点或 2 个点时进行交易。在任何一次交易中，都永远不要拿超过1/10的本金去冒险。

运用何种图表

比较繁忙的人或是专业人士应该备有一张道琼斯 30 种工业股平均指数和 15 种公用设施股平均指数的最高价与最低价的周线图表，并且备有 5～10 只不同板块中的活跃领涨（跌）股的最高价与最低价的周线图表。他还应该绘制出几只价格在 20 以下或 10 以下的股票的最高价与最低价的月线图表，并在这些不同的低价股显示出趋势变化时仔细观察它们。当它们穿越老顶并显示出活跃性时，就表明是买进的好时机。

主要趋势和小型趋势

你总是能通过跟随市场的主要趋势赚到最多的钱，尽管说永远都不能逆势交易就意味着你将错过很多能够获得大笔盈利的中型运动，但是你必须遵循以下交易规则：当你逆势交易时，要等待某一条交易规则向你发出底部的买进点或顶部的卖出点出现的明确标志，在这个位置你可以设置止损价距离更近的止损单。

市场上总是存在两种趋势——主要趋势和小型趋势。小型趋势与主要趋势的方向相反，这种趋势持续的时间很短。当主要趋势向下时，与在反弹中买进做多相比，在反弹中的某个交易规则表明是顶部的点位卖空股票要安全得多。在一轮牛市行情或上涨的市场中，与在下跌回调时卖空相比，等待小型回调的出现并在交易规则表明是时候买进时买进要安全得多。你总是能通过在买进或卖出之前等待趋势的明确标志赚到最多的钱。

趋势线标志

绿色趋势线

绿色趋势线表示上升趋势，不管是小型趋势还是主要趋势。

我们把绿色趋势线用于某个正在上涨的市场或是当一只股票或平均指数正在每周形成更高的顶部和更高的底部时。形成比前一周更高的底部和更高的顶部的第一周，绿色趋势线要上移到这一周的顶部。然后，只要该股或平均指数形成更高的底部和更高的顶部，绿色趋势线就要继续上移到每一周的高点。

红色趋势线

一只股票或平均指数形成比前一周更低的顶部的第一周，趋势线要变为红色，并且要下移到这一周的低点，同时只要该股或平均指数形成更低的底部，趋势线就要继续下移。红色趋势线意味着小型趋势或主要趋势已经掉头向下，你应当跟随红色趋势线，直到它反转。形成更高的底部和更高的顶部的第一周，趋势线要再次变为绿色。

在红色趋势线变为绿色时买进，在绿色趋势线变为红色时卖出

为研究目的，我们使用了道琼斯 20 种铁路股平均指数 1896—1914 年 7 月的最高价与最低价的周线图表，因为铁路股是那一时期的领涨（跌）股，而且它们比工业股运动得更快，形成了更大的区间，因此是更好的趋势指示器，交易它们也更加有利可图。

你应当跟随趋势线并把此处给出的交易规则运用到买进点当中：

3 个买进点

1——老底或老顶买进

当一只股票下跌到某个老底或老顶时，这个老底或老顶常常是一个买进点，同时要设置止损单。事实上，你只有在能够确定把距离买进点 1～3 个点的止损单设置在什么位置时才可以买进；在高价股上，止损单距离买进点一定不要超过 5 个点。

记住，当一只股票第一次、第二次或第三次回调到老顶时，买进都是安全的；但是，当它第四次下跌到同样的价位水平时，买进就很危险了，因为在这种情况下它几乎总是会继续走低。

当一只股票下跌到老顶或老底下方 1～3 个点时买进。然而，如果一只股票恰好维持在老顶或老底附近，并且没有跌破老顶或老底 1～3 个点，那么该股常常都是最强势的。（如果该股）维持在略高于这些老顶和老底的价位上，这就是一个更加强势的标志。

价格高于 100 美元每股的股票——在穿越老顶之后，它们可能会回调到老顶下方 5 个点，但不会回调更多。如果市场真的很强劲，它们就不应该回调到老顶下方多达 5 个点，除非市场正处在一个很大的交易区间内并且非常活跃，不过这种情况极少出现。

2——更安全的买进点

当一只股票穿越了之前的顶部或穿越了前几周的一系列顶部，表明这轮小型趋势或主要趋势正如绿色趋势线所指示的一样，已经掉头向上时，买进。

3——最安全的买进点

在一只股穿越了前几周的顶部，并且上涨超过了从顶部下跌过程中的最大反弹之后，在次级回调时买进。

当从极限底部开始的第一次反弹在时间上超过了之前的熊市行情中的最大反弹时，买进。

当时间周期超过了市场到达极限低点之前的最后一次反弹的时间周期时，买进。如果最后一次反弹持续了 3～4 周，那么当从底部开始的上涨持续了 3～4 周以上时，就要考虑趋势已经掉头向上，不过，在次级回调时买进股票会更加安全。后面的例子将证明这条交易规则。

3 个卖出点

我们所说的卖出点指的是卖出做多的股票或卖空（的点）。

1——在老顶或老底卖出

卖出多头头寸或进行卖空的一个重要点位位于老顶，或一只股票第一次、第二次或第三次反弹所到达的老底。在一只股票第四次上涨到同一个价位时卖出通常都是很危险的，因为此时该股几乎总是会继续走高。当你卖空时，要在老顶或老底上方 1 个点、2 个点或 3 个点设置止损单。

当价格处在高于 100 美元的高水平时，平均指数可能会在主要趋势不变的情况下运行到老顶上方 5 个点或老底上方 5 个点。但是，这种情况很少发生，对之前的顶部和底部进行的研究将证明这一点。一般来说，当市场很疲软并且主要趋势向下时，反弹会恰好停在老底下方并且不会上涨到老底上方 2 个点以上。如果市场上涨到了老底上方 3 个点，这就是市场强劲，可能继续走高的一个标志。如果市场下跌到了这些老的位置下方，就表明市场非常疲软。

2——更安全的卖出点

当一只股票如趋势线所显示的那样，跌破了前一周的低点或前几周的一系列底部时，卖出。

3——最安全的卖出点

一只股票跌破了前几周的底部，或是跌破了上一次回调的底部，使得趋势掉头向下之后，在次级反弹时卖出。这种次级反弹几乎总是会出现在熊市

行情第一个阶段中的第一次陡直下跌之后。

在第一次下跌就超过了之前的牛市行情中的最大回调或最终顶部之前的最后一次回调之后，卖出。

当第一次下跌的时间周期就超过了牛市行情的最终顶部出现前的最后一次回调的时间周期时，卖出。例如：如果一只股票已经上涨了几个月、1年或是更长时间，并且期间最大幅度的回调持续了4周——这是牛市中的正常回调，然后在到达顶部之后，第一次下跌就持续了4周以上，那么这就是小型趋势或主要趋势变化的一个标志。不过，在反弹时卖空该股会更加安全，因为在趋势非常明确之后，你将顺势交易。

底部形态和顶部形态

通过研究股票过去的形态，当未来出现相似的形态时，你就能够判断即将发生什么，正如你看见阴森浓密的乌云形成时就知道即将有一场暴风雨一样。

在底部的吸筹或顶部的派发完成之后，会出现一个突破点。如果在这个点买进或是卖出股票，你就会非常快速地获利。

仔细研究成交量、空间和价格运动，以及最后的也是最重要的时间周期。相似的市场行为会相隔几年之后出现在相同的月份附近。当我们来到关于“成交量”的课程时，该课程将给出更多的交易规则和信息。

研究不同类型的底部形态——尖底、双重底、三重底、平底和不断上升的底部。

单“V”形底或尖底

这种形态可以是一轮陡直而快速的下跌，后面跟着一轮快速的上涨；甚至可以是一轮缓慢的下跌，后面跟着一轮从底部开始的快速反弹，这轮反弹在上涨到更高价位之前不会出现次级回调。

例如：1910年7月26日，道琼斯20种铁路股平均指数陡直下跌到了105¾；随后陡直反弹到了114¾，这是一轮没有回调多于9个点的上涨，而且之后没有回跌形成双重底。

“U”形底或平底

“U”形底是这样一种形态，即一只股票在一个狭窄的交易区间内停留3～10周，或是更长时间，期间好几次形成大致相同的顶部和大致相同的底部；随后当它穿越这些中间的顶部时就形成了“U”形底或平底；同时，穿越这些中间的顶部时它就位于突破点——一个安全的买进点。

例如：1898 年 3 月 12 日至 4 月 30 日，20 种铁路股平均指数维持在 56 与 60 之间，期间触及底部位置 4 次。这是一个平底，当该平均指数穿越 60 时，平均指数就指示出了更高的价格。

"W"形底或双重底

当一只股票下跌并形成了底部，随后反弹了 2～3 周或更长时间，接下来又下跌并第二次在同一个水平附近形成底部，然后上涨并穿越了前一个顶部，这样它就形成了一个"W"形底或双重底。在它穿越顶部或者说"W"的中间点时买进就是安全的，因为这就是突破点。

例如：1899 年 12 月 23 日，低点 72½；1900 年 6 月 23 日，低点 73。

"WV"形底或三重底

这是继双重底之后形成的第三个更高的底部，或者说同一个水平附近形成的三个底部。当一只股票形成了一个横向的"W"和"V"，并且穿越了"W"的第二个顶部时，买进就是安全的。

例如：1899 年 12 月 23 日第一个位于 72½的底部；1900 年 6 月 23 日第二个位于 73 的底部；1900 年 9 月 29 日第三个位于 73¼的底部。

在该平均指数上涨到了突破点 78 之上时，这就形成了一个"WV"形底。随后出现了一轮像脱缰野马一样失控的上涨，市场在 28 周内上涨了 44 个点。

"WW"形底或四重底形态

这种形态显示出了第一个、第二个、第三个和第四个底部。最安全的买进点是突破点，即一只股票穿越第二个"W"的中间点时。

例如：1903 年 8 月 8 日，低点 90¾；1903 年 8 月 22 日，反弹到了 98¾；1903 年 10 月 17 日，低点 89⅜；1904 年 1 月 23 日，反弹到了 99⅝；1904 年 3 月 19 日，低点 91¼；1904 年 4 月 16 日，反弹到了 97¾；1904 年 3 月 21 日，低点 93½。当该平均指数穿越了第二个"W"的中间点 97¾时，它继续上涨到了顶部 99⅝，即第一个"W"的顶部。这是突破点，随后市场再也没有回调到 99 的情况下上涨 27 个点。

顶部形态

我们应该仔细研究不同类型的顶部——尖顶、平顶、双重顶、三重顶和不断下降的顶部。

单“A”形顶或尖顶

在一轮长时间的上涨之后，或是在一轮牛市行情的尾声，平均指数或个股经常会形成一个单独的尖顶，即先上涨 17～26 周或更长时间，期间仅伴有小幅的回调，这些回调有时会持续 10 天至 2 周，随后便出现一轮陡直而快速的下跌。**在随后的一次反弹或是次级反弹时卖出是安全的，不过，在它跌破“A”的前一条腿①，或者说跌破第一轮陡直下跌的底部时卖出会更加安全。**

例如：自 1902 年 5 月 24 日到 1902 年 9 月 13 日，20 种铁路股平均指数在 16 周内从 117½ 上涨到了 129¼；随后陡直下跌到了 10 月 18 日，接下来只反弹到了 123¼。当该平均指数跌破 118¼时，这就是该指数很疲软以及熊市将继续的一个标志。

“⊓”形顶或平顶

当市场停留在一个狭窄的交易区间内，期间在同一个价位附近形成了好几个顶部，并且回调的各个底部也处在同一个水平附近，这样就形成了“⊓”形顶或平顶。当它跌破周线上的一系列底部时，卖空就是安全的。

例如：1911 年 5 月 13 日到 1911 年 7 月 29 日，铁路股平均指数在一个 2½个点的区间内停留了 8 周，其间形成了一个平顶。当该平均指数跌破 121，位于该狭窄区间的低点下方时，在市场上卖空就是安全的。

“M”形顶或双重顶

当一只股票在一轮大幅上涨之后到达了顶部，随后又回调了 3～7 周或更长时间，接下来再次反弹到同样的顶部附近，这就形成了“M”形顶或双重顶。然后当它下跌并跌破到上一次回调的最低价下方或者说“M”的中间点下方时，卖空就是安全的。

例如：1906 年 9 月 15 日，高点 137¾；11 月 17 日，低点 131½；12 月 15 日，高点137½；随后出现了一轮快速的下跌，跌破了低点 131½，接下来开始了一轮熊市。

“MA”形顶或三重顶

当一只股票或平均指数在同一个水平附近形成了 3 个顶部，并且第二个和第三个顶部略低时，就出现了这样的形态。如果这种形态形成于长期上涨后的顶部，那么它就是大型下跌的信号。它在顶部停留的时间越长，大幅下

① 即“A”的左下端。

跌的信号就越强烈。当一只股票跌破上一个底部或者说跌破“M”的末端，卖出就是安全的，不过，在它跌破“A”的底部时卖出会更加安全，因为这个底部就是突破点。

例如：第一个顶部1906年1月19日，高点138⅜，牛市的结束；1906年5月5日，陡直下跌到了120¼；第二个顶部1906年9月22日，高点137¾，略低于1906年1月份的顶部；1906年11月17日，6个点的回调的低点；第三个顶部1906年12月15日，高点137½，接近同一个水平，这是大幅下跌的一个信号。随后在1907年出现了恐慌，平均指数11个月内下跌了57个点。

“MM”形顶或四重顶形态

当一只股票或平均指数在同一个水平或略低的水平形成4个顶部时，就出现了这种形态。当一只股票跌破第二个“M”的第二个最低点或者说最后一次回调的最低价时，卖空是最安全的。

例如：第一个顶部1911年7月22日，高点124；第二个顶部1912年8月17日，高点124；1912年9月14日，回调到了120½；第三个顶部1912年10月5日，高点124⅜；1912年11月2日，回调到了119⅝；第四个顶部1912年11月9日，最后反弹到了122¾；当该平均指数跌破了最后一轮回调的低点119⅝时，这就是突破点，随后便出现了一轮大的下跌。

市场行情的各个阶段

股票或平均指数的一轮牛市行情或熊市行情通常分3～4个阶段运行：

牛市

第一阶段——在最终的底部之后开始上涨，随后出现一轮次级回调。

第二阶段——上涨到更高的价位，超过了前几周的各个最高价和第一轮上涨的最高价，接下来出现回调。

第三阶段——上涨到这轮运动的新高。多数情况下，这都意味着这轮行情的结束，不过，在判定第三阶段的上涨意味着主要趋势的改变之前，我们必须先等待表明这一点的明确标志。

第四阶段——通常4个阶段就运行完毕了，因而这第四次运动或上涨对于观察一轮牛市行情的结束和趋势的变化是最重要的。

运行时间在1年或1年以下的短周期小型牛市行情，通常都会在2个阶段内运行完毕；尤其是在第一个阶段是从一个尖底开始的情况下。因此，一定要注意第二次上涨之后的市场行为，观察它是否正在形成顶部，以及是否发出了趋势变化的信号。

熊市

熊市行情的运行与牛市行情相反：

第一阶段——先是出现一轮改变主要趋势的陡直而剧烈的下跌，随后出现一轮次级反弹。在这次反弹时卖空股票会更加安全，这次反弹标志着第一阶段的结束。

第二阶段——出现第二次下跌并下跌到更低的价位，接下来出现一轮温和的反弹。

第三阶段——出现第三次下跌或运动并到达更低的价位，这可能会是本轮行情的尾声。

第四阶段——经常会出现第四次运动，此时我们必须密切注意底部的出现。为了判断该底部是不是最终的底部，我们要运用所有其他交易规则，观察老顶、老底和阻力位，以便发现主要趋势已经准备好改变的明确标志。

运行时间在 1 年或 1 年以下的短期小型熊市行情通常都会在 2 个阶段内走完；尤其是在第一个阶段是从一个尖顶开始的情况下。因此，一定要注意第二个下跌之后的市场行为，观察它是否正在形成底部，以及是否给出了趋势变化的标志。

在某些极端情况下，像 1929 年和接下来的 1929—1932 年的熊市行情，会出现多达 7 个阶段的上涨或下跌。但这种情况是不正常且罕见的，要时隔很多年才会再次出现。

仔细回顾所有我们给出的行情，你会发现这些阶段或运动是如何运行完毕的。

如何判断主要趋势的变化

空间运动

根据空间运动来判断趋势变化的规则：**当某次下跌的点数超过了先前最大跌幅 1 个点或更多个点时，这就是趋势变化的一个标志。**

在一轮牛市行情中，当市场运行完了 3 个或更多个阶段时，我们就要仔细回顾之前的记录，并找出所有阶段中出现过最大回调，无论是 10、15、20、30 个点，还是更大幅度的回调。假设平均指数已经上涨了很长一段时间，并且这轮牛市当中最大的回调是 10 个点，而市场已经到达了这轮行情的第三或第四阶段。那么，**当该平均指数或一只股票的价格第一次崩跌 10 个点以上，即崩跌大于最大回调时，这就表明主要趋势已经变化，或是很快就要变化。**这并不意味着这个明确的反转信号出现之后就不会再出现反弹，因为在牛市中，第一个趋势变化的信号出现之后，通常都会出现一轮次级反弹，而且在顶部派发进行时，必定需要一定的时间。因此，不要仅仅因为你获得了一个主要趋势已经改变的确切标志，就立即得出结论，认为自己此时卖空是正确的，而且此后将不会再出现反弹。如果可能的话，始终要在反弹时卖出，尽管有些时候你可以在市场跌破底部之后所形成的新的最低价卖出。要通过运用你所有的交易规则来判断这一点。

时间周期：这是判断主要趋势何时变化的另外一种途径。

规则——当一轮行情只有 3 个或 4 个阶段，并且回调的时间周期超过了先前最长的回调时间时，就要考虑主要趋势已经变化了。

仔细回顾过去的记录，并找出这轮牛市中从任意次要顶部开始的最大时间周期或是先前几个阶段的回调持续时间。如果你发现最大的回调持续了大概 4 个星期，那么市场第一次连续下跌 5 周或更长时间，就表明主要趋势已经变化，我们应该在一轮次级反弹时卖空股票。

在熊市当中，这条交易规则同样适用。在一轮熊市行情当中，当空间运动或是一只股票，或平均指数的反弹点数被超过时，趋势就正在变化；当最大的逆向运动的时间周期被超过时，主要趋势就正在变化，一轮牛市行情即将开始。

在一轮牛市或熊市中，在第二次运动或者说第二阶段之后出现的空间运动的逆转所意味的趋势变化，并没有在第三或第四阶段已经运行完毕之后出现的空间运动的逆转那么重要，无论该空间运动逆转是向上还是向下。

所有这些规则的举例都将在对 1892—1939 年之间的每一轮牛市行情和熊市行情的理解中涉及，以便你知道如何把这些规则运用到未来的市场运动当中。

市场在狭窄的区间内停留数周

当一只股票或平均指数在一个狭窄的区间内维持了 2～6 周或 10～13 周，随后穿越了前几周的各个顶部或跌破了各个底部，这就说明趋势已经改变，你应该跟随趋势。在一个狭窄的区间内停留的时间周期越长，它们突破这个区间时所出现的上涨或下跌幅度就越大，不管是向上还是向下突破。

例如：1897 年 1 月 16 日至 3 月 20 日，铁路股平均指数维持在 2 个点的区间内；随后跌破了低点 52 并继续走低。1897 年 4 月 10 日至 5 月 22 日，连续 6 周维持在一个 2 个点的区间内；接下来穿越了位于 51 的顶部，牛市开始。

横向吸筹或派发

在一轮市场已经上涨到了第三或第四阶段，随后出现了一轮陡直的下跌和反弹之后，它经常会在一个区间内停留很长一段时间，同时进行**横向派发**。这个区间的顶部可能会在极限高点下方几个点。在**解读形态**时，注意派发区间的最高价与最低价之间的区间是非常重要的。

在这个横向派发区间的顶部卖空一只股票是安全的，不过，在股票跌破这个区间的最低点时卖空会更加安全，因为这个最低点就是**突破点**。

在一轮熊市行情的尾声，第一轮陡直上涨之后，会出现一轮次级回调，随后便会出现一段长时间的横向吸筹，期间会好几次上涨到吸筹区间的顶部之后又回到该区间的底部。市场在这个区间的底部是一个买进点，不过，在市场穿越这个区间的顶部时买进会更加安全，因为这个顶部就是突破点，而且穿越这个顶部就是快速上涨的一个信号。

这些横向吸筹和横向派发的例子将会在我们已经计算出的各轮行情中给出。

牛市或熊市的最后阶段

在行情的最后阶段市场快速上涨，随着股票价格越走越高，回调会变得越来越小，直到行情的末尾或快速运动结束。然后便会出现一轮陡直而快速的回调，趋势也随之反转。

在一轮熊市的最后阶段，在跌破所有的老底和阻力位之后，随着市场越走越低，反弹会变得越来越少，其幅度也会越来越小。因此，买进的人没有机会在反弹时卖出，直到市场到达最终的底部并出现第一次反弹。

这就是在牛市或熊市的最后阶段对抗趋势毫无益处的原因所在。

底部的区间

永远不要在前几周的底部被跌破或前几周的顶部被穿越之前，就认为一轮主要或小型趋势已经反转或变化。一只股票或平均指数究竟应该跌到底部以下几个点才表明趋势已经变化，这取决于该平均指数或股票正处在什么样的价位。我们把 1～3 个点这个区间视为双重底、三重底或双重顶、三重顶的区间。在一轮强劲的市场中，一只股票只会跌破到底部下方 1 个点。在极端情况下，也不会超过 2 个点。一般而言，当底部被跌破了 3 个点时，就表明市场在出现任何重大的反弹之前将继续走低。

顶部的区间

双重顶的区间大概是 3 个点。这些顶部处在 1～3 个点的区间内都仍然被看作是双重顶和三重顶。上涨到某个老顶上方 1～2 个点并不总是表明主要趋势已经变化以及股票将立即上涨；但是，上涨到老顶上方 3 个点就几乎总是该股在大幅回调之前将继续走高的一个确切标志。在牛市或熊市的尾声，经常会形成一些佯动，随后便会出现快速的趋势反转。

股票在上涨到老顶之后应当下跌到老顶下方多远

如果一只股票或平均指数上涨到了老顶上方，随后又出现了回调，那么为了仍然显示出上升趋势，在处于强势形态时，它们就会恰好停在老顶附近，或者有时会下跌到老顶下方 1～2 个点，但很少下跌超过 3 个点。不管一只股票的价位有多高，下跌到老顶下方 5 个点以上都表明趋势已经逆转，此时该股不但不会走高，反而会走低一段时间。当下跌到老顶下方 5 个点时，它仍然可能处在牛市当中，这完全取决于市场正处在哪个阶段。最后一个阶段中的信号是最重要的。

熊市中股票可以运行到各个老底上方多远

在熊市中要把规则反过来用。当股票上涨到了老底时，我们应该进行卖空，因为此时底部变成了顶部，顶部变成了底部。它们不应该上涨到老底上方 1～2 个点以上；在极端情况下，也不应该上涨到老底上方 3 个点以上。因此，即使股票处在高位时，如果它们上涨到了老底上方 5 个点以上，也是它们将继续走高，而不会立即跟随主要趋势走低的一个标志。

5～7 个点或 10～12 个点的区间内的几次快速上涨或下跌

无论市场非常活跃还是处在一个缓慢的交易区间内，当市场相当活跃时，所有的迹象都会更准确、更有价值。

在一只股票或平均指数已经上涨了一段时间并且已经走完了 3 个或 4 个阶段之后，如果它们在某个区间内出现了好几次 10～12 个点的上涨或下跌，并且期间在这个区间内形成了好几个底部和顶部，这就表明它们在进行吸筹或是派发。当这种区间的底部被跌破时，就是该股或该平均指数将继续走低的一个标志；当这种区间的顶部被穿越时，就是该股或该平均指数将继续走高的一个标志。注意横向吸筹区间和横向派发区间。

一轮正在上涨的市场可能会出现好几次 10～12 个点的回调，然后会出现一轮 20～24 个点的回调。在一轮上涨之后，如果市场从某个顶部下跌了 20 个点以上，那么它通常都会向下运行 30～40 个点。仔细回顾股票或平均指数处在非常高的价位时的记录，你就可以向自己证明这条交易规则的价值。

市场何时处于最强势或最弱势的形态

在一轮长时间的下跌之后，一只股票或平均指数就处于最强势的形态，进而市场会开始不断形成更高的底部，尤其是在一轮期间反弹很小的陡直而快速的下跌之后。在形成了第二个或第四个更高的底部并且穿越了上一轮反弹的顶部之后，市场就处于最强势的形态。不断升高的底部常常标志着市场的强劲，而且市场通常都会从第三个或第四个更高的底部开始上涨，这轮上涨就是持续时间久并且期间仅有小幅回调的大幅上涨。如果介入到了这类运动当中，你就会以最快的速度获利。

在熊市当中，把这条规则反过来用。市场在不断形成更低的顶部时最疲软。第三个或第三个更低的顶部是最安全的卖出位置。在第三个或第四个更低的顶部之后，当市场跌破前一个低点或者说前一个底部之后，市场就处于最弱势的形态，并且这表明了主要趋势向下，下跌速度将加快。

如何判断小型趋势的变化

小型上涨

如果一个市场正在上涨并且先是连续 2 周或更长时间在同一个水平附近形成了顶部——尤其是当顶部附近的区间非常狭窄时，随后价格又跌破了这 2 周或更长时间的底部，那么小型趋势就已经掉头向下，你应当跟随这个小型趋势，直到出现趋势变化的其他明确标志。

小型回调

当平均指数或一只股票已经下跌了几周或是几个月，价格连续 2 周或更长时间在同一个水平附近形成底部，而且已经在一个狭窄的交易区间内维持了 2 周或更长时间，之后又向上穿越了这 2 周或 3 周的顶部，此时小型趋势就至少暂时已经变化了，你应当跟随这个小型趋势。

呆滞的市场

位于任何位置的狭窄交易区间内的呆滞市场，都表明了市场正在为某种类型的变化做准备。在这些狭窄和呆滞时期后，市场无论是向上还是向下突破，你都应当跟进。

小型运动的持续时间

牛市中小型回调的时间规则：在一个正在上涨的市场或是牛市行情中，当即将出现一轮小型回调的标志被给出之后，价格将回调 3～4 周，但是通常会在第 4 周出现反弹并以更高的价格收盘。在某些情况下，只会出现一轮 2 周的陡直而快速的回调，随后就会恢复主要的趋势。但是，在一轮 3～4 周的下跌之后，如果市场先是出现一轮小型反弹，随后跌回到之前的第 3 周或第 4 周的底部下方，那么这就是即将出现更大的趋势变化的一个标志，而且很有可能是主要趋势的变化。

在极端情况下，在牛市中的一轮次级反弹之后，价格会在主要趋势恢复之前下跌 6～7 周，很少会下跌更长时间。

熊市中小型反弹的时间规则：在熊市中，前面的这些规则要反过来用。熊市中的反弹会持续 2～4 周的时间。如果一轮反弹持续到了第 5 周，那么它很有可能会运行到第 6 或第 7 周；随后你就要留意重大的趋势变化了。

在熊市中一轮 3～4 周的反弹和一轮次级回调之后，如果市场上涨并穿越了之前的 3 周或 4 周反弹结束时形成的最高点，那么趋势就在变化，至少是临时性的。在这样的情形下，即使是在熊市中，也是价格将走高的标志。

如何通过开盘价和收盘价确定趋势的最初变化

带有开盘价和收盘价的最高价与最低价的周线图表是用来判断股票或平均指数趋势的最好的图表之一，这也是我们把周线图表运用到道琼斯 30 种工业股平均指数，并通过它获得所有趋势变化标志的原因所在。

任何一周或是任何一天结束时的收盘价都非常重要。因为不管股票在这一周内或是一天内的价格高低如何，收盘价都会在这个周期结束时精确地显示出亏损数值或是收益数值。

在一只股票或平均指数已经上涨了相当长的一段时间，并且到达了先前的某个老顶或是到达了一个预示着趋势可能发生变化的行情阶段之后，在一个非常活跃的市场中观察周一上午的开盘价是非常重要的。如果平均指数或一只股票的价格在周一上午还没有高出开盘价一个点，随后就下跌，并且以接近上周六的最低价收盘，这就是周线图表上的趋势发生变化的第一个标志。不要忘记使用你的其他交易规则，并且等待出现时间或空间上的适当下跌，或是等待前几周的底部被跌破，这可以判定出现了明确的趋势变化。

在一轮下跌的底部，或是在非常活跃的市场中出现了一轮陡直而快速的下跌之后，把这条规则反过来用。观察周一上午的开盘价，如果一只股票快速下跌到了这一周的中间或是后半周，随后在形成了底部之后趋势逆转，快速反弹，并且周六的收盘价等于、接近或高于周一的开盘价，那么这就是趋势正在逆转以及价格暂时将走高的强烈标志。但是，在判定已经显示出了确切的趋势变化之前，要使用你所有的其他交易规则，包括价格穿越了周线上先前的顶部、空间运动的逆转点数，以及时间的逆转。

在一周结束时，了解收盘价是低于各个老底、低于前几周的底部、高于各个老顶还是高于前几周的顶部也非常重要，因为这是弱势还是强势的一个标志。

当股票上涨到新的高价区间或下跌到新的低价区间

当股票上涨到了历史新高，或是下跌到了历史新低，它们就进入了新的高价区间内或新的低价区间内。当股票到达新的高价纪录或新的低价纪录时，你必须有可以遵循的相应的交易规则。

首先，运用你所有的其他交易规则，并且不要在出现主要趋势变化的明确标志之前买进或是卖出。

当一只股票或平均指数上涨到了它们之前的历史上从未到达过的新的高价水平时，这就是即将出现一轮 7、10、15、20～24 个点或更多个点的上涨的一个标志，尤其是如果该股或该平均指数位于牛市行情的第一或第二阶段。如果新高是在第三或第四阶段形成的，那么这轮上涨可能不会在到达最终高点以及趋势变化之前，进入新的高价区间很多个点。

你应当在市场上涨了 7 个点、10 个点或是 15 个点左右到达了新的高价区间时，注意市场的行为；在极限上涨中，也要在 20～24 个点时，注意市场的行为，因为这些位置可能形成阻力和顶部。这些是市场运动的平均幅度规律，而市场是否会在这些点位中的其中一个点位停下来，取决于市场此时的活跃性和一只股票所处的价格。通过跟随趋势标志和遵循交易规则，你将能够判断这第一轮进入了新的高价区域的运动何时已经运行完毕，以及趋势何时已经变化。

在熊市行情中，要把以上的交易规则反过来用。

当价格位于 50 与 125 之间的平均指数或股票上涨到新的高价区间时，这些 7、10、15、20～24 个点的一般性运动会非常准确地显示出来。在股票上涨到 125 以上和 200 以上之后，运动会扩大，区间也会大得多。当股票或平均指数运行到 300 以上时也是一样，它们会出现一个甚至更大的区间和更快速的运动。所有这些都取决于这轮行情已经运行了多长时间，这轮行情已经走完了多少轮运动或者说多少个阶段，以及股票已经从最后的底部上涨到了多高或是已经从最后的顶部下跌了多远。

何时使用最高价与最低价的日线图表

当市场非常活跃并且正在一个很大的区间内波动时，尤其是在牛市的最后阶段或熊市中最后的快速下跌时，你就应当绘制出平均指数或个股的最高价与最低价的日线图表，并在其上绘制出趋势线，同时要把运用到周线图表上的交易规则运用于此，因为日线图表会向你显示出小型趋势最初的变化，这或许会在后来被周线图表证实为主要趋势的变化。详尽的说明将在“阻力位”一节中给出。

此外，我要提醒你，不要试图战胜市场，不要猜测市场是否正在形成趋势变化，不要犯错，要等到市场显示出明确的趋势变化。如果你是在这些交易规则给出了明确的标志之后才做出判断的，你就会是正确的。

［未签名］

1939年7月6日

本章附录：道琼斯20种铁路股平均指数的底部形态和顶部形态（1896—1914年）

1896年	8月	8日	尖底或单“V”形底——低点42
1897年	1月	16日	到23日和3月20日——“M”形平坦的双重底
	4月		尖底，在1个点的区间内窄幅横向波动了4周
	9月		位于42与92之间的1/2位的尖顶或“A”形顶
	11月		尖底或“V”形底
1898年	2月		平顶，在1个点的区间内横向波动了2周
	3月	5日	到4月23日——平底，形成了同一个水平附近的三重底
	8月		尖顶
	10月	1日	到11月5日——平底，在1个点的区间内横向波动了6周
1899年	4月	1日	到29日——平顶，在2个点的区间内横向波动了5周
	6月	3日	尖底
	7月	29日	到9月9日——平顶，在2个点的区间内横向波动了7周；4月份之后第一个更低的顶部
	11月		尖顶，在2个点的区间内横向波动了4周，第二个更低的顶部
	12月	23日	尖底
1900年	4月	7日	尖顶，第四个更低的顶部
	6月	23日	尖底，第一个更高的底部，沿着出现在12月份的1899年的低点的双重底
	8月	18日	平坦的中间顶部
	9月	29日	尖底，这是一个三重底，也是第三个更高的底部，（表明市场很）强劲，此处是一个有利的买进点
1901年	5月	4日	尖顶
	5月	9日	尖底，恐慌
	6月	15日	尖顶，横向窄幅波动2周
	8月	10日	一个双重顶
	9月	14日	和10月12日——（两个）尖底，（形成了）三重底，其中第二个和第三个底部高于第一个，（表明市场）很强劲
1902年	9月	13日	一个尖顶，随后出现了一轮陡直的下跌
	11月	15日	和12月13日——两个尖底，形成了双重底
1903年	1月	10日	尖顶，在2个点的区间内横向波动了5周
	1月	11日	尖顶，随后出现了2周的反弹
	8月	22日	尖顶，在2个点的区间内横向波动了3周
	9月	19日	到11月14日——三重底，第三个底部更高

1904 年	1 月	23 日	尖顶或者说“A”形顶
	2 月	27 日	到 3 月 19 日——平底，在 2 个点的区间内横向波动了 3 周
	12 月	3 日	尖顶，随后出现了 3 周的回调
1905 年	3 月	18 日	和 4 月 15 日——一个平坦的双重底
	5 月	27 日	尖底
	9 月		到 11 月——平顶，但随后只下跌了 4 个点
1906 年	1 月	19 日	最终的尖顶，随后出现了陡直的下跌
	5 月	5 日	尖底，接下来出现了陡直的反弹
	6 月	16 日	尖顶，然后出现了陡直的下跌
	7 月	7 日	尖底，此后出现了陡直的反弹
	9 月	18 日	到 10 月 13 日——平顶，在恰好位于 1 月的顶部下方的 2 个点的区间内横向波动了 7 周
	11 月	17 日	到 12 月 22 日——平顶，在 3 个点的区间内横向波动了 4 周。这个第三个更低的顶部之后出现了一轮恐慌性下跌
1907 年	3 月	14 日	到 25 日——一个尖底
	4 月	6 日	到 5 月 11 日——陡直的双重顶
	6 月	8 日	平底，在 2 个点的区间内横向波动了 4 周
	7 月	6 日	到 27 日——平顶，在 3 个点的区间内横向波动了 4 周
	11 月	23 日	尖底，随后出现了陡直的反弹
1908 年	1 月	18 日	尖顶，接下来出现了陡直的下跌
	2 月	15 日	到 3 月 7 日——窄幅波动的平底，在 1½个点的区间内横向波动了 3 周
	5 月	23 日	尖顶
	6 月	27 日	尖底
	9 月	12 日	尖顶
	9 月	22 日	尖底，随后出现了快速而陡直的反弹
1909 年	1 月	2 日	尖顶
	2 月	27 日	尖底
	8 月	14 日	尖顶，接下来出现了陡直的回调
	9 月	11 日	尖底
	9 月	18 日	到 10 月 9 日——平顶，在 2 个点的区间内横向波动了 4 周，出现了第一个更低的顶部
1910 年	7 月	26 日	尖底，熊市的结束，然后出现了快速反弹
	10 月	22 日	尖顶
	12 月	10 日	尖底
1911 年	2 月	4 日	到 18 日——平顶，在 2 个点的区间内横向波动了 3 周
	3 月	11 日	和 4 月 22 日——双重底
	6 月	10 日	到 7 月 29 日——窄幅波动的平顶，在 2 个点的区间内横向波动了 7 周

	9月	30日	平底，在2个点的区间内横向波动了4周
1912年	8月	17日	到10月3日——双重顶，狭窄的区间，自1911年7月22日以来的第三个顶部。一轮长时间的下跌接踵而至
1913年	1月	14日	尖底
	11月	15日	到12月20日——平坦的双重底
	9月	13日	到27日和①
1914年	1月	24日	到2月7日——平坦的双重顶，狭窄的区间
	4月	25日	一个尖底，随后出现了缓慢的反弹
	5月	23日	到7月11日——平顶，在2个点的区间内横向波动了9周，接下来出现了一轮恐慌性下跌

牛市和熊市中的突破点道琼斯30种工业股平均指数研究以下图表上的这些点

年份			周数	点数
1897年6月5日	到	9月4日	12	16
1897年10月2日		1898年3月26日	10	14
1898年5月7日		8月28日	12	15
1898年12月3日		1899年4月29日	9	20
1899年12月9日		12月23日	3	15
1900年10月20日		1901年4月20日	10	18
1901年7月13日		10月14日	15	14
1903年3月28日		10月17日	29	25
1904年7月9日		1905年4月15日	40	33
1905年6月24日		1906年1月19日	30	28
1906年2月17日		5月5日	8	14
1906年7月28日		10月13日	11	8
1907年2月9日		3月25日	7	16
1907年7月6日		11月15日	19	25
1908年2月29日		8月14日	23	25
1909年4月3日		10月2日	25	16
1910年1月3日		2月12日	6	13
1910年4月30日		7月26日	13	16
1910年10月1日		10月29日	4	6
1911年8月5日		9月30日	8	12
1911年11月11日		1912年9月7日	46	15

① 此处与下面的1914年1月24日连在一起。

1912 年 12 月 7 日	1913 年 3 月 22 日	15	12
1913 年 4 月 26 日	6 月 14 日	7	9
1913 年 7 月 19 日	9 月 13 日	8	8
1913 年 10 月 4 日	12 月 20 日	11	6
1913 年 12 月 27 日	1914 年 3 月 24 日	12	5
1914 年 7 月 25 日	12 月 24 日	21	27
1915 年 3 月 20 日	5 月 1 日	6	13
1915 年 7 月 24 日	12 月 30 日	32	28
1916 年 1 月 22 日	4 月 29 日	14	10
1916 年 8 月 12 日	11 月 14 日	14	13
1916 年 12 月 9 日	1917 年 2 月 3 日	8	12
1917 年 6 月 16 日	12 月 22 日	26	30
1918 年 1 月 5 日	10 月 19 日	41	14
1919 年 2 月 22 日	7 月 19 日	21	30
1919 年 8 月 2 日	8 月 23 日	3	10
1919 年 8 月 30 日	11 月 8 日	10	18
1919 年 11 月 15 日	1920 年 2 月 28 日	17	23
1920 年 3 月 6 日	4 月 10 日	5	10
1920 年 4 月 24 日	5 月 29 日	5	14
1920 年 7 月 24 日	12 月 25 日	23	23
1921 年 5 月 21 日	8 月 24 日	15	13
1921 年 9 月 10 日	1922 年 10 月 28 日	59	13
1923 年 3 月 24 日	8 月 4 日	19	16
1923 年 11 月 10 日	1924 年 2 月 9 日	13	10
1924 年 3 月 23 日	5 月 24 日	10	9
1924 年 6 月 14 日	8 月 23 日	18	14
1924 年 11 月 8 日	1925 年 3 月 14 日	18	16
1925 年 5 月 9 日	1926 年 2 月 27 日	41	36
1926 年 3 月 1 日	4 月 17 日	9	19
1926 年 6 月 5 日	8 月 21 日	11	18
1926 年 9 月 12 日	10 月 16 日	5	12
1927 年 4 月 16 日	9 月 24 日	22	31
1927 年 9 月 30 日	10 月 15 日	2	14
1928 年 3 月 17 日	5 月 12 日	8	14
1928 年 8 月 18 日	10 月 8 日	15	68
1928 年 10 月 8 日	10 月 22 日	2	24
1928 年 10 月 22 日	1929 年 2 月 9 日	16	40
1929 年 3 月 22 日	3 月 30 日	1	4
1929 年 4 月 30 日	5 月 11 日	2	8
1929 年 5 月 18 日	6 月 8 日	3	9
1929 年 7 月 6 日	9 月 3 日	8	38
1929 年 9 月 7 日	11 月 13 日	9	160

1929 年 11 月 16 日	12 月 14 日	4	46
1930 年 1 月 25 日	4 月 17 日	13	38
1930 年 4 月 19 日	7 月 5 日	11	64
1930 年 9 月 20 日	11 月 15 日	8	62
1930 年 11 月 29 日	12 月 20 日	3	27
1931 年 2 月 7 日	2 月 24 日	3	20
1931 年 3 月 7 日	6 月 2 日	12	64
1931 年 6 月 9 日	7 月 27 日	2	27
1931 年 7 月 2 日	8 月 8 日	5	20
1931 年 8 月 31 日	10 月 3 日	5	45
1931 年 10 月 10 日	11 月 9 日	4	24
1931 年 11 月 16 日	1932 年 1 月 9 日	8	42
1932 年 3 月 19 日	7 月 8 日	17	38
1932 年 7 月 16 日	9 月 8 日	8	31
1932 年 9 月 7 日	10 月 30 日	7	16
1933 年 2 月 4 日	2 月 27 日	3	8
1933 年 4 月 8 日	7 月 17 日	17	44
1933 年 7 月 18 日	7 月 21 日	1	18
1933 年 9 月 23 日	10 月 21 日	4	15
1933 年 11 月 18 日	1934 年 2 月 5 日	12	15
1934 年 5 月 5 日	7 月 26 日	12	17
1934 年 11 月 24 日	1935 年 2 月 23 日	14	8
1935 年 4 月 13 日	1936 年 4 月 6 日	52	54
1936 年 4 月 10 日	4 月 30 日	4	15
1936 年 5 月 30 日	11 月 21 日	25	32
1936 年 11 月 28 日	12 月 26 日	4	4
1937 年 1 月 16 日	3 月 8 日	8	8
1937 年 3 月 27 日	6 月 17 日	14	22
1937 年 7 月 3 日	8 月 14 日	6	20
1937 年 8 月 21 日	10 月 19 日	9	65
1937 年 10 月 19 日	10 月 29 日	1	18
1937 年 11 月 23 日	1938 年 1 月 15 日	7	15
1938 年 3 月 10 日	3 月 31 日	3	28
1938 年 6 月 25 日	7 月 25 日	4	24
1938 年 9 月 17 日	9 月 26 日	1	10
1938 年 9 月 28 日	11 月 10 日	7	25
1939 年 1 月 14 日	1 月 28 日	2	14
1939 年 3 月 18 日	4 月 11 日	3	25
1939 年 4 月 12 日	6 月 9 日	8	15
1939 年 6 月 10 日	6 月 30 日	3	7
1939 年 6 月 30 日	7 月 25 日	3	12

不同形态的时间周期

道琼斯20种铁路股平均指数

牛市中的突破点之后的快速运动或上涨　　举例：

1898年11月　　到　1899年4月，　　突破点之后在21周内上涨了38个点

1902年3月　　到　1902年9月，　　21周内上涨了15个点

1904年7月9日　　到　1905年3月，　　36周内上涨了29个点

1905年6月24日　　到　1906年1月19日，　27周内上涨了19个点

1908年3月7日　　到　1908年9月12日，　26周内上涨了20个点

1909年3月20日　　到　1909年8月14日，　21周内上涨了16½个点

熊市中的突破点　　举例：

1903年2月21日　　到　　1903年10月13日，　33周内下跌了30个点

1906年12月22日　　到　　1907年3月25日，　15周内下跌了36个点

1907年8月10日　　到　　1907年11月21日，　15周内下跌了24个点

1910年1月15日　　到　　1910年7月26日，　27周内下跌了22个点

1911年8月5日　　到　　1911年9月30日，　8周内下跌了12个点

1912年12月7日　　到　　1913年6月14日，　27周内下跌了17个点

1914年7月18日　　到　　1914年12月23日，　22周内下跌了11个点

第九章 阻力位

如果希望在投机中避免失败，我们就必须讨论原因。万物都基于一种精确的比例和完美的关系而存在。自然界中没有巧合，因为最高级别的数学法则是万物的基础。法拉第说："宇宙间除了力的数学点之外别无他物。"

每一只股票都会在与之前某个最高价或最低价成比例的确切数学点上形成顶部或底部。

一只股票在极限高点与极限低点之间的运动，不管是大型运动还是小型运动，都是非常重要的。通过对这个波动区间进行适当的分段，我们可以确定该股在反向运动中——不管是上涨还是下跌——会遇到阻力或支撑的点位。通过结合你的趋势线，仔细观察这些阻力位，你可以在交易时设置与买进点或卖出点距离更近的止损单，并且能够获得更大的成功。利用阻力位，你可以判断出平均指数或一只股票为什么会在老顶和老底获得支撑或遇到卖压。

波动区间

1/8 位

取任何一次重要运动的极限低点和极限高点，极限高点减去极限低点就得到了波动区间。然后用波动区间除以 8 就得到了 1/8 位，这些就是阻力位、买进点或卖出点。当一只股票停在这些价位附近，恰好在这些价位或这些价位附近形成底部或顶部，并且在趋势线上显示出了转折时，这就是应该买进或卖出的位置。有些时候平均指数或一只股票会在这些重要的阻力位附近停留 3～7 天，同时在其附近形成底部或顶部；而在另一些时候，它们可能会在这些重要的阻力位附近停留好几周。

1/3 位和 2/3 位

用一只股票的极限高点和极限低点之间的波动区间除以 8 得到了 1/8 点

位之后，下一件重要的事情就是，用波动区间除以 3 得到1/3位和2/3位。这些 1/3 位和 2/3 位非常强有力，尤其是当它们落在之前的运动的阻力位附近时，或是当它们是一个非常大的波动区间的分段点时。

最高价

接下来重要的是一只股票的历史最高价和每一个更低的顶部的分段点。

用最高价除以 8 就得到了 1/8 位，用最高价除以 3 就得到了 1/3 位和 2/3位。

这是非常重要的，因为一只股票在跌破了极限高点和极限低点之间的波动区间的半路点之后，通常都会下跌到最高价的半路点，而且对其他阻力位来说也同样如此。

当一只股票正在上涨时，它经常会穿越最高价的半路点，然后上涨到极限高点与极限低点之间的波动区间的半路点并在此遇到阻力。

需要考虑的最重要的股票运动

第一点，也是最重要的一点：考虑一只股票存续期内的极限高点与极限低点之间的阻力位。

下一个需要考虑的重要的点位：该股的历史最高价的阻力位或分段点位。

接下来要考虑每一轮持续了 1 年或 1 年以上的行情的波动。取极限高点与极限低点之间的区间，并将该区间分成 8 等份，以此获得阻力位。

然后取第三个或第四个更低的顶部，并将其除以 8，以此获得阻力位。

次级底部和顶部

当市场在一轮熊市行情中已经形成了最终的底部之后，会发生第一轮反弹，随后会出现一轮次级回调并形成更高的底部。此时第一次反弹的高点与次级回调的低点之间的半路点是非常重要的计算阻力位的起点。第一次反弹的顶部与次级回调的底部之间的半路点是一个强有力的支撑位。

举例：道琼斯 30 种工业股平均指数——1932 年，熊市；

1932 年 7 月 8 日，最终的低点 40½；

1932 年 9 月 8 日，第一轮反弹的高点 81½；

1933 年 2 月 27 日，次级回调的底部 49½；

半路点 61。

当市场在一轮牛市行情中到达了最终的顶部之后，会发生第一轮陡直的下跌，随后会发生一轮次级反弹并形成更低的顶部。这个更低的顶部是一个非常重要的计算阻力位的起点。第一次回调的底部与次级顶部之间的半路点是一个强有力的阻力位。

举例：1937 年，3 月 8 日，高点 195½；

6 月 17 日，第一轮下跌的低点 163；

8 月 14 日，次级反弹的高点，190½；

半路点 179¼。

还有，计算出 1933 年 2 月 27 日形成的次级底部 49½与 1937 年 8 月 14 日到达的次级顶部 190½之间的半路点。

这是 120，一个非常重要的阻力位。1939 年 4 月 11 日的低点是 120，这是趋势再次掉头向上的位置。过去有很多其他底部和顶部都形成在这个位置附近。

阻力位的强弱顺序

当一只股票正在上涨并且穿越了 1/4 位时，下一个应当注意的最重要的点位就是半路点（1/2 位）或重心，或者说波动区间的平均。

下一个应当注意的半路点以上的点位是 5/8 位。

半路点被穿越之后，再下一个最强点位是 3/4 位。

接下来，如果波动区间非常大，注意这轮运动的 7/8 位就很重要。这常常标志着一轮上涨的顶部。

但是，在注意这些阻力位时，还要始终注意你的周线图表上的趋势线，并且遵循我在讨论形态时所给出的交易规则。如果该股开始在这些阻力位附近形成顶部或底部，那么买进或卖出就是安全的。

平均值或半路点

始终要记住，一只股票或任何一轮特定运动的 50%的回调、波动区间的半路点，或极限高点的半路点都是下跌过程中最重要的支撑位或上涨过程中最重要的遇到卖压的阻力位。这是一个平衡点，因为它把波动区间分成了 2 等份。

为了得到这个点位，用任意一轮运动的极限低点加上这轮运动的极限高点，然后除以 2。

当一只股票上涨或下跌到这个半路点时，你应当卖出或是买进，同时设置 1、2 或 3 个点的止损单，具体根据该股是处在非常高的价位还是非常低的价位来确定。

区间越大，时间周期越长，市场在到达这个半路点时越重要。

你仅靠遵循这一条交易规则就能赚到大钱。对任何一只股票或平均指数进行仔细研究并回顾其过去的运动，都会向你确定无疑地证明，这条交易规则是有效的，如果遵循这条交易规则，你就可以获利。

在主要运动的最重要的半路点买进或是卖出，并且把止损单的止损价设置在该半路点下方或上方 1～3 个点。我们所说的主要运动（的半路点）指的是区间运行了 25～100 个点或更大幅度时，极限低点与极限高点之间的半路点。次要的半路点指的是次要顶部与次要底部之间的 1/2 位。回调通常都会运行前一轮运动的 1/2，或者说运行到前一轮运动的半路点。

当 1/2 与 5/8 位之间的区间等于或大于 5～10 个点，并且该股穿越了该区间的半路点时，它就会上涨到 5/8 位并在此遇到阻力，然后回调或下跌。对于注意顶部或回调的出现来说，5/8 位是非常重要的点位。一只股票经常会从 5/8 位回调到半路点并再次形成一个买进点。

当一只股票下跌时，适用同样的交易规则。如果 1/2 位和 3/8 位之间的区间等于或大于 5～10 个点，然后该股票又跌破了半路点，那么它就会下跌到 3/8 位并形成底部，然后反弹到 1/2 位或者更高。

当一只股票处在一个狭窄的交易区间内时，它经常会在半路点上方的 5/8 位与半路点下方的 3/8 位之间波动，并在半路点、5/8 位和 3/8 位附近形成底部和顶部，这是在整个波动区间的 1/4 之内运动。参见关于道琼斯 20 种铁路股平均指数 1896—1914 年和道琼斯 30 种工业股平均指数 1903—1939 年的 1/2 位、3/8 位和 5/8 位的例子。

当一种合约上涨到了某个半路点，并且从这个半路点回调了几个点，然后最终穿越了这个半路点时，你就能根据自己的阻力位卡片上的显示，预期它将形成下一个阻力位或下一个顶部。

当一只股票下跌并好几次在某个半路点上获得了支撑，然后跌破了这个半路点时，也适用同样的交易规则。这将在你的阻力位卡片上指示出下一个阻力位或是下一个重要的底部。

强势的最重要标志，就是一只股票维持在了半路点上方 1 个点或更多个点，这表明有买单或支撑单被放置在了这个重要的阻力位上方。

疲软的一个信号是，一只股票在上涨时却差 1 个点或更多个点才能到达半路点，然后便下跌并且跌破了趋势线或其他阻力位。

主要半路点被跌破之后的下一个阻力位

在主要的半路点被突破之后，下一个应当注意的阻力位就是先前某次运动的半路点。我所说的主要的半路点，指的是一只股票存续期内的极限波动区间的半路点。

主要的半路点被向上或向下穿越之后的另一个非常重要的阻力位是最高价的半路点或 1/2 位。这是一个比小型波动的半路点更强有力的支撑位，因为它把最高价分成了 2 等份；而且在这一半路点被穿越 1、2 或 3 个点之前——具体根据一只股票所处的价位而定，它也是一个有利的买进点或是卖出点，不管该股正处在非常高的价位、中等价位还是非常低的价位。

同样水平附近的阻力位

当两个半路点或其他任何两个阻力位出现在同一个水平附近时，不管它们是波动区间的半路点或阻力位，还是最高价的分段点，我们都应该把这两个点加起来除以 2，因为这两个点之间的半路点，经常会是下跌中的支撑点或反弹中的卖出点。

如何找出阻力位

当你在某个水平上发现了一个重要的或是最强的阻力位——半路点时，你就要看看是否还有其他阻力位落在这个价位附近，无论它是 1/8、1/4、3/8、5/8 还是 2/3 位。你或许会在这个价位附近找到 3 个或 4 个阻力位。你在这个价位附近找到的阻力位越多，市场到达这个位置时所遇到的阻力越强。然后取这个价位附近的最高阻力位和最低阻力位，把这两个阻力位相加后除以 2，得出平均阻力位。

当该股到达这些阻力位时，要注意其活跃性。如果它正在非常快速地上涨或下跌，并且伴有巨大的成交量，那么就不要认为它会在这些阻力位附近停下来，除非它在这些阻力位附近停留或维持了一两天。这样我们就可以利用止损单卖出或是买进。此外我们还要考虑市场是否正处在从底部上涨或从顶部下跌的第三或第四阶段。

一般性波动和极限波动

在正常市场中，道琼斯 30 种工业股平均指数的反弹和回调会运行 10～12 个点，当它们超过这个点数时，就会运行 20～24 个点，然后是 30～40 个点。当出现主要顶部与主要底部之间的大的极限波动时，比如1896年8月8日的低点28½到1929年9月3日的高点386，和高点386到1932年7月8日的低点40½，你就可以用这些波动除以16和32，得到更接近的数学点位，而不是用它们除以8得到1/8位。这些点位将与其他运动的次要顶部和次要底部一致。

运用所有的交易规则，并且预计重要顶部和底部将出现在最强点位上，如1/3位、2/3位、1/4位、3/8位、1/2位、5/8位和3/4位。

不要忽略了这样一个事实，即市场上涨之前在底部做准备需要时间，在顶部派发也需要时间。市场已经运行的时间越长，它完成吸筹或派发所需要的时间越多。

当股下跌到老顶下方时

当股票跌回到之前各轮行情的各个老顶之下，各个老底和这些老顶之间的各个阻力位就是重要的支撑位和阻力位。

例如：平均指数在1929年的高点之后回跌到了1919年的顶部119⅝下方，并且在1931年10月份下跌到了85½，这也是1923年10月27日的低点。1931年11月9日，该平均指数反弹到了119⅝，这是1919年的老顶。在这之后，只要该平均指数停留在120下方，你就应当注意低点28½、低点38½、低点42、低点52到高点119⅝之间的老的阻力位。此后，当该平均指数上涨到120时，你就应当注意120到更高的顶部之间的阻力位。重要的更高的顶部位于195½与197½之间。

牛市或熊市最后阶段的小额盈利

当一轮牛市或正在上涨的市场正接近一轮行情的尾声时，盈利或快速运动常常会变小，这是平均指数或股票正遭遇更大卖压的一个信号。

举例：假设一只股票正在上涨，穿越了以前的某个顶部，并且上涨了20个点，随后回调了10个点；接下来又穿越了上一个顶部，并上涨了15个点，然后又回调了5～7½个点；此后再次上涨到了上一个顶部的上方，但这次只上涨了10个点，并且回调了5个点或是更多。这是市场疲软或接近顶部的一个信号，因为每一次运动都在形成更小的盈利。在非常活跃且运动迅速的市场当中，当成交量非常大时，最后一轮运动可能会运动更多的点数。在下跌的市场中，将这条交易规则反过来用。

如果一只股票已经形成了好几次10、15或20个点的下跌运动，并且每次运动的时间都更短，或是该股跌破了底部并且跌幅越来越小，这就是卖压正在减小，趋势即将变化的一个信号。但是，在快速的恐慌市场当中，最后一轮下跌可能会下跌更多的点数，并且期间的反弹会非常小。这就是最后一波套现。

在牛市行情或熊市行情的最后阶段，只能用短时间的运动或小型运动的半路点。最重要的是注意最后一轮运动的阻力位，尤其是半路点。这轮运动可能会运行几周或几个月。如果该半路被超出整 3 个点，则趋势通常都会反转。

空转

正如每一种机器都有空转一样，股票市场中也存在由动力引起的空转，这种动力会驱使一只股票略微超过或低于某个阻力位。一般的空转是 1⅞ 个点。

当一只股票非常活跃，而且快速上涨或下跌并伴有巨大的成交量时，它通常都会上涨到某个半路点或其他某个强有力的阻力位上方 1⅞美分，但不会达到 3 个点。在下跌中，适用同样的交易规则。该股经常会超过某个重要的阻力位 1⅞美分，但不会超过整 3 个点。

这条规则适用于任何事物的重心。如果我们能在地球上钻穿一个洞，然后扔进一个球，那么重力会使这个球下落到超过地球重心的位置，但是在球的下降速度减缓之后，它最终会恰好落在重心上。这就是股票在这些重要的价位中心附近的行为方式。

研究个股或平均指数的各个底部和顶部之间的各个阻力位，将证明市场是如何准确按照这些重要的点位来运行的。

［未签名］

1939 年 7 月 6 日

本章附录：阻力位

道琼斯 30 种工业股平均指数底部和顶部的对比研究

计算阻力位是为了向你展示底部和顶部为什么会在这些水平附近形成。你可以以同样的方法用你的阻力位卡片和阻力位来确定未来的底部和顶部。

1896 年 8 月 8 日	低点 28½	是最后的高点 78¾ 的 3/8 位
1896 年 11 月 12 日	高点 45	是 78¾ 到 28½ 的 1/2 位
1898 年 3 月 19 日	低点 42	是 94½ 到 28½ 的 1/4 位
1898 年 8 月 7 日	高点 61	是 94½ 到 28½ 的 1/2 位
1898 年 10 月 22 日	低点 51⅝	是 78¾ 到 28½ 的 1/2 位
1900 年 9 月 29 日	低点 53	是 77⅝ 到 28½ 的 1/2 位
		从低点 42 到 78⅝ 的 1/2 位是　60¼
		从低点 53 到 78¼ 的 1/2 位是　65⅝
		从低点 53 到 78¼ 的 5/8 位是　68⅜
(1902 年 4 月和 9 月		
1904 年 2 月)		68½ 到 67¾ 之间的各顶部是 53 到 78¼ 的5/8位
1904 年		跌破了 53 到 78¼ 的 1/2 位 65⅝
1905 年 11 月 9 日	低点 42⅛	是 1898 年 3 月的一个老底
		而且是 28½ 到 78¾ 的 1/4 位
		随后穿越了 53⅝，这是 28½ 到 78¾ 的 1/2 位
		接下来出现了一轮大的牛市
1906 年 1 月 19 日	高点 103	随后出现了一轮陡直下跌
1906 年 5 月 5 日	低点 86½	是 38½ 到 103 的 3/4 位
1906 年 7 月 14 日	低点 85½	是 28½ 到 103 的 3/4 位
1906 年 8 月 13 日	高点 96	
1907 年 1 月 12 日	高点 96¾	是 53 到 103 的 7/8 位
		也是 76¼ 到 103 的 3/4 位
		随后跌破了 85，下跌到了 78，是 53 到 103 的 1/2 位
		接下来开始了一轮熊市
1907 年 11 月 23 日	低点 53（与 1900 年的低点相同）	是 28½ 到 103 的 1/3 位
		也是 38½ 到 103 的 1/4 位

（注意：103 的 1/2 是 51½。维持在该 1/2 位上方（表明）老底 53 是一个强有力的支撑位，也是一个买进点。）

1908 年 1 月 18 日	高点 66¾	是 103 到 53 的 5/8 位
1908 年 9 月 22 日	低点 77¼	是 103 到 53 的 1/2 位
1909 年 10 月 2 日	高点 100½	
	（注意：3 个底部位于 96，是 53 到 103 的 7/8 位 94½是 53 到 100½的 7/8 位随后跌破了 96 个 96½并且快速下跌。）	
1910 年 7 月 26 日	低点 73⅝	是 42 搭 103 的 1/2 位
1911 年 6 月 24 日	高点 87	是 73⅝到 100½的 1/2 位
1911 年 9 月 25 日	低点 73	是 42 到 103 的 1/2 位
	并且与 1910 年 7 月 26 日的低点相同	
	这是一个双重底和应当买进的位置	
1912 年 10 月 10 日	高点 94	是 73⅝到 100½的 3/4 位
在 88 附近形成了几个底部		88 是 53 到 100½的 3/4 位
随后跌破了 87		87 是 73⅝到 100½的 1/2 位
1913 年 6 月 14 日	低点 72⅛	是 53 到 103 的 3/8 位
		是 42 到 103 的 1/2 位
	这是第三次出现在该水平——是一个买进点	
（1913 年 9 月和		
1914 年 3 月）	高点 83⅜	是 72⅛到 94⅛的 1/2 位
		是 73 到 100½的 3/8 位
1914 年 7 月	下跌到了 71¼	低于三个老底
		并且低于 42 到 103 的 1/2 位
		和 53 到 103 的 3/8 位
		这是更低价格的一个可靠信号
1914 年 12 月 24 日	低点 53⅛	这是（低点）第三次出现在该水平
	1900 年——低点 53	
	1907 年——低点 53	
	1914 年——低点 53⅛	
	维持在了 51⅛上方，即103 的 1/2 位	
		28½到 103 的 1/3 位
		38½到 103 的 1/4 位
	使得该价位成为恐慌中的良好支撑位和买进点	
	随后战时牛市开始	
1915 年 5 月	高点 71¾，恰好低于 53 到 103 的 3/8 位并且低于三个老底	
1915 年 6 月	低点 60½，这是一轮次级回调	
	60½	是 38½到 103 的 1/3 位
	62⅜	是 51⅛到 71¾的 1/2 位

1919 年 1 月	高点 99	
1916 年 4 月	低点 85	是 53 到 103 的 5/8 位
1916 年 11 月 21 日	高点 110⅛	随后出现了一轮陡直回调。
1917 年 2 月 2 日	低点 87	是 53⅛到 110⅛的 5/8 位
1917 年 6 月 9 日	高点 99	是 28½到 110⅛的 7/8 位
		是 85 到 110 的 1/2 位
	随后跌破了所有重要的 1/2 位	
	包括 81½	即 53 到 110⅛的 1/2 位
1917 年 12 月 19 日	低点 66	是 42 到 110⅛的 1/3 位
		是 38½到 110⅛的 3/8 位
1918 年 10 月 19 日	高点 89	是 28½到 110⅛的 3/4 位
		是 53 到 110⅛的 5/8 位
1919 年 2 月 8 日	低点 78⅛	是 53 到 110⅛的 1/2 位
		是 28½到 110⅛的 5/8 位
		随后开始了一轮大型牛市
1919 年 11 月 3 日	一个新的高点 119⅝，接下来出现了一轮陡直的下跌	
1920 年 2 月 25 日	低点 90	是 28½到 110⅛的 3/4 位
		是 42 到 119⅝的 5/8 位
		是 28½到 119⅝的 2/3 位
1920 年 4 月 8 日	高点 105	是 79⅛到 119⅝的 5/8 位
		是 66 到 119⅝的 3/4 位
		是 90 到 119⅝的 1/2 位
	随后下跌到了 99是 79⅛到 119⅝的 1/2 位	
1921 年 8 月 24 日	低点 64	仅低于 1917 年的各低点 2 个点
	低点 64	是 38½到 119⅝的 1/3 位
	62⅝	是 22½到 119⅝的 3/8 位
	这是一个最终的低点，史上最大的牛市接踵而至	
	(注意：当平均指数穿越 80 时，它就处在 42 到 119⅝的 1/2 位上方 38½到 119⅝的 1/2 位上方。)	
		注意：91⅞是 119⅝到 64 的 1/2 位平均指数穿越 92 之后，在上涨到 105⅝之前没有再到达过 91
1923 年 3 月 20 日	高点 105⅝	是 64 到 119⅝的 3/4 位
1923 年 10 月 27 日	低点 85¾	是 64 到 119⅝的 3/8 位
		28½到 119⅝的 5/8 位
		53 到 119⅝的 1/2 位

该低点是一个强有力的支撑位

1924 年 3 月 20 日　最后的低点 88⅜是 28½到 119⅝的 2/3 位

1924 年 12 月　穿越了 1919 年位于 119⅝的老顶，一轮大型牛市接踵而至

鉴于该平均指数在 1906 年形成了高点 103，1916 年形成了新的高点 110⅛，1919 年形成了另外一个高点纪录 119⅝，1921 年下跌到了 64，维持在了 119⅝的 1/2 位上方 4 个点以上，这是价格将大幅走高的一个强有力的标志，因为这些顶部水平之间相隔的时间如此之长。从 1906 年 1 月到该平均指数运行到了 119⅝上方的 1924 年 12 月，将近 19 年。你可以预计该指数将首次使得最高价翻倍，即形成 240。在这一价格被穿越之后，你就可以预计出现 119⅝的 3 倍，即大约 360。

1929 年 9 月 2 日　高点 386

如果你取从极限低点 28½到119⅝之间的区间，该区间是 91⅛。用该区间乘以 4 我们就得到 364½可能会是一个顶部。在该平均指数处在新高时，正确的做法是跟随趋势并运用所有交易规则，直到主要趋势出现变化

1926 年 7 月　高点 162¼

1927 年 4 月　低点 135⅛　恰好低于 115 到 162¼的 1/2 位

150⅝　是 162¼到 135⅛的 1/2 位

当该平均指数第二次穿越了这个水平时，它顺势上涨到了新的高点

1927 年 10 月　高点 199⅞

1927 年 10 月　低点 179　是 165¾的 1/2 位

是到 199⅞的最后低点

189⅜　是 119⅞到 179 的 1/2 位

穿越这个水平之后再也没有再次下跌到 190½之下

1928 年 12 月　高点 299

1928 年 12 月 12 日　低点 254½接近 200⅞到 299 的 1/2 位 250

维持在了最后一轮运动的 1/2 位上方预示着更高的价格。

1929 年 1 月　高点 324½

1928 年 3 月 30 日　低点 281½

279　是 234 到 374½的 1/2 位

是最后的低点，维持在了 1/2 位上方表明市场很强劲。

1929 年 5 月　高点 331　顶部之前的最后回调

5 月末　　低点 290　　281½到 331 的 3/4 位是 287½
维持在了该价位上方表明该指数在此获得了支撑，随后当穿越了 281½到 331 的 1/2 位 306 和 331 到 290 的 1/2 位 310½时，预示着更高的价格

1929 年 9 月 3 日　　高点 386　　最终的顶部

趋势掉头向下之后，我们计算出 1896 年至今的从底部开始的阻力位，以便获得在下跌过程中应当注意的点位。第一个从 281½到 386 的最后一轮运动的 1/2 位是 333¾——该点位在第一轮到达了 321 的下跌中被跌破，而 321 是 255 到 386 的 1/2 位。

1929 年 10 月最后的反弹　　358　　386 到 321 的 1/2 位是 253½，未能运行到该点位上方 5 个点——随后便毫无抵抗地崩跌

1929 年 10 月 29 日　　低点 213　　是 38½到 386 的 1/2 位

1929 年 10 月 31 日　　高点 273½　　是 42 到 386 的 2/3 位
和 53 到 386 的 2/3 位
并且恰好低于　　64 到 386 的 2/3 位

1929 年 11 月 3 日　　低点 195½
这是一个非常重要的恐慌中的底部，并且有一个强有力的数学点位表明该指数可能会停在该水平附近
当 225　　即 64 到 386 的 1/2 位
219½　　即 53 到 386 的 1/2 位
214　　即 42 到 386 的 1/2 位
207¼　　即 28½到 386 的 1/2 位　被跌破时

根据我们的交易规则，极限高点，即最高价 386 的 1/2，也就是 193，是下一个重要的点位。该平均指数维持在了这个强有力的点位上方 2½个点预示着出现了一轮大幅反弹即将开始的底部。

1930 年 4 月 17 日　　高点 296⅜　　是 28½到 386 的 3/4 位
并且恰好位于 386 到 195⅜的 1/2 位 291 上方 5 个点
当该平均指数回跌到 290 下方时，它再也没有再次反弹到 291
245¾是 195⅜到 296⅜的 1/2 位，该平均指数从未跌破该 1/2 位，也从未再次以 250 的价格交易

1930 年 6～8 月　　各底部位于 208～214，即 28½到 386 的 1/2 位
和 42 到 386 的 1/2 位

1930年9月10日	最后的高点247	是195⅜到296⅜的1/2位
	随后出现了一轮大幅下跌，其间跌破了所有主要的1/2位，并且当该平均指数在1930年10月份跌破了386的1/2位193时，它再也没有再次以高于198½的价格交易	
1930年12月17日	低点155½	是38½到386的1/3位
		42到386的1/3位
1931年1月	高点175½	是53到386的3/8位
		64到386的1/3位
1931年1月24日	低点160	是85¾到386的1/4位
	165½	是155½到175½的1/2位
	当该平均指数穿越了这个水平时，它在形成下一个顶部之前再也没有再次以163的价格交易	
1931年2月24日	高点197¼	恰好高于
	193	即386的1/2位，并且低于
	1929年11月的低点和1930年11月的顶部——使得该价位成为一个安全的卖空点。下一个要注意的重要点位是176⅞即155½到197¼的1/2位	
1931年3月14日	低点175¾	是155½到197¼的1/2位
1931年3月20日	高点189	是297的5/8位
		85¾到386的1/3位
		64到386的3/8位
3月下旬跌破了	176	即155½到197¼的1/2位
		一轮恐慌性下跌接踵而至
随后跌破了	161	即85¾到386的1/4位
接下来跌破了	低点155½，并且快速下跌	
1931年6月2日	低点120	是85¾到386的1/4位
		和157⅓的3/4位
		以及1919年的顶部的支撑，是反弹的强有力的支撑
1931年6月27日	高点157½	是42到386的1/3位
	并且恰好低于	197¼到120的1/2位
	同时1930年12月的各低点使得该价位成为一个可靠的卖出点	
1931年10月5日	低点85½，与1923年10月27如的低点相同	
	85	是386到42的1/8位
1931年11月9日	高点119⅝	低于157¼到85½的1/2位

		和 28½到 386 的 1/4 位
		以及 85¾到 386 的 1/8 位
	一轮陡直的下跌接踵而至	
1932 年 1 月 7 日	低点 70	是 28½到 386 的 1/8 位
1932 年 3 月 8 日	高点 89½	是 119⅝到 70 的 3/8 位
	79¾	是 70 到 89½的 1/2 位
	当该平均指数跌破了 79 时，它快速下跌	
1932 年 9 月 8 日	高点 81½	是 119⅝到 40½的 1/2 位
		低于 386 到 40½的 3/8 位
		和 157½到 40½的 1/3 位
	61	是 40½到 81½的 1/2 位
1933 年 2 月 27 日	低点 49½	是 40½到 81½的 3/4 位
1933 年 3 月 18 日	高点 64½	是 49½到 81½的 1/2 位
1933 年 4 月 1 日	最后的低点 54¾没有低于 49½到 64½的 1/2 位 3 个点一轮快速上涨接踵而至，该平均指数穿越了 49½到 81½的 1/2 位和 40½到 81½的 1/2 位	
1933 年 7 月 17 日	高点 110½	是 296¾的 3/8 位
	恰好低于	146½到 40½的 5/8 位

为什么道琼斯 30 种工业股平均指数的价格会于 1933 年和 1934 年在 110½和111½形成高点？

1929 年的最高点是 386。386 的 1/3 位是 128⅝。386 的 1/4 位是 96½。该 1/3 位于 1/4 位之间的半路点是 112½。这就是这么长时间以来这些点位被穿越之前如此多的顶部形成于该水平附近的原因之一。

为什么 1933 年 10 月的低点会出现在 82½？

1932 年 9 月的老顶位于 81，从低点 49½到 111½的半路点是 80½，从突破点 55½到 111½的半路点是 83½，该平均指数维持在了这个极限波动的半路点上方是它强劲并获得了良好支持的一个信号。从 111½到 82½的半路点是 97。

1935 年 3 月，该平均指数从不低于上述半路点 3 个点的 95½开始上涨。1939 年 3 月 31 日，该平均指数下跌到了 97½，它是 1937 年的最高点 195½的半路点。

1933 年 10 月 21 日	低点 82½	高于 49½到 110½的 1/2 位
		和 386 到 40½的 1/8 位
		以及 54¾到 110½的 1/2 位
	维持在了这些重要的 1/2 位上方表明该指数在此获得强有力	

的支撑

1934 年 2 月 5 日　高点 111½

低点 82½ 到 111½ 的 1/2 位是 97

1934 年 3 月 31 日　低点 97　随后反弹到了 107

1934 年 7 月 26 日　低点 84½　是 157½ 到 40½ 的 3/8 位

从 111½ 到 84½ 的 1/2 位是 98

1935 年 3 月 18 日　低点 95½　恰好低于 87½ 到 111½ 的 1/2 位

和 195½ 的 1/2 位

以及 386 的 1/4 位

从 108 到 95½ 的 1/2 位是 101¾，

该平均指数穿越了这个小型的 1/2 位并且依次穿越了老顶 110½ 到 111½，一轮大型牛市接踵而至

1936 年 4 月 6 日　高点 163¼　是 28½ 到 386 的 3/8 位

是 386 到 49½ 的 3/8 位

1936 年 4 月 20 日　低点 141½　是 40½ 到 157½ 的 7/8 位

仅比 176¼ 到 163¼ 的 1/2 位低 3 个点

1937 年 3 月 10 日　高点 195½，与 1929 年 11 月 13 日的低点和 1930 年 10 月最后的高点相同。

恰好低于 1931 年 2 月的高点。195½ 没有比 386 的 1/2 位 193 高 3 个点，因而是一个应当卖空的可靠位置

1937 年 6 月 17 日　低点 163　是 28½ 到 386 的 3/8 位

是 141¼ 到 195½ 的 1/2 位

1037 年 8 月 14 日　高点 190½　恰好比 386 的 1/2 低 2½ 个点，是一个更低的顶部——该平均指数疲软的一个信号。163 到 195 的 1/2 位是 179¼，163 到 190½ 的 1/2 位是 176¾。当这些价位被跌破时，一轮恐慌性下跌接踵而至

1937 年 10 月 19 日　低点 115½　是 195½ 到 40½ 的 1/2 位

1937 年 10 月 29 日　高点 141½　是 195½ 到 40½ 的 2/3 位

并且低于　386 的 3/8 位

1937 年 11 月 23 日　低点 112½　是 196¾ 的 3/8 位

1938 年 1 月 15 日　高点 134½　是 40½ 到 296¾ 的 3/8 位

和 95½ 到 195½ 的 3/8 位

1938 年 3 月 31 日　低点 97½

恐慌中的最终底部　97½　是 195½ 的 1/2 位

40½ 到 195½ 的 3/8 位

296¾的 1/3 位

386 的 1/4 位

这是一个安全的买进点

1938 年 4 月 18 日　高点 121½　恰好高于 40½到 195½的 1/2 位

和 157½到 140½的 2/3 位

以及 195½的 5/8 位

1938 年 5 月 27 日　低点 106½　恰好高于 40½到 296¾的 1/4 位

和 195½到 97½的 1/3 位

109¼　是 97½到 121½的 1/2 位

当该平均指数穿越了 110 时，就表明了它强劲的上升（趋势）并且快速上涨

1938 年 7 月 25 日　高点 146¼　是 195½到 97½的 1/2 位

1938 年 9 月 26 日　低点 128　是 386 的 1/3 位

和 195½到 97½的 1/3 位

以及 106½到 146¼的 1/2 位

这是一个强有力的支撑位和有利的买进点

1938 年 11 月 10 日　高点 158¾

当该平均指数穿越了 97½到 195½的 1/2 位 146½时，就指向了位于 158¾的 5/8 位

158¾　是 97½到 195½的 5/8 位

和 40½到 386 的 1/3 位

以及 195½到 40½的 3/4 位

这些使得 158¾成为一个可靠的卖空点

1939 年 11 月 28 日　低点 145　是 195½到 97½的 1/2 位

和 195½的 3/4 位

128 到 158¾的 1/2 位

97½到 158¾的 3/8 位

以及 40½到 195½的 5/8 位

1939 年 3 月 10 日　高点 152½　是 97½到 158¾的 7/8 位

最后的低点136⅛到 158¾的 1/2 位是 148¼

136⅛到 152½的 1/3 位是 144¼

该平均指数跌破了上述 1/2 位时便快速下跌

1939 年 4 月 11 日　低点 120　是 97½到 158¾的 3/8 位

和 158¾的 3/4 位

注意 118 是 40¼到 195½的 1/2 位

这是最强有力的 1/2 位，而该平均指数维持在了该 1/2 位上

	方 2 个点，此外 118¼是 28½到 386 的 1/4 位	
1939 年 5 月 10 日	高点 134⅝	是 158¾到 120 的 3/8 位
		也是 195½到 97½的 3/8 位
1939 年 5 月 17 日	低点 128⅜	是 97½到 158¾的 1/2 位
1939 年 6 月 9 日	高点 140¾	是 120 到 158¾的 1/2 位
1939 年 6 月 30 日	低点 129	是 97½到 158¾的 1/2 位
		和 386 的 1/3 位

这是一个强有力的支撑位和买进位。随后市场反弹并穿越了 120 到 158¾的 1/2 位 139⅜，并且在 7 月 25 日上涨到了 145¾，恰好低于 97½到 195½的 1/2 位和 120 到 158¾的 2/3位

阻力位（续）

道琼斯 20 种铁路股平均指数

1896 年 8 月 8 日	低点 42	为什么？
	46	是最后的高点 92 的 1/2 位
	49½	是极限高点 99 的 1/2 位
1897 年 4 月	回调的低点 48¼	是 54¼到 42 的 1/2 位
1897 年 9 月	高点 67½	是 42 到 92 的 1/2 位
1897 年 11 月	低点 57½	是 48¼到 67¼的 1/2 位
1898 年 4 月	低点 58¾	是 42 到 67¼的 1/2 位
1898 年 8 月	高点 70¼	是 42 到 99 的 1/2 位
1898 年 10 月	低点 65¾	是 42 到 92 的 1/2 位附近
		该平均指数穿越了 42 到 99 的 1/2 位70½之后，再也没有以更低的价格交易，并且在 1906 年 1 月 19 日上涨到了 138¾
1899 年 4 月	高点 87	是 99 的 7/8 位
		和 42 到 99 的 2/3 位
1899 年 6 月	低点 77¼	是 66 到 87 的 1/2 位
1899 年 12 月	低点 72½	恰好高于 42 到 99 的 1/2 位
		和 56 到 87 的 1/2 位
		（注意这个水平附近的三重底）
		6 月低点 73
		10 月低点 73¾
		（注意）79¾，是 87 到 72½的 1/2 位

	80½	是 62 到 99 的 1/2 位 1899 年 11 月发生了突破，当时该平均指数在 42 到 99 的 1/2 位上方形成了三重底之后穿越了 80½——随后又穿越了老顶 99，快速上涨到了 1901 年 5 月份的 117¾，并且于 1902 年 9 月 30 日在 129¼ 形成了高点
1901 年 5 月 9 日	低点 103¼	是 42 到 117¾的 1/8 位 和 56 到 117¾的 1/4 位 以及 72½到 117¾的 1/3 位 （注意）106½是 72½到 117¾的 1/4 位 而且在双重顶之后的次级回调中，市场形成了 3 个底部：105、105¼、106¼，随后从 106¼开始上涨并上涨到了新的高点
1902 年 9 月 10 日	高点 129¼	
1902 年 12 月	低点 113¼	恰好高于 56 到 129¼的 3/4 位
1903 年 1 月	高点 121¼	位于 110¼到 129¼的 1/2 位 （注意）101¼是 72½到 129½的 1/2 位，该平均指数跌破了该水平并反弹到了它上方 2 个点，随后又跌破了该水平并进一步下跌
1903 年 10 月	低点 89⅜	位于 48¼到 129¼的 1/2 位
1904 年 1 月	高点 99¾	位于 129¼到 89⅜的 1/4 位 并且低于 72½到 129¼的 1/2 位 1904 年 8 月，该平均指数穿越了老顶并穿越了 129¼到 89⅜的 1/4 位，随后发生突破并快速上涨到了新的高点。接下来又穿越了 129¼到 89⅜的 1/2 位
1905 年 3 月 4 月在 127 形成了双重顶		
1905 年 7 月	低点 114½	位于 89⅜到 129¼的 3/4 位，随后穿越了 121　高于 114½到 127 的 1/2 位，并且在 1906 年 1 月 19 日上涨到了 138⅜
1906 年 5 月	低点 120½（这是第一轮陡直的回调）。	位于 89⅜到 129¼的 3/4 位

最后的低点 114½到 138⅜的 1/2 位是 126½

138⅜到120¼的1/2位是129。

第一轮反弹到达了131

随后的次级回调到达了121¾

接下来穿越了129

并且上涨到了137¾，形成了三重顶

当该平均指数跌破120¼到138⅜的1/2位时表明趋势向下

当该平均指数跌破98⅜到138⅜的1/2位时表明市场更加疲软

1907年3月14日	低点98⅜	位于138⅜到72½的3/8位
		和56到138⅜的1/2位
1907年5月	高点110⅜	位于98⅜到138⅜的1/4位
		和56到138⅜的2/3位
		（注意）98⅜到110⅜的1/2位是104

当该平均指数跌破这个水平时，它下跌到了新的低点

1907年11月23日	低点81⅜	位于48¼到138⅜的3/8位
1908年1月	高点95¾	位于81⅜到110⅜的1/2位并且
随后的一轮次级回调到达了	86¼	恰好低于81⅜到95¾的1/2位。随后穿越了位于95¾的顶部，它是138⅜到81⅜的1/4位
1908年9月	高点110¼	位于138⅜到81⅜的1/2位
1908年9月22日	回调到了103⅜	即98到110⅜的1/2位
1909年1月	高点120¾	位于138⅜到81⅜的2/3位
1909年3月	低点113¾	高于103⅜到120¾的1/2位
1909年8月14日	高点134¼	
		（注意）131是138⅜到81⅜的1/8位
		最后的从113¾到134¼的上涨的1/2位位于124

当该平均指数跌破这个水平时，它在1910年7月26日下跌到105⅝之前再也没有以高于125¾的价格交易过。105⅝这个低点恰好低于81⅜到134¼的1/8位

1910年10月	高点118⅜	105⅝到118⅜的1/2位是112
1910年12月	低点111½	在112这个1/2位获得了良好的支撑
1911年7月	高点124	位于105⅝到134¼的2/3位
		81⅜到134⅜的3/4位位于121
		105⅝到134¼的1/2位位于120

当该水平被跌破时，一轮陡直的下跌接踵而至

1911年9月25日	低点109¾	位于105⅝到124的3/8位

		（注意）117 是 124 到 109¾的 1/2 位
	该平均指数随后上涨到了 119	
	接下来回调到了 115	
	然后穿越了位于 117 的 1/2 位并继续走高。	
1912 年 10 月	高点 124⅝	位于 105⅝到 134¼的 2/3 位
		（注意）117 是 109¾到 124⅝的 1/2 位
	当该平均指数跌破了这个水平时，再也没有反弹到 118 的上方	
1913 年 6 月	低点 100½	位于 81⅜到 134¼的 3/8 位
1913 年 9 月和		
1914 年 1 月	高点 109¼	位于 105⅝到 124⅝的 3/8 位
		并且低于 124⅝到 100½的 1/2 位
		随后跌破了 105 即 100½到 109¼的1/2位
		并继续下跌，期间的反弹非常小
1914 年 7 月 30 日	低点 89½	
		（注意）从 1896 年的……的低点 42 到 1906 年 1 月 19 日的……的高点 138⅜ 1/2 位是 90⅛

而且在 1914 年 7 月 30 日，该平均指数以低于极限低点到极限高点的 1/2位的价格收盘，在恐慌中以低于这个最强点位的价格收盘预示着稍后将出现更低的价格。

当交易所在 1914 年 12 月份开盘时，20 种铁路股平均指数下跌到了 87½。

第十章　如何交易——利用时间循环进行的预测

时间是确定市场运动时最重要的因素，通过研究平均指数或个股过去的记录，你将能够向自己证明历史的确会重演，而且通过了解过去，你可以判断未来。

古代的猎人在搜寻查找动物的巢穴时有一条规则，他们总是沿着动物的足迹倒退，认为这是到达动物巢穴的最短路线。对于你来说，了解如何判断未来的市场运动最快的方法就是研究过去。

时间和**价格**之间存在着一种确切的关系。在之前的课程当中，你已经了解了各个老顶和老底附近的**形态**和**阻力位**。现在，通过研究时间周期和时间循环，你将了解到为什么顶部和底部会在某些特定的时间形成，在某些特定的时间阻力位为什么如此强有力，以及底部和顶部为什么维持在这些阻力位附近。

（接下来的内容与 P215 至 P223 一致，此处省略）

个股

尽管绝大多数活跃的领涨（跌）股都会遵循道琼斯 30 种工业股平均指数的趋势，但你不能依靠该平均指数的趋势来预测所有股票的趋势。个股不总是与该平均指数同时形成顶部和底部，但绝大多数个股形成顶部和底部的时间都与该平均指数到达顶点的时间非常接近。

该平均指数会给出总体趋势，但一些股票会在该趋势的相反方向上运行。通过绘制出个股的最高价与最低价的周线图表以及在市场非常活跃时绘制出其最高价与最低价的日线图表，你将能够预测个股的趋势并判断它是否将跟随平均指数的趋势。

单独考虑每只个股，并根据其在从底部或顶部开始的时间距离中的位置来判断其趋势，每只股票都会不顾其他股票的运动——即使是同一个板块的股票，按照从自身的基点或者说底部和顶部开始的 1 年、2 年、3 年、5 年、

7年、10年循环来运行。因此，单独研究每只股票并运用所有交易规则来判断其未来进程总是很重要。

时间周期的对照1896—1939年

回顾道琼斯30种工业股平均指数：

1896年——8月8日，极限低点。

1897年——一个次级低点被记录在了1897年8月。我们发现在从1896年的低点出现的8月份开始的第11～13个月出现了一轮快速上涨。

1898年——从1897年的底部开始的第16个月、从1896年的底部开始的第24个月出现了一轮快速上涨；分别从这两个底部开始的第17个月和第25个月出现了一轮快速下跌。

1899年——这是一个牛市年。从1896年的底部开始的第29～32个月、从1897年的底部开始的第21～24个月出现了一轮快速上涨；分别从这两个底部开始的第32个月和第40个月出现了快速下跌。

1900年——从1897年的底部开始的第42～44个月、从1896年的底部开始的第50～52个月出现了快速上涨。

1901年——从1897年的低点开始的第49个月、从1896年的低点开始的第57个月出现了一轮快速下跌，底部在6月份到达。

1903年——这是一个熊市年。从1901年的顶部开始的第22～28个月出现了一轮快速下跌——此时也是从1897年的顶部开始的第72～78个月，以及从1896年的底部开始的第80～86个月，底部在1903年10月和11月到达。

1904年——从1903年的底部开始的第12～14个月出现了快速上涨。

1905年——在从1903年的底部开始的第16～18个月出现了快速上涨；在第19个月出现了快速下跌；在第25～27个月出现了快速上涨。

1906年——这轮行情的顶部在1月份到达。在从1903年的底部开始的第30个月出现了快速下跌。

1907年——从1906年的顶部开始的第14个月和第19～22个月出现了快速下跌。极限低点在1907年11月到达，此时是从1896年的底部开始的第135个月，从1897年的低点开始的第127个月，从1906年的顶部开始的第22个月。

1909年——这里行情的顶部在10月份到达，此时与1906年的顶部距离45个月，与1907年的底部距离23个月，与1896年的底部距离

158 个月。

1914 年——7 月份出现了一轮快速下跌，此时与 1909 年的顶部距离 57 个月，与 1912 年的顶部距离 21 个月。这轮行情的极限低点出现在 12 月份，此时与 1906 年的顶部距离 107 个月，与 1912 年的顶部距离 26 个月，与 1896 年的低点距离 220 个月，与 1907 年的底部距离 84 个月，即 7 年，与 1903 年的底部距离 134 个月。

1915 年——这是一个战争年。3 月和 4 月——快速上涨，此时是从 1914 年的底部开始的第 3 个月和第 4 个月。5 月——陡直、剧烈的下跌，此时与 1907 年 11 月的底部距离 90 个月，与 1896 年的底部距离 225 个月。

1916 年——4 月份——陡直下跌，此时与 1914 年的底部距离 16 个月，与 1906 年的顶部距离 123 个月，与 1896 年的低点距离 236 个月。9 月份——快速上涨，此时与 1914 年的低点距离 21 个月，与 1896 年的低点距离 240 个月，即此时是 20 年循环的结束，预示着即将出现重大的趋势变化。11 月——一轮快速上涨的顶部；道琼斯工业平均指数到达了截至当时为止的历史最高价。此时与 1914 年的底部距离 23 个月，与 1896 年的底部距离 243 个月。12 月——一轮陡直的下跌，此时与 1914 年的底部距离 24 个月。

1917 年——8—12 月——一轮快速下跌，此时与 1916 年 11 月的顶部距离 9～13 个月，与 1914 年的底部距离 32～36 个月，与 1907 年的底部距离 117～121 个月，与 1896 年的低点距离 252～256 个月。

1919 年——一轮快速上涨开始于 2 月份并持续到了 7 月份。这与 1916 年的顶部距离 27～32 个月，与 1914 年的低点距离 50～55 个月。1919 年 2 月与 1907 年的低点距离 135 个月，与 1896 年的底部距离 270 个月。11 月——一轮恐慌性下跌，此时与 1917 年的低点距离 23 个月，与 1914 年的底部距离 59 个月（即一轮 5 年循环的结束），与 1896 年的底部距离 279 个月。

1920 年——11 月和 12 月——一轮快速下跌，此时与 1919 年的顶部距离 12～13 个月，与 1917 年的低点距离 35～36 个月，与 1914 年的底部距离 72 个月，与 1907 年的底部距离 157 个月，与 1896 年的底部距离 291～292 个月。

1921 年——8 月——本来熊市行情的低点，与 1919 年的顶部距离 21 个月，与 1914 年的底部距离 80 个月，与 1907 年的底部距离 165 个月，与 1896 年的底部距离 300 个月。

1924 年——5 月——最后的低点形成，从这里开始的一轮快速上涨开始了史上最大的牛市行情之一，该行情结束于 1929 年。此时与 1919 年的顶部距离 54 个月，与 1921 年的低点距离 33 个月，与 1914 年的低点距离 113 个月，与 1896 年的低点距离 333 个月。

1926 年——3 月——一轮大的下跌，一些股票下跌了 100 个点。此时与 1924 年的低点出现的 5 月份距离 23 个月，与 1923 年的低点距离 29 个月，与 1921 年的低点距离 55 个月，与 1914 年的低点距离 135 个月，与 1896 年的低点距离 355 个月。8 月——股市到达了截至当时为止的最高价，道琼斯 30 种工业平均指数当时的价格是 166。这与 1924 年的低点出现的 5 月份距离 27 个月，与 1923 年的低点出现的 10 月份距离 34 个月，与 1921 年的底部距离 60 个月，与 1907 年的低点距离 225 个月，与 1896 年的低点距离 360 个月，即 30 年。随后出现的一轮 20 个点的下跌持续到了 10 月份。

1928 年和 1929 年是历史上最快速的运动中的一些出现的年份。

1929 年——5—9 月——最快速的运动之一，平均指数上涨了将近 100 个点。最终的高点出现在 9 月份。此时：与 1919 年的顶部距离 118 个月，与 1923 年的低点出现的 10 月距离 71 个月，与 1909 年的顶部距离 240 个月，与 1921 年的低点出现的 8 月距离 97 个月，与 1926 年的低点出现的 3 月距离 42 个月，与 1914 年的低点距离 177 个月，与 1924 年的底部出现的 5 月距离 64 个月，与 1907 年的低点距离 262 个月。

1930 年——4 月——另外一轮大的下跌之前最后的顶部。此时与 1926 年的低点出现的 3 月份距离 49 个月，与 1924 年的低点距离 71 个月，与 1923 年的低点距离 78 个月。5 月——一轮陡直、剧烈的下跌。此时与 1907 年的低点距离 270 个月。随后到 1931 年出现了一些快速下跌。

1931 年——9 月——道琼斯平均指数下跌了 46 个点。此时与 1929 年的顶部距离 24 个月，分别与 1923 年的低点和 1924 年的低点距离 95 个月和 86 个月，与 1921 年的低点距离 121 个月或者说是从 1921 年的低点开始的新一轮 10 年循环的开始，与 1914 年的低点距离 201 个月。

1932 年——7 月 8 日——到达了本轮熊市行情的极限低点。此时与 1921 年的低点距离 131 个月，分别与 1923 年的低点和 1924 年的低点距离 105 个月和 96 个月，与 1930 年的顶部出现的 4 月份距离 27 个月，与 1929 年的顶部距离 34 个月。8 月和 9 月——股市中一轮陡直、快速的下跌。此时与 1929 年的顶部距离 35 个月和 36 个月；与 1930 年的顶部出现的 4 月份距离 28 个月和 29 个月，与 1921 年的低点距离 132～133 个月。

1933 年——4—7 月——一轮快速的下跌。此时与 1929 年的顶部距离 43～46 个月。始终要在第 45 个月和第 45 的倍数个月附近注意顶点的出现。此时还与 1930 年的顶部距离 36～39 个月，与 1932 年的低点距离 9～12 个月。1933 年 10 月——回调的低点，此时与 1930 年的顶部出现的 4 月距离 42 个月，与 1929 年的顶部距离 49 个月，与 1932 年的低点距离 15 个月。

1934 年——2 月——顶部。此时与 1930 年的高点距离 46 个月，与 1929 年的高点距离 53 个月，与 1933 年的低点距离 12 个月，与 1932 年的低点距离 19 个月，最重要的是，是从 1926 年 8 月份开始的新一轮 30 年循环中的第 90 个月。从这个顶部开始，一轮陡直下跌接踵而至。7 月——这标志着一轮大型牛市行情开始前最后的低点。此时与 1929 年的顶部距离 58 个月，与 1930 年的顶部距离 51 个月，与 1932 年的低点距离 24 个月。由于此时进入了这一轮循环的第 9 年，因此市场预示着随后的 1935 年将出现一轮大型牛市行情，正如之前所解释的。

1935 年——在 3 月 18 日的低点之后，市场在 1935 年和 1936 年间上涨，就像 1915 年和 1916 年，以及 1925 年和 1926 年一样，走完了这轮 10 年循环。

1936 年——4 月 6 日，高点 163。1926 年 2 月 11 日，高点 162⅜。该平均指数在 10 年之后几乎位于相同的高点。1936 年 4 月 30 日，低点 141½；1926 年 3 月 30 日，低点 135¼，4 月 16 日，低点 136½——与 10 年前出现低点的老的价格和日期接近相同。

1937 年——3 月 8 日，最终的高点 195½，此时与 1929 年 9 月的高点距离 90 个月，即 7½年；与 1930 年 4 月 17 日的高点距离 7 年；与 1932 年的低点出现的 7 月 8 日距离 56 个月。之前的 10 年循环——1917 年 3 月 20 日，反弹的高点；这一年再也没有运行到比这个高点高 1 个点的位置。

1937 年 6 月 17 日，低点 163；1927 年 6 月 27 日，低点165¾——10 年之后几乎位于同一个位置。

1937 年 8 月 14 日，高点 190¼；1917 年 8 月 6 日，大幅下跌开始前最后的高点；1927 年 8 月 2 日，高点 185½，回调开始的顶部。

1937 年 10 月 19 日，低点 115½；1917 年 10 月 15 日，低点；1927 年 10 月 29 日，回调的低点。

1937 年 11 月 23 日，低点 112½，本年低点；1917 年 11 月 8 日，低点；1907 年 11 月 15 日，恐慌的低点。

因此，1937 年即将走完从 1907 年开始的第三轮 10 年循环，从 1917 年开始的第二轮 10 年循环。

1938 年——3 月 31 日，恐慌的低点，97½。注意，1908 年 2 月 10 日，低点；1918 年 4 月 11 日，低点；1928 年 2 月 20 日，最后的低点；1933 年 2 月 27 日，低点 49½，这是 61 个月以前；1933 年 3 月 21 日，最后的低点 55，这是 5 年以前；1935 年 3 月 18 日，低点 95½，3 年以前；1936 年 4 月 30 日，低点 141½，2 年以前。1935 年 10 月 3 日，低点 127，30 个月或 2½年以前。回顾你的记录，你将发现所有这些运行于整 10 年循环的年份，即 1908 年、1918 年和 1928 年，都是价格上涨并且是从 2 月份或 3 月份的一个低点开始上涨的年份。

1938 年 7 月 25 日，高点 146¼；8 月 6 日，高点 146½。1908 年 8 月 10 日，高点。1918 年 10 月 18 日，高点；11 月 9 日，高点。1928 年 8 月 7 日，高点；11 月 28 日，高点。

1938 年 8 月 26—28 日，低点 128。注意，1908 年 9 月 22 日是最后的低点出现的日子。

1938 年11 月 10 日，高点 158¾。对照：

1923 年 10 月 27 日，低点，15 年以前；

1931 年 10 月 5 日，低点，7 年以前；

1933 年 10 月 21 日，低点，5 年以前；

1935 年 11 月 20 日，低点，3 年以前；

1936 年 11 月 18 日，高点，2 年以前；

1937 年 11 月 23 日，低点，1 年以前。

1939 年——1 月 24 日，高点 155½。1909 年 1 月 24 日，高点；1919 年 1 月

4 日，高点；1929 年 1 月 2 日，回调开始的高点。

1939 年 4 月 11 日，低点 120；1909 年 2 月 23 日，低点；1919 年 2 月 8 日，低点；1929 年 3 月 30 日，最后低点。所有这些年份之后都出现了一轮上涨或牛市。

1939 年 5 月 10 日，高点 134⅝；5 月 17 日，低点 128⅜，最后的低点；6 月 9 日，高点 140¾；6 月 30 日，最后的低点 128⅞；7 月 25 日，高点 145¾。

为了确定 1939 年剩下的时间内将如何运行，我们进行以下对照：

1909 年 10 月 2 日和 11 月 19 日，高点。

1919 年 8 月 14 日和 11 月 3 日，高点。

1929 年 9 月 3 日，极限高点——这是 10 年以前。

1932 年9 月 8 日，高点——这是 7 年以前；

此外 11 月 12 日出现了 1932 年的第二个高点。

1934 年 10 月 11 日、17 日，以及 12 月 5 日，高点——这是 5 年以前。

1936 年 11 月 18 日，高点——这是 3 年以前。

1937 年 8 月 14 日，最后的高点——这是 2 年以前。

1938 年 7 月 25 日，高点。8 月 6 日，高点。11 月 10 日，本年高点 158¾——这是 1 年以前。

上述日期是 1939 年剩下的时间里应当注意出现重要趋势变化和顶部以及底部的日期。10 年循环将在 9 月 3 日结束；此外 9 月 8 日还将与 1932 年的顶部距离 7 年。因此，根据过去的循环，如果该平均指数在 9 月 3 日和 8 日之后开始上涨，就要注意顶部出现在 10 月和 11 月。

截至写到这里为止的 1939 年 8 月 3 日，道琼斯 30 种工业股平均指数已经再次上涨到了 97½～195½之间的半路点附近。当该平均指数能够运行到这个半路点上方、在其上方收盘并且维持住时，就将预示着更高的价格。

1940 年——第一个 10 年循环是 1930 年。1930 年 4 月 17 日，高点；

1920 年 4 月 8 日，高点；1910 年 4 月 16 日，最后的高点；

1935 年 3 月 18 日，低点；1933 年 2 月 27 日，低点；7 月 17 日，高点；

1937 年 3 月 8 日，高点；1938 年 3 月 31 日，低点。1939 年，4

月 11 日，低点。

因此，1940 年 3 月和 4 月将对于趋势的变化非常重要。如果市场上涨到了那时并且形成了顶部，趋势就可能掉头向下，并且将像 1910 年、1920 年和 1930 年那样运行。

在这些重要的时间周期即将走完时考虑阻力位和在最高价与最低价的周线图表上的位置始终很重要，这样你将能够探测到趋势的第一次小型变化，而该变化后来可能变成主要趋势的变化。

回顾其他个股并用同样的方式计算它们的循环。查阅一下曾形成过极限高点和极限低点的月份，并注意每个快速上涨和快速下跌中的底部和顶部曾出现过的月份，通过保留从重要顶部和底部开始的时间周期，你将知道重要的时间周期何时即将走完，以及何时可能发生趋势变化。此外还要在 3、4 月左右、9、10 月左右和 11、12 月左右注意季节性趋势变化的发生。

所有这些都将帮助你挑选出那些即将出现最大上涨的股票，以及那些即将出现最大下跌的股票。你研究得越多，你所学到的就越多，你将获得的盈利也越多。

节假日前后的趋势变化

如果你愿意回顾你多年以来的各种图表，你将发现趋势的变化经常恰好出现在节假日之前或之后。以下日期对于注意趋势的变化很重要：

1 月 2—4 日，1 月 7 日或年初的第一周。

2 月 12 日和 22 日。

3 月或 4 月——复活节前后。

5 月 30 日。

7 月 4 日。

9 月——劳动节或犹太假期。

10 月 12 日。

11 月 2—8 日——选举前后。

11 月 26—30 日——感恩节前后。

12 月 21—27 日——圣诞假期周期间。

如何交易

在你彻底掌握了全部的课程之后，要在进行交易之前确保自己是正确的。永远不要猜测，只依据数学标志进行交易。

开始交易前你必须知道什么

你必须确切地知道如何运用所有的交易规则。你必须知道把止损单设置在什么位置，必须查看某一年处在哪一个循环当中，这一年是一个牛市年还是熊市年，以及主要趋势可能向上还是向下。

在你进行一笔交易之前，不管是买进还是卖出，都要考虑每只个股在月线图表上的位置；接下来考虑周线图表，然后考虑日线图表。如果它们全部都证实了是上升趋势，那就肯定应该买进，前提是你已经确定出把止损单设置在什么位置。相反，如果循环显示此时是一个熊市年，而且月线图表、周线图表和日线图表都显示出了下降趋势，那么此时就是应当卖空的时候。但是，你还必须寻找最重要的位置——把止损单设置在什么位置才能使它距离关键参考点不超过 3 个点，或者如果可能的话距离再近一些。

进行交易之前应当查看什么

以下是你在买进或是卖出一只股票之前必须考虑的最重要的几点：

1. 时间循环——这一年是牛市年还是熊市年，总体市场的主要趋势是向上还是向下。

2. 个股自身的循环——这一年是上涨年还是下跌年。

3. 月线图表上股票在从顶部和底部开始的时间周期中的位置。

4. 周线图表上股票在从顶部和底部开始的时间周期中的位置。

5. 阻力位。看一看该股是否正接近任何一个半路点或其他的支撑位或阻力位。

6. 研究所有形态。如果一只股票已经在同一个水平附近维持了几天、几周或几个月，就要判断它是否已经准备好穿越顶部或跌破底部。

7. 查看成交量。看一看一只股票在过去几天或几周的成交量是放大了还是缩小了。

8. 查看从之前的各个顶部和底部开始的空间运动或价格运动，并且找出过去几周或几个月的最大上涨或下跌。例如：如果一只股票已经好几次回调了 5 个点，而在查看时，如果你发现该股已经从上一个顶部下跌了 3 个点，而且月线、周线和日线图表上的趋势向上，同时价格接近某个支撑位，你就可以利用距离 2～3 个点的止损单买进了。然后，如果该股回跌了 5 个点（即之前的回调限度）以上，它就将显示出趋势的变化，而你则应当卖空。

9. 永远不要忽略了你在进行一笔交易之前必须拥有一个明确的标志这一

事实。

10. 最为重要的是——一定要确定出在什么位置设置止损单，以便限制风险。

练习纸上交易

在确信自己已经掌握了所有的交易规则，并且确切知道了如何判断一只股票的趋势和开始交易的位置之后，为了使自己加倍确信并建立信心，你要先在练习纸上交易，直到你彻底懂得如何使用以及何时使用这些交易规则。如果你在进行纸上交易时犯了错，那么你在实际交易中也会在那个时候犯错，因而你还没有准备好开始交易。当你感觉自己有能力开始交易时，就要运用所有的交易规则，并且**只根据确切的标志进行交易**。如果你不确定趋势、买进价格或是卖出价，也不确定应当把止损单设置在什么位置，那么就要等到你获得一个确切的标志。你始终可以通过等待机会来获利，在一定程度上依据猜测进场并亏损毫无意义。

何时平仓

开始实际交易之后，当你进行一笔交易时，在根据交易规则获得是时候卖出、买进或是上移止损单的确切标志之前不要平仓或是兑现盈利，要等到止损单被触及。取得成功的方法就是始终跟随趋势，并且等到趋势变化时再离场或是平仓。

何时等待而不交易

知道何时不要进场与知道何时进场一样重要。当你发现一只股票已经在一个狭窄的交易区间内（比如一个 5 个点或 3 个点的区间）停留了一段时间，但是还未跌破之前形成的各个底部，也未穿越之前形成的各个顶部时，此时就是不应当进行交易的时候。一只股票可能会在一个交易区间内停留几周、几个月，甚至几年，期间不会指示出任何大的运动或趋势变化，直至它穿越之前的某个顶部或是跌破之前的某个底部。股票几乎总是会在一轮长期的下跌之后收窄并在某个交易区间内停留一段时间，如果一只股票在这个位置不活跃，此时就绝不应当开始交易该股。

遵循所有交易规则

记住，遵循所有交易规则；要检查、再检查；研究用于预测的大小时间循环；仔细观察阻力位；研究底部和顶部的形态，以及底部与顶部之间的形态。如果你忽视了一个重要点，它就可能使你出错。记住，整体永远超不过各部分之和，各部分构成了整体。如果你忽略了其中一条交易规则，你就不会获得一个完整的预测方法或是趋势指示器。

是否能利用该方法取得成功取决于你是否做了你应该做的，是否研究并学习了如何运用交易规则，是否掺进任何内幕消息和外部消息，以及是否违背了数学标志。从来没有一个不付出努力的人可以在任何事情上取得成功。我已经做了我可以做的，现在轮到你来做你应当做的。

威廉·D. 江恩

1939 年 8 月 13 日

第十一章　如何预测

通过研究以下给出的过去循环的表格和记录，从顶部到底部的时间，从主要底部到主要底部的时间和从主要顶部到主要顶部的时间，你将能够提前编制出1年预测或对更多年的预测。然后，通过留意你的最高价与最低价的周线图表并运用所有其他的交易规则，你就能够判断主要趋势何时变化。

在某个底部或顶部形成之后，或是在任意日历年开始时，你应当仔细回顾3年、5年、7年和10年周期，看一看市场是否正在重演，以及市场的运行最接近这些周期中的哪一个。

12、20和30种工业股平均指数

从牛市行情的主要顶部到主要顶部

年份	高点	时间	起始日期
1892年3月4日			
和4月18日	94½		
1895年9月4日	84½	42个月	1892年3月4日
1899年4月25日	77.28	43个月零21天	1895年9月4日
9月5日	77.61	48个月	1893年9月4日
1901年6月17日	78.26	21个月零12天	1899年9月5日
1906年1月19日	103	53个月	1901年6月17日
1907年1月7日	96.37	11个月零19天	1906年1月19日
1909年10月2日	100.50		
11月19日	100.53	46个月	1906年1月19日
1912年9月30日	94.15	36个月	1909年10月2日
1916年11月21日	110.15	49个月零22天	1912年9月30日
1919年11月3日	119.62	35个月零14天	1916年11月21日
1923年3月20日	105.38	40个月零17天	1919年11月3日
1929年9月3日	386.10	77个月零14天	1923年3月20日
1933年7月17日	110.50	46个月零14天	1929年9月3日

1934 年 2 月 5 日	111.50	53 个月零 2 天	1929 年 9 月 3 日
1937 年 3 月 8 日	195.50	37 个月零 3 天	1934 年 2 月 5 日
		43 个月零 19 天	1933 年 7 月 17 日
1938 年 11 月 10 日	158.75	20 个月零 2 天①	

研究每个重要顶部与下一个顶部之间的时间周期很重要。

从 1892—1938 年②期间，各顶部之间的时间周期如下：有 2 个 53 个月的周期，7 个 42～49 个月的周期，4 个 35～40 个月的周期，2 个 20～21 个月的周期，1 个 11 个月零 19 天的周期。

有史以来最大的牛市之一是 1923 年 3 月 20 日到 1929 年 9 月 3 日的 77 个月。这是异常的、罕见的，也是一次极限周期，但是最好知道这个时间周期，因为你将来可能需要用到它。

从以上内容可以看出，绝大多数行情都会在 3 年到 4 年之间，或是 35 个月到 49 个月之间形成顶部，只有 2 轮行情运行了极端的 53 个月，2 轮行情在 20～21 个月内运行完毕，1 轮行情在少于 1 年的时间内运行完毕。

从熊市行情的主要底部到主要底部

年份	低点	时间	起始日期
1893 年 7 月 26 日	62½		
1896 年 8 月 8 日	28½	34 个月零 13 天	1893 年 7 月 26 日
1900 年 6 月 23 日	53	46 个月零 15 天	1896 年 8 月 8 日
9 月 23 日	53	49 个月零 15 天	1896 年 8 月 8 日
1903 年 11 月 9 日	42⅛	40 个月零 17 天	1900 年 6 月 23 日
		37 个月零 16 天	1900 年 9 月 23 日
1907 年 11 月 15 日	53	48 个月零 6 天	1903 年 11 月 9 日
1910 年 7 月 26 日	73⅝	32 个月零 11 天	1907 年 11 月 15 日
1911 年 9 月 25 日	73⅝	46 个月零 10 天	1910 年 7 月 26 日
1914 年 12 月 24 日	53⅛	39 个月	1910 年 7 月 26 日
		48 个月零 28 天	1911 年 9 月 25 日
1917 年 12 月 19 日	66	36 个月	1914 年 12 月 24 日
1921 年 8 月 24 日	64	44 个月零 5 天	1917 年 12 月 19 日
1923 年 10 月 27 日	85¾	26 个月零 2 天	1921 年 8 月 24 日
1924 年 5 月 20 日	88⅜	33 个月	1921 年 8 月 24 日
1932 年 7 月 8 日	40½	104 个月零 11 天	1923 年 10 月 27 日

① 此处表格中刚开始的“高点”原文中为“低点”，但表头说的是“从牛市行情的主要顶部到主要顶部”，因此译者改成了“高点”。对于这次修正存疑，建议使用道指历史数据研究。

② 原文中此处为“1898 年”，但根据上面的表格，应该是 1938 年。

		97 个月零 18 天	1924 年 5 月 20 日
1933 年 10 月 21 日	82½	15 个月零 13 天	1932 年 7 月 8 日
1934 年 7 月 26 日	85	24 个月零 18 天	1932 年 7 月 8 日
1938 年 3 月 31 日	97½	44 个月零 5 天	1932 年 7 月 8 日

市场下跌的时间总是比上涨的时间短。研究主要底部之间的距离，以便判断下一个底部可能何时出现是很重要的。

只有 1 个 49 个月零 15 天的周期，6 个 44～48 个月的周期，1 个 40 个月的周期，6 个 32～39 个月的周期，1 个 26 个月的周期，1 个 24 个月的周期，1 个 15 个月的周期。这样，你就会发现相隔 3～4 年出现的底部比其他任何时间周期内出现的底部都要多。

最大的时间周期是从 1923 年 10 月 27 日的底部到 1932 年 7 月 8 日的底部，即 104 个月零 11 天。第二个大的时间周期是从 1924 年 5 月 20 日的最后底部到 1932 年 7 月 8 日的底部，即 97 个月零 18 天。这些大的极限周期非常少见，但是除非你知道这个最大的运动和最小的运动，否则你无法进行准确的预测。

道琼斯 20 种铁路股平均指数

从熊市行情的主要底部到主要底部

年份	低点	时间	起始日期
1890 年 12 月	76½		
1893 年 7 月 26 日	62	34 个月	1890 年 12 月
1896 年 8 月 8 日	42	35 个月零 18 天	1893 年 7 月 26 日
1900 年 6 月 23 日	73	46 个月零 15 天	1896 年 8 月 8 日
1903 年 10 月 27 日	89⅜	40 个月零 4 天	1900 年 6 月 23 日
1907 年 11 月 23 日	81⅜	48 个月零 27 天	1903 年 10 月 27 日
1910 年 7 月 26 日	105⅝	32 个月零 3 天	1907 年 11 月 23 日
1911 年 9 月 30 日	109⅝	14 个月零 4 天	1910 年 7 月 26 日
1914 年 12 月 24 日	87½	38 个月零 24 天	1911 年 9 月 30 日
1917 年 12 月 19 日	70¾	36 个月	1914 年 12 月 24 日

主要底部之间的最大时间周期是 48 个月零 27 天；接下来是 46 个月零 15 天；然后是 40 个月零 4 天；此后是 38 个月零 24 天。有 4 个 32～36 个月的周期，1 个 14 个月的小型周期。此外，你可以发现这些重要的底部都出现在 3 年和 4 年周期结束时。

从牛市行情的主要顶部到主要顶部

年份	高点	时间	起始日期
1886年12月	94½		
1890年5月	99	41个月	1886年12月
1891年4月	89	11个月	1890年5月
1892年3月	94	22个月	1890年5月
1895年9月4日	92½	41个月	1892年3月
1899年4月25日	87	43个月零21天	1895年9月4日
1902年9月9日	129.36	40个月零15天	1899年4月25日
1906年1月19日	138.29	40个月零10天	1902年9月9日
1906年9月17日	137.4	9个月	1906年1月19日
1906年12月11日	137.56	51个月	1902年9月9日
1909年8月14日	134.46	42个月零26天	1906年1月19日
1912年8月14日	124.16	36个月	1909年8月14日
1912年10月5日	124.35	37个月零21天	1912年8月14日
1916年10月4日	112.28	48个月	1912年10月5日
1918年11月9日	92.91	25个月零5天	1916年10月4日
1919年5月26日	91.13	31个月零2天	1916年10月4日

有1个顶部之间的51个月的周期，1个48个月的周期，6个40～43个月的周期，2个36～37个月的周期，1个31个月的周期，2个22～25个月的周期，1个11个月的周期和1个9个月的周期。这再次证明了绝大多数顶部大概相距3～3½年出现，极端情况下大概相距4年出现。顶部很少会在2年周期附近出现，而且只有2个顶部在小于1年的周期出现，这再一次证实了10年循环的运行。

道琼斯30种工业股平均指数

从主要和次要顶部到主要和次要顶部的时间

高点		时间	起始日期
1895年9月4日		40个月零17天	1892年4月18日
1896年4月22日		7个月零17天	1895年9月4日
1899年9月5日		40个月零14天	1896年4月22日
1901年6月17日		21个月零12天	1899年9月5日
1906年1月19日		55个月	1901年6月17日
1907年1月7日	次要顶部	11个月零19天	1906年1月19日
1909年10月2日		44个月零12天	1906年1月19日
11月19日		46个月	1906年1月19日
12月22日		47个月零3天	1906年1月19日
1912年9月30日		36个月	1909年10月2日
1915年12月27日		38个月零27天	1912年9月30日
1916年11月21日		84个月零2天	1909年11月19日

1917年1月9日	最后的高点	6个月零15天	1916年11月21日
1919年7月14日	次要顶部	25个月零5天	1917年6月9日
11月3日		35个月零13天	1916年11月21日
1920年4月8日	第二个顶部	5个月零5天	1919年11月3日
1922年10月14日	次要顶部	35个月零11天	1919年11月3日
1923年3月20日		40个月零17天	1919年11月3日
3月20日		5个月零6天	1922年10月14日
1924年2月6日	次要顶部	10个月零17天	1923年3月20日
2月6日		15个月零23天	1922年10月14日
1925年11月6日		21个月	1924年2月6日
1926年2月11日		12个月零6天	1925年2月6日
2月11日		34个月零22天	1923年3月20日
8月14日		40个月零24天	1923年3月20日
8月14日		81个月零11天	1919年11月3日
8月14日		76个月零6天	1920年4月8日
1927年10月3日	次要顶部	13个月零19天	1926年8月14日
10月3日		22个月零27天	1925年11月6日
1928年5月14日		62个月	1923年3月20日
5月14日		27个月零3天	1926年2月11日
11月28日	次要顶部	27个月零14天	1926年8月14日
1929年2月5日		29个月零22天	1926年8月14日
2月5日		36个月	1926年2月11日
5月4日		12个月	1928年5月14日
5月4日		39个月	1926年2月11日
9月3日	最终的顶部	118个月	1919年11月3日
9月3日		82个月零20天	1922年10月14日
9月3日		77个月零14天	1923年3月20日
9月3日		36个月零24天	1926年2月11日
9月3日		9个月零6天	1928年11月28日
9月3日		6个月零29天	1929年2月5日
9月3日		4个月	1929年5月4日
9月3日		1个月	1929年8月3日
1930年4月17日	次级顶部	7个月零14天	1929年9月3日
9月10日	反弹的顶部	4个月零24天	1930年4月17日
1931年2月24日		29个月零21天	1929年9月3日
2月24日		10个月零7天	1930年4月17日
2月24日		5个月零14天	1930年9月10日
1931年6月27日		21个月零24天	1929年9月3日
6月27日		14个月零10天	1930年4月17日
6月27日		4个月零3天	1931年7月23日
11月9日	次要顶部	26个月零6天	1929年9月3日
11月9日		18个月零23天	1930年4月17日

11 月 9 日		8 个月零 16 天	1931 年 2 月 24 日
11 月 9 日		4 个月零 13 天	1931 年 6 月 27 日
1932 年 3 月 8 日		30 个月	1929 年 9 月 3 日
3 月 8 日		22 个月零 20 天	1930 年 4 月 17 日
2 月 19 日		12 个月	1931 年 2 月 24 日
3 月 8 日		4 个月	1931 年 11 月 9 日
9 月 8 日		36 个月零 5 天	1929 年 9 月 3 日
9 月 8 日		28 个月零 22 天	1930 年 4 月 17 日
9 月 8 日		24 个月零 2 天	1930 年 9 月 10 日
9 月 8 日		18 个月零 15 天	1931 年 2 月 24 日
9 月 8 日		14 个月零 12 天	1931 年 6 月 27 日
9 月 8 日		10 个月零 1 天	1931 年 11 月 9 日
9 月 8 日		6 个月	1932 年 3 月 8 日
1933 年 7 月 17 日		10 个月零 9 天	1932 年 9 月 8 日
9 月 18 日	更低的顶部	12 个月零 10 天	1932 年 9 月 8 日
9 月 18 日		2 个月	1933 年 7 月 17 日
1934 年 2 月 5 日		17 个月	1932 年 9 月 8 日
2 月 5 日		6 个月零 19 天	1933 年 7 月 17 日
2 月 15 日		5 个月	1933 年 9 月 18 日
1935 年 2 月 18 日		19 个月零 1 天	1933 年 7 月 17 日
2 月 18 日		12 个月零 14 天	1934 年 2 月 5 日
1936 年 4 月 6 日	次要顶部	13 个月零 19 天	1935 年 2 月 18 日
1937 年 3 月 8 日		90 个月零 5 天	1929 年 9 月 3 日
3 月 8 日		82 个月零 19 天	1930 年 4 月 17 日
3 月 8 日		78 个月	1930 年 9 月 10 日
3 月 8 日		72 个月零 12 天	1931 年 2 月 24 日
3 月 8 日		54 个月	1932 年 9 月 8 日
3 月 8 日		43 个月零 19 天	1933 年 7 月 17 日
3 月 8 日		37 个月零 3 天	1934 年 2 月 5 日
3 月 8 日		11 个月	1936 年 4 月 6 日
8 月 14 日	次级顶部	49 个月	1933 年 7 月 17 日
8 月 14 日		42 个月	1934 年 2 月 15 日
10 月 29 日		7 个月零 21 天	1937 年 3 月 8 日
10 月 29 日		2 个月零 15 天	1937 年 8 月 14 日
1938 年 1 月 15 日	次要顶部	10 个月零 7 天	1937 年 3 月 8 日
1 月 15 日		5 个月零 1 天	1937 年 8 月 14 日
7 月 25 日		16 个月零 17 天	1937 年 3 月 8 日
7 月 25 日		11 个月零 11 天	1937 年 8 月 14 日
11 月 10 日		20 个月零 2 天	1937 年 3 月 8 日
11 月 10 日		10 个月零 5 天	1937 年 3 月 8 日

道琼斯30种工业股平均指数

牛市行情——主要底部到主要顶部

熊市行情——主要顶部到主要底部

							时间
1893年7月26日	低点	62½	到	1895年9月4日	高点	82½	25个月零9天
1895年9月4日	高点	82½	到	1896年8月8日	低点	28½	11个月零4天
1896年8月8日	低点	28½	到	1899年4月25日	高点	77.28	32个月零17天
1896年8月8日	低点	28½	到	1899年9月5日	高点	77.61	36个月零20天
1899年4月25日	高点	77.28	到	1900年6月23日	低点	53.63	14个月
1899年9月5日	高点	77.61	到	1900年9月24日	低点	52.96	12个月零19天
1900年6月23日	低点	53.63	到	1901年6月17日	高点	78.26	12个月
1900年9月24日	低点	52.96	到	1901年6月17日	高点	78.26	8个月零24天
1901年6月17日	高点	78.26	到	1903年11月9日	低点	42.15	28个月零23天
1903年11月9日	低点	42.15	到	1906年1月19日	高点	103	26个月零10天
1906年1月19日	高点	103	到	1907年11月15日	低点	53	21个月零27天
1907年11月15日	低点	53	到	1909年10月2日	高点	100.50	22个月零17天
1907年11月15日	低点	53	到	1909年11月19日	高点	100.53	24个月零4天
1909年11月19日	高点	100.53	到	1910年7月26日	低点	73⅝	8个月零7天
1909年11月19日	高点	100.53	到	1911年9月25日	低点	73	22个月零6天
1909年10月2日	高点	100.50	到	1911年9月25日	低点	73	23个月零23天
1910年7月26日	低点	73⅝	到	1912年9月30日	高点	94⅛	26个月零4天
1912年9月30日	高点	94⅛	到	1914年12月24日	低点	53⅛	26个月零24天
1914年12月24日	低点	53⅛	到	1916年11月21日	高点	110⅛	23个月
1916年11月21日	高点	110⅛	到	1917年12月19日	低点	66	13个月
1917年12月19日	低点	66	到	1919年11月3日	高点	119⅝	22个月零14天
1919年11月3日	高点	119⅝	到	1921年8月24日	低点	64	21个月零21天
1921年8月24日	低点	64	到	1923年3月20日	高点	105⅜	18个月零24天
1923年3月20日	高点	105⅜	到	1923年10月27日	低点	85¾	7个月零3天
1923年3月20日	高点	105⅜	到	1924年5月20日	低点	88⅜	14个月
1923年10月27日	低点	85¾	到	1929年9月3日	高点	386.10	70个月零7天
1924年5月20日	低点	88⅜	到	1929年9月3日	高点	386.10	63个月零14天
1929年9月3日	高点	386.10	到	1932年7月8日	低点	40½	34个月零5天
1932年7月8日	低点	40½	到	1937年3月8日	高点	195½	56个月
1937年3月8日	高点	195½	到	1938年3月31日	低点	97½	12个月零23天

1892—1939年自底部到顶部的牛市行情

有1轮行情的周期是56个月，1轮的周期是36个月，1轮的周期是32个月，4轮的周期是24～28个月，3轮的周期是21～23个月，1轮的周期是18个月，2轮的周期是8～12个月。最大的行情从1923年10月27日运行到了1929年9月3日，即70个月零7天。接下来是从1924年5月20日的最后底部到 1929 年 9 月 3 日的 63 个月零 14 天。

从上述内容你可以看出，除了持续到了 1929 年那次极限上涨之外，其他只有 1 个周期运行了 4 年以上。大多数周期的持续时间都在 2 年到 2 年零 4 个月之间，只有 2 个周期在少于 1 年的时间内运行完毕，1 个周期在 1½年内运行完毕。这再次证明了 10 年循环中的 1、2、3、4 和 5 年周期的运行。

从顶部到底部的熊市行情

与牛市相比，熊市总是会在更短得多的时间内走完相同的点数或是更多个点。正如其他一切正在走下坡路的事物一样，与在上升过程中相比，在下降过程中重力有助于使市场更快速地下跌，动力也可以更快速地获得。

有史以来最大的熊市从 1929 年 9 月 3 日持续到了 1932 年 7 月 8 日，时间周期为 34 个月零 5 天，下跌了 345½个点，这是史上最大的下跌。接下来的周期是 2 轮分别为 26 个月和 28 个月的行情；4 轮 21～23 个月的行情；6 轮 11～14 个月的行情；3 轮 7～8 个月的行情。这样，你就会发现最大的熊市行情在少于 3 年的时间内运行完毕，只有 2 轮熊市行情运行了略长于 2 年的时间；4 轮行情运行了略短于 2 年的时间；6 轮运行了 11～14 个月，即大约 1 年的周期；3 轮小的行情运行了 7～8 个月。

当市场在熊市行情中开始下跌之后，这将帮助你计算这轮行情可能会运行多长时间；而且通过运用其他顶部和底部，以及时间周期，你可以判断这轮行情可能何时运行完毕。在判定一轮熊市已经形成了最终的底部之前，要运用所有的交易规则；而且要在判定已经到达最终的底部之前要先等待趋势掉头向上的标志。

道琼斯 30 种工业股平均指数

牛市行情和熊市行情

从顶部到底部和从底部到顶部

年份	低点或高点		上涨或下跌	时间周期
1892 年 3 月 4 日和 4 月 18 日	高点	94½		
1893 年 7 月 26 日	低点	62½	32	16 个月零 22 天
1895 年 9 月 4 日	高点	82½	20	23 个月零 9 天
1896 年 8 月 8 日	低点	28½	54	11 个月零 4 天
1897 年 9 月 10 日	高点	55⅞	27⅜	13 个月零 2 天
1898 年 3 月 23 日	低点	42	17⅞	6 个月零 15 天
1899 年 9 月 5 日	高点	77⅝	35⅞	17 个月零 11 天
1900 年 9 月 24 日	低点	53	24⅝	12 个月零 19 天
1901 年 6 月 17 日	高点	78¼	25¼	8 个月零 24 天
1903 年 11 月 9 日	低点	42⅛	36⅛	28 个月零 23 天

1906年1月19日		高点	103	61	26个月零22天
1907年11月15日		低点	53	50	21个月零27天
1909年11月19日		高点	100½	47½	24个月零4天
1910年7月26日		低点	73⅝	26⅞	8个月零7天
1911年6月19日		高点	87	13⅜	10个月零24天
9月25日		低点	73	14	3个月零6天
1912年9月30日		高点	94⅛	21⅛	12个月零5天
1913年6月11日		低点	72⅛	22	8个月零12天
1914年3月30日		高点	83½	11⅜	9个月零9天
12月24日		低点	53⅛	30⅜	9个月零2天
1912年9月30日	到	高点	94⅛		
1914年12月24日		低点	53⅛	41	26个月零25天
1916年11月21日		高点	110⅛	67	23个月
1917年12月19日		低点	66	44⅛	12个月零28天
1919年11月3日		高点	119⅝	53⅝	22个月零14天
1921年8月24日		低点	64	55⅝	21个月零21天
1923年3月20日		高点	105⅜	41⅜	30个月零24天
10月27日		低点	85¾	19⅝	7个月零3天
1924年2月6日		高点	101¼	15½	3个月零10天
3月20日		低点	88⅜	12⅞	3个月零14天
1929年2月5日		高点	322	233⅝	56个月零15天
2月16日		低点	295⅞	26⅛	11天
3月1日		高点	321⅛	25¼	13天
3月26日		低点	296½	24⅛	25天
5月4日		高点	327	30½	39天
5月27日		低点	290	37	23天
9月3日		高点	386	96	69天
10月29日		低点	230	156	56天
10月31日		高点	273½	43½	2天
11月13日		低点	195⅜	78⅛	13天
1924年5月20日	到	低点	88⅜		
1929年9月3日		高点	386	297⅝	63个月零13天
1929年9月3日	到	高点	386		
11月13日		低点	195⅜	190⅝	71天
1930年4月17日		高点	296½	101⅜	5个月零4天
12月29日		低点	158½	138	8个月零12天
1931年2月24日		高点	196¾	38¼	57天
6月2日		低点	120	76¾	98大
6月27日		高点	157½	37½	25天
10月5日		低点	85½	72	100天
11月9日		高点	119½	34	35天
1932年1月5日		低点	70	49½	57天

3 月 8 日		高点	89½	19½	63 天
7 月 8 日		低点	40½	49	122 天
1929 年 9 月 3 日	到	高点	386		
7 月 8 日		低点	40½	345½	34 个月零 5 天
1932 年 9 月 8 日		高点	81½	41	62 天
1933 年 2 月 27 日		低点	49½	32	5 个月零 19 天
7 月 17 日		高点	110½	61	4 个月零 20 天
10 月 21 日		低点	82½	28	3 个月零 4 天
1934 年 2 月 5 日		高点	111½	29	3 个月零 15 天
7 月 26 日		低点	85	26½	5 个月零 21 天
1936 年 4 月 6 日		高点	163	77	20 个月零 11 天
4 月 30 日		低点	141½	21½	24 天
1937 年 3 月 8 日		高点	195½	54	10 个月零 8 天
1932 年 7 月 8 日	到	低点	40½		
1937 年 3 月 8 日		高点	195½	155	56 个月
1934 年 7 月 26 日	到	低点	85		
1937 年 3 月 8 日		高点	195½	110½	31 个月零 10 天
1937 年 6 月 17 日		低点	163	32½	71 天
8 月 14 日		高点	190½	27½	58 天
1938 年 3 月 31 日		低点	97½	98	12 个月零 23 天
11 月 10 日		高点	158¾	61¼	7 个月零 10 天
1939 年 4 月 11 日		低点	120.07	38⅝	5 个月零 1 天
1937 年 8 月 14 日		高点	190½		
1938 年 5 月 27 日		低点	106½	84	8 个月零 13 天
1937 年 8 月 14 日		高点	190½		
1939 年 4 月 11 日		低点	120.07	70⅜	20 个月
1939 年 5 月 10 日		低点	134.66	14.59	29 天
5 月 17 日		低点	128.35	6.31	7 天
6 月 9 日		高点	140.75	12.40	23 天
6 月 30 日		低点	128.90	11.85	21 天

1892—1939 年的小时间周期

上面的表格给出了主要运动和小于 1 年的次要运动的上涨或下跌点数和时间周期。其中有 7 轮运行了 8～9 个月的次要运动；6 轮 4～6 个月的运动；2 轮 7 个月的运动；5 轮 3 个月的运动。这表明你可以先在 3 个月左右注意趋势的变化，然后在 4～6 个月左右注意趋势的变化；有少数变化会出现在第 7 个月左右，大多防护趋势变化会出现在 8～9 个月左右。很多快速运动的牛市和熊市一旦脱离突破点，就会在 8～9 个月内运行完毕。

17～36 天的小型运动

这些周期是指持续 2 周以上并大概在第 5 周结束时达到顶点的快速运动，从 1896—1939 年，即在一段 42 年又 10 个月零 24 天的时期内，该平均指数出现了 204 轮运行了 18～36 天的运动，其中有上涨也有下跌。这意味着平均每 2½个月就出现一次持续 18～36 天的回调或反弹。因此，根据这个平均时间，当某个市场上涨了 3～4 个月并且期间只出现了 10～15 天的回调时，你就可以预计即将出现一轮可能运行 36 天或更长时间的逆向运动了。

对于市场非常活跃的 1929 年、1930 年、1931 年和 1939 年，我们已经展示了 7 天或更长时间的小型运动和上涨或下跌的点数，以便帮助你查看一个活跃的市场将在这些更短的时间周期内运行多远。

道琼斯 30 种工业股平均指数

从主要和次要底部到主要和次要底部

低点日期		时间	起始日期
1896 年 8 月 8 日	低点 28½		
1898 年 3 月 25 日		19 个月零 17 天	1896 年 8 月 8 日
1899 年 12 月 18 日		40 个月零 10 天	1896 年 8 月 8 日
12 月 18 日		20 个月零 23 天	1898 年 3 月 25 日
1900 年 6 月 23 日		46 个月零 15 天	1896 年 8 月 8 日
9 月 24 日		49 个月零 16 天	1896 年 8 月 8 日
6 月 23 日		6 个月零 5 天	1899 年 12 月 18 日
1901 年 12 月 12 日		24 个月	1899 年 12 月 18 日
12 月 12 日		64 个月零 4 天	1896 年 8 月 8 日
12 月 12 日		44 个月零 17 天	1898 年 3 月 25 日
1902 年 12 月 15 日		12 个月	1901 年 12 月 12 日
1903 年 11 月 9 日		87 个月零 1 天	1896 年 8 月 8 日
11 月 9 日		67 个月零 14 天	1898 年 3 月 25 日
11 月 9 日		37 个月零 16 天	1900 年 9 月 24 日
1904 年 3 月 12 日		4 个月零 3 天	1903 年 11 月 9 日
5 月 18 日		18 个月零 9 天	1903 年 11 月 9 日
1905 年 5 月 22 日		12 个月零 4 天	1905 年 5 月 18 日
5 月 22 日		18 个月零 13 天	1903 年 11 月 9 日
1906 年 5 月 3 日		30 个月	1903 年 11 月 9 日
7 月 13 日		32 个月零 4 天	1903 年 11 月 9 日
1907 年 3 月 14 日和 25 日		40 个月零 5 天	1903 年 11 月 9 日
3 月 14 日		34 个月	1904 年 3 月 18 日
11 月 15 日	最终的低点	48 个月零 6 天	1903 年 11 月 9 日
11 月 15 日		42 个月	1904 年 3 月 18 日
11 月 15 日		135 个月零 7 天	1896 年 8 月 8 日
11 月 15 日		115 个月零 21 天	1898 年 3 月 25 日

1908 年 9 月 22 日	回调的低点	10 个月零 7 天	1907 年 11 月 15 日
1909 年 2 月 23 日		15 个月零 8 天	1907 年 11 月 15 日
2 月 23 日		5 个月	1908 年 9 月 22 日
1910 年 2 月 8 日		11 个月零 16 天	1909 年 2 月 23 日
2 月 8 日		16 个月零 7 天	1908 年 9 月 22 日
2 月 8 日		26 个月零 24 天	1907 年 11 月 15 日
7 月 26 日		5 个月零 18 天	1910 年 2 月 8 日
7 月 26 日		32 个月零 11 天	1907 年 11 月 15 日
1911 年 9 月 25 日		46 个月零 10 天	1907 年 11 月 15 日
9 月 25 日		36 个月零 3 天	1908 年 9 月 22 日
9 月 25 日		14 个月	1910 年 7 月 26 日
1913 年 6 月 11 日		20 个月零 15 天	1911 年 9 月 25 日
6 月 11 日		34 个月零 15 天	1910 年 7 月 26 日
1914 年 12 月 24 日		85 个月零 9 天	1907 年 11 月 15 日
12 月 24 日		53 个月	1910 年 7 月 26 日
12 月 24 日		18 个月零 13 天	1913 年 6 月 11 日
12 月 24 日		133 个月零 15 天	1903 年 11 月 9 日
12 月 24 日		127 个月零 6 天	1904 年 5 月 18 日
1916 年 4 月 22 日		16 个月	1914 年 12 月 24 日
7 月 13 日		18 个月零 19 天	1914 年 12 月 24 日
1917 年 2 月 2 日		25 个月零 9 天	1914 年 12 月 24 日
5 月 9 日		28 个月零 15 天	1914 年 12 月 24 日
12 月 19 日	下跌的低点	20 个月	1916 年 4 月 22 日
12 月 19 日		36 个月	1914 年 12 月 24 日
12 月 19 日		121 个月零 4 天	1907 年 11 月 15 日
12 月 19 日		168 个月零 10 天	1903 年 11 月 9 日
1918 年 11 月 25 日		11 个月零 6 天	1917 年 12 月 19 日
11 月 25 日		47 个月	1914 年 12 月 24 日
12 月 8 日与 11 月 25 日相同的低点			
1919 年 2 月 8 日		19 个月零 6 天	1917 年 7 月 2 日
2 月 8 日		48 个月	1915 年 2 月 24 日
8 月 20 日	次要底部	20 个月零 1 天	1917 年 12 月 19 日
8 月 20 日		56 个月	1914 年 12 月 24 日
8 月 20 日		59 个月零 10 天	1914 年 7 月 30 日
11 月 29 日和 12 月 22 日		60 个月	1914 年 12 月 24 日
11 月 29 日		24 个月零 3 天	1917 年 12 月 19 日
11 月 29 日		12 个月	1918 年 11 月 25 日
1920 年 2 月 11 日和 25 日		61 个月零 18 天	1914 年 12 月 24 日
2 月 11 日		26 个月	1917 年 12 月 19 日
12 月 21 日	大幅下跌的低点	60 个月	1914 年 12 月 24 日
12 月 21 日		36 个月零 2 天	1917 年 12 月 19 日
12 月 21 日		25 个月	1918 年 11 月 25 日

1921 年 8 月 24 日		80 个月	1914 年 12 月 24 日
8 月 24 日		44 个月零 5 天	1917 年 12 月 19 日
8 月 24 日		165 个月零 9 天	1907 年 11 月 15 日
8 月 24 日		134 个月零 2 天	1910 年 7 月 26 日
8 月 24 日		119 个月零 1 天	1911 年 9 月 25 日
1922 年 11 月 27 日	次要回调	15 个月零 3 天	1921 年 8 月 24 日
1923 年 10 月 27 日	最后的低点	26 个月零 3 天	1921 年 8 月 24 日
10 月 27 日		70 个月零 8 天	1917 年 12 月 19 日
10 月 27 日		11 个月	1922 年 11 月 27 日
1924 年 5 月 20 日		33 个月	1921 年 8 月 24 日
5 月 20 日		18 个月	1922 年 11 月 27 日
10 月 14 日		25 个月零 18 天	1921 年 8 月 24 日
10 月 14 日		11 个月零 17 天	1923 年 10 月 27 日
10 月 14 日		118 个月	1914 年 12 月 24 日
10 月 14 日		81 个月零 20 天	1917 年 12 月 19 日
1925 年 3 月 30 日		43 个月零 6 天	1921 年 8 月 24 日
3 月 30 日		17 个月零 3 天	1923 年 10 月 14 日
3 月 30 日		10 个月零 10 天	1924 年 5 月 20 日
11 月 24 日		51 个月	1921 年 8 月 24 日
11 月 24 日		25 个月	1923 年 10 月 27 日
1926 年 3 月 30 日		12 个月	1925 年 3 月 30 日
3 月 30 日		22 个月零 10 天	1924 年 5 月 20 日
3 月 30 日		29 个月零 3 天	1923 年 10 月 27 日
5 月 19 日		24 个月零 1 天	1924 年 5 月 20 日
10 月 19 日		36 个月	1923 年 10 月 27 日
10 月 19 日		62 个月	1921 年 8 月 24 日
10 月 19 日		126 个月	1916 年 4 月 22 日
1927 年 1 月 25 日		10 个月	1926 年 3 月 30 日
1 月 25 日		22 个月	1925 年 3 月 30 日
1 月 25 日		39 个月	1923 年 10 月 27 日
1 月 25 日		27 个月零 11 天	1924 年 10 月 14 日
1 月 25 日		119 个月零 28 天	1917 年 2 月 2 日
1 月 25 日		110 个月零 6 天	1917 年 12 月 19 日
10 月 22 日和 29 日		12 个月零 8 天	1916 年 10 月 19 日
10 月 22 日		44 个月零 15 天	1924 年 10 月 14 日
10 月 22 日		48 个月	1923 年 10 月 27 日
1928 年 2 月 20 日		16 个月	1926 年 10 月 19 日
2 月 20 日		51 个月零 24 天	1923 年 10 月 27 日
6 月 18 日		55 个月零 22 天	1923 年 10 月 27 日
12 月 8 日		61 个月零 11 天	1923 年 10 月 27 日
2 月 20 日		78 个月	1921 年 8 月 24 日
6 月 18 日		82 个月	1921 年 8 月 24 日

12 月 8 日	87 个月	1921 年 8 月 24 日
1929 年 2 月 16 日	90 个月	1921 年 8 月 24 日
3 月 26 日	91 个月	1921 年 8 月 24 日
5 月 27 日	93 个月	1921 年 8 月 24 日
7 月 29 日	95 个月	1921 年 8 月 24 日
8 月 9 日	95 个月零 16 天	1921 年 8 月 24 日
10 月 29 日	98 个月零 5 天	1921 年 8 月 24 日
11 月 13 日	98 个月零 20 天	1921 年 8 月 24 日
12 月 20 日	99 个月零 26 天	1921 年 8 月 24 日
10 月 29 日	72 个月零 2 天	1923 年 10 月 27 日
11 月 13 日	72 个月零 17 天	1923 年 10 月 27 日
10 月 29 日	60 个月零 15 天	1924 年 10 月 14 日
11 月 13 日	61 个月	1924 年 10 月 14 日
10 月 29 日	36 个月零 10 天	1926 年 10 月 19 日
1930 年 6 月 24 日	8 个月	1929 年 10 月 29 日
6 月 24 日	7 个月零 11 天	1929 年 11 月 13 日
12 月 17 日	61 个月零 23 天	1925 年 11 月 24 日
12 月 17 日	120 个月	1920 年 12 月 21 日
12 月 17 日	132 个月零 3 天	1919 年 12 月 22 日
12 月 17 日	156 个月零 2 天	1917 年 12 月 19 日
12 月 17 日	192 个月零 7 大	1914 年 12 月 24 日
12 月 17 日	13 个月零 4 天	1929 年 11 月 13 日
1931 年 4 月 29 日	17 个月零 16 天	1929 年 11 月 13 日
6 月 2 日	18 个月零 20 天	1929 年 11 月 13 日
8 月 6 日和 10 日	20 个月零 24 天	1929 年 11 月 13 日
10 月 5 日	22 个月零 22 天	1929 年 11 月 13 日
8 月 6 日	119 个月零 13 天	1921 年 8 月 24 日
1932 年 7 月 8 日	130 个月零 14 天	1921 年 8 月 24 日
7 月 8 日	174 个月零 19 天	1917 年 12 月 19 日
7 月 8 日	210 个月零 23 天	1914 年 12 月 24 日
7 月 8 日	247 个月零 23 天	1907 年 11 月 15 日
7 月 8 日	344 个月	1903 年 11 月 9 日
7 月 8 日	422 个月零 19 天	1897 年 4 月 19 日
7 月 8 日	431 个月	1896 年 8 月 8 日
1932 年 12 月 23 日	24 个月	1930 年 12 月 17 日
12 月 23 日	36 个月	1929 年 12 月 20 日
12 月 23 日	85 个月	1925 年 11 月 24 日
12 月 23 日	120 个月零 20 天	1922 年 11 月 27 日
1933 年 2 月 27 日	7 个月零 19 天	1932 年 7 月 8 日
2 月 27 日	26 个月零 10 天	1930 年 12 月 17 日
2 月 27 日	39 个月零 14 天	1929 年 11 月 13 日
2 月 27 日	112 个月	1923 年 10 月 27 日

2月27日	137个月零3天	1921年8月24日
7月21日	12个月零3天	1932年7月8日
7月21日	43个月零24天	1929年11月13日
7月21日	120个月	1923年7月21日
10月21日	15个月零13天	1932年7月8日
10月21日	34个月零4天	1930年12月17日
10月21日	47个月零8天	1929年11月13日
10月21日	120个月	1923年10月27日
7月21日	4个月零24天	1933年2月27日
10月21日	7个月零24天	1933年2月27日
10月21日	3个月	1933年7月21日
1934年7月26日	24个月零18天	1932年7月8日
9月17日	26个月零9天	1932年7月8日
7月26日	17个月	1933年2月27日
7月26日	12个月零5天	1933年7月21日
7月26日	9个月零5天	1933年10月21日
1935年3月18日	12个月	1934年3月27日
3月18日	17个月	1933年10月21日
3月18日	24个月	1933年3月21日
3月18日	24个月零19天	1933年2月27日
3月18日	32个月零10天	1932年7月8日
3月18日	120个月	1925年3月30日
1936年4月30日	13个月零12天	1935年3月18日
4月30日	25个月	1934年3月27日
4月30日	37个月	1933年3月21日
4月30日	38个月	1933年2月27日
12月21日	12个月	1935年12月19日
12月21日	24个月	1934年12月19日
12月21日	36个月	1933年12月19日
1937年6月17日	51个月零21天	1933年2月27日
6月17日	59个月零9天	1932年7月8日
10月19日	48个月	1933年10月21日
11月23日	32个月零5天	1935年3月18日
11月23日	39个月零28天	1934年7月26日
11月23日	49个月	1933年10月21日
11月23日	56个月零27天	1933年2月27日
11月23日	239个月零4天	1917年12月19日
1938年3月31日	4个月零8天	1937年11月23日
3月31日	23个月	1936年4月30日
3月31日	36个月零13天	1935年3月18日
3月31日	48个月零4天	1934年3月27日
3月31日	61个月零4天	1933年2月27日

3月31日	68个月零23天	1932年7月8日
3月31日	117个月零13天	1928年6月18日
3月31日	121个月零11天	1928年2月20日
3月31日	132个月零9天	1927年3月22日
3月31日	199个月零7天	1921年8月24日
3月31日	243个月零12天	1917年12月19日
1938年5月27日	11个月零10天	1937年6月17日
5月27日	24个月零27天	1936年4月30日
5月27日	48个月零13天	1934年5月14日
5月27日	60个月	1933年5月22日
5月27日	84个月	1931年6月24日
5月27日	108个月	1929年5月27日
5月27日	119个月零9天	1928年6月18日
1938年9月26日	5个月零26天	1938年3月31日
9月26日	24个月	1936年9月25日
9月26日	48个月零9天	1934年9月17日
9月26日	59个月零25天	1933年10月21日
9月26日	84个月	1931年10月5日
9月26日	108个月	1929年9月29日
9月26日	120个月	1928年9月27日
1938年11月26日	60天	1938年9月26日
11月26日	6个月	1938年5月27日
11月26日	7个月零26天	1938年3月31日
11月26日	12个月	1937年11月23日
11月26日	108个月零18天	1929年11月13日
1939年4月11日	12个月零11天	1938年3月31日
4月11日	16个月零19天	1937年11月23日
4月11日	35个月零12天	1936年4月30日
4月11日	48个月零24天	1935年3月18日
4月11日	56个月零16天	1934年7月26日
4月11日	65个月零22天	1933年10月21日
4月11日	73个月零15天	1933年2月27日
4月11日	81个月零3天	1932年7月8日
4月11日	120个月零16天	1929年3月26日

［未签名］

［未署日期，但大约是在1939年7月份之前］

第十二章　成交量

在考虑了**形态、时间和阻力位**这三个重要的因素之后，第四个也是下一个非常重要的因素就是**顶部或是底部的成交量**。

成交量是市场真正的驱动力，并能表明供应或是需求的增减。大的买单或是卖单无论是来自专业交易者，还是公众，抑或是其他任意的供应或需求渠道，都必然会在报价带上记录下来，并且以成交量的形式显示出来。

因此，仔细研究成交量将使你能够非常准确地判断趋势的变化，尤其是如果你运用其他所有根据形态、阻力位和时间来判断强弱形态的交易规则的话，就更是如此。

通过成交量判断行情顶点的规则

1——在任何一轮长期的牛市行情或个股的快速上涨的尾声，成交量通常都会大幅增加，这标志着这轮行情至少暂时已经结束。接下来，在一轮伴随巨大成交量的陡直下跌之后，当次级反弹出现以及成交量增加时，就是该股已经形成最终顶部以及主要趋势即将掉头向下的一个标志。

2——如果该股在形成了又一个更低的顶部后止跌企稳，并且市场有一段时间变得沉闷且狭窄，期间不断横向波动，然后如果放量跌破狭窄区间的最低点，这就是进一步下跌的信号。

3——一轮持续了几周、几个月，或是几年的长期下跌之后，在一只股票即将到达底部时，成交量应当会减少，波动区间应当也会收窄。这是套现即将结束以及该股正在为显示趋势变化做准备的可靠信号之一。

4——当趋势正在从熊市转化为牛市的时候，在第一次陡直上涨之后，该股将会有一轮次级回调并形成底部，正如它在第一次陡直下跌后会有次级反弹一样。如果在回调中成交量降低，并且随后该股向上运动，上涨时伴随着更大的成交量，这就是价格将会上涨到更高水平的一个标志。

这些规则适用于总体市场，也就是适用于在纽约股票交易所交易的总成交量——每日的、每周的或每月的，也适用于个股。

总结：成交量在接近顶部的时候增加，在接近底部的时候降低；非正常的市场除外，例如 1929 年 10 月和 11 月，当时市场正在非常快速地向下运动，并且伴随着巨大的成交量结束，形成了一个尖底，随后就是一轮急促的反弹。一般来说，在第一次陡直反弹后，会出现一轮成交量降低的次级下跌，正如以上的规则 4 阐述的那样。

纽约股票交易所成交量的每月记录（1930—1935 年）

为了理解成交量的重要性，有必要研究在纽约股票交易所交易的总股数。

1930 年

6 月　成交量为 8000 万股，同时市场走低。

7 月和 8 月　小幅反弹，这两个月的总成交量仅为 8000 万股。

9 月　市场在本月初略微走高；随后开始下跌，把价格带到了新的低点，记录的成交量为 5000 万股。

10 月　市场崩跌到了新的低点。股市这次跌破了 1929 年 11 月的各个低点，成交量增加到了 7000 万股。

12 月　道琼斯工业股票平均指数下跌了 46 个点，处在了 1929 年 11 月的各个低点下方。本月的总成交量为 6000 万股。

1931 年

1 月　反弹开始，本月成交量为 4200 万股。

2 月　市场形成了反弹的顶部，成交量为 6400 万股，表明成交量在这轮反弹中增加，股市正在遭遇阻力。注意，该顶部恰好低于 1929 年 11 月的各个低点，表明股市在上涨到了（1929 年 11 月的）恐慌的各个老的低点下方时遇到了卖压。

3 月　本月开始下跌，成交量为 6400 万股，这是一个更大的成交量，同时价格走低。

4 月　成交量为 5400 万股。

5 月　成交量为 4700 万股。

6 月　伴随着总计为 5900 万股的成交量，出现了一轮陡直下跌，它使得该平均指数下跌到了新的低点，到达了 120，即 1919 年的老顶和 1925 年 5 月的最后低点。接下来出现的一轮快速反弹持续到了 6 月底、7 月初，该平均指数到达了 157½，但未能穿越 1931 年 5 月形成的高点。

7 月　成交量减少，仅为 3300 万股，而且市场收窄。

8 月　成交量为 2400 万股，此时仍然是一个狭窄且沉闷的市场，没有上涨太多。

9 月　市场开始活跃，成交量到达了 5100 万股。伴随着这次的成交量增加，该平均指数本月下跌了 45 个点。这表明市场非常疲软，预示着进一步的下跌。

10 月　出现了一轮陡直下跌，使该平均指数下跌到了 85，成交量为 4800 万股。

11 月　紧接着出现的一轮反弹在 11 月 9 日结束。该平均指数到达了 119½，回到了 1919 年的老顶、1925 年的最后低点，以及之前某一轮反弹的底部。由于未能穿越这些老底和穿越前一个顶部，因此表明市场疲软，也表明趋势仍然向下。11 月的成交量为 3700 万股，在这次反弹中成交量减少了。

12 月　该平均指数下跌到了这轮运动的一个新的低点，形成了 72，成交量为 5000 万股，这是 1931 年 9 月以来的最大成交量。这表明大量套现仍在进行。

1932 年

1 月　该平均指数到达了低点 70，本月成交量为 4400 万股。

2 月　反弹到了 89¾，成交量为 3100 万股。

3 月　该平均指数形成了大致相同的高点，成交量为 3300 万股。随后市场在反弹中变得死气沉沉，同时各股票收窄。

4 月　道琼斯 30 种工业股平均指数跌破了 1 月份的低点 70，并且下跌到了 55，成交量为 3000 万股。

5 月　该平均指数跌破了 1907 年的恐慌和 1914 年的各个老的低点 53，预示着更低的价格；随后下跌到了 45，成交量 2300 万股。

6 月　极限高点和极限低点之间的区间平均为 10 个点，并且该平均指数到达了一个新的低点，成交量为 2300 万股。

7 月　1932 年 7 月 8 日到达了极限低点，该平均指数下跌到了 40½。此时成交量非常小，该平均指数和个股在一个非常狭窄的交易区间内运动，表明此时是熊市的最后阶段。月末该平均指数穿越了 6 月份的高点，表明趋势正在掉头向上。成交量为 2300 万股。该平均指数的区间大约为 13 个点。

该平均指数 7 月份的低点从 1929 年的高点下跌了 345 个点。5 月、6 月和 7 月这 3 个月的成交量一共只有 6900 万股，这是 1923 年以来的最小成交量，与 1929 年 9 月的顶部处的每月 1 亿股和 1929 年 10 月份的 1.41 亿股形成了鲜明的对比。这表明在这样一轮暴跌之后，套现已经结束，趋势正在变化。市场实际上已经因为卖出而停滞不前。交易者和投资者卖出了所有股票，因为他们害怕情况会变得更糟。此时上演的还是老一套：一轮牛市在黑暗中开始、在繁荣中结束。所有的标志都很明显：小成交量和狭窄的波动区间都表明终点已经到达，一定会出现趋势变化。

1932 年 7 月下旬，上涨开始。

8 月　本月出现了一轮陡直反弹，成交量 8300 万股，大于过去 3 个月的总成交量。此时应当回补空头头寸并进行明智的投资性买进。

9 月　到达了反弹的顶部，成交量 6700 万股，该平均指数从 7 月 8 日的低点上涨了 40 个点。在这轮伴随着巨大成交量的上涨持续到了 9 月份之后，派发开始进行，趋势掉头向下。注意，7 月 8 日到 9 月份的总成交量是 1.68 亿股。该平均指数在这第 3 个月未能走得更高。从 1930 年 4 月到 1932 年 7 月，该平均指数或绝大部分个股都从来没有反弹 2 个月以上。因此，要显示出趋势变化成了一轮长期的牛市，该平均指数就必须上涨整整 3 个月或更长时间。

10 月　9 月之后，股市伴随着更小的成交量缓慢走低。本月的成交量为 2900 万股。

11 月　成交量为 2300 万股。

12 月　成交量为 2300 万股。

1933 年

1 月　成交量为 1900 万股。

2 月　整个国家都处于一种恐慌状态。到处都是银行都在倒闭。人们惊慌失措，不顾价格地卖出股票和债券；企业破产；罗斯福总统 3 月 1 日就职时立即采取行动，关闭了美国所有银行。

这标志着这轮次级下跌的结束，并且开启了一轮积极的运动。道琼斯工业股平均指数本月下跌到了 50，比 1932 年 7 月的低点高 9 个点。成交量仅为 1900 万股，这是这 10 多年以来的最小成交量，也是 1929 年 9 月的顶部以来最小的单月成交量，是该平均指数已经到达底部的一个可靠信号。

3 月　反弹开始，成交量增加。本月成交量为 2000 万股。

4 月　美国放弃了金本位制，这使得股票和商品期货开始快速上涨，纽约股票交易所本月的成交量是 5300 万股。

5 月　上涨继续，成交量达到了 1.04 亿股。

6 月　成交量增加到了 1.25 亿股。

7 月　成交量为 1.2 亿股。

从 1933 年 3 月份的低点到 7 月份的高点，纽约股票交易所的总成交量为 4.22 亿股，该平均指数 7 月份的顶部从 1933 年 2 月份的低点上涨了 60 个点。极少有人保存记录，并详细研究得足以理解 4.22 亿股的巨大成交量意味着什么。这是纽约股票交易所史上所有牛市行情中的最大成交量。这次成交量大于上一轮出现在 1919 年的上涨中的成交量。从 1929 年 5 月的最后低点到 1929 年 9 月，该平均指数上涨了 96 个点，在纽约股票交易所的总成交量为 3.5 亿股。这是史上最疯狂的买进潮之一。商品期货飞速上涨。人们不顾价格地买进股票。仔细想一想：1933 年 5 月、6 月和 7 月这 3 个月的成交量为 3.5 亿股，等于 1929 年 5 月到 1929 年 9 月的成交量。信号很明显，成交量正在诉说一波通货膨胀。商品期货和股票上涨得如此迅速，并且每个人都在如此薄的利润下买进，以至自 7 月 18—21 日这 4 天内发生了一轮毫无抵抗的崩跌，使得道琼斯平均指数下跌 25 个点到达了 85。同时棉花和小麦也由于大量套现而严重崩跌。此时 E. A. 克劳福德博士破产。他卷入了商品期货中，据说是人们所知的最大的持仓数量。

8 月和 9 月　在 7 月份的陡直下跌之后，8 月份和 9 月份出现了一轮反弹，使得该平均指数反弹到了与 7 月份的高点距离 2 个点以内的位置，形成了一个双重顶。这轮次级反弹中的成交量缩小。8 月份的成交量为 4200 万股，9 月份的成交量为 4300 万股。

这 2 个月的成交量仅为 1933 年 7 月的总成交量的2/3。

10 月　道琼斯 30 种工业股平均指数下跌到了 82½，这是一轮长期上涨开始前的最后低点。成交量下降到了 3900 万股，而且市场变得非常沉闷且狭窄。随后一轮缓慢的反弹从 10 月份的低点开始。

11 月　成交量为 3300 万股。

12 月　成交量为 3500 万股。

1934 年

1 月　本月成交量为 5400 万股。

2 月　成交量为 5700 万股，本月顶部只是略高于 1 月份的高点。该平均指数未能运行到 1933 年 7 月份的高点上方 1 个点以上，形成了一个双重顶。这两个月的成交量为 1.11 亿股，并且第三次位于同一个水平是该平均指数已经形成了顶部的一个信号。个股尤其通过巨大的成交量和它们在 2 月份的缓慢上涨[①]清晰地表明，它们正在为下跌开始做准备。2 月下旬，趋势掉头向下。

3 月　成交量到达了 3000 万股。

4 月　出现了一轮轻微的反弹，成交量 2900 万股。

5 月　价格走低，成交量 2500 万股。

6 月　出现了一轮小幅反弹，本月成交量下降到了 1600 万股。

7 月　1934 年 7 月 26 日，股市形成了底部，当天成交量接近 300 万股，同时道琼斯平均指数下跌到了 85，略高于 1933 年 10 月的低点。

1934 年 7 月的总成交量仅为 2100 万股，为另外一轮牛市行情奠定了独立基础。根据我的应当在与任意重要顶部和底部距离 1 年、2 年或 3 年时注意趋势变化这一交易规则，1933 年 7 月到达了一个极限高点这一事实是你应当在 1934 年 7 月注意趋势变化的一个标志。

8 月　市场平均反弹了 11 个点，成交量为 1600 万股。

9 月　市场回调到了与 7 月份的低点距离 1 个点以内的位置。成交量下降到了 1200 万股，由于这是多年以来最小的单月成交

① 即上涨幅度很小。

量，因而这是市场已经形成了底部的一个可靠信号。

10 月 市场反弹，成交量略微增加到了 1500 万股。

11 月 成交量增加到了 2100 万股。

12 月 价格走高，本月成交量 2300 万股。

1935 年

1 月 活跃度增加，成交量为 1900 万股。

2 月 市场到达了反弹的顶部。成交量仅为 1400 万股，这是此时没有足够的买盘力量使得价格继续反弹的一个信号。

3 月 出现了一轮大幅下跌，这是市场上涨到新的高点之前的最后一轮下跌。成交量为 1600 万股。

4 月 活跃度增加，股票开始上涨。成交量为 2200 万股，表明牛市正在进行。

5 月 道琼斯 30 种工业股平均指数穿越了 1933 年的各个高点和 1934 年 2 月份的顶部，成交量 3000 万股。个股表现出了成交量的增加，其中很多都向上运动到了新的高点。

6 月 该平均指数穿越了 120，处在了 1931 年 11 月 9 日的最后的高点上方，这是价格走高的一个可靠标志。本月成交量为 2200 万股。

7 月 个股和该平均指数都到达了新的高点。本月成交量为 2900 万股。

8 月 个股到达了更多新的高点，该工业股平均指数也到达了新的高点。成交量到达了 4300 万股，这是 1934 年 1 月和 2 月以来最大的单月成交量。

9 月 上涨继续，成交量为 3500 万股。

10 月 道琼斯 30 种工业股平均指数上涨到了 142。本月总成交量为 4600 万股。在 10 月 26 日结束的那一周，纽约股票交易所的成交量为 1400 万股，这是 1934 年 9 月以来最大的单周成交量，是你应当开始注意那些已经有了大幅上涨的股票即将出现顶部的一个标志。

11 月 在 11 月 2 日结束的那一周，成交量为 1100 万股；在 11 月 9 日结束的那一周——这周只有 5 天，成交量为 1200 万股。11 月 8 日的成交量为 335 万股，这是自 1934 年 7 月 26 日的底部以来最大的单日成交量。

1934 年 7 月至 1935 年 11 月

从 1934 年 7 月 26 日的低点到 1935 年 11 月 8 日的高点期间的总成交量为 3.83 亿股，总共上涨了 61 个点。注意，自 1933 年 3 月的低点到 1933 年 7 月的顶部总共上涨了 60 个点。因此，由于该平均指数 1935 年 11 月上涨的 61 个点与 1933 年的行情上涨的点数差不多，因而此时应当注意趋势至少会出现暂时的变化。

注意，从 1934 年 7 月到 1935 年 11 月这 15 个月行情期间的成交量大约是 3900 万股，少于 1933 年 3—7 月这 5 个月行情期间的成交量。这表明自实施证券管理以来，交易已经大大减少了。

12 月　成交量为 5746.2 万股，并且出现了一轮 10 个点的回调，这是牛市中的一轮正常回调。

最终顶部之前的最大成交量

仔细回顾记录，你会发现最大的成交量经常出现在到达最终顶部之前；当实际的高点形成时，成交量会小于之前几个月、几周或几天的单月、单周或单日成交量。这是由于当市场变得非常活跃时，公众经常会严重过度交易，满仓买进；接下来随着市场靠近顶部，他们的需求已经得到了满足，因此买得更少了。例如：

1936 年

1 月　成交量 6750 万股，这是 1934 年 7 月到达了低点以来最大的单月成交量。

2 月　成交量 6088.4 万股。

3 月　成交量 5100 万股。

4 月　4 月 6 日到达了反弹的高点。一轮陡直下跌接踵而至。低点出现在 4 月 30 日，道琼斯 30 种工业股平均指数下跌了 21 个点。本月成交量为 3961 万股。这次回调中的成交量小于过去多月的单月成交量。你会发现，最大的成交量出现在 4 月回调之前的 1 月份，因为人们已经在 1 月份的上涨中满仓。

1937 年

1 月　成交量 5867.1 万股，这是 1936 年 1 月以来最大的单月成交量，是应当注意不久的将来趋势变化的一个信号。

2 月　成交量 5024.8 万股。

3 月　道琼斯平均指数在 3 月 8 日到达了位于 195½ 的最终高点。

本月成交量为 5034.6 万股，并且该平均指数在月末之前回跌了 15 个点。这再一次证明了公众在 1 月份已经满仓，因为本月成交量小于 2 月份，因此当 3 月份到达顶部时，公众无法再大量买进。

1934 年 7 月至 1937 年 3 月

从 1934 年 7 月 26 日到 1936 年 10 月 31 日期间的总成交量为 8.66988 亿股，道琼斯平均指数上涨了 94 个点，即平均每个点 888.6 万股。从 1936 年 10 月 31 日至到达最终高点的 1937 年 3 月 8 日期间的总成交量为 2.58392 亿股，市场上涨了 17 个点，即平均每个点 1511.97 万股，表明市场在此期间每上涨 1 个点遇到的交易量差不多是 1936 年 10 月 31 日期间每上涨 1 个点遇到的交易量的两倍。这次交易量的增加建立在更小盈利的基础上，这是市场正在接近顶部的一个标志。从 1934 年 7 月 26 日到 1937 年 3 月 8 日的整个牛市行情中的总成交量为 11.2538 亿股，即大约相当于在纽约股票交易所上市的总股数的1/3。

1937 年

1937 年 3 月的高点之后，成交量在下跌中减少。

5 月　成交量 1856.2 万股。

6 月　成交量 1654.7 万股。低点于 6 月 17 日到达，该平均指数下跌了 32 个点。成交量减少表明次级反弹的时候到了。

7 月　成交量 2072.1 万股。

8 月　次级反弹的高点。道琼斯平均指数到达了 190½，上涨了 27½个点。成交量 1721.2 万股。这将证明在这轮高点与老顶距离 5 个点以内的次级反弹中，成交量没有超过 1937 年 3 月的第一个顶部处的成交量的1/3，这是需求减少的一个可靠标志，以及应当在市场上卖空的一个信号。

9 月　紧接着出现了陡直下跌。成交量 3385.4 万股，差不多是 8 月份的成交量的两倍。

10 月　出现了恐慌性下跌。成交量 5125 万股。

11 月　进一步下跌到了更低的位置，但成交量减少到了 2125 万股。

1938 年

1 月　反弹持续到了 1 月份；随后下跌重新开始。本月成交量 2415.1 万股。这次反弹中成交清淡，表明没有足够的买盘来使得趋势掉头向上。

2 月　成交量 1452.2 万股。

3 月　成交量 2399.5 万股。考虑到该平均指数下跌了 25 个点以上，这是一个很小的成交量。最终低点在 3 月 21 日到达。

1937 年 3 月至 1938 年 3 月

从 1937 年 3 月到 1938 年 3 月 31 日，该平均指数下跌了 98 个点。总成交量为 3.46192 亿股，即平均每个点 353.25 万股，表明这次下跌中的交易量比市场在前一轮牛市行情中的交易量小得多，再一次证明了市场由于证券交易所的法规而交易清淡。

1938 年

4 月　成交量 1711.9 万股。这出现在该平均指数的一轮 20 个点的反弹中。

5 月　成交量 1400 万股，这是次级回调中的非常小的成交量。市场在该平均指数下跌到了 106½附近的底部时变得非常沉闷且狭窄。这轮次级回调中的信号与 1937 年 8 月的次级反弹中出现的信号属于同一种类型，此时是市场正在为上涨筑底的信号，当时是市场正在筑顶并为大幅下跌做准备的信号。

6 月　成交量增加到了 2466.8 万股。

7 月　成交量进一步大幅增加到了 3888 万股。

8 月　成交量 2078.8 万股。市场在 7 月份和 8 月份形成了顶部，随后回调。

9 月　成交量 2387.6 万股。出现了回调的低点，成交量在本月的这次回调中增加这一事实表明此时存在大量买盘。

10 月　本月出现了大量买盘，成交量大幅增加到了 4155.8 万股。

11 月　成交量 2792.2 万股。11 月 10 日，最终的高点，道琼斯 30 种工业股平均指数到达了 158¾。市场在 10 月份的高点的基础上形成了非常小的盈利，尽管 10 月份的成交量如此巨大。11 月份的最初 10 天的总成交量为 1180 万股，表明股市当时正遭遇沉重的卖压，派发正在进行。

1938 年 3—11 月

从 1938 年 3 月 31 日到 11 月 10 日，总共上涨了 61¼个点。总成交量为 1.92685 亿股，即平均每个点 320.8 万股，略少于 1937 年到 1938 年初的下跌中每个点所对应的交易量。

12 月　成交量 2749.2 万股，仅略低于 1938 年 11 月的成交量。

1939 年

1 月　成交量 2518.2 万股，仅略多于 1938 年 1 月的总成交量。

2 月　市场收窄，成交量非常小，仅为 1387.3 万股。

3 月　成交量 2456 万股。3 月 10 日之后紧跟着出现了一轮陡直下跌。

4 月　成交量 2024.6 万股。4 月 11 日，低点。

1938 年 11 月至 1939 年 4 月

从 1938 年 11 月 10 日到 1939 年 4 月 11 日，道琼斯 30 种工业股平均指数下跌了 38⅝个点，总成交量为 1.15232 亿股，平均每下跌 1 个点对应的成交量为 303.24 万股，略低于 1938 年 3 月 31 日到 1938 年 11 月 10 日的上涨期间的成交量，但上涨的点数多于这次下跌的点数。

5 月　本月紧接着出现了一轮反弹，但成交量很小，仅为 1293.5 万股。

6 月　6 月 9 日到达了反弹的顶部，随后出现了一轮 20 个点的下跌，市场在 6 月 30 日到达了低点。本月成交量为 1196.3 万股，这是一轮伴随着小成交量的次级回调，是应当买进股票的一个标志。

7 月　紧接着出现了一轮反弹，成交量增加。本月成交量为 1806.7 万股。

1939 年 4—7 月

从 1939 年 4 月 11 日到 1939 年 7 月 31 日，该平均指数上涨了 25¾个点。总成交量为 5.5211 亿股，平均每个点对应的成交量为 212.34 万股，表明这期间市场交易清淡，市场能够在成交量比 1938 年 11 月 10 日到 1939 年 4 月 11 日的下跌中的成交量小很多的情况下上涨。

如果你继续研究纽约股票交易所上市股票的成交量，并且注意道琼斯工业股平均指数在各种形态中和阻力位上的强弱形态，你将能够更加准确地确定顶点。

周交易量研究

克莱斯勒汽车 1928—1935 年

对每只个股进行研究，注意它的成交量的增减，它开始伴随着小成交量收窄到一个缓慢的交易区间时的点位，以及它伴随着巨大的成交量上涨并形成快速上涨时的其他极限点位，这将使你能够判断顶部和底部在何时形成。举例：克莱斯勒汽车。

1928 年

1928 年 1 月 21 日，克莱斯勒在 54½形成了低点；6 月 2 日，高点 54½。随后下跌到了 6 月 23 日，在 63⅝形成了低点，3 周内下跌了 25 个点，其间成交量为 101.2 万股。

接下来走出了持续了 15 周的最终的大冲刺，从位于 63⅝的底部到 10 月 6 日所到达的高点 140½，该股从未跌破前一周的低点，15 周内上涨了 87 个点，总成交量为 974.18 万股。这轮快速上涨的最后两周的成交量为 276.8 万股。

克莱斯勒在纽约股票交易所上市的总股数是 448.4 万股。由此你可以发现，在这最 15 周的大幅上涨中，资本总额易手超过 2 次，而最后两周有已发行股份总数的一半以上在易手。这个巨大的成交量表明该股正在这轮次级上涨中形成顶部。10 月 6 日结束那一周的总成交量为 174.15 万股，这是克莱斯勒汽车史上最大的单周成交量，将近已发行股份总数的一半。

接下来的一周该股的价格走低，它在下跌到 5 之前从未再次反弹到 140½这个顶部。如果你正在研究成交量，你就会发现此时出现了明显的不祥之兆，并且知道这是一个最终顶部，尤其是在该股给出了其他所有趋势即将掉头向下的标志之后。

1929—1932 年

克莱斯勒在 1928 年 10 月到达高点之后出现的一轮恐慌性下跌持续到了 1929 年 11 月 16 日那一周，此时记录了平均指数熊市第一阶段的结束。这期间的成交量为 2253.3 万股，即超过了已发行股份总数的 5½倍。

在从 1929 年 11 月 16 日那一周到股票价格为 43 的 1930 年 4 月的反弹中，总成交量为 391.6 万股，反弹了 17 个点。这个成交量差不多等于已发行股份总数。

从 1930 年 4 月份的高点到 1932 年 6 月 4 日结束那一周所到达的低点 5，总成交量为 1481.4422 万股。

从 1928 年 10 月 6 日结束那一周的高点 140½到 1932 年 6 月的低点 5，总成交量为 4126.3622 万股。因此，在这轮行情中，股本总额易手将近 10 次。

1929—1935年比较：从88到5的下跌和从5到88的上涨

回顾克莱斯勒自1929年5月11日结束那一周的价格88到1932年6月4日结束那一周下跌到低点5期间的总成交量很重要。这次回顾很重要的原因在于，我们希望把当时的成交量与从1932年6月4日结束那一周所到达的低点5到克莱斯勒的价格于1935年10月再次到达88¾这期间的成交量进行比较。

在1929年5月11日结束那一周，克莱斯勒跌破了88，并且之后未能再次运行到这个价位上方，直到1932年6月下跌到低点5。这次下跌期间的总成交量为2515.4622万股。

从1932年6月4日结束那一周的极限低点5到该股于1935年10月再次上涨到88¾，我们发现期间的总成交量为3062.82万股，即比1929年5月到1932年6月的下跌中的总成交量多550万股，而这两次所覆盖的价格区间是一样的。

我们知道，在正常情况下，一只股票上涨时的成交量总是比下跌时的成交量大，因为上涨时有更多的虚假交易、集合基金操作和操纵。克莱斯勒在成交量仅比下跌同样多的点数所需要的成交量多500万股的情况下便形成了这次上涨，这一事实表明证券交易委员会的管理已经减少了上涨市场中的交易量，尤其是如果我们考虑到从1932年6月4日结束那一周到1933年3月的低点期间出现了一个吸筹期，该股从5上涨到了22，随后在1933年3月再次下跌到了7¾，成交量为510.5万股。因此，如果把该成交量从1932年6月到1935年10月这一时期的总成交量中减去，这就会使这次上涨中的成交量下降到2500万股，即接近与这轮从88到5的相同点数的下跌中的成交量相同。

1933—1935年

从1933年3月4日结束那一周的低点7¾到1934年2月24日结束那一周的高点60⅜，克莱斯勒上涨了52⅝个点，总成交量为1521.98万股，超过了该股已发行总数的3倍。研究这轮牛市行情的第一阶段和已经进行的派发——然后把同样的规则运用到其他任意股票当中，以便判断趋势的变化。

派发区间

在1934年1月6日结束的那一周，克莱斯勒先是到达了高点59½，随后回调到了50，接下来在2月3日那一周反弹到了59⅜，然后在1934年2月24日结束的那一周回调到了60⅜。3周之后该股却未能在2月3日那一周的高点和 1 月份的第一个高点 59½的基础上盈利 1 个点，表明此时正在进行大规模派发，该股正在遭遇沉重的卖压。这次派发发生在 50 与 60⅜之间，即一个 10⅜个点的区间内。这个派发区间内的总成交量为 277.93 万股，即超过了已发行股份的一半，表明在一轮 52 个点的上涨之后，该股至少正在形成将有一轮陡直下跌开始的顶部。

横向派发

研究横向派发是很有趣的。如果一只股票先是小型趋势掉头向下，随后反弹并且无法再次到达各个老的高点，那么之后通常都会进行我们称之为横向运动的横向派发。人们会在回调时买进，因为他们认为此时该股很便宜，而且不知道该股正在为使得主要趋势掉头向下做准备。例如：从 1934 年 3 月 3 日结束的那一周到 1934 年 4 月 28 日结束的那一周，克莱斯勒的价格区间是 49¼～56，总成交量为 122.58 万股。把该成交量加到顶部派发时的成交量，总成交量就是 400.21 万股，实际上就是所有已发行股份都在这个 10 个点的区间内进行了交易。在一轮超过 50 个点的上涨之后，当所有已发行股份都在一个 10 个点的区间内易手时，这必定是趋势变化的一个信号。

51 周内的 52⅝个点的上涨之后，该股正在接近 1 年的时间周期，考虑这一点也是很有趣的。我的其中一条交易规则就是在 1 年结束时注意趋势的变化。

在这次横向派发之后，克莱斯勒出现了一轮下跌。

熊市行情——1934 年 2—8 月

从 1934 年 2 月 24 日结束那一周的高点 60⅜到 1934 年 8 月 11 日结束那一周的低点 29¼之间的区间是 31⅛个点。从成交量为 303.39 万股，将近已发行股份的3/4在这次下跌中易手。与上涨中的巨大成交量相比，这次只是一轮次级回调的下跌中的成交量表明卖压正在减少，该股至少正在到达一轮反弹开始的底部。研究这个底部和每周的成交量。此外还要注意，低点 29¼实际上是高点 60⅜的一半。

牛市行情——1934 年 8 月至 1935 年 11 月

从 1934 年 8 月 11 日结束那一周的低点 29¼到 1935 年 2 月所到达的高点 42½之间的成交量为 219.55 万股，这是反弹中更小的成交量。随后趋势再次掉头向下，该股在 1935 年 3 月 16 日结束的那一周到达了低点 31，形成了一个比 1934 年 8 月的底部更高的底部。价格 3 周内从 42½下跌了 11½个点，期间成交量为 28.66 万股，表明这是最后一轮下跌，该股正在为使得趋势掉头向上做准备，尤其因为该股在4周的下跌中没有走得更低。

次级底部之后的长期向上摆动

从1935年3月16日那一周的低点31到1935年10月25日的高点88¾，形成了一个57¾个点的总区间，成交量为509.1万股，大约比发行在外的股份总数多75万股。从1934年8月的低点29¼到1935年10月的高点88¾之间的总区间是59½个点，总成交量为728.75万股，发行在外的股份总数易手将近两次。

要考虑的最重要的最后一轮长期摆动是从1933年3月的低点7¾到1935年10月的88¾，即一轮81个点的上涨，成交量2552.32万股，表明交易的股票几乎等于发行在外的股份总数的6倍。

当该股靠近1935年3月的低点时，每周成交量为7.5万股左右到4.6万股，直到4月27日，当周成交量为23.5万股。在这之后，该股不断走高。接下来，从8月31日的那一周开始，单周成交量就高达22.9万股，然后是23.3万股、25.4万股、14.9万股、22.3万股、20.9万股，10月19日的那一周是26万股，10月26日结束的那一周克莱斯勒到达了88¾，成交量是25.6万股。由此你可以看出，当该股从上一轮回调位69附近的低点开始陡直上涨到88¾时，成交量是如何快速增加的。

在确定极限高点和极限低点时，你将发现研究每只个股的成交量，尤其是活跃的领涨（跌）股的成交量，并且遵循交易规则，将对你有所帮助。

对股票交易经纪人、集合基金操作者和纽约股票交易所会员的自营交易的管理很可能已经将成交量削减了多达50%。当政府使得华尔街的商业恶化时，它就伤害了整个国家的商业。

总有一天这些改革和法规将废止，因为它们有害无利。这些限制条件被取消之后，市场的每个点将显示出更大的成交量，并且将出现一个更为正常的市场。

一旦我们再次拥有一个自由市场，并且每个能拿出钱来的人都被允许交易，商业就会得到改善，将会出现普遍的繁荣。让我们所有人祈祷改革和法规被废止的那一天很快到来，因为这对所有相关方都是最好的，而这本身就是改革和法规应该做到的。

［未签名］

8月12日

第十三章　威廉·D. 江恩市场预测的数学公式——价格、时间和趋势的高级数学计算器

该图表绘制在透明的塑料纸上，以便你能够将它放置在最高价与最低价的日线、周线或月线图表上，这样一眼就能根据几何角度线看出时间和价格的位置。它为实现**快速、精确、简单的计算**而设计：节省时间且防止错误。

144 方形

该 12×12 正方形在计算时间周期时始终很重要，因为一年有 12 个月。144 方形[①]是大的正方形，在**时间和价格**方面，它比其他任何正方形都更加有效，因为它包含了从 1×1 到 144×144 的所有正方形。该图在时间和价格方面都被分成了 9 段，因为 9 是最大的数字。日线（周线或月线）图表上的 9 个空格就等于时间周期上的 9 天、9 周或 9 个月；在最高价与最低价的日线图表上，9 就等于谷物的 9 美分、股票的 9 个点或棉花的 90 个点。

144 方形中的一列包含 144 个空格。这就等于谷物的 144 美分，股票的 144 个点，或者如果使用 10 个点对应 1/8 英寸的刻度，这就等于棉花的 1440 个点。

144 方形主控图包含 324 平方英寸，每平方英寸包含 64 个单位，共 20736 个单位。这就是 20736 周或 20736 个月，而由于这是一个大循环，因此它的一定比例则被用来测算时间和价格。

144 方形的大循环

该正方形的时间周期是 20736 天、20736 周或 20736 个月，该周期的一半是 10368 天；1/4 是 5184 天；1/8 是 2593 天；1/16 是 1296 天；1/32 是 648 天；1/64 是 324 个日历日或交易日；1/128 是 162 天；1/256 是 81 天，即 9 的平方。

---

① 即 144×144 正方形。

周时间周期

以周为单位的大循环是2962周零2天。该周期的1/2是1481周零1天；1/4是740周零4天；1/8是370周零2天；1/16是185周零1天；1/32是92周零4天；1/64是46周零2天。

月时间周期

以月为单位的大循环是681个月零23天。该循环的一半是28年零9个月又23天；1/4是14年零5个月又8天；1/8是7年零2½个月；1/16是43个月零7天[①]。应当查看从任何主要高点和低点起算的周时间周期和月时间周期，以便判断未来趋势（注意：此内容为转录编写）。

主控数字

主控数字是3、5、7、9和12。数字9及其倍数是最重要的，因为9个数字加起来等于45。下一个最重要的数字是7，它是在《圣经》里被提及次数最多的数字。一周有7天，因而7个日历日和5个交易日以及它们的倍数都应当在你的日线、周线和月线图表上进行延伸。7的平方是49，这是一个非常重要的时间周期。2个7的平方是98，3个7的平方是147，4个7的平方是196，而196又是14的平方。下一个重要的数字是5，它是1和9之间的平衡数字。5的平方是25，2个5的平方是50，它仅比7的平方大1，这使得49～50对趋势的变化非常重要。3个5的平方是75，4个5的平方是100，而100又是10的平方，它对趋势的变化也很重要。

数字3在《圣经》里被提及的次数仅次于数字7，因而3也很重要，因为3×3等于9，即3的平方，同时数字3是第一个形成了比自身大的平方的奇数。你必须尽一切可能地使用“3”。3×7等于21，3×5等于15，3×9等于27，3×12等于36。36这个数字非常重要，因为它是6的平方。数字12也在《圣经》中被多次提及，因而也非常重要。耶稣选择了12条戒律。一年有12个月，黄道有12宫。在144方形中，重要的12的倍数是12、24、36、48、60、72、84、96、108、120、132和144。所有以这些数字表示的天数、周数和月数对时间和价格都很重要。

关于数字9，7×9是63，该数字非常重要，因为8的平方是64，因此63～64附近对于观察趋势的变化非常重要。7×12是84，该数字非常重要；紧挨着该数字的数字是90，即10×9，它是圆周的1/4，对于时间和价格的

---

① 此处原文中数据缺失，“7天”是译者根据计算得出的。

变化非常重要。下一个重要的是 9×12，即 108，144 的 3/4。

在与 144 方形结合时，360°圆周的重要性不能被忽略，因为圆周的一定比例与 144 的一定比例一致。2½×144 等于 360，1¼×144 等于 180，即圆周的1/2；90 是 144 的 5/8；9 是 144 的 1/16，18 是 1/8，27 是 3/8，36 是 1/4，45 是 5/16，这些数字对于时间和价格的变化以及阻力位始终是非常重要的。48 是 144 的 1/3，54 是 3/8，63 是 7/16，72 是 144 的 1/2，81 是 9 的平方，是 144 的 9/16，90 是 5/8，99 是 11/16，108 是 3/4，117 是13/16，126 是 144 的 7/8，135 是 144 的 15/16。这些在 12×12 正方形中是最重要的，当高级计算器上以天数、周数或月数表示的时间周期到达这些位置时，要密切注意。记住，你应当始终注意日线图表上趋势变化最初的标志，同时看一看价格和时间在周线图表上或 7 日时间周期中的位置，它是第二重要的。月线图表对于主要趋势的变化是最重要的。

3 和 5 的重要性

价格和时间的运动，不管是在日线、周线还是月线图表上，都有三个重点：**价格、时间和成交量**，以及路线或趋势，即几何角度线，它显示了时间是正在影响并驱使价格在一条平缓的角度线上还是陡峭且快速运动的角度线上上涨或下跌。影响价格的因素也有四个：**价格、时间、成交量和速度**。时间是最重要的因素，因为当时间到了，成交量就会增加，市场的速度就会加快，角度线或是路线，或是趋势也会更迅速地上升或下降。

在最高价与最低价的日线、周线或月线图表上，还有其他三个重点要考虑，即**最低价、最高价**和（最高价与最低价之间的）**区间**，或是最高价与最低价之间的 1/2 位。

时间和价格的五个因素

它们是高点、低点、半路点、开盘价和收盘价。趋势由收盘价表明，尤其是当市场非常活跃时。如果收盘价高于半路点或接近高点，趋势就向上，如果收盘价低于半路点或接近低点，卖盘就大于买盘，趋势就向下，至少暂时向下。结合时间和趋势的高级计算器，运用所有与主控时间因素和几何角度线有关的交易规则。

时间和价格的最强阻力位

在运用 144 方形主控图时，最强的阻力位是 144 方形的 1/4、1/3、2/3、3/8、1/2、5/8、3/4、7/8 和 1。

有最多角度线经过的位置就是价格和时间的最强阻力位。

三角点

三角点，或者说绿色的角度线经过的位置，是最重要的。它们是72、144、36、48、96、108，当然，还有72以及处在顶部和底部的144方形结束的位置。

144方形中的正方形

角度线经过的这些正方形对时间和价格的阻力位来说是非常重要的。它们是36、45、54、63、72、90、108和处在顶部和底部的144方形的顶端。当价格处在一个等于36的位置，并且以天数、周数或月数为单位的时间周期也处在36时，时间与价格就形成了正方形，这对注意趋势的变化来说很重要。利用144方形，你可以获得从1×1到144×144的任何一个正方形。假设你想获得72×72正方形，你就把时间水平移动到72，如果价格也处在72并且在图表上向上运动，那么价格和时间就达到了平衡，或者说形成了正方形，并且在价格、时间和趋势的高级计算器上处在45°角度线上以及半路点。

在什么位置留意趋势变化

绝大多数趋势变化都发生在时间周期处在144方形的一半时，一个正方形结束时，或是144方形的1/3、2/3、1/4和3/4的位置。你必须始终注意最高价、次要高点和次要低点与时间的正方形，最低价以及第二个或第三个更高的底部与时间的正方形，还要注意使区间形成正方形所需要的时间，以及在144方形主控图中，该正方形在什么位置结束。

例如：小麦的历史最低价是28美分每蒲式耳。因此，从1852年3月开始，每28个月就将使得该最低价形成正方形。小麦的历史最高价出现在1917年5月11日，当时五月合约的价格是325美分，因此需要325个月才能使该最高价形成正方形。五月合约的历史最低价是44美分，因此需要44个月的时间才能使该最低价形成正方形。44美分与325美分之间的区间是281美分，因此需要281个月、281周或281天才能使该区间形成正方形。看一看主控图你就会发现，2个144等于288，因此你应当在281与288之间，即第二个144方形结束时注意趋势的变化。7×44（极限低点）等于308，6½×44等于286，它距离144方形结束的位置或第二个正方形结束的位置2个点，这使得286成为一个应当注意趋势变化的重要时间周期。使五月小麦期货合约的最高价325形成正方形，将需要2个144还多37。因此，当144方形主控图中的时间到达36天、36周或36个月时，你就会看到价格遭遇阻力，因为上移 136 个时间周期你就会看到从 72（72 方形是内方形）开始下降的 45°角度线与从价格刻度上的 36 开始绘制的横线相交于 36。通过这种方式你就能看到，该主控图将显示最高价、最低价和区间的正方形中的时间和价格的阻力位。所有其他以任何商品期货、股票指数或个股的最高价、最低价或区间为起点的时间周期都应当以这种方式计算。

通过回顾各种图表，将该计算器放置在这些图表上，并且计算过去的历史记录，你将成功运用价格、时间和趋势的高级计算器。以这种方式，你将了解高级计算器是如何发挥作用的，并且将向你自己证明它的价值。

小时时间周期

当市场十分活跃并正在形成一个大的价格区间时，绘制一张最高价与最低价的小时线图表是很重要的，就像你绘制最高价与最低价的日线图表一样，而且小时线图表将给出趋势最初的变化。

一天有 24 个小时，因此通过 144 需要 6 天，通过 144 方形总共需要 864 天。

目前，除了节假日之外，所有的交易所都是每周交易 5 天，而且绝大多数都是每天交易 5 个小时，因此，按照每周 5 天、每天 5 个小时的速度，通过 144 需要 28 天零 4 个小时（谷物的交易时间是每天 225 分钟，也就是 3.75 个小时，因此按照每周 5 天、每天 3.75 个小时的速度，通过 144 需要 38 天零 1½个小时）。

大的年时间循环

通过 144 的平方，即 20736，需要 56 年 9 个月零 23 天，这是一个非常重要的时间循环。次重要的是该时间周期的 1/2——28 年 5 个月零 8 天，以及 1/4——14 年 2 个月零 19 天。14 年循环始终是非常重要的，因为它是 2 个 7 年周期。14 年等于 168 个月，而 169 个月是 13 的平方，这使得 14 年对于趋势的变化非常重要，同时这也是一个重要的时间阻力位。

这个大循环的 1/8 是 7 年 1 个月零 10 天，它是十分重要的。1/16 是 42 个月零 20 天，1/32 是 21 个月零 10 天。这是一个重要的时间周期，因为它接近 22½个月，即 360°圆周的 1/16。

9 个空格和 9 个时间周期

图表被 9 等分就得到价格或时间阻力位的所有 9 方形，如前所述，它在日线图表上相当于谷物的 9 美分，在周线和月线图表上也一样，也就是 1 美分对应 1/8 英寸。不同的商品期货，选用不同的比例尺（参见“针对不同商品期货的特别说明”）。

图表被分成 9 部分就得到 16 个价格或时间阻力位的 9 方形，如前所述，它是日线图表上的 90 个点，周线图表上的 135 个点，月线图表上的 270 个点，以 20 个点的比例尺计算则是 2880，9 个空格就等于 180 个点。

红色角度线全部都绘制在 9 方形上。45°的内方形从 72 开始绘制，因为 72 是 144 的 1/2。这些角度线出现在 72、144 和 72。

绿色的直线是 144 方形在时间或价格上的 1/3。

绿色角度线

绿色角度线是 2×1 角度线，它一个时间周期内上升 2 个空格或 2 个点。另外一条处在 45°角度线下方的角度线是 1×2 角度线，它上升 1 个空格或谷物的 1 美分每蒲式耳需要 2 个时间周期，每个时间周期 1 天、1 周或 1 个月。这些角度线也可以从顶部开始，以每个时间周期 2 个点或 2 个空格的速度或以每个时间周期 1/2 个空格、1/2 个点或 1/2 美分每蒲式耳的速度下降。绿色角度线与红色角度线相距的距离决定了价格能上涨或下跌多远。

当市场进入内方形时，对趋势的变化是很重要的。在市场进入内方形时，时间角度线和时间在正方形中的位置表明了价格即将上涨还是下跌。此外，当价格跌破内方形中的某条 45°角度线时，就表明市场很疲软，具体有多疲软根据距离最高价或最低价的时间而定。

何时开始一个新的正方形

当日线、周线或月线图表上的时间周期已经移动了 144 时，你就要开始一个新的正方形。但是，为了获得时间的位置，你只需要把该主控正方形移到 144 并把它放在图表上，这样就得到了时间在下一个正方形中的位置。

最强点和最弱点

在 144 方形中，有最多角度线经过或彼此交叉的地方就是有最大阻力的地方，比如像 25 与 2×1 角度线彼此交叉的地方。

研究市场过去的行为并根据这些行为进行实践，你将很快就学会如何运用该主控图非常快速地判断趋势。

如何运用 144 方形主控图

遵循所有在高级预测课程中给出的关于角度线的交易规则。

将这张图表放置在日线、周线或月线图表上的底部或 0 的位置，或是将这张图表的底部放置在最低价上，或是最高价、最低价以及区间的正方形上，以显示时间和价格达到平衡的位置。

当你计算极限高点的半路点或区间的半路点时，将这张图表的顶部或底部放置在该半路点上，这将给出时间的正确**位置**和**趋势**。然而，如果你把中心，也就是是72，放置在价格的半路点上，你就不仅能获得时间的正确位置，还能够看到价格与时间是如何在144方形主控图中和它的内方形中运行的。该内方形始于72，即144方形的中心或1/2的位置。

日历日和交易日

对于任何一种图表，我们都是每个时间单位移动一个空格。因此，完成144方形需要144个交易日或日历日。当价格穿过一个正方形，进入另外一个正方形时，趋势通常都会发生变化，而这张主控图上的周期和几何角度线会告诉你趋势将往哪个方向变化。

闰年：

在计算时间周期时，为了获得准确的天数和周数，闰年的问题必须要解决，要额外加上1天。从1864年开始，闰年如下：1868年、1872年、1876年、1880年、1884年、1888年、1892年、1896年、1904年、1908年、1912年、1916年、1920年、1924年、1928年、1932年、1936年、1940年、1944年、1948和1952年。

利用正方形主控图（获得时间的）位置

为了用144方形主控图获得时间的位置，要把该正方形放置在日线、周线或月线图表上，并且要从极限低点、极限高点、0、区间的1/2位或最高价的1/2位开始。你也可以把该图表的顶部放置在最高价。用这种方法，你可以一眼就看出正确的时间、位置或角度线。

把高级计算器放置在1月份，以便获得12年周期；用同样的方式把高级计算器放置在每个月。

你应当计算出从主要高点和低点开始的所有以天数、周数和月数为单位的时间周期，以便在主控图上快速查找这些周期。

用这种方式将所有的时间周期更新，你就能够在不查看日线、周线或月线图表的情况下，获得时间在主控图上的位置以及已经指示出的趋势。你应当知道从每个重要顶部和底部开始的月时间周期。

有了144方形主控图，你的工作量将得到削减，但你必须学会实践，更新所有的时间周期，研究这张正方形主控图，并且学会如何运用它准确地获得顶部和底部。努力和实践将带来精确和盈利。我已经做了我能够做的，现在由你自己决定是否要努力付出，如果你努力了，就一定会成功。

如何把 144 方形主控图放置在图表上

为了在任意一张日线、周线或月线图表上获得正确的位置，你必须把这张主控图正确放置在这些图表上。该主控图的顶部有**威廉·D. 江恩制作的时间与价格图表**。始终要把该图表放置在你的（日线、周线或月线）图表的底部，除非当你把它放在 72 或标有“底部”的底部 0 时，此处就是你开始移向更高价位的位置。

将该主控图放置在其他任何图表上的 0 的位置，或放置在任何高点或低点出现那天的某个低点处。将该主控图放置在 72——144 的 1/2，任意价格区间的半路点或最高价的 1/2 位。

始终要将该高级计算器放置在之前所有的高点和低点，以便得知趋势的变化和价格阻力位。永远不要忽略了极限最高价和极限最低价。高点到低点之间的 1/2 和任意商品期货或股票的历史最高价的 1/2 也非常重要。

时间周期和价格阻力位

360°圆周对时间循环和价格阻力位非常重要。首先，我们用圆周除以 2，得到圆周的一半 180°，以它表示的天数、周数、月数对于时间或价格非常重要。然后，我们用圆周除以 3，得到三角点 120、240 和 360。接下来，我们用圆周除以 4，得到 90、180、270 和 360，它们都是直角点，并且非常重要。

用圆周除以 8，得到 8 条 45°角度线，即 45、90、135、180、225、270、315 和 360。下一个重要的是用圆周除以 16，得到 22½°角度线。用圆周除以 32，得到 11¼°及其倍数的角度线和时间周期。用圆周除以 64，得到 5⅝°及其倍数。

下表显示了每个 5⅝的划分，我们向下到第 16 行，它等于 90°，即圆周的 1/4，而 16 则是 64 的 1/4。这种横读的安排给出了所有倍数，处在粗线之间的数据是最重要的。

圆周的 64 等分表

1. 5⅝	17. 95⅝	33. 185⅝	49. 275⅝
2. 11¼	18. 101¼	34. 191¼	50. 281¼
3. 16⅞	19. 106⅞	35. 196⅞	51. 286⅞
4. 22½	20. 112½	36. 202½	52. 292½

5. 28⅛	21. 118⅛	37. 208⅛	53. 298⅛
6. 33¾	22. 123¾	38. 213¾	54. 303¾
7. 39⅜	23. 129⅜	39. 219⅜	55. 309⅜
8. 45	24. 135	40. 225	56. 315
9. 50⅝	25. 140⅝	41. 230⅝	57. 320⅝
10. 56¼	26. 146¼	42. 236¼	58. 326¼
11. 61⅞	27. 151⅞	43. 241⅞	59. 331⅞
12. 67½	28. 157½	44. 247½	60. 337½
13. 73⅛	29. 163⅛	45. 253⅛	61. 343⅛
14. 78¾	30. 168¾	46. 258¾	62. 348¾
15. 84⅜	31. 174⅜	47. 264⅜	63. 354⅜
16. 90	32. 180	48. 270	64. 360

从1～19的平方对于注意时间和价格的阻力（位）来说是很重要的，因为它们是圆周中的重要度数。它们是：1、4、9、16、25、36、49、64、81、100、121、144、169、196、225、256、289、324和361——19的平方。

用圆周除以6，我们就得到两个不包含在上述表格中的阻力位和时间周期。它们是60和300。

用圆周除以12也是非常重要的，因为一年有12个月，而这可以准确地对时间周期发挥作用。以下是在上述表格中没有显示的度数：30、150、210、330。

用圆周除以24就得到经度上的15°的周期，大约是15天的时间。由于一天有24个小时，而且地球24小时内绕地轴自转一周，因而这些周期相当重要。以下是没有包含在上述表格中的度数：15、75、105、165、195、285、345。

在圆周的64等分表中，从左到右看，第2列始终与第1列相差90°。例如：第1是5⅝，下一列的第17是95⅝，增加了90°。相对的第33是185⅝，与95⅝相差90°；相对的第49是275⅝，与185⅝相差90°。

在粗线之间的第8行第1列是45，接下来是135、225和325，彼此间隔90°。

第1列的底部16对应的是90，横着看下去是180、270和360。所有这些数字与第8行的那些数字相差45°，它们是对于时间和价格的阻力位是最重要的。

为了了解圆周中这些度数的价值和重要性，你可以取最高价、最低价和时间周期——尤其是周时间周期和月时间周期，并且把它们进行核对，你会发现它们多么完美地运行到了这些重要的度数值上。

记住，你始终必须计算出价格从极限低点或次要低点上涨了多少个点或多少美分，以及从极限高点或次要高点下跌了多少个点或多少美分。此外，还要计算出价格上涨或下跌到了主要半路点、次要半路点或重心上方或下方多少美分。你将发现，主要的半路点形成于非常接近圆周中这些自然度数的位置。

例如：五月大豆期质的极限高点是436¾，极限低点是67，使得半路点为251⅞。对照圆周的64等分表，你会发现位于第45的是253⅛，它与该半路点非常接近。接下来是436¾的1/2，即218⅜，而位于圆周的64等分表中第39的是219⅜，它非常接近该自然阻力位。大豆现货的极限低点是44，44与436¾之间的半路点是240⅜。240是圆周的2/3或三角点，而且241⅞位于圆周的64等分表中的第43。极限低点44与重要的阻力位45仅相差1。五月大豆期货的历史最低价67，与67½相差1/2个点，67½位于圆周的64等分表中的第12，是0与90之间的3/4位，而且它是45与90之间的半路点。这就是五月大豆期化价格在67～69之间形成了5年的低点的原因，这预示着紧接着将出现一轮大幅上涨，因为3年之内在67～69之间形成了三重底。

接下来考虑时间周期。1932年12月28日，当天出现了五月大豆期货的低点；1947年12月28日，距离1932年12月28日15年，也就是180个月，它是圆周的1/2，也就是360°的1/2，这使得它成为一个非常重要的时间循环。五月大豆期货于1948年1月15日到达极限高点，仅超出整15年循环18天。以同样的方式对照其他所有的时间周期和时间循环，你会发现，它们在360°圆周中是如何完美地运行。

威廉·D. 江恩

1953年9月29日

第十四章　用以判断股票和商品期货周线趋势的高级计算器

该高级计算器（江恩制作）显示的是每个 7 天的时间周期，总共是 1 年的 52 周。这代表 364 个日历日，因此每年年底还有 1 天的增量，在 7 年年底，就有 7 天的增量，这个时间周期出现在重要的最高价和最低价日期之前一周。你还必须给每个闰年加上 1 天。假设你想得到 15 年的时间周期，为了能使用该计算器，你就要用 365 乘以 15，再加上闰年的数量，然后用总天数除以 7，就得到 7 天的周时间周期（见价格和时间周期表）。

52 的平方是 2704，我们可以用它来测量周数、天数、月数、年数或小时数。若使用天数，当然就需要 2704 天才能贯穿 52 方形。这就得到 386 周零 2 天，或将近 7 年零 5 个月，非常接近于重要的 7½ 年（即 90 个月）循环。

如果我们用小时来平衡或平方 2704，用 2704 除以 24，我们就得到 112⅔天。24 是 1 天总的小时数，也是地球绕地轴自转 1 周需要的时间。

由 7 日周期组成的 52 方形是测算价格和时间最重要的工具之一。数字 7 在《圣经》中被提及的次数比其他除了 3 以外的任何数字都多。在与价格和时间变化联合起来使用时，这两个数字都非常重要。

你要从重要的最高价和最低价出现的实际日期开始计算时间周期，不要从每个月或每年的第一天开始计算。

该计算器宽 104 周，它等于 2 年。时间周期在该计算器的底部水平延伸，从左向右，时间周期到 104 是 2 年，到 208 是 4 年。在该计算器的顶部，从右向左，时间周期到 312 是 6 年，到 416 是 8 年，到 520 是 10 年循环。

时间周期的划分

1 年的1/8，等于 6½周

1/4，等于 13 周

1/3，等于 17 周

3/8，等于 19½周

1/2，等于 26 周　一个非常重要的时间和阻力位

5/8，等于 32½周

2/3，等于 35 周

3/4，等于 39 周　对趋势的变化非常重要

7/8，等于 45½周

1 年，等于 52 周

角度线要从价格与时间的每个时间周期开始延伸，以便使正方形达到平衡并显示出阻力位——此处价格和时间周期会指示出趋势的变化。

时间与价格的第三维和第四维

我们知道三维——高度、宽度和长度——但是在市场运动当中，还有第四维或第四个要素。我们利用高级计算器，或是时长为 7 周或更长时间的 7 日时间周期的 52 方形以及同样的价格关系来证明第四维。7×52 等于 364 周，即 7 年。

圆周、三角形和正方形

360°圆周和 9 个数字是所有数学计算的基础。正方形和三角形在圆周内形成，但是还有内圆、内方形、外方形和外圆，它们证明了计算市场运动时的第四维。

价格

需要考虑的最重要的点位是：

1. 最低价。

2. 最高价。

3. 极限高点与极限低点之间的 1/2 位或平均值。正如高级计算器上所显示的一样，我们通过以对价格阻力位最重要的 1/2 位或重心为起点绘制一条 45°角度线，就得到第四维。

4. 成交量。这是驱使市场上涨或下跌的动力。但是要记住，时间是最根本的因素，当时间完成时，成交量就会开始驱使市场上涨或下跌。

时间

时间被分成几段或几个循环，我们据此来判断趋势的变化。

1. 日最高价和最低价。

2. 周最高价和最低价。

3. 月最高价和最低价。

4. 年最高价和最低价。

周时间周期和年时间周期对趋势 indications 和趋势变化是非常重要的。

日被分成小时、分钟和秒。一天的 4 个分割点是：日出、中午、日落和午夜。这几个分割点中最重要的是：中午，此时太阳在头顶，即在 90°角度线；午夜，与中午相对的点，即 180°，同时距离日落 90°。

由于我们在计算器上使用 7 日时间周期，因此 7 天的 1/2，即 3½ 天，对于注意趋势的变化是很重要的。始终要注意任何重要高点或低点后的第三天和第四天的小型趋势变化，它之后可能演变为大的变化。

7 日周期：从任何重要高点或低点开始的 7 个日历日的时间周期都是非常重要的。14 天是最重要的，21 天或 3 周是次重要的。回调经常会持续 2 周，有时会持续 3 周，然后便会重新开始主要趋势。熊市中的反弹经常会持续 14 天，有时会持续 21 天，然后便会重新开始下跌或者说重新开始主要趋势。

7 天的倍数：7 的平方，即 49 天，对于趋势的变化非常重要。你可以在第 42 天之后就开始注意趋势变化，但变化的最初标志可能要到第 45 或 46 天才会出现，它是一年或 365 天的 1/8。一年的 1/16 是 23 天。因此，46 日周期和 23 日周期对注意趋势的变化都很重要。

接下来重要的是 63～65 天，因为 7×9 等于 63，而 8 的平方又等于 64。81 天或者说 9 的平方也非常重要。90～91 天是一年的 1/4，也是 7×13，这对注意趋势的变化非常重要。当然，接下来重要的是 182 天左右，即一年的 1/2。

年

后面我们将提到一年的 4 个季节，即一年的划分，它们是春季、夏季、秋季和冬季，它们对于注意趋势的变化很重要。然而，时间的划分是从重要的最高价和最低价出现的实际日期开始的。

重要的年循环是 1、2、3、5、7、9、10、12、14、15、18、20、21、22½、24、25、27、28、30、40、45、49、56、60、84 和 90——这是大循环。我们把这些循环划分为 1/2 循环，这是最重要的，还有 1/8、1/3 和 2/3 周期，同时还要在这些循环的一定比例处注意趋势变化。例如：

90 年大循环等于 1080 个月；

1/2 是 45 年，即 540 个月；

1/4 是 22½年，即 270 个月；

1/8 是 11¼年，即 135 个月；

1/16 是 5⅝年，即 67½个月。

30 年循环或其他任何循环都要以相同的方式进行划分。

7 年的倍数：7 年或 84 个月的倍数全都对注意趋势的变化很重要。它们是 7 年、14 年、21 年、28 年、35 年、42 年和 49 年——它是最重要的，因为它是 7 的平方。接下来非常重要的是 56 和 63，因为 63 等于 7×9。81，即 9 的平方，也非常重要。

价格上也能使用 7 的倍数。例如：98，即 2×49；126，即 2×63；162，即 2×81，等等。

年时间周期——三角形和正方形：当从任何重要低点开始的 1/3 年，与从另外一个重要顶部或底部开始的 1/4 年和 1/2 年同时出现时，对趋势的变化是非常重要的。年时间周期的 1/2 始终是最重要的，就像最高价的 1/2 和价格区间的 1/2 对阻力位来说很重要一样。通过练习、研究与比较，并把计算器放在最高价与最低价的周线图表上，你将发现所有这些价格和时间周期是如何运行的。

时间、价格、成交量、速度、路线或趋势

当一个时间循环结束时，成交量会增加，市场会开始更加迅速地上涨或下跌。

路线或趋势主要通过 45°角度线来判断，它是最重要的，但其他角度线也可以用来判断趋势。路线或趋势是第四维，它通过角度线来显示市场是缓慢还是迅速，是非常陡峭（即在 45°角度线上方）还是平滑且缓慢（即在 45°角度线下方）。在 45°角度线下方将导致一个更加缓慢爬行的市场，该市场稍后可能会收复重要的角度线，增加角度线的斜率，并且开始更加迅速地上涨。

所有这些都显示在了高级计算器上，也就是 52 方形上。

三种使时间与价格形成正方形或达到平衡的方式

（1）使最低价与以周为单位的时间达到平衡，以及使最高价与时间达到平衡。

（2）使极限高点与极限低点之间的区间与时间达到平衡。

（3）通过使价格与以周时间周期为单位的时间达到平衡来获得第四维，正如高级 52 方形上所显示的一样。

价格刻度

价格刻度上下到 104、208、312、416 和 520（它与时间周期达到平衡）。对谷物来说，该刻度是 4 美分每蒲式耳；对股票来说，该刻度是 1.00 美元每股。价格周期被划分为 1/8 和 1/3，同时间周期一样。

棉花、咖啡、可可和禽蛋的刻度——每 1/8 美分等于 10 个点。因此，对于棉花或其他任何一种以 100 个点对应 1 美分来交易的商品期货来说，52 将表示价格上的 520，104 将表示价格上的 1040。

禽蛋的最高价与最低价的周线图表——禽蛋以 5 个点的最小单位交易。在最高价与最低价的日线图表上，我们使用 10 个点对应 1/8 英寸。经验证明，25 个点对应 1/8 英寸的刻度效果最好，而 1/8 英寸代表时间上的一周。因此，计算器上的 52 个空格将表示禽蛋的 1300 个点或 13 美分；104 个空格将代表 2600 个点；156 个空格将代表 3900 个点；208 个空格将代表禽蛋的 5200 个点，或 52 美分每打，依此类推。1 年的时间周期将得到 13 美分的区间，它的 1/2 是 6½美分，1/4 是 325 个点，1/8 是 162 个点。因此，如果你想获得 26 美分之上的价格阻力位，你就要加上 6½，得到 32½，依此类推。

所有这些都显示在这张附有价格的表格中，它包含了长达 40 年的价格。你必须做的只是水平找出标为“1/2”的周期并获得每年的确切日期。当距离某个重要高点或低点的时间是 1/2 年，即 182 天时，你可以用同样的方式从这张表格中得到基于 52 方形的价格阻力位。

如何使用该高级计算器

计算器上的一列可以用作 1 个月或 1 年，但该计算器是设计来用在最高价与最低价的周线图表上，以判断重大的趋势变化的。

如何使用周线图表上的计算器

把计算器的底部或“0”放在任何价格下的“0”上，或是放在最低价上，然后你就能看到角度线经过的地方以及指示出阻力位的地方。

把最高价被标为“顶部”的计算器放在重要价格形成的确切日期上，然后你就能看到从顶部开始下降的重要阻力角度线。

内方形或 1/2 位

把该计算器放在最高价的 1/2 位上或区间的 1/2 位上，把计算器放在低点或高点位于同一条直线上的被标为 1/2 或 26 周的位置；把计算器放在 26 周或 1/2 位上，将显示出阻力位以及价格是处于强势形态还是弱势形态。

45°角度线的内方形

45°角度线的内方形从 26（即 52 的 1/2）开始上下移动，它经过 26，即 52 的 1/2，从 0 开始上升的 45°角度线经过 52 和 104，从某个顶部或高点开始下降的 45°角度线经过 52，止于 0。如你所见，所有这些从任意重要的高点或低点开始的重要的 45°角度线都会经过 1/4、1/2、3/4 等位置，并且使时间与价格达到平衡。

最重要的时间周期

最重要的时间周期是距离重要高点和低点出现的日期 1 年、2 年、3 年或更多年的周年纪念日，第二重要的是年时间周期的 1/2；第三重要的是每年的 3/4，即 39 周；第四重要的是 1/3 位，即 17 周；2/3 位，即 35 周，也是对趋势变化非常重要的时间周期。

在计算周时间周期时，你还必须考虑 3 年循环、5 年循环、7 年循环、10 年循环、15 年循环（即 30 年循环的 1/2）、20 年循环（即 60 年循环的 1/3）、30 年循环（即完整的 360 个月循环）的重要性。从某个重要顶部或底部开始的时间周期越长，变化就越大，因为在完整的循环结束之前，该时间周期的每 1 年都会至少增加 1 天，还包括闰年所增加的天数和其他额外的天数。

时间与价格周期的表格显示了 1 年的 52 周或 364 天中的确切时间。通过计算出闰年和以每年 1 天的速度增加的时间，你就知道应该减去多少时间，就可以对整个周期进行调整。

季节性时间周期

在计算季节性时间周期时，我们不从 1 月 1 日计算时间，而是从春季开始的 3 月 21 日开始计算时间周期。这些周期按 1/8、1/3 等在表格中进行标注。如下：

5 月 5 日　　结束了 1/8 年，即 6½周（距离 3 月 21 日）

6 月 21 日　　结束了 1/4 年，即 13 周

7 月 23 日　　结束了 1/3 年，即 17 周

8 月 5 日　　结束了 3/8 年，即 19½周

9 月 22 日　　结束了 1/2 年，即 26 周

11 月 8 日　　结束了 5/8 年，即 32½周

11 月 22 日　　结束了 2/3 年，即 35 周

12 月 21 日　　结束了 3/4 年，即 39 周

2 月 4 日　　结束了 7/8 年，即 45½周

3 月 2 日　　结束了 1 年，即 52 周

仲季时间周期①

它们是 5 月 5 日、8 月 5 日、11 月 8 日、2 月 4 日。重大的趋势变化会出现在这些仲季日期附近，但也应当注意上述所有时间周期可能出现的重大趋势变化。

时间周期和重要的最高价及最低价的表格与 1～38 的顶部数据一起显示。重要的时间周期与确切的日期一起显示，如果你想查询第 7 年的某些东西，你就要找到标为“7”的那一列，然后下移到 1/2 位。你将发现，7½年是 390 周，等等，而且在这同一行的任何价格都将是重要的阻力位。

通过利用该高级计算器进行研究、练习和试验，你将了解 7 的倍数的时间和价格周期是多么有价值。

威廉 · D. 江恩

1955 年 1 月 10 日

① 仲季指的是仲春、仲夏、仲秋、仲冬，即季节的中期。

第十五章　主控图表

主控图表是永恒的，它们代表的是自然角度线和永恒的阻力位，不管是价格上的、时间上的，还是成交量上的。这些点位不会改变，你应当在每种不同的主控图表上仔细研究它们，并学会如何运用它们。

“12”主控图

该主控图（图 15－1）指的是“12”方形，即 12×12 正方形。第一个正方形结束于 144，第二个 12 方形结束于 288，第三个正方形结束于 432，第四个正方形结束于 576，该正方形将包含了你想要的绝大部分信息，不过你也可以根据自己的需要绘制出任意多的正方形。

该图表可以被运用于任何方面——时间、空间、价格或成交量，涨跌的点数、天数、月数和年数。

在第一个从 1～144 的正方形中，我绘制出了更细的角度线，以显示每个小正方形中的中心或最强的阻力位。对于次要顶部和底部来说，最强的小中心是：14、17、20、23、50、53、56、59、86、89、92、95、122、125、128、131。

大中心是遇到最强阻力的位置。这些数字是 66、67、78 和 79。上涨或下跌到这些价位的股票将遇到顽强的阻力。下一条强有力的角度线是 45°角度线，在其上的最强阻力数字是：14、27、40、53、66、79、92、105、118、151 和 144。另外一条从 12 开始的对角 45°角度线是一样强有力的，在其上的数字是：12、23、34、45、56、67、78、89、100、111、122 和 133。

穿过每个 1/4 大小的正方形[①]的中心的 45°角度线所经过的数字是第二强

① 即 12×12 正方形中的 6×6 正方形。

	1	2	3	4	5	6	7	8	9	10	11	12
12	12	24	36	48	60	72	84	96	108	120	132	144
11	11	23	35	47	59	71	83	95	107	119	131	143
10	10	22	34	46	58	70	82	94	106	118	130	142
9	9	21	33	45	57	69	81	93	105	117	129	141
8	8	20	32	44	56	68	80	92	104	116	128	140
7	7	19	31	43	55	67	79	91	103	115	127	139
6	6	18	30	42	54	66	78	90	102	114	126	138
5	5	17	29	41	53	65	77	89	101	113	125	137
4	4	16	28	40	52	64	76	88	100	112	124	136
3	3	15	27	39	51	63	75	87	99	111	123	135
2	2	14	26	38	50	62	74	86	98	110	122	134
1	1	13	25	37	49	61	73	85	97	109	121	133

图 15－1

的，这些数字是：7、20、33、46、59、72、61、50、39、28、17 和 6。在穿过半路点之后的正方形的另一边，这些数字是：73、86[①]、99、112、125、138、139、128、117、106、95 和 84。

正方形顶端和底端的数字是可能形成重要顶部和底部的重要价格，因为它们是相对的数字，加起来除以 2 等于半路点。第一个正方形底端的这些数字是：1、13、25、37、49、61、73、85、97、109、121、133；顶端的数字是：12、24、36、48、60、72、84、96、108、120、132 和 144。这些数字对于测算以天数、周数、月数和年数为单位的时间来说非常重要。

从东向西穿过正方形的中心，将正方形等分的这条阻力角度线是非常强有力的角度线之一，因为它等于 1/2。任何正在上涨或下跌的股票到达这些价格时都将遇到阻力并形成顶部或底部。这些数字是：6、7、18、19、30、31、42、43、54、55、66、67、78、79、90、91、102、103、114、115、126、127、138、139。

① 此处原文中是 96，但从图中看，应当是 86。

记住，任何事物从起点运动了3段时，都会到达自身位置的平方，这是第一个强大的阻力。当它运动了6段时，就到达了相反位置，也就是它自身位置的半路点，它将再次遇到更强大的阻力。从自身位置运动了9格或9段时，它就到达了3/4位，另外一个平方。第8段和第9段是最强、最难通过的位置，因为这里是“死亡”区域。下一个更强的是结束于144的第12段或第12列。任何事物进入这一段时都会遇到最强大的阻力，但是一旦它运动到了这个正方形之外并进入第二个正方形内3个点之多（也就是形成147），就将预示着价格将大幅走高。但是，在到达这个位置之后，它不能跌回到141，也就是不能跌回第一个正方形内3个点。

当某只股票进入第二个12方形时，它就会出现更加快速的运动；当从任意底部或顶部起算的时间或月数进入第二个正方形时，就是标志着该股将出现更加快速的运动，不管是上涨还是下跌。

把同样的规则运用于第三、第四、第五和第六个正方形当中，你会发现，若是根据时间来确定分段，在用月数来测算时，绝大部分大型牛市和熊市行情都会在第三个和第四个12方形内达到顶点。已给出的所有其他运用于空间运动、角度线和时间的规则，都可以与“12”主控图表一起使用。

9方形

我已经解释过12方形主控图（它代表天数、周数、月数和年数）和12方形或圆周的正方形中的时间测算，该12方形也可以用来测算价格运动和阻力位。

9方形非常重要，因为9个数字被用来使得每件事情得到保证（图15－2）。不用0开始重复，我们就不能超越9。如果我们用360°除以9，就得到40，它表示40个月、40天、40周或40年，表明为什么底部和顶部经常出现在这些以圆的1/9测量的角度线上。这也是以色列人在旷野中跋涉了40年的原因。

如果我们用20年周期（即240个月）除以9，就得到26⅔个月，形成一条重要的26⅔°角度线或是26⅔个月、26⅔天或26⅔周。9×9等于81，它完成了第一个9方形。注意图15－3中的角度线以及它们是如何从主要中心开始延伸的。第二个9方形结束于162，注意这是如何与主要中心相对的。第三个9方形结束于243，它等于243个月，也就是比20年周期多3个月，这就解释了为什么这个循环内的趋势发生变化之前经常会先流逝这么多时间，有时会顺延3个月或是更长时间。第四个9方形结束于324。注意45°角度线经过了325，这预示着这轮循环中的趋势在此处的变化。要完成360°需

9	18	27	36	45	54	63	72	81
8	17	26	35	44	53	62	71	80
7	16	25	34	43	52	61	70	79
6	15	24	33	42	51	60	69	78
5	14	23	32	41	50	59	68	77
4	13	22	31	40	49	58	67	76
3	12	21	30	39	48	57	66	75
2	11	20	29	38	47	56	65	74
1	10	19	28	37	46	55	64	73

SQUARE OF NINE

图 15－2

要 4 个 9 方形还多 36。注意，361 等于一个 19×19 的正方形，因而证明了 9 方形在计算重要角度线和探明差异上的巨大价值。

从中心的“1”开始，注意 7、21、43、73、111、157、211、27 和 343 全都落在一条 45°角度线上。来到另外一个方向，注意，3、13、31、57、91、133、183、241 和 307 也都落在一条 45°角度线上。记住，你始终有 4 种方法可以从中心开始沿着一条 45°角度线、180°角度线或 90°角度线运动。若在一个平面上测量，这些角度线都大致相同。注意，8、23、46、77、116、163、218、281 和 352 全都在从主要中心开始的一条角度线上；同时还要注意，4、15、34、61、96、139、190、249 和 316 也都在从主要中心开始的一条角度线上。所有这些数据都是巨大的阻力位，它们测算出了重要的时间因子和角度线。

要结合 12 主控图和 360°圆周图，非常仔细地研究 9 方形。

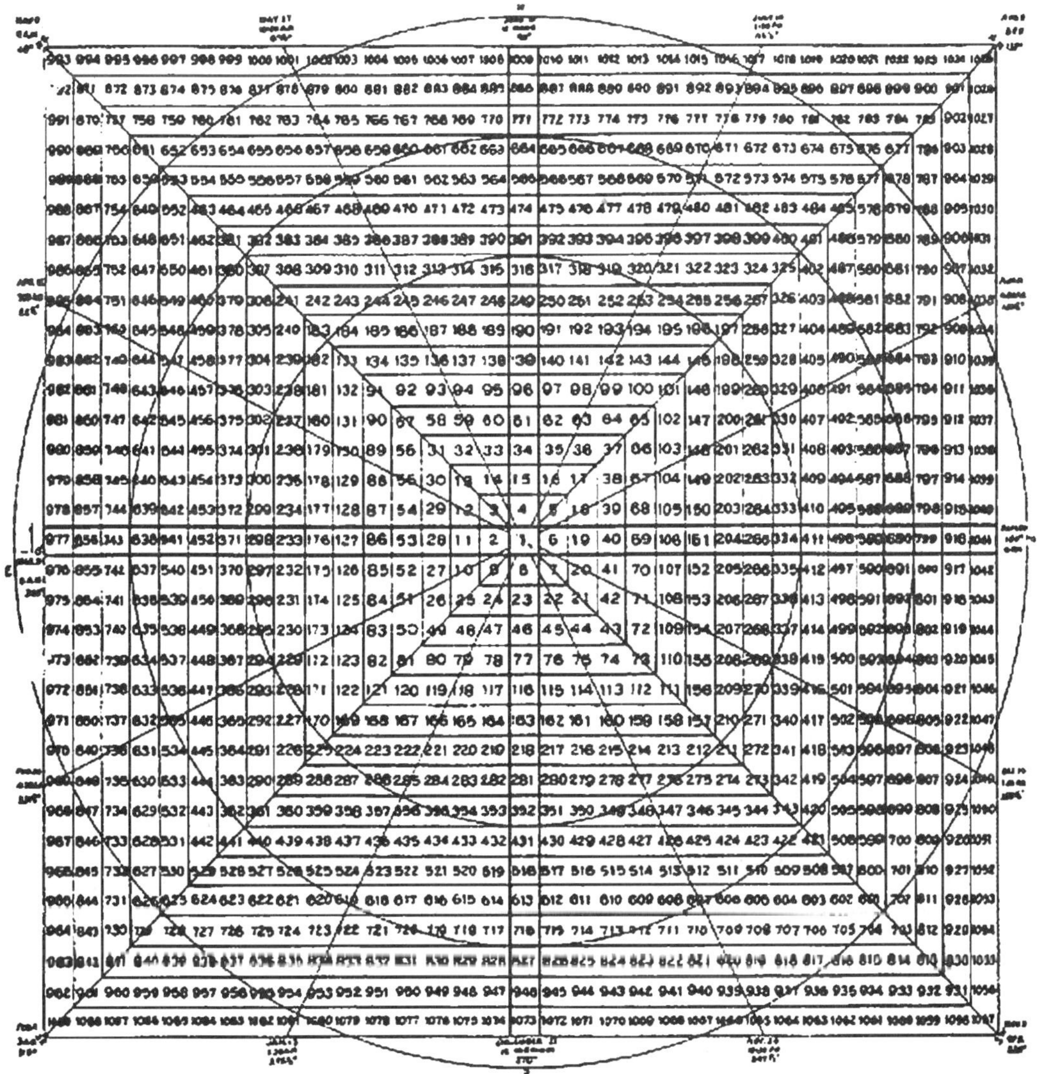

图 15－3

6个9方形

你将收到6个永恒的图表（图15-4），每个包含81个数字。第一个9方形从1～81。每件事物都必须有一个底、一个顶和四条边才能成为一个正方形或立方体。上升到81的第一个正方形是底、地基、基底或者说起点。第六个9方形是顶，意思它是《圣经》中所提到的倍数，或者说一个通过自乘来复制自身的事物。9×9等于81，6×81等于486。我们还可以用9×81，它等于729。

数字5是最重要的数字，因为它是平衡数字或主要中心。它的每一边都有4个数字。注意在9方形中它是如何被显示为平衡数字或中心的。

我们通过从中心1开始，一圈一圈环绕到360，来将圆变成正方形。注意，9方形出现在361。其原因是：361是19×19，1作为开始，1～360代表起点到终点。361是开始下一个圆周的转换点。如果我们将第一格留白或是使它为0，那么我们就将结束于360。在数学里，每件事情都必须得到证明。你可以从中心开始计算，或是从外围开始向中心计算。从左边开始计算，向右到中心、外缘或正方形。

注意这个9方形或是圆周的正方形，我们从1开始，沿着最边上的一列上升到19，然后继续横穿，直到形成19列，这样就再次得到了19×19正方形（图15-5）。注意这是如何满足圆的条件的。该圆周的一半是180°。注意，在主要中心，即所有从4个角和东、南、西、北引出的角度线到达重心的地方，数字181出现，表明在这个位置，我们正在穿过赤道或重心，并且正在开始该圆周的另一半。

我们有几何角度线起作用的原因、理由和起因的天文和数学证据。当你已经取得了进步，并且向你自己证明了几何角度线是有价值的，我将给出主控数字和主要作品。

六边形图表

由于一切事物都是周期运动，没有什么是直线运动，所以这张图表将向你展示角度线是如何在非常低的价位和非常高的价位影响股票的，以及为什么股价越高，股票运动得越快，这是因为它们运动到了各个45°角度线之间的距离如此之远的位置，以至于没有什么能够让它们停下来，因而它们自然会快速地向上或向下运动。

我们以中心为1的圆作为开始，尽管只包括了1，但这个圆一样是360°。

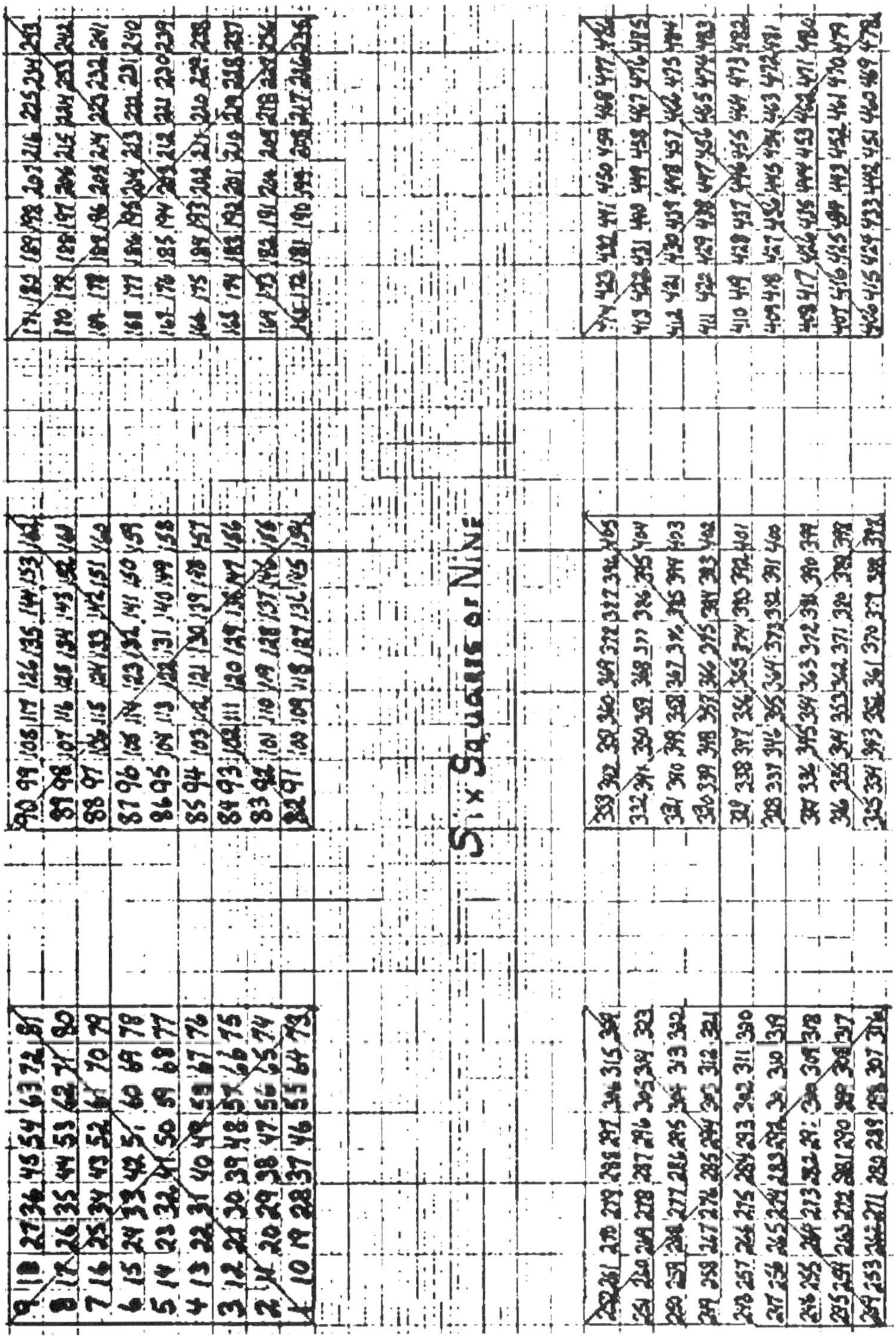

图 15-4

SQUARE OF THE CIRCLE

1	2	3	4	5	6	7	8	9	10	11	12	13	14	15	16	17	18	19
19	38	57	76	95	114	133	152	171	190	209	228	247	266	285	304	323	342	361
18	37	56	75	94	113	132	151	170	189	208	227	246	265	284	303	322	341	360
17	36	55	74	93	112	131	150	169	188	207	226	245	264	283	302	321	340	359
16	35	54	73	92	111	130	149	168	187	206	225	244	263	282	301	320	339	358
15	34	53	72	91	110	129	148	167	186	205	224	243	262	281	300	319	338	357
14	33	52	71	90	109	128	147	166	185	204	223	242	261	280	299	318	337	356
13	32	51	70	89	108	127	146	165	184	203	222	241	260	279	298	317	336	355
12	31	50	69	88	107	126	145	164	183	202	221	240	259	278	297	316	335	354
11	30	49	68	87	106	125	144	163	182	201	220	239	258	277	296	315	334	353
10	29	48	67	86	105	124	143	162	181	200	219	238	257	276	295	314	333	352
9	28	47	66	85	104	123	142	161	180	199	218	237	256	275	294	313	332	351
8	27	46	65	84	103	122	141	160	179	198	217	236	255	274	293	312	331	350
7	26	45	64	83	102	121	140	159	178	197	216	235	254	273	292	311	330	349
6	25	44	63	82	101	120	139	158	177	196	215	234	253	272	291	310	329	348
5	24	43	62	81	100	119	138	157	176	195	214	233	252	271	290	309	328	347
4	23	42	61	80	99	118	137	156	175	194	213	232	251	270	289	308	327	346
3	22	41	60	79	98	117	136	155	174	193	212	231	250	269	288	307	326	345
2	21	40	59	78	97	116	135	154	173	192	211	230	249	268	287	306	325	344
1	20	39	58	77	96	115	134	153	172	191	210	229	248	267	286	305	324	343

图 15－5

然后我们在这个圆的周围放上一圈的圆，6 个圆就完成了第二个圆，比第一个圆多 6。第二个圆结束于 7，使得这条角度线上的 7 成为一个非常重要的月份、年份、周和天。第 7 天是神的日子，也是休息日。第三个圆结束于 19；第四个圆结束于 37，比前一个圆多 18；第五个圆结束于 61，比前一个圆多 24；第六个圆结束于 91，比前一个圆多 30；第七个圆结束于 127，比前一个圆多 36。注意，从第一个圆开始，我们每转一圈就增加 6。换句话说，当转动了 6 圈时，我们就增加了 36。注意，此时就完成了第一个六边形，由于这等于 127 个月，因此表明了为什么有些行情会持续 10 年零 7 个月，或者说为什么会持续到它们到达一个六边形或重要的最后一条 45°角度线为止。

第八个圆结束于 169，比前一个圆多 42。由于不止一个原因，这是一条非常非常重要的角度线，也是一个重要的时间因子。它是 14 年零 1 个月，即是 7 年循环的两倍。正如你将通过自此回顾你的图表所发现的一样，重要的顶部和底部会在这条角度线上达到顶点。

第九个圆结束于 217，比前一个圆多了 48。第十个圆结束于 271，比前一个圆多了 54。注意，271 是从第 1 圆开始后的第 9 个圆，或者是第三个 90°，即 270°，也是圆周的 3/4，是一个非常强的位置。所有这些都获得了 12 方形主控图、四季和 9 方形的确认，也获得了六边形的确认，表明不管你的计算方法有多少种，或是你从什么哪个方向开始计算，数学证明都始终是准确的。

第十一个圆结束于 331，比前一个圆多 60。第十二个圆结束于 397，这完成了该六边形，比第十一个圆多了 66，66 个月，即 5 年零 6 个月，标志着股票的一轮大的行情达到顶点。注意股票在第 60 个月达到顶点，随后出现一轮回调并在第 66 个月形成一个次级顶部或底部的频率有多高。注意 12 方形主控图上的数字 66。注意 9 方形上的数字 66，并且注意 66 在六边形中出现在一条 180°角度线上。所有这些都证实了这一点上的角度线是强有力的角度线。

我们还有一条 66°角度线、67½°角度线和 68°角度线，都证实了这个点将是向上或向下的空间运动的双倍强有力的顶部或底部。

注意六边形上的数字 360，它结束了一个 360°圆周。如果从我们的起点开始计算，这发生在环形的六边形的一条 150°角度线上；但是如果从中心开始测量，它就等于一条 90°或 180°角度线，使得该数字成为一个强有力的点位，很难被穿越，同时它也是一轮行情的结束，另外一轮行情的开始。

此外，在中心为1的六边形图上（图15－6），还要注意7、19、37、61、91、127、169、217、271、331和397全部都在这条径直的角度线上，它们都是时间测算时的重要点位。从1开始，沿着另外一条角度线，注意2、9、22、41、66、97、134、177、226、281和342全部都在同一条90°角度线上，或是按六边形测算的60°和240°角度线上。

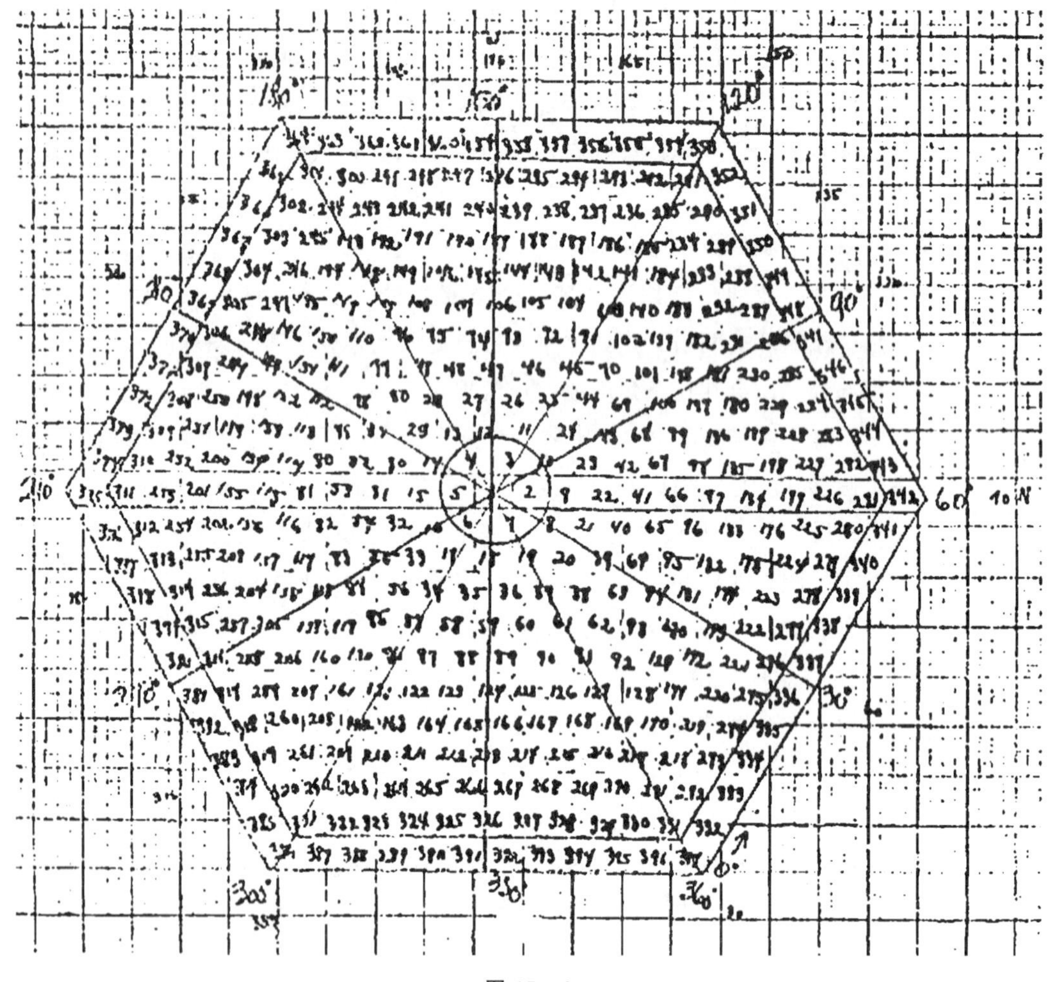

图15－6

仔细研究该图和每个方向上的重要角度线，你就会明白股票为什么在这些天数、周数、月数或年数遇到阻力，以及股票为什么停在这些强有力的时间和价格上的重要点位，并形成顶部和底部。

当任何一只股票穿越到了120°上方，尤其是127°上方或127点上方，并且运行到了第一个六边形的平方之外，它的波动就会更加迅速，它也会更加快速的上下运动。注意，在中心附近从6运行到7时，该股触及了180°角度线或 90°角度线。但是，当该股运行到了 162 时，它就能在触及另外一条强有力的角度线之前向上运行到 169。这就是为什么随着股票走得越来越高以及在时间上离某个中心越来越远时，会出现快速的上下运动。

记住，每件事物都会寻求重心，重要顶部和底部也都是根据重心以及从某个中心、基点或起点（要么是顶部，要么是底部）开始的时间度量值而形成的。笔直向上或水平的角度线可能正好与股票水平运行的天数、周数、月数或年数相等。因此，一只向上运行到 22½的股票将触及一条 22½°角度线。如果它运行了 22½天、22½周或 22½个月，它也将触及一条 22½°角度线，而且如果该股所触及的角度线是上升的，那么当这些角度线被触及时股票的价格越高，该股将遇到的阻力就越大。在下跌时把这条规则反过来用。

市场运动的形成与其他任何一件构造出来的事物的形成是一样的。它就像建造一座大楼。首先必须打好地基，然后完成四面墙，最后但并非最不重要的是盖上房顶。这个立方体或是六边形恰好证明了这套法则，该法则因为市场里的时间和空间而有效。当一座大楼被建造时，它是根据四方形或六边形来建造的。它有四面墙或者说四条边，一个底部和一个顶部；因此，它是一个立方体。

在股市中完成 20 年循环时，从起点开始的第一个 60°或 5 年就形成了该立方体的底部。第二个 60°运行到了 120°，完成了第一条角度线或第一条边，走完了 10 年循环。第三个 60°或第二条边结束了 15 年或 180°。这是非常重要的，因为至此我们已经完成了大楼的一半，因而必然会在这个位置遇到强大的阻力。第四个 60°，即 20 年或 240 个月的终点，完成了第三条边。我们现在完成了大楼的 2/3，此处是一个非常强有力的位置，它结束和完成了 20 年循环的。第五个 60°，即 300°、300 天、周或月的位置，完成了 25 年，这是第一个 5 年的重复，但它完成了大楼的第四条边，并且是一条非常重要的角度线。第六个 60°，即 360°，完成了整个圆周，用我们的时间因素来测算就结束了 30 年。它在一条 45°角度线上每月运行 1°，完成了顶部。这就是一个完整的立方体，然后我们重新开始。

结合六边形图表一起研究这点，对你会有帮助。

360°圆周主控图

这个图 15－7 和图 15－8 从 0 开始，围绕圆周运行至 360。我们首先用 360 除以 2 得到 180°；随后用 180°除以 2 得到 90°；接下来用 90°除以 2 得到

Master 360° Circle Chart

		1	2	3	4	5	6	7	8	9	10	11	12	1	2	3	4	5
12	24	360	720	1080	1440	1800	2160	2520	2880	3240	3600	3960	4320	4680	5040	5400	5760	6120
	23	345	705	1065	1425	1785	2145	2505	2865	3225	3585	3945	4305	4665	5025	5385	5745	6105
11	22	330	690	1050	1410	1770	2130	2490	2850	3210	3570	3930	4290	4650	5010	5370	5730	6090
7/8	21	315	675	1035	1395	1755	2115	2475	2835	3195	3555	3915	4275	4635	4995	5355	5715	6075
10	20	300	660	1020	1380	1740	2100	2460	2820	3180	3540	3900	4260	4620	4980	5340	5700	6060
	19	285	645	1005	1365	1725	2085	2445	2805	3165	3525	3885	4245	4605	4965	5325	5685	6045
9 3/4	18	270	630	990	1350	1710	2070	2430	2790	3150	3510	3870	4230	4590	4950	5310	5670	6030
	17	255	615	975	1335	1695	2055	2415	2775	3135	3495	3855	4215	4575	4935	5295	5655	6015
8 2/3	16	240	600	960	1320	1680	2040	2400	2760	3120	3480	3840	4200	4560	4920	5280	5640	6000
5/8	15	225	585	945	1305	1665	2025	2385	2745	3105	3465	3825	4185	4545	4905	5265	5625	5985
7	14	210	570	930	1290	1650	2010	2370	2730	3090	3450	3810	4170	4530	4890	5250	5610	5970
	13	195	555	915	1275	1635	1995	2355	2715	3075	3435	3795	4155	4515	4875	5235	5595	5955
6 1/2	12	180	540	900	1260	1620	1980	2340	2700	3060	3420	3780	4140	4500	4860	5220	5580	5940
	11	165	525	885	1245	1605	1965	2325	2685	3045	3405	3765	4125	4485	4845	5205	5565	5925
5	10	150	510	870	1230	1590	1950	2310	2670	3030	3390	3750	4110	4470	4830	5190	5550	5910
	9	135	495	855	1215	1575	1935	2295	2655	3015	3375	3735	4095	4455	4815	5175	5535	5895
4 1/3	8	120	480	840	1200	1560	1920	2280	2640	3000	3360	3720	4080	4440	4800	5160	5520	5880
	7	105	465	825	1185	1545	1905	2265	2625	2985	3345	3705	4065	4425	4785	5145	5505	5865
3 1/4	6	90	450	810	1170	1530	1890	2250	2610	2970	3330	3690	4050	4410	4770	5130	5490	5850
	5	75	435	795	1155	1515	1875	2235	2595	2955	3315	3675	4035	4395	4755	5115	5475	5835
2 1/6	4	60	420	780	1140	1500	1860	2220	2580	2940	3300	3660	4020	4380	4740	5100	5460	5820
1/8	3	45	405	765	1125	1485	1845	2205	2565	2925	3285	3645	4005	4365	4725	5085	5445	5805
1	2	30	390	750	1110	1470	1830	2190	2550	2910	3270	3630	3990	4350	4710	5070	5430	5790
	1	15	375	735	1095	1455	1815	2175	2535	2895	3255	3615	3975	4335	4695	5055	5415	5775
1:1		30° 1/12	60° 1/6	90° 1/4	120° 1/3	150° 5/12	180° 1/2	210° 7/12	240° 2/3	270° 3/4	300° 5/6	330° 11/12	360° 0	30° 1/12	60° 1/6	90° 1/4	120° 1/3	150° 5/12

图 15-7

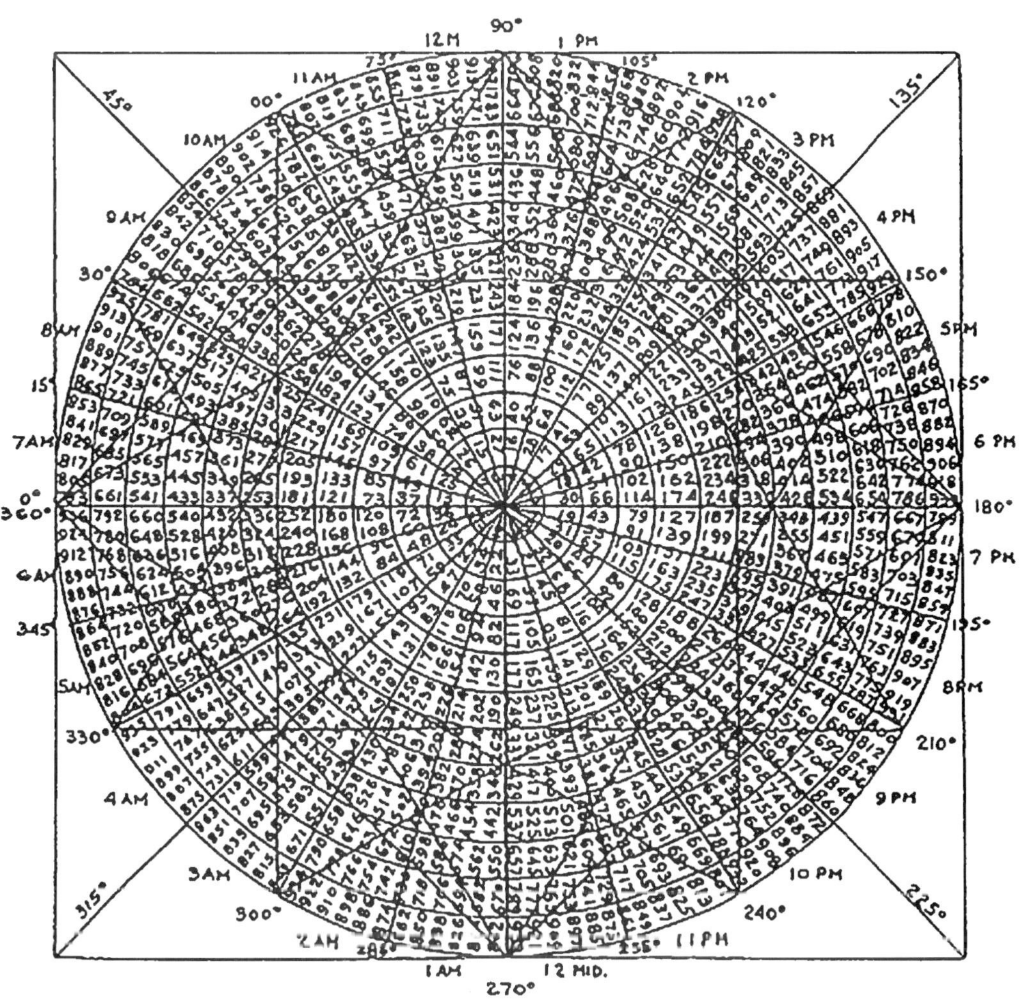
90°
12 AM
1 PM
105°
2 PM
120°
3 PM
135°
4 PM
150°
5 PM
165°
6 PM
180°
7 PM
195°
8 PM
210°
9 PM
225°
10 PM
240°
11 PM
255°
12 MID.
270°
1 AM
285°
2 AM
300°
3 AM
315°
4 AM
330°
5 AM
345°
6 AM
0°
360°
7 AM
15°
8 AM
30°
9 AM
10 AM
45°
60°
11 AM
75°

图 15-8

45°；然后用 45°除以 2 得到 22½°；此后用 22½°除以 2 得到 11¼°；随后用 11¼°除以 2 得到 5⅝°——所有这些形成了圆周里的重要角度线。

我只展示了从 3¾°～360°之间的所有重要角度线。所有这些角度线都用红色绘制，因为它们是重要的角度线。

用圆周除以 2 之后，下一个重要的除数是 3。用 360°除以 3，我们就得到 120°、240°和 360°，这形成了重要的三角点。随后我们用 120°除以 2 就得到 60°、150°、210°、300°和 330°角度线。接下来我们用 60°除以 2 就得到各条 30°角度线和圆周内与 30°角度线成比例的角度线。然后我们用 30°除以 2 就得到各条 15°角度线和圆周内与 15°角度线成比例的角度线。此后我们用 15°除以 2 就得到圆周内的各条 7½°角度线。

将 1 天的 24 小时按圆周分割就等于每小时 15°。这个圆被分割成了 48 个 7½°，它们在测算天、周和月时间周期时很重要。

仔细研究该 360°主控图，你将发现周期为什么会重复。任何事物向上运行了 180°时，都会开始朝着对立面下降。每个角度上升到了 180°时都会与圆周另外一边相对。这就是顶部和底部会出现在这些角度上的原因。例如，曾经出现在 90°或 90 个月的顶部将会在相隔 90°或 90 个月之后再度出现，并且到时会有相似的顶部引起快速的波动和快速的上下运动，因为该角度线如此陡峭，以至于股票无法在开始朝着相反方向运动之前在顶部停留很长时间。

注意每 14 年和 15 年（即 180 个月）出现一次，或者每当遇到一条 180°角度线或直上直下的角度线时所出现的顶点。注意接近该角度线时运动有多迅速，它们上涨或下跌得有多快，以及反转得有多快。遇到 45°、135°、225°和 315°角度线时也是一样。注意当顶部和底部有规律地出现，并且等于相隔的月份数时，更是证明这些规律是如何地指示重要行情变化的。注意 22½°，随后是下一条重要的角度线 30°角度线，接下来是 45½°角度线。然后注意 60°和 67½°是紧邻在一起的，但这两条都是非常强有力的角度线。此外还要注意 112½°和 120°，这两条都是强有力的角度线，并且紧邻在一起，这也指示出了重要顶部和底部。你可以此外还要注意 150°和 157½°，它们也是紧邻在一起的两条强有力的角度线，这指示出了重要顶部和底部。沿着圆周依此类推下去。

当圆周被 2 等分和 3 等分，以及再次划分时，我们就在 360°圆周里得到以下重要的角度线和时间、空间以及成交量的度量值：5⅝、7½、11¼、15、16⅞、22½、27⅞、30、33¾、37½、39⅜、45、50⅝、56¼、60、61⅞、67½、73⅛、75、78¾、82½、84⅜、90、95⅝、101¼、105、

106⅞、112½、118⅛、120、123¾、129⅜、135、140⅝、146¼、150、152⅞、157½、163⅛、168¾、174⅜、180、185⅝、191¼、196⅞、202½、208⅛、210、213¾、219⅜、225、230⅝、236¼、240、241⅞、247½、253⅛、258¾、264⅜、270、275⅝、281¼、286⅞、292½、298⅛、300、303¾、309⅜、315、320⅝、326¼、330、331⅞、337½、343⅛、348¾、354⅜、360（它完成了整个圆周）。

这些数字全部都是通过对角度进行分割得来的，它们都是1/2、1/3、1/4、1/8、1/16、1/32和1/64度量值。

将这些数字与你的12方形主控图、9方形图、六边形图和360°圆周主控图进行对照，你将发现它们全部是如何证实重要角度线和时间因子的。

由于表示周数、天数、月数和年数的数字7在确定顶点时是如此的重要，因此我们必须用圆周除以7，得到重要的点位，即圆周中的各个1/7位，它们是至关重要的角度线。

360°的第一个1/7等于51³⁄₇，第二个1/7等于102⁶⁄₇，第三个1/7等于154²⁄₇，第四个1/7等于205⁵⁄₇，第五个1/7等于257¹⁄₇，第六个1/7等于308⁴⁄₇，第七个1/7就完成了整个圆周，等于360°、360天、周、月或年。如果你用所有这些点位除以2，你还将得到其他重要而有价值的角度线，它们将确认并与其他图表中的其他角度线相符。

1/7年或是1/7圆周表明了为什么如此多快速的市场运动都在第49天或第52天达到顶点，以及为什么第7周、第7个月和第7年对于顶点的出现如此重要。

1½乘以51³⁄₇等于77⅛，这表明了为什么角度线在这个位置附近如此强有力，以及为什么第77天、第77周和第77个月对于顶点的出现如此重要。

360°圆周主控图的正方形

当正方形是90×90，它就包括了8100个细胞、区域或空间。因此，360的正方形就包括32400个空间[①]。这表明了为什么一只股票会在同一个区间内上下波动这么多次，原因在于它正在走完正方形中的细胞数或是每个空间的摆动。例如：

90（的平方）的1/8等于1012½

90（的平方）的1/4等于2025

① 360×90＝32400。

90（的平方）的 1/2 等于 4050

90（的平方）的 3/4 等于 6075

90（的平方）的 1/3 等于 2700

90（的平方）的 2/3 等于 5400

360 的平方，即 360 乘以 360 等于 32400[①]。

360（的平方）的 1/4 等于 8100

360（的平方）的 1/3 等于 10800

360（的平方）的 1/2 等于 16200

360（的平方）的 2/3 等于 21600

360（的平方）的 3/4 等于 24300

360（的平方）的 7/8 等于 28350

这些位置的使用对于成交量、时间测算和价格测算都非常重要。

假设你想要知道填满或走完 90 方形需要多少天，1 年有 365 天。20 年就是 7300 天，算上闰年还将稍微比这多一点儿。因此，走完 90 方形里的每一个摆动需要 22 年 2 个月零 10 天。

螺旋图表

螺旋图 15 - 9 描绘了任意从 0 开始一圈圈不停旋转的事物的正确位置、时间和空间。它准确表明了随着一圈圈的螺旋，数字是如何增大的，以及为什么随着股票变老，它们会运动得越来越快，或者为什么当价格到达更高的水平时，摆动会快那么多。在中心、起点或 0，需要 45°来代表一个点。当该股围绕该中心运行了 7 次时，它就需要 7 个点才能触及一条 45°角度线了。当它围绕中心运行了 12 次时，它就需要 10 个点的空间才能触及一条 45°角度线。这也意味着该股可以在一个方向上运动 10 个月了，期间不会触及任何会引起巨大回调的事物。在这张图表上，我们只展示了 45°、60°、90°、120°、135°、180°、225°、240°、270°、300°、315°和 360°角度线。这显示的是圆周被 2、4、8 等分，以及圆周的 1/3 位和 2/3 位；由于它们是生死攸关的、最重要的角度线，因此我们放上它们，以便你可以看见空间或时间是如何形成快速波动的。

① 原文有误，并导致随后数据出错。请读者推算。

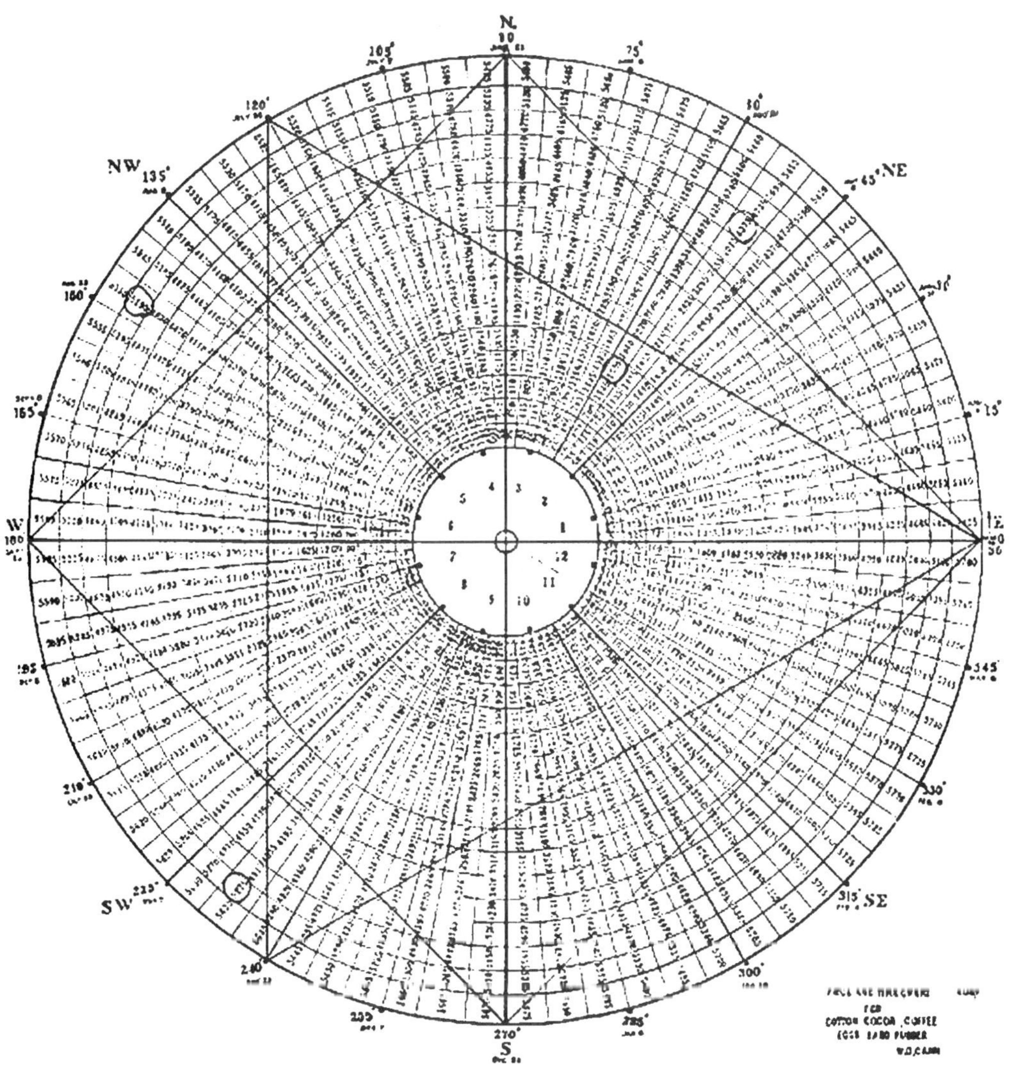

图 15－9

纽约股票交易所永恒图表

图 15－10 是一个 20 方形，即垂直 20，水平 20，一共是 400。这可以被用于测算天数、周数、月数和年数，也可以用来判断顶部和底部将何时沿着强有力的角度线形成，正如该永恒图表所显示的一样。

例如：纽约股票交易所于 1792 年 5 月 17 日组建。因此，我们从 1792 年 5 月 17 日的 0 开始，1793 年结束于 1，此时该股票交易所组建 1 年。1812 年将出现在 20 上；

1832 年在 40 上；1892 年在 100 上；1852 年在 60 上；1912 年在 120 上；1872 年在 80 上；1932 年在 140 上。

注意，139，即 1931 年，触及了从 20 开始下降的 45°角度线，并且这是在第 7 区域，即水平的第 7 个空间，这表明 1931 年是一轮熊市行情的结束，一轮牛市行情的开始。但是，我们必须当心一轮崩跌会发生在 1931 年 5 月和 6 月左右，此时该角度线在第 139 年末被触及。

你将注意到，把该正方形分割成了相等部分的数字从左到右依次是 10、30、50、70、90、110 等；1802 年出现在 10 上，1822 年出现在 30 上，1842 年出现在 50 上，1862 年出现在 70 上。注意，内战爆发的 1861 年出现在数字 69 上，它是一条 45°角度线。接下来注意，1882 年在 5 月份结束于一条 90°角度线上，也结束于 1/2 位上和水平横穿的 180°角度线上。此外，1902 年位于 110，即 1/2 位；1903 年和 1904 年触及了 45°角度线。

注意，1920 年和 1921 年在数字 129 触及了 45°角度线，而且牛市的第一年 1922 年位于 1/2 位置的 130。

注意，1929 年处在数字 137，即第 137 个月，并且触及了一条 45°角度线；1930 年在第 4 个正方形内位于 1/2 位，这是一个强有力的阻力位，这预示着一轮陡直、剧烈的下跌。

此外，138 位于 12 方形主控图上的 1/2 位。

1933 年将位于 141，处在第 8 区域，并且处在第 2 个 20 方形的中心或 1/2 位。

结束于 5 月份的 1934 年和 1935 年将分别位于 142 和 143，并且 1935 年将在第 8 区域的中心出现在 45°角度线上，还将位于第 2 个正方形的 1/2 位，朝着整个正方形的 1/2 位运行，这预示着一轮下跌和底部的出现。该底部之后将出现一轮运行到 1936 年的上涨，期间的 1937 年将到达 145，它位于这个正方形中向上的纵列的 1/4 位置。

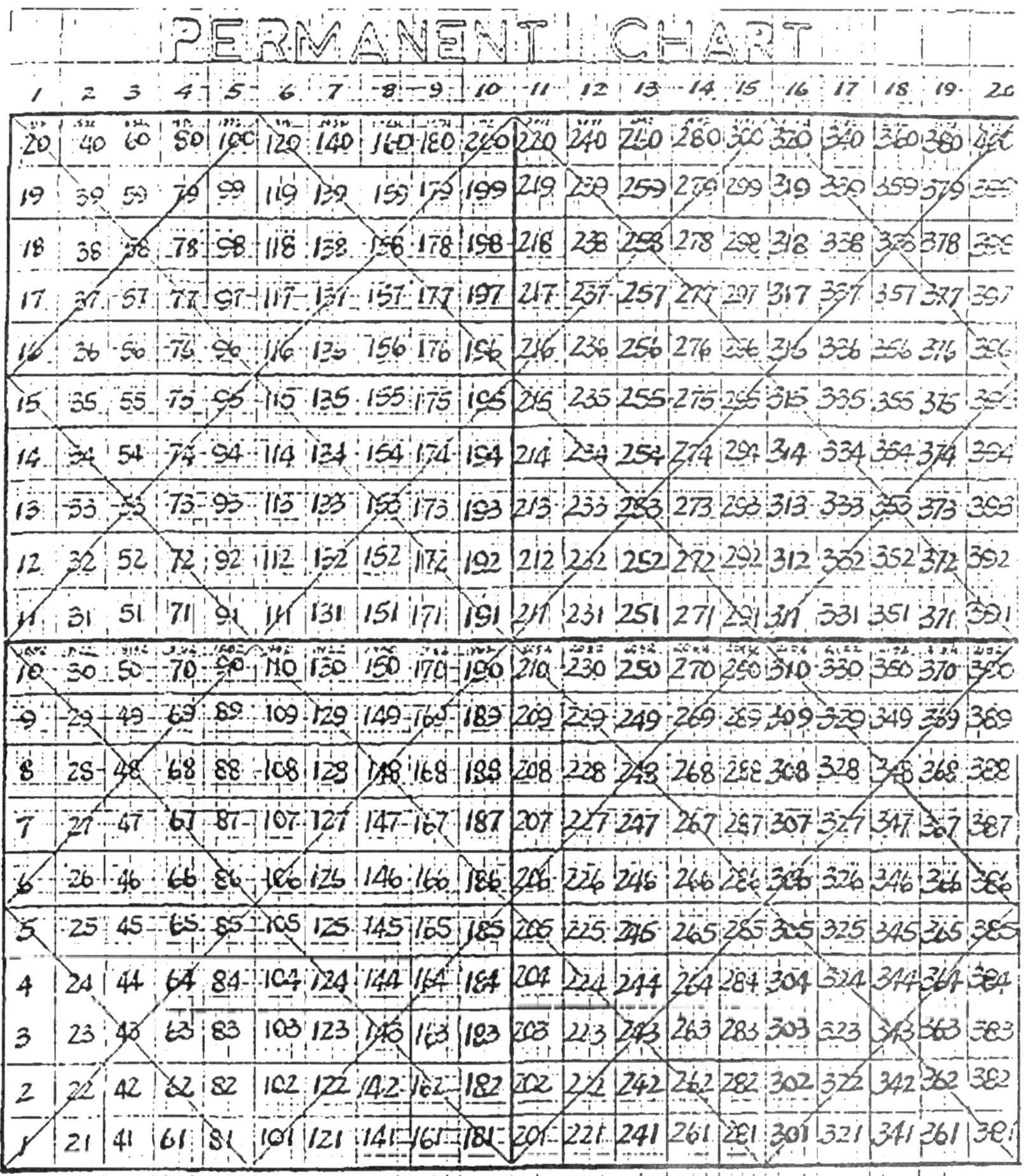

PERMANENT CHART

1	2	3	4	5	6	7	8	9	10	11	12	13	14	15	16	17	18	19	20
20	40	60	80	100	120	140	160	180	200	220	240	260	280	300	320	340	360	380	400
19	39	59	79	99	119	139	159	179	199	219	239	259	279	299	319	339	359	379	399
18	38	58	78	98	118	138	158	178	198	218	238	258	278	298	318	338	358	378	398
17	37	57	77	97	117	137	157	177	197	217	237	257	277	297	317	337	357	377	397
16	36	56	76	96	116	136	156	176	196	216	236	256	276	296	316	336	356	376	396
15	35	55	75	95	115	135	155	175	195	215	235	255	275	295	315	335	355	375	395
14	34	54	74	94	114	134	154	174	194	214	234	254	274	294	314	334	354	374	394
13	33	53	73	93	113	133	153	173	193	213	233	253	273	293	313	333	353	373	393
12	32	52	72	92	112	132	152	172	192	212	232	252	272	292	312	332	352	372	392
11	31	51	71	91	111	131	151	171	191	211	231	251	271	291	311	331	351	371	391
10	30	50	70	90	110	130	150	170	190	210	230	250	270	290	310	330	350	370	390
9	29	49	69	89	109	129	149	169	189	209	229	249	269	289	309	329	349	369	389
8	28	48	68	88	108	128	148	168	188	208	228	248	268	288	308	328	348	368	388
7	27	47	67	87	107	127	147	167	187	207	227	247	267	287	307	327	347	367	387
6	26	46	66	86	106	126	146	166	186	206	226	246	266	286	306	326	346	366	386
5	25	45	65	85	105	125	145	165	185	205	225	245	265	285	305	325	345	365	385
4	24	44	64	84	104	124	144	164	184	204	224	244	264	284	304	324	344	364	384
3	23	43	63	83	103	123	143	163	183	203	223	243	263	283	303	323	343	363	383
2	22	42	62	82	102	122	142	162	182	202	222	242	262	282	302	322	342	362	382
1	21	41	61	81	101	121	141	161	181	201	221	241	261	281	301	321	341	361	381

图 15 - 10

如果你愿意研究周数、月数以及年数，并且把它们运用于这些重要的点位和角度线，你将发现它们在过去的行情中是如何确定重要的顶部和底部的。

美国钢铁的名称图表

美国钢铁的名称一共包括 17 个字母[①]。根据美国钢铁的名称为它绘制一张永恒正方形将需要 17×17，即平方数 289。因此，实际是美国钢铁历史最低价的 2½倍，即 17 是一个重要的点位。

价格 34、51、68、85、102、119、136、153、170、187、204、221、238、255、272 全部都很重要，因为它们触及了美国钢铁的名称的重要摆动和重要角度线。

基数或低点，比如美国钢铁的最低数字 9，以及它根据它的名称而出现的摆动，全部都会偶尔引起它与其他股票的差异，因为每一只股票都会根据其自身的基点、起点、数字和名称来运行。

美国钢铁很好地按照自然角度线和主控图来运行，因为它的数字是 9，并且在上涨过程中恰好出现在 9 的摆动上，结束于 261，这与它的起点或最低价距离 28 个 9。

研究所有这些不同的表格将有助于你理解阻力位。

美国国名的永恒主控图

我们把 7 的平方用于美国，因为美国这个名称包括了 7 个字母[②]，而且 7 的平方是 49，这是一个非常重要而具有决定性的数字。

我们的美国名称图表开始于 1492 年 10 月 12 日。绘制出这些 7 方形并标上年份，你将注意到，它是如何显示出美国的恐慌年份和繁荣年份的。

你还可以绘制一个 21×21 正方形。21 是美利坚合众国[③]这个名称所包括的字母数。这些角度线和重要的点位全部将大致出现在我们使用美国这个名称时，因为 3 乘以 7 等于 21。然而，如果你绘制出 21×21 正方形——它将运行到 441，其 1/2 位位于 220½，你将得出一些更加强有力的角度线和更加重要的点位。

你对这些永恒图表研究得越多，你就越能领会到它们的巨大价值，也会

---

① 即 United States Steel。

② 即 America。

③ 即 United States of America。

发现数字的确可以决定未来的每件事情，以及几何角度想和数学点位可以测算出每个阻力位、时间、价格、空间或是成交量。

［未签名］

［未署日期，但可能是在 1931 年初左右］

（注意：注意本课程第一部分和第二部分之间不同的抬头地址。这将有助于确定 1931 年初左右的课程的日期，因为其他日期的江恩课程显示出了这个时间前后的地址变化。）

第十六章　主控图表实例详解——奥本汽车

在奥本汽车图表上放置了所有重要的自然角度线，它显示的是通过分割360°圆周所得到的自然阻力角度线。我们曾运用的只有以顶部和底部为起点的45°角度线、90°角度线和等价于90°角度线的水平角度线。每只股票都会通过价格和时间来使自己形成正方形，而当它在某个方向上突破该正方形时，就会继续在该方向上运动，直至到达另外一条重要的45°角度线，或是另外一个时间或价格的阻力位，我们使用11¼°、22½°、33¾°、45°、56¼°、60°、67½°、78¾°、90°角度线，等等，然后在时间与45°角度线交叉的位置开始以某个重要顶部或底部为起点，成对角线地绘制45°角度线[①]。

正如我们将在关于奥本汽车的例子中所展示的一样，两条直角角度线的交叉对于趋势的变化是非常重要的。

奥本汽车在1930年4月1日形成了极限高点263¾；随后在4月10日形成了第二个高点；接下来在1930年4月16日形成了第三个，也是最终的高点262¾。我们以4月1日的顶部为起点绘制45°角度线，同时以4月16日形成的最后顶部为起点绘制出另外一条45°角度线；然后水平数出天数绘制出这与两条平等45°角度线等距离的45°角度线。

举例：4月15日，从4月1日开始的45°角度线与从水平的第11¼天开始的45°角度线恰好相交于奥本在这一天形成的最低价这个点位。换句话说，奥本在4月15日形成的底部位于两条45°角度线上；此后反弹到了4月16日，跌破了45°角度线，趋势掉头向下。

注意23°或第23天，我们在此到达了22½°角度线，而且奥本汽车在第22天形成了低点，随后仅反弹了1天，接下来跌破了33¾天时间角度线，然后跌破了更加重要的45°角度线，表明该股一直在变得越来越疲软，该股

① 就是向上和向下的45°角度线。

于从顶部开始的第 27 天在 180 形成了底部。180 始终是一个重要的阻力位，因为它是 360°圆周的一半。随后反弹到了 201。下一个重要的阻力位是 202½，即 180 加上 22½°。奥本汽车的这个顶部恰好低于 45°角度线。接下来它跌破了从 56¼天时间角度线开始的 45°角度线。

5 月 20 日，该股下跌到了 150，这是又一条重要的自然角度线，因为它是圆周的 5/12。该底部在从顶部开始的第 40 个交易日到达。随后奥本汽车在第 45 个交易日反弹到了 172，该价位对于趋势的变化和顶部的出现是非常重要的。接下来该股跌破了以位于 150 的底部为起点绘制出的 45°角度线并继续下跌；然后跌破了以 78¾为起点的 45°角度线，此后跌破了从 90 天时间角度线开始的 45°角度线。90 的强度是 45 的两倍，它对于趋势的变化非常重要。

6 月 23 日，对于趋势的季节变化来说是一个重要的日期。奥本汽车下跌到了 91，维持在了对顶部或底部的出现总是很重要的 90°价格角度线或 90 这个阻力位的上方 1 个点。此时是第 67 天，而 67½是一条强有力的角度线。

7 月 17 日，奥本汽车在第 86 天反弹到了 141，但未能到达从 101¼天开始的 45°角度线。随后它跌破了从 112½天开始的 45°角度线；接下来跌破了以低点 91 为起点绘制出的 45°角度线，表明该股正处于一种弱势形态，即将走低。注意，以 91 为起点的 45°角度线是最低的平行角度线，其他两条 45°角度线起点是以 4 月 1 日的顶部和以 4 月 16 日的顶部为起点绘制的，这条平行角度线与从 4 月 1 日的顶部开始的 45°角度线距离 53 个点，与从 4 月 16 日的顶部开始的距离 59 个点。底部出现在第 120 天时间角度线上，而 120 很重要，因为它是圆周的 1/3。

8 月 12 日，奥本汽车下跌到了 102，恰好位于 101¼°自然阻力角度线上方，而该底部出现在从顶部开始的第 108 天，并且恰好位于从第 135 天时间角度线开始的 45°角度线上方。

9 月 8 日，奥本汽车反弹到了 135，并且触及了以 4 月 1 日的顶部为起点的 45°角度线。135 位于 135°自然阻力角度线上，而 135 是圆周的 3/8，是非常强有力的阻力线。一只股票第一次反弹到以其顶部为起点的 45°角度线时总是应当卖空，同时要利用该角度线上方 3 个点的止损单做保护；而在这个位置卖空很安全是因为此时的价格是 135，这等于两条直角角度线的交叉点。随后奥本汽车跌破了以位于 102 底部为起点的 45°角度线和从第 135 天开始的 45°角度线。接下来它继续跌破各条角度线并且运行到了更为弱势的正方形内，直至到达最终底部。

1930 年 11 月 5 日，奥本汽车下跌到了 60⅜。60 始终很重要，因为它是圆周的 1/6。该股在从 4 月 1 日的顶部开始的第 177 个交易日形成了这个底部。注意，在第 180 个交易日，奥本汽车形成了一个更高的顶部，并且第一次使得趋势掉头向上。该底部到达在第 190 天角度线，即从第 190 天开始以顶部为起点向下成对角线绘制的 45°角度线。

11 月 17 日，奥本汽车自 1930 年 4 月以来第一次穿越了以 4 月 1 日的顶部为起点的 45°角度线，价格在此时到达了 77，趋势在此掉头向上；这使得奥本汽车进入了一种非常强势的形态，因为它在这么低的价位上穿越了该 45°角度线。

注意，11 月 20 日的顶部形成于 82½，恰好低于以 4 月 16 日的顶部为起点的 45°角度线。随后出现了一轮下跌，并且在 1930 年 11 月 28 日到达了底部 72½。

11 月 29 日，奥本汽车第一次穿越了以 4 月 16 日的顶部为起点的 45°角度线，表明它正处于一种更加强势的形态，主要趋势已经掉头向上，因为它已经穿越了极其靠外的平行角度线。该低点形成于自然角度线 78¾附近，而且奥本汽车穿越了这条靠外的 45°角度线之后再也没有出现更低的价格，直到于 1931 年 4 月 14 日上涨到 295½。

奥本汽车收复或者说运行到以 1930 年 4 月 16 日的顶部为起点的 45°角度线上方之后，它便开始收复各条 45°角度线，包括以 60⅜为起点的 45°角度线的左边形成的更高 45°角度线的平行线，这恰恰是它从 263¾～60⅜下跌运动的逆向运动。

1930 年 12 月 18 日，奥本汽车上涨到了 119¾，这接近价格 60⅜的两倍，而且此处的自然角度线是 120，即圆周的 1/3。该顶部出现在从 11 月 5 日开始的第 36 个交易日。

12 月 23 日，奥本汽车下跌到了 91½，并且于 12 月 27 日在 92 形成了第二个底部，维持在了 90 这个阻力位上方。注意，90 是 60⅜～119¾的半路点，这表明奥本汽车正处于一种强势形态。最后低点 92 在从 11 月 5 日开始的第 43 个交易日到达，并且该价格位于从第 33¾天开始的 45°角度线的上方。

1931 年 1 月 5 日，奥本汽车反弹到了 116，这是从 1930 年 4 月的顶部开始的第 225 个交易日。225 始终是强有力的，因为它是圆周的 5/8。随后奥本汽车下跌并跌破了以底部 60⅜为起点的 45°角度线。

1 月 14 日和 17 日，该股下跌到了 101¼，这是一条自然阻力角度线。

注意，101¼的交叉角度线，以及该价格是从 1930 年 11 月 5 日开始的第 60 个交易日的底部。根据我们的交易规则，该交易日对于趋势的变化非常重要，因为它是圆周的 1/6。随后趋势掉头向上，奥本汽车继续进入更加强势的形态。

1931 年 1 月 22 日，奥本汽车穿越了标为绿色的从第 60 个交易日开始的 45°角度线；1 月 26 日，穿越了或者说收复了以底部 60⅜为起点绘制出的 45°角度线。第 67½个交易日的价格是 128。当一只股票收复以底部为起点的 45°角度线时，它就处于一种非常强势的形态。此后奥本汽车在 1931 年 4 月 14 日形成顶部 295½之前，再也没有回到以 60⅜为起点的 45°角度线。在穿越了以 60⅜为起点的 45°角度线之后的上涨中，该股不断显示出了强势形态，因为它运行到了以 60⅜这个底部为起点的 45°角度线左边的各条更高的平行角度线上。

1931 年 2 月 9 日，奥本汽车穿越了以 1930 年 12 月 18 日形成的顶部 119¾为起点绘制出的 45°角度线，这是该股处于一种非常强势形态的又一个标志。

2 月 26 日，奥本汽车在从底部开始的第 92 个交易日，即仅超过第 90 个交易日的 2 个交易日，就在 217 形成了一个顶部，而第 90 个交易日始终对趋势的变化很重要。注意位于 213¾的自然阻力位。随后奥本汽车回跌到了（213¾）这条角度线下方，并且回跌到了标为绿色的 120 天时间角度线的下方，这使得该股进入了一种更加弱势的形态，预示着一轮下跌。你可以看到，奥本汽车在上涨过程中准时按照第 45 天、第 90 天，以及其他一些重要的日期来运行，正如它在下跌过程中一样。

3 月 7 日，奥本汽车下跌到了 175，仅比圆周的一半 180 低 5 个点；而且它到达了与以顶部 119¾为起点的 45°角度线和以 1930 年 11 月 20 日所形成的第一个顶部 82½为起点绘制出的 45°角度线距离相等的 45°角度线。奥本汽车在从 1930 年 11 月 5 日开始的第 100 个交易日形成了该底部①，并且在第 101 个交易日穿越了绿色的 120 天时间角度线。随后在以顶部 217 为起点的 45°角度线上形成了 2 天的顶部。接下来穿越了以顶部 217 为起点的 45°角度线并且再也没有回跌到该角度线下方，而是继续在以 60⅜为起点的 45°角度线的左边形成更高的平行角度线。

4 月 14 日，奥本汽车到达了极限高点 295½。这是一个可能出现季节性

① 此处原文中为“顶部”，但根据上文，这里应该是“底部”。

变化的日期，因为最后的高点出现在1930年4月16日，之后出现了一轮大幅下跌。注意，该平行线与以1931年1月14日形成的以底部101¼为起点的45°角度线的距离和它与以1931年1月19日形成的底部103½为起点的45°角度线的距离相等，都是59。4月14日，180天角度线经过了290，这是两条直角角度线的交叉点——一条是与波动区间的263¾和91距离相等的平行角度线，另外一条是与极点101¼和295½距离相等的平行角度线。同一天，奥本汽车上涨到了这些角度相同的角度线的交叉点290。随后下跌并以287的价格收盘，低于这些角度线表明该股处于一种弱势形态。奥本汽车只有1天以高于它所下跌到的那条平行角度线的宽度的价格收盘①。接下来它开始跌破各平行角度线并不断进入一种更加弱势的形态。

注意292½是一个重要的阻力位，因为它等于270（即圆周的3/4）加上22½，而且奥本汽车未能运行到该角度线上方3个点以上。需要考虑的另外一件事情是，从60⅜～295½，奥本汽车上涨了235⅛个点，接近圆周的2/3，这是即将出现强大阻力的又一个原因。你应当查阅一下你的阻力位卡片，看一看这个位置附近的其他重要点位。例如，奥本汽车的极限高点是514，上一轮运动的低点是60⅜，这就形成了半路点287⅛。奥本汽车的历史性极限低点是31¾，这就形成了（514与该极限低点的）半路点272⅞。随后当奥本汽车回跌到第一个半路点287⅛下方时，就表明了该股很疲软；接下来该股跌破它的存续期内的波动区间的半路点272⅞时，就表明了该股更加疲软。下一个重要的点位是257，即该股的历史最高价514的1/2。因此，当奥本汽车跌破257时，它就处于一种非常弱势的形态，并且预示着进一步的陡直下跌。

4月20日，奥本汽车下跌到了180，并且在这条自然角度线或圆周的1/2处获得了支撑。

此时是从1930年4月的顶部开始的第315个交易日，从低点60⅜开始的第136个交易日和第166个日历日。165很重要，因为它是角度150与180之间的1/2。奥本汽车在从1931年1月14日形成的低点101¼开始的第45个交易日形成了底部，它停在了最低的平行45°角度线上。

从60⅜～295½之间的半路点位于177¾，而奥本汽车维持在了该半路点上方表明它正处于一种强势形态，已经准备好反弹。此时178½位于以

① 原文是Auburn only closed 1 day above the width of the same parallel on which it declined。译者认为是某条角度线的衍生平行线。

1931 年 1 月 19 日的低点 103½为起点的 45°角度线上；同时由于这是最后的、最低的 45°角度线，因而 178½是最强有力的支撑位，此后一定会发生反弹，因而此时应当利用低 3 个点的止损单买进该股。

4 月 24 日，奥本汽车反弹到了 219，触及了以 3 月 7 日形成的底部 175 为起点的 45°角度线；随后回跌到了价格角度 213¾下方，并且跌破了 146¼天时间角度线。

1931 年 4 月 30 日，奥本汽车下跌到了 187，停在了以低点 103½为起点 45°角度线上。随后出现了一轮陡直反弹，奥本汽车在 5 月 1 日上涨到了 227½，恰好低于从第 157½天开始的绿色的 45°角度线。这是一个交叉角度线，也是以顶部 119¾为起点的一条 45°角度线。价格 225 位于一条强有力的阻力角度线上，即 225°角度线上，它是圆周的 5/8，而奥本汽车未能运行到它上方 3 个点。随后在同一天下午出现了一轮大的崩跌，奥本汽车下跌到了 184，位于最低的以 1931 年 1 月 19 日的底部 103½为起点的 45 角度线下方 3 个点，并且恰好高于从第 135 个交易日开始的绿色 45°角度线，同时此时是从 1930 年 11 月 5 日开始的第 146 个交易日，从 1930 年 11 月 5 日的底部开始的第 179 个日历日，这些是该股已经到达了底部或是即将出现趋势变化的一个强烈标志。接下来奥本汽车从最低的平行角度线开始快速收复了 45°角度线，然后穿越了以60⅜为起点绘制出的 45°角度线。

5 月 5 日，奥本汽车上涨到了 225½，它在此遇到的阻力与它在自然阻力角度线 225 时所遇到的阻力相同。它触及了一条以低点 183 为起点的 45°角度线和以 5 月 1 日形成的顶部为起点的 45°角度线，并且恰好低于从第 157½天开始的 45°角度线，而 157½是一个强有力的阻力位。

5 月 6 日，奥本汽车下跌到了 203，位于从第 146¼天开始的绿色 45°角度线上，并且恰好高于自然阻力角度线 202½。该股在此获得了强有力的支撑，随后反弹并穿越了以 60⅜为起点的 45°角度线，使得该股再次进入了一种非常强势的形态。

1931 年 5 月 9 日，奥本汽车上涨到了 252，恰好低于以 3 月 30 日的低点 219 为起点的 45°角度线，并且此时是从 1931 年 4 月 14 日的顶部开始的第 22 天。你将注意到，257 是奥本汽车的历史最高价 514 的 1/2。5 月 9 日是从重要的 1930 年 4 月 1 日开始的第 330 个交易日，从 60⅜开始的第 103 个交易日，以及从 60⅜开始的第 185 个日历日。奥本汽车在 5 月 9 日回跌到了从第 168¾天开始的 45°角度线的下方，下跌到了 237，停在了以 1931 年 1 月 18 日的顶部 119¾为起点的 45°角度线上。

截至写到这里为止的1931年5月9日，奥本汽车正处于角度线上的一种强势形态，但是应当在反弹时利用位于260，即514的半路点或1/2上方3个点的止损单卖空。从角度线来看，该股正处于一种强势形态，但你必须注意以顶部295½为起点的45°角度线和标为绿色的以180为起点的45°角度线，只要奥本汽车能够维持在以60⅜为起点的45°角度线上方，它就仍然能够反弹；但是，当它跌破了以60⅜为起点的45°角度线和分别以1931年1月14日的底部101¼为起点、以1931年1月19日的底部101½为起点的最低的45°角度线时，它就将预示着一轮大幅下跌。

如果奥本汽车能够穿越260，下一个阻力位就将位于273附近，再下一个将位于287附近。如果它穿越了老顶295½或300，它就将预示着价格非常大幅地走低。你应当始终注意从最后的重要底部开始的各个1/4位和1/2位。就奥本汽车目前的强弱形态来看，应当注意的点位将位于180与252之间。此外，也要注意237¾，即295½～180的1/2位。奥本汽车5月9日的收盘价恰好位于这个点位附近，该点位靠近240，是圆周的2/3，是一个重要的阻力位。如果奥本汽车接下来跌破了234，或比这个（237¾）半路点低了3个点以上，它就将预示着更低的价格。

［未签名］

1931年5月9日

第十七章　时间周期——季节性周期和年周期

为了获得时间周期，年份不是根据日历月来划分的，而是根据一年的4个季度、半个季度、1/3年和2/3年来划分的。1年，或是任何一个12个月时间周期，都可以除以16，得到大约23天，这就解释了为什么股票的市场运动经常会持续3周到1个月。

在牛市中，当趋势正在上升时，回调将持续3～4周，然后主要趋势就会重新开始。在一轮下跌或熊市中，反弹或上涨将持续3～4周，然后下降趋势就会继续。

自然的季节性时间周期

这些季节性时间周期可以在任何一个特定的季节开始时开始。但是我的经验证明，以一年的春季开始的3月21日作为开始，这些周期运行得最好。这些周期的运行如下：

3月21日至5月5日	=	1/8年或1/2个季度
5月6日至6月20日	=	1/4年或1个季度
6月21日至7月23日	=	1/3年或1个季度
8月9日至9月23日	—	1/2年
9月24日至11月8日	=	5/8年
11月8—22日	=	2/3年
11月23日至2月4日	=	7/8年
2月5日至3月20日	=	1年周期

通过查看曾出现过极限高点和极限低点，以及次要顶部和次要底部的日期，你可以发现这些价格出现在季节性变化的日期附近的频率有多高。

(参照道琼斯30种工业股平均指数1889—1951年的高点和低点时间周

期的次数表格：威廉·D. 江恩）

为了获得从任意高点或低点开始的正确的时间周期，你首先要给高点日或低点日加上1/8年，即6½周。接下来，加上13周，即1/4年，直到到达周年纪念日，正如你将在时间周期表格中所看到的一样。该次数表格显示了所有重要的高点和低点，以及有价格纪录的日期。从标为“6½周”那一行往下看，你将获得所有从任意高点日或低点日起算的1/8年周期。

仔细回顾过去的价格记录，你将发现出现最多最高价或最低价的是前一个高点日或低点日之前45～50天，或某个高点日或低点日之后45～50天。因此，1/8年或6½周（那一行的）时期和7/8年或45½周（那一行的）时期对于注意趋势变化非常重要。

假设你打算查阅从1951年开始的结束于1月份的时间周期，你将从以下表格中注意到，在过去的62年中，高点和低点曾有82次出现在1月份，周期如下：

1/8——7次　　5/8——10次
1/4——4次　　2/3——9次
1/3——10次　　3/4——9次
3/8——8次　　7/8——6次
1/2——11次　　1周年——8次，总共82次

所有其他的总次数显示在下面的表格中。

1951年2月13日，第一个高点257。5月4日，高点264½。1951年9月14日，第三个高点。

通过查阅周年日，你将发现有10个周年日出现在9月份，总共有73个1/8～7/8年的周期结束于9月份，这样一共就有83个周期结束于9月份。这些周期中有11个出现在1/4年那一栏，有8个出现在1/2年那一栏，这一栏将是基于季节性周期的9月份，这使得9月份对于趋势的变化非常重要，而根据过去的高点，变化的重要日期是9月4日、30日、12日、3日、10日、8日、13日、14日。1939年9月13日是该平均指数下跌到1942年4月28日的低点92.69之前出现最后高点的日期，这使得9月13日对于顶部的出现非常重要。分别从1948年6月14日、1949年6月14日和1950年6月12日为起点开始计算1/4年，将使得9月12—14日成为可以预计趋势变化开始的极限高点将出现的重要日期。

假设高点在1951年9月14日形成之后，你想要判断下一个重要的底部将何时出现，那么你看一看12月份下方，就会在1/4年那一栏发现11个周

期，在 5/8 年那一栏发现 11 个周期。从 1951 年 9 月 14 日开始的 1/4 年将出现在 1951 年 12 月 14 日。从 1951 年 5 月 4 日的高点开始的 5/8 年出现在 12 月 20 日，使得 12 月份成了可能出现一轮陡直、剧烈下跌的最重要的月份，以及 9 月份之后的下一个低价期。

12 月份对于低点的出现也很重要，因为 1914 年 12 月 24 日是股票交易所关闭之后的低点出现的日期，而这处于战争时期，使得 12 月份对于出现大幅下跌很重要，而我们此时就处于一个战争时期。此外，1941 年 12 月 7 日是对日战争开始的日子。因此，所有标志都指向了 1951 年 12 月份的一轮陡直下跌。

参照显示每月极限低点的表格，你将发现 12 月份显示了过去 62 年的 30 个极限低点，12 月份出现的低点是最多的。

道琼斯 30 种工业股平均指数，

高点和低点，

1889—1951 年

(参照次数表格)

这些年每月的高点总数和低点总数指的是极限高点或次要高点、极限低点或次要低点。

月份	极限高点	极限低点	月份	极限高点	极限低点
1 月	23	18	7 月	10	16
2 月	17	18	8 月	12	18
3 月	16	17	9 月	18	18
4 月	14	15	10 月	14	16
5 月	15	22	11 月	15	17
6 月	11	24	12 月	4	30

下面的表格显示了从之前某个高点或低点开始的时间为 6½ 周、13 周等时每月的次数，并且给出了整个周期内每个月出现高点和低点的次数。

周数	1 月	2 月	3 月	4 月	5 月	6 月	7 月	8 月	9 月	10 月	11 月	12 月
6½	7	9	8	7	7	8	10	10	7	8	4	10
13	4	10	8	8	11	9	7	8	11	11	3	11
17	10	4	14	6	7	11	8	8	9	8	11	3
19½	8	4	9	7	12	7	10	8	9	10	9	8

续表

周数	1月	2月	3月	4月	5月	6月	7月	8月	9月	10月	11月	12月
26	11	3	10	4	12	6	8	11	8	8	8	9
32½	10	6	9	8	4	11	9	8	7	8	7	11
35	9	9	11	3	10	4	12	6	8	11	8	7
39	9	8	9	11	4	9	4	12	6	8	11	8
45½	6	7	9	10	9	8	8	4	9	8	11	8
52	8	8	7	8	8	8	14	3	10	4	12	7
总计	82	68	94	72	84	81	90	78	84	84	84	82

价格区间：考虑平均指数或一只个股正在哪个价格区间内运动以及它们已经到达过的极限最高价或极限最低价非常重要。

1951 年 5 月 4 日，高点 264½，你应当在 4 月 28 日左右注意顶部的出现，因为 1944 年 4 月 28 日出现了最后的极限低点，1946 年的高点出现在 5 月 29 日。如果你在 5 月那一列往下看，在时间周期下，你将发现有 32 个周期出现在 5 月 1—10 日之间，这给出了顶部可能在 5 月 10 日之前出现的一个强烈标志。5 月 1—5 日之间存在 14 个周期。

如果我们使用 1/16 年，即大约 23 天，并且从 1946 年的高点出现的 5 月 19 日减去 23 天，我们就得到 5 月 6 日作为一个重要的时间周期。从 1951 年 5 月 4 日的高点开始到 6 月 29 日，道琼斯 30 种工业股平均指数下跌了 23½个点。给 5 月 4 日加上 1/4 年我们就得到 8 月 4 日，而该平均指数在这个时候运动到了新的高价水平，表明 9 月份是下一个应当注意趋势变化和出现最终顶部的重要月份。如果你给 5 月 4 日的高点加上 26 周，即 1/2 年，就得到了靠近一个季节性时间周期的 11 月 4 日，而该平均指数在 11 月 5 日再次开始下跌。

如果你愿意花时间利用这些表格和时间周期进行研究和实践，你很快就会了解到它们的价值；而通过运用所有的交易规则和阻力位，你将能够相当准确地判断出趋势的变化。

［未签名］

［未署日期，但可能是在 1951 年 8 月/9 月左右］

第十八章 时间和价格的阻力位

最高价与最低价的周线图表

周线图表是我们所使用的最可靠的趋势指示器之一。价格与时间阻力的周线图表非常有价值，它使你能够提前判断高点或低点将形成于哪个价位，以及这些极限最高价或极限最低价将在什么时间或日期到达。

这些周线图表包括的是 7 日周期，即 1 个日历周。但是，你不要从 1 月 1 日或任何一个月的第一天开始计算时间周期，而要从任何一个极限最高价或极限最低价出现的确切日期开始计算。此外你还要从次要最高价或次要最低价出现的日期开始计算时间周期，以便获得价格阻力位以及判断趋势变化。

自然的季节性时间周期

这些周期不是从日历年[①]开始，而是从春季的 3 月 20 日开始。1 年被划分为 8 等份，同时也被划分为 1/3 的倍数[②]，这就增加了 2 个时间周期。这些时间周期如下：

3 月 20 日到5 月 5 日	是 1/8 年，即 46 天
6 月 21 日	是 1/4 年，即 91 天
7 月 23 日	是 1/3 年，即 121 天
8 月 5 日	是 3/8 年，即 136 天
9 月 22 日	是 1/2 年，即 182 天
11 月 8 日	是 5/8 年，即 227 天

① 即 1 月 1 日。

② 即指 1/3 年、2/3 年和 1 年。

11 月 22 日　　是 2/3 年，即 242 天
12 月 21 日　　是 3/4 年，即 273 天
2 月 4 日　　是 7/8 年，即 319 天
3 月 20 日　　是 1 年，即 365 个日历日

所有这些周期对于注意趋势的变化都很重要。其中最重要的是1/2年和一个季度的结尾；第二重要的是1/4年和3/4年，以及1/3年和2/3年。

季度的中点

它们是 5 月 5 日、8 月 5 日、11 月 8 日和 2 月 4 日。核对过去的价格记录，你将发现高点和低点出现在这些时间的频率有多高。

时间周期和价格阻力位表格

这个时间周期和价格阻力位表格的编制覆盖了未来 40 年，你也可以把它们用于过去 40 年。

该表格计算了从 6½～2080 的价格和时间阻力。每个 1 年周期，即 52 周，都显示在了该表格的底部，而显示出的年时间周期的划分，既有自然的季节性时间周期，也有从任何最高价日或最低价日起算的 1 年的各个比例。

下面我们给出了显示了价格和时间周期的表格：

1/8 年	46 天	6½周	价格	6½
1/4 年	91 天	13 周	价格	13
1/3 年	121 天	17 周	价格	17
3/8 年	136 天	19½周	价格	19½
1/2 年	182 天	26 周	价格	26
5/8 年	227 天	32½周	价格	32½
2/3 年	242 天	35 周	价格	35
3/4 年	273 天	39 周	价格	39
7/8 年	319 天	45½周	价格	45½
1 年	365 天	52 周	价格	52

由以上表格你可以看到，1 年被划分成了 10 个时间段，从 6½～52 周；而价格也被划分成了 10 段。该表格可以按照这样的方式延续 40 年或更长时间，形成相等的时间段和价格段。

价格阻力

计算价格阻力的方式与计算从高点或低点开始的时间周期的方式一样，一定要计算出价格已经从低点上涨了多少或是已经从高点下跌了多少，这

样，你就能够确定出所有重要的价格阻力位。

举例：

假设最低价为 50，现行价格为 102。这就从低点上涨了 52 个点，它在时间上等于 52 周，即 1 年，这使得该价格对于注意趋势的变化很重要，因为它是一个时间与价格的平衡点。

假设最高价为 182，在你查看时股票或谷物的价格为 130，时间上位于 1/2 年，或是 2½ 年，而价格从高点下跌了 52 个点，它在时间上等于 1 年。这也是一个价格与时间的平衡点，对于注意趋势的变化很重要。

假设价格在 1/4 年时形成了高点或低点，并且下一个高点或低点位于 1/4年或 1/2 年。这将对于趋势的变化很重要。

假设时间位于从低点开始的 1/4 年和 3/4 年，位于从高点开始的 1/3 年或 2/3 年，那么这对于趋势的变化很重要，尤其如果价格还处在 1/2 位或 3/4位的阻力位上时（如果需要更多证据，请参见关于过去的实际的市场运动的例子）。

趋势变化的标志

1. 时间与价格的平衡——假设你想要查看 5 年来的时间周期，那么你就要查看第 5 列的底部，你可以在此发现 260，即 260 周。假设此时价格位于 260，那么这就是一个时间与价格的平衡点，对于趋势的变化非常重要。

假设在 262 周结束时价格为 234，它位于 1/2 位，并且时间上等于 4½ 年。那么这对于趋势的变化的重要性次之。

2. 周年日——一定要把从极限高点或极限低点开始的周年日看作对趋势的变化很重要的日期。

3. 时间的划分——接下来要把时间周期的 1/4、1/3、1/2、2/3 和 3/4 看作对趋势变化很重要的日期。

4. 价格阻力位——价格上同样的阻力位对于注意趋势的变化也很重要，尤其是当时间周期出现在这些重要的价格分割点时。

5. 周底部和周顶部——你在研究周线图表时，一定要看一看是否已经有周底部被跌破或周高点被穿越，这对于趋势的变化将很重要。从任意高点或低点开始的时间周期越长，价格穿越这个高点或低点时就越重要。

6. 双重顶（底）和三重顶（底）——它们出现在重要的时间周期和重要的价

格阻力位时，对于注意趋势的变化非常重要，此时你可以预计即将开始一轮持续相当长一段时间的运动。

7. 摆动的底部和顶部——跌破一轮摆动的底部或穿越一轮摆动的顶部对于趋势的变化非常重要。

摆动图——你可以通过把价格上移到每周的顶部绘制出一张摆动图；然后在第一次将前一周的低点跌破时，把摆动线下移到这一周的低点。在这一周的底部被跌破时，只要价格形成了更低的顶部和更低的底部，就要继续把摆动线下移。价格形成了更高的底部和更高的顶部的第一周，你要把摆动图上的摆动线上移到这一周的顶部，并且要继续在每一周将其上移，直到出现逆转。

最重要的趋势变化出现在什么时候

它们出现在：

1. 之前的高点和低点的周年日。
2. 其次是从任意高点或低点开始的每个年周期的 1/2，即 182 天。
3. 第三重要的是 1/4 年和 3/4 年，即 13 周和 39 周。
4. 接下来是 1/3 年和 2/3 年，即 17 周和 35 周。
5. 接下来是 3/8 年和 7/8 年，即 19½周和 35½周。

你可以通过回顾并查看几年来从高点和低点开始的时间周期和股票或商品期货当时的价格，并看一看它们在价格和时间阻力表格中对应的数据，来向你自己证明这些规则多么有效。

这将使你意识到这些时间和价格表格及价格阻力位的价值。

威廉·D. 江恩

1955 年 1 月 26 日

第十九章　如何在交易看跌期权和看涨期权时获利

要想在交易股票时取得成功，每一个交易者都应当尽其所能地学习有关股票市场的知识和在市场中操作的方法，以便取得更大的成功。他应当学会承担尽可能小的风险，设法获得尽可能大的盈利。一个交易者学习和了解得越多，他将取得的成功就越大。我们引用箴言 1：5——“使智慧人听见，增长智慧。”此外，箴言 2：11——“谋略必护卫你，聪明必保守你。”箴言 3：9——“教导智慧人，他就越发有智慧；指示义人，他就增长学问。”*Book of the Lambs* 中说道，敬畏市场是智慧的开端[①]。

很多人都没有意识到，缺乏准备和知识，股市就是很危险的，盈利要比亏损更加困难。不过，如果你在投机中理解并运用了正确的交易规则，股票投机或投资中的风险就绝不会比其他任何一个行业的风险大，而且盈利与风险的比例要比其他任何一个行业大。

股票中的看涨期权和看跌期权是什么？

看跌期权和**看涨期权**是一种保险，它们为你的盈利提供保护并使你能够在风险有限的情况下交易股票。看涨期权是你与卖家之间的一份合约，卖家根据这份合约同意以某个固定的价格卖给你某只股票并在 30 天内交割。你有在 30 天之内的任意时间要求交割的权利，你的亏损仅限于你所支付的期权费，这就像利用看涨期权买保险一样。

举例：

假设某人有一套房子要出售，他同意以 5000 美元卖给你，并且在 60 天之后以这个价格进行交割。你付给他 100 美元以获得买进或是拒绝买进这套房子的选择权。如果在 30 天或 60 天结束时，你卖出这套房子能够获利 500

① *Book of the Lambs* 中实际说的是“敬畏耶和华是智慧的开端”，此处属于套用。

或 1000 美元，那么你就执行你的权利，用 5000 美元买进这套房子，然后把它卖给你的买家，这样你就能够获利。但是，如果权利到期时你无法以比这个价格更高的价格卖出这套房子，那么你就亏损 100 美元，并且不必买进这套房子。

在买进一只股票的看涨期权时这同样适用。举例：如果你在克莱斯勒的价格为 105 左右时买进了一份看涨期权，存续期为 30 天，执行价为 110，包括联邦税在内你一共支付了 142.50 美元。假设克莱斯勒在 30 天结束之前上涨到了 115，这就将使你获利 500 美元，你就可以在克莱斯勒到达 115 时随时卖出，并要求以 110 的价格交割该股。但是，如果克莱斯勒的价格在你买进该期权之后的 10 天之内就上涨到了 115，而且你认为趋势向上，克莱斯勒将走得更高，那么你就可以暂时保留而不执行你的权利或是卖出股票。如果克莱斯勒在 30 天结束之前上涨到了 120，你就可以以 120 的价格卖出 100 股，然后要求以 110 的价格交割你的看涨期权，这样在减去佣金和购买该看涨期权时所支付的资金后你还获利 1000 美元。相反，如果该股在你以 110 的执行价买进看涨期权之后，一直没有上涨到 110 以上，而且克莱斯勒在 30 天结束时价格低于 110，你当然也就无法盈利，并且只亏损了你买进该看涨期权时所支付的资金。

看跌期权是一种权利或你与卖出该看跌期权的人之间的一种协议，你可以根据该协议在你买进该看跌期权之后的 30 天内随时以某个固定的价格卖给他股票。一份看跌期权花费你 137.50 美元/100 股。我们举例说明：假设克莱斯勒的价格为 105 时，你认为它即将走低，并且买进了一份看跌期权，存续期为 30 天，执行价为 100，为此你支付了 137.50 美元。这意味着当克莱斯勒下跌到 100 以下时，你就相当于已经以 100 的价格卖空了 100 股，因为你在 30 天内的任何时候以 100 的价格把 100 股的克莱斯勒卖给看跌期权的卖方，他都必须买进。我们假设克莱斯勒下跌到了 100 以下的 95。你可以在它下跌到 95 时买进 100 股，然后持有到 30 天结束。在此期间，如果克莱斯勒上涨到了 105，使你获利 10 个点，你就可以卖出[①]。如果克莱斯勒在该期权到期时价格仍然高于 100，你就在为对冲看跌期权而买进的股票上获得了盈利，因而此时你只需要任由该期权到期，你亏损的只是你（买进该期权时）所支付的价格。但是相反，如果你没有反着该看跌期权进行交易，并且该股下跌了，比如在 30 天结束时下跌到了 90 左右，此时你可以买进 100 股

① 盈利 100 股×10＝1000 美元。

克莱斯勒，同时你的经纪人卖给该看跌期权的卖方 100 股，这样减去你为该期权所支付的价格和佣金，你还获利 1000 美元。

看跌期权和看涨期权是绝对安全的，因为由可靠的期权经纪人卖出的每一份看跌期权和看涨期权都要由纽约股票交易所的一个完全可靠的会员背书，该会员将卖给你他同意根据期权卖出的股票，或是从你那里买进任何他同意根据期权买进的股票。

此外，为了表达得更清晰，当你买进一只股票的看涨期权时，如果该股运行到了该期权的执行价上方，你就相当于在市场上做多，这就像买进股票一样，只不过你的风险得到了限制。同样，当你买进一只股票的看跌期权时，就意味着你在以该期权的执行价卖空，但是你不必缴纳任何保证金，而且除了你买进该看跌期权而支付的价格之外也不必承担任何损失。然后，如果该股下跌到了该看跌期权的执行价下方，你就正在获利，这就像你进行了卖空一样。

价差期权或跨式期权

当你同时买进同一只股票的看跌期权和看涨期权时就叫作价差期权。例如：假设克莱斯勒现在的价格为 100，并且你不知道它将上涨还是下跌，但是你又想在运动开始时从中获利。因此，我们假设你以 96 的执行价格买进了一份看跌期权，以 104 的执行价格买进了一份看涨期权。我们假设市场开始回调并下跌到了 95，随后犹豫并且看起来像是正在形成底部。这时你就可以买进 100 股克莱斯勒，即使不知道[①]它是否会继续下跌，你也不会有什么损失，因为你还有一份执行价为 96 的看跌期权。我们假设你是正确的，市场开始上涨。克莱斯勒不断上涨，并且在 30 天结束之前上涨到了 110，这样你以 104 的执行价买进的看涨期权就有了 6 个点的盈利。此外你还持有对冲执行价为 96 的看跌期权而买进的股票。现在，你可以卖出 200 股，同时以 104 的价格买进 100 股，这将使你获利，同时看涨期权和看跌期权到期，其中看跌期权已经没有价值。

当你从同一个人那里同时买进看跌期权和看涨期权时，通常可以以非常接近市价的价格买进价差期权。对于某些股票，你经常可以通过支付额外费用以市价买进价差期权。一般来说，买进价差期权是无利可图的，除非买进在 30 天之内有着非常大波动的十分活跃的股票的价差期权，这种股票将使

① 此处原文为“即使知道”，但译者认为根据上下文，此处应当是“即使不知道”，因此做了修改。

你有机会在这个月内同时对冲看跌期权和看涨期权进行操作。至少当你买进一份价差期权时，如果该股在某个方向上运动了 10 或 15 个点或更多个点，你就一定能赚些钱。然而，花钱买进价差期权不总是明智的，除非市场看起来像是即将非常活跃，而且你交易的是高价股。

期权经纪人给出了以下这些定义：**看跌期权**是一种磋商成交的合约，购买者可以根据该合约在某个固定日期或该日期之前以某个特定的价格卖给出票人一定数量的股票。**看涨期权**则相反。**价差期权**则包括一份看跌期权和一份看涨期权。**期权费**是为获得看跌期权、看涨期权或价差期权而支付的资金。出票人指的是出具或出售看跌期权、看涨期权和价差期权的人。**背书人**指的是一家纽约股票交易所的会员公司，它像背书支票一样背书看跌期权合约、看涨期权合约或价差期权合约来使其获得保证。这些买卖选择权所提供的保险功能被认为是很有价值的。

看跌期权和看涨期权如何被卖出

看跌期权和看涨期权由交易者和大作手卖出，他们把在市场上进进出出地交易和卖出他们已经买进或是卖出的股票的看跌期权或看涨期权当作一项事业。但是，看跌期权和看涨期权一直是由纽约股票交易所的会员背书。一般来说，一份看涨期权的期权费为 142.50 美元，而其执行价与市价的距离要根据该股的活跃度和市场状况而定。看跌期权则相反，执行价低于签约当天的市价多少个点根据该股的价格和市场活跃度而定。然而，把卖出看跌期权和看涨期权当作一项事业的交易者经常会为了额外的费用以市价卖出看跌期权或看涨期权。例如，道克里斯航空的价格可能是 56，而支付 300 美元的额外费用给卖方，你就可以买进一份存续期为 30 天、执行价为 56 的看涨期权或看跌期权。因此，当该股从看涨期权或看跌期权的执行价向上或向下运动了 3 个点时，你就会把钱赚回来，或者说该股的价格使你获得的盈利将恰好等于你所支付的资金；随后，当它朝着对你有利的方向运行了 3 个点以上时，你为获得执行价为市价的买卖选择权（不管是看跌期权还是看涨期权）支付的费用的基础上有一个净盈利。

一般来说，我赞成把一份看涨期权的风险限制在 142.50 美元/100 股，把一份看跌期权的风险限制在 137.50 美元/100 股，并且要以距离股票的市价很多个点的执行价买进。

看跌期权和看涨期权为什么被卖出

有人可能会问：如果买进看跌期权和看涨期权就有机会在风险很小的情

况下获得巨大的盈利，那么为什么交易者和富有的投机者还要卖出呢？

如果股票下跌了4或5个点，一个正置身场外的交易者常常愿意买进，因此他会把一只股票的执行价距离市价3～5个点的看跌期权卖给你，而你则要付给他137.50美元的期权费；然后如果该股下跌到了他愿意买进的水平，或者即使该股走得更低，你把股票卖给他，他也乐于在这个水平上买进。另一方面，这些大的交易者通常都已经积累了大量股票，并且这些股票已经有了盈利，因此如果市场上涨了5或10个点或是更多个点，他们就愿意全部卖出或部分卖出他们的头寸，所以他们愿意他们持有的（全部）股票或部分股票的看涨期权以执行价高于市价5或10个点的价格卖给你——执行价具体为多少依情况而定，也十分愿意把股票卖给你并且让你在你所支付的期权费的基础上获利。他们把看涨期权卖给你的另外一个原因是，他们知道自己始终能够保护自己。如果市场十分强劲，并且你即将在他们卖给你的看涨期权上获利，或是你即将行权买进股票，他们就可以买进更多。相反，假设他们卖给你看跌期权，然后市场开始快速下跌并且看起来像是要走得更低，低到你将在你买进的看跌期权上获利，那么他们就可以卖空，缴纳保证金并持有股票，直到你根据看跌期权把股票卖给他们。这就像保险业务一样，是一项完全合法的生意，并且对于买卖双方都是公平的。

看跌期权和看涨期权被卖出后的持续时间

一般来说，你可以存续期为7天、2周和30天的看跌期权和看涨期权，有时你也可以买进存续期为60天或90天的看跌期权和看涨期权，但绝大多数把卖出看跌期权和看涨期权当作一项事业的交易者都不会出具存续期超过30天的看涨期权和看跌期权。不过，你总是可以要求你的经纪人或期权经纪人进行询价，并且得到关于你可以买进的存续期为30、60或90天的看跌期权和看涨期权的报价；然后如果价格看起来合适，你就可以买进。

我的意见是，买进存续期为30天的看跌期权和看涨期权将比买进存续期为7天或2周的看跌期权和看涨期权赚到更多的钱，因为除了市场极其活跃的时候，时间更短将使你没有机会遇到足够大的能够获利的区间。不过，与买进存续期为30天的看跌期权或看涨期权相比，买进存续期为7天或14天的看跌期权或看涨期权时，你所支付的期权费更少。一般来说，存续期为7天的期权的期权费是62.50美元；存续期为2周的期权的期权费是87.50美元。

如何买进看跌期权和看涨期权

如果你住在纽约市之外，你可以下单给你在当地的经纪人，他会替你买进由纽约股票交易所的某家会员公司背书过的看跌期权和看涨期权，并且把这些期权计入你在纽约市的经纪人那里的账户内，或是你在你所在的省会城市的代理商行那里的账户内。然后当你想要反着看跌期权或看涨期权进行交易时，即想要买进或是卖出股票并行权买进或卖出股票以兑现盈利时，经纪人会替你进行交易。当你买进或是卖出股票时，一定要与纽约股票交易所的会员经纪人进行交易。

看跌期权和看涨期权的单位是 100 股，不过有时你也可以买进看跌期权和看涨期权的零星交易量或是 50 股的交易量。但是，当你买进看跌期权或看涨期权时，要确保它们已经由纽约股票交易所的某家会员公司背书过。经常会有桶店[①]按照 10 股、25 股或其他任何大小的单位卖给你看跌期权和看涨期权，但是它们背后没有股票交易所做支撑，因而即使你获利了，你也不一定能拿到你的盈利。

期权经纪人

在纽约市，有许多期权经纪人，他们为了佣金而买进和卖出看跌期权和看涨期权，拥有由纽约股票交易所的会员公司背书过的看跌期权和看涨期权，并且把这些期权卖给你或是你的经纪人。任何诚实的经纪人都能经得起调查，并且会让纽约股票交易所的某家会员公司担保看跌期权和看涨期权；而为了你自身的安全，你应当查明卖给你看跌期权和看涨期权的期权经纪人是否可靠。

直接买进看跌期权和看涨期权的好处

如果你打算直接发送指令买进看跌期权和看涨期权，你可以直接把你的记名支票或现金支票寄给纽约的一个期权经纪人，他会按照你的指令替你买进看跌期权和看涨期权，并且按照你的要求，把这些期权直接邮寄给你或是

① “桶店”最初来源于 18 世纪的英国。街头的流浪儿敲开酒馆废弃的小酒桶，从中享用残留的酒。因其求小利和“敲”的动作被引入金融领域，意指针对低收入阶层的高杠杆与不执行的伪证券交易方式或商号。桶店还有一个说法是因为当时这类商号在进行业务时，都会有一只大桶用来盛放当日已经兑现或是失效的单据，一天一清。这样可以方便当日的查询，因为当天的所有单子都在桶里面。随着时代的发展，桶店的形式已经消失，取而代之的是 boiler room——“锅炉房”，即以电话或是网络的方式进行伪证券交易业务。名称来源于这类公司经常会选择成本低廉的地方办公，主要就是废弃的锅炉房。有人译为“空中号子”。

把它们交付给你的银行或你的经纪人。

直接把你的指令发送给某个期权经纪人而不通过经纪人的私人专用电报的好处是，你经常可以通过使用邮政电报或西联电报来获得更快的服务，因为所有通过经纪人的私人专用电报发送的买进或卖出股票的指令的重要性都要高于所有与直通业务有关的电报。这自然就延迟了你买进看跌期权或看涨期权的指令的传送，而且如果市场非常活跃，这还可能会导致一个点或更多个点与你发生冲突。然而，如果你的指令是通过西联电报或邮政电报直接到达期权经纪人的，你的指令就可以得到更快地执行。举例：假设你决定买进一份克莱斯勒的看跌期权，而且你认为克莱斯勒即将到达顶部，因而想要立即买进——如果你把你的指令发送给某个期权经纪人，你的电报读取如下：

"买进一份存续期为30天价格最优可买到的100股克莱斯勒看跌期权"

一收到该指令，期权经纪人将立即以最优条件买进一份克莱斯勒的看跌期权，并且将用电报通知你他的买进价。

当然，你应当在发送指令之前把资金存入期权经纪人账户，因为他在资金到手之前不会填写订单。不过，你也可以在发上述电报的同时电汇给他137.50美元。相反，如果你想要买进一份克莱斯勒的看涨期权，那么你的指令读取如下：

"买进一份存续期为30天价格最优可买到100股克莱斯勒的看涨期权"

在发出这样一封买进看涨期权的电报时，如果你还没有把钱存入经纪人账户，你就应当电汇给他142.50美元来为该看涨期权付款。

如果不急着买进，你就可以发送一份电报给期权经纪人，要求他替你报价克莱斯勒、通用汽车、美国钢铁或是其他任何股票的存续期为30天的看跌期权和看涨期权。然后他就会用电报通知你他可以用什么价格买到，该价格每小时甚至是每分钟都在变动。收到他发来的电报之后，如果你认为价格足够接近市价，你可以在30天内获利，那么你就可以通过电报下达买进指令。

看跌期权和看涨期权对买方的好处

看跌期权和看涨期权买方的巨大好处是他的风险始终是有限的；另外一个好处是他省下了利息支付。例如，如果你买进了一份看涨期权，并且该股正朝着对你有利的方向运动，那么你有30天不用支付任何利息，直到你买进股票且该股被划入你的账户。

自证券交易委员会把买进股票的保证金要求提高到了55%以来，这就使得买进看跌期权和看涨期权非常有利。例如：如果你打算买进 100 股价格为 100 美元每股的股票，你就必须缴纳 5500 美元的保证金，而且如果你买进的话，就要期待它上涨 5 个点以上。因此，相对于缴纳 5500 美元买进该股、持有，以及支付利息，你还不如买进一份我们假设执行价与市价距离 5 个点、存续期为 30 天的看涨期权，这将只花费你 142.50 美元。这样如果该股在这 30 天之内上涨到了你可以获利 1000 美元的水平，你就获利将近 100%。相反，如果你缴纳了 5500 美元，而且该股上涨使你获利 1000 美元，那么你的资金净收益率小于 20%；同时如果你支付保证金买进这只股票的 100 股，它可能下跌 10 或 20 个点，这样你就损失了 10 或 20 个点，具体损失依据你是持有还是利用止损单来限制你的风险而定。

如何利用看跌期权和看涨期权来代替止损单

买进看跌期权和看涨期权的另外一个好处是保护你已经买进或是已经卖空的股票。当市场非常疯狂且活跃，而且发生了一些意想不到的导致股票高开或低开几个点的事件时——这种事件过去发生过很多次，并且未来还将再次发生，你就想要使自己免受损失。你始终可以设置止损单，但是如果该股的开盘价比你的止损单的止损价低了 3、4 或 5 个点，那么你的股票就会以市价卖出。相反，如果你持有以 100 美元的价格买进的 100 股克莱斯勒，此时该股下跌并且某个晚上以 97 的价格收盘，而你的止损单的止损价设置在 95，但是一夜之间发生了一件意想不到的事情，第二天早上该股以 90 的价格开盘，那么根据止损单你的股票就会以 90 的市场价格被卖出，这样你的损失就比你预计的设置了止损单之后的损失多了 5 个点。当克莱斯勒的价格在 100 左右时，如果你不设置止损单，而是买进一份执行价为 95 的看跌期权，那么当该股以 90 的价格低开并且继续下跌到 80 时，你的股票价格将被维持在 95，或者你也可以根据看跌期权在 95 卖出，这样你就不会因为一夜之间的下跌而损失太多东西，因为该看跌期权已经使你免受意外事件的影响。

假设你以 100 的价格卖空了克莱斯勒并且把止损单设置在了 105。如果发生了意外事件，克莱斯勒以 110 的价格开盘，那么你的止损单将在比你预计的位置高出 5 个点的位置被执行，你的损失将比你之前所计算的多出了 500 美元，即 5 个点。相反，如果你买进了一份克莱斯勒的看涨期权，用以保护你的卖空交易，那么当克莱斯勒在某天早上以高出你的止损单的止损价 5 个点的 110 的价格开盘时，该看涨期权将保护你，因为你将有权利以看涨期权上规定的价格买进该股，你可以要求执行并买进股票以冲抵你的卖空交易。

因此，你可以看到，当你在市场上做多或卖空时，你可以将看跌期权和看涨期权用于保险或保护，正如当你想要从你认为可能会在某个方向上出现一轮快速运动的股票中获利时，你可以在进出市场时使用它们来限制你的风险，把你的损失限制在你为获得该看跌期权或看涨期权所支付的金额内一样。

何时买进看跌期权和看涨期权

买进看跌期权和看涨期权的时机是在股票非常活跃时，或是就在股票开始活跃之前。你可以通过阅读、研究并运用我在《江恩股市定律》《江恩选股方略》《江恩趋势预测法》这几本书中给出的交易规则，来判断何时买进看跌期权和看涨期权，以及买进哪些股票的看跌期权和看涨期权。

以下我将给出一些可以帮助你判断买进看跌期权和看涨期权时机的规则：

规则 1——在双重底或三重底附近买进看涨期权，或是在双重底或三重底附近买进股票和看跌期权。如果该股跌破老底，该看跌期权将保护你。我的意思是，如果一只股票先是维持在了一个低水平，随后上涨，接下来在几个月之后回调到了这个低水平并形成了一个底部，这个底部就将是一个双重底。然后如果该股上涨并第三次回调到了这个水平附近，这就将是一个三重底。

在各个顶部时把这条规则反过来用。在双重顶或三重顶附近买进看跌期权，或是卖空股票并买进看涨期权作为保护，以防该股穿越各个老顶。

即使当股票正在非常快速的运动并且很活跃时，如果一只股票维持在了某个底部或顶部附近，在买进看涨期权或看跌期权之前先等待几周或几个月总是比较好的，这可以给该股足够的时间，让它完成吸筹或派发，这之后一定会出现一轮很多个点的逆向运动。通过在各图表上研究股票过去的行为，你可以很容易就发现这一点。

规则 2——在各个老的价格水平被穿越时买进看涨期权。如果一只股票正如我在各书中所提到的一样，在各顶部水平附近的一个狭窄的交易区间内停留了几周、几个月，或者甚至是几年，随后突破了之前这几个顶部，那么它一定会表现活跃。这就是买进看涨期权的时机，正如我在后面的案例中所证明的那样。

当一只股票在各低点附近维持了很长一段时间，随后跌破了第一个支撑位时，要把这条规则反过来用，即买进看跌期权，或是卖空该股并买进看涨期权作为保护。

规则 3——如果一只股票上涨到了它多月以前或多年以前曾形成过的一个顶部，并且未能穿越，这就是应当卖空该股并买进看涨期权作为保护，以防该股走高的情况出现。这也将是买进一份存续期为 30 天的看跌期权的位置，因为如果该顶部是一个最终的顶部，并且该股即将开始一轮长时间的下跌，那么你将在该看跌期权上获利，同时你也可以通过缴纳保证金来卖空该股。

在一轮长时间的下跌之后，把这条规则反过来用。如果一只股票在几周或几个月后形成了第二个或第三个更高的底部，随后在上涨一方显示出了活跃性，那么这就是买进看涨期权，或是买进该股并买进看跌期权作为保护的时机。

规则 4——当一只股票在同一个水平附近维持了几个月并且未能跌破第一个支撑位时，在该股开始显示出活跃性时买进看跌期权并买进该股，或是该股在上涨一方一开始活跃就立即买进看涨期权。

当一只股票在各个顶部水平附近维持了几个月并且未能穿越第一个顶部时，把这条规则反过来用。当该股在下跌一方开始活跃时买进看跌期权，或是买进看涨期权并卖空。

规则 5——在一只股票穿越了它已经维持了几周或几个月的老顶，并且上涨到了该顶部上方几个点，随后又回调到了这个老顶之后，买进看跌期权并买进该股，或是买进看涨期权。

在熊市中把这条规则反过来用。当一只股票跌破了某个老底并且下跌到了该底部下方几个点，随后又反弹回到了该老底时，买进看涨期权并反着该期权卖空，或是买进看跌期权。

规则 6——在牛市中，当趋势向上时，要先等待一轮 5、10 或 12 个点的回调，然后再买进看涨期权，或是买进股票并且买进看跌期权做保护。

在熊市中，要先等待出现 5、7、10 或 12 个点的反弹，然后再买进看跌期权，或是卖空并且买进看涨期权以保护本次交易。

规则 7——在一只股票回调了前一轮上涨的 40％～50％时买进看涨期权，或是买进该股并且买进看跌期权做保护。

在熊市中把这条规则反过来用。在一只股票反弹了前一轮运动的40％～50％时买进看跌期权，或是在该股反弹时买进看涨期权以保护卖空交易。例如：假设一只股票从120下跌到了100，那么反弹到110就将反弹了本轮下跌的一半，即50％这时你应当买进看跌期权。如果所有的标志都指向一轮主要趋势向下的熊市，那么你就应当在该股反弹了40％～50％时买进看跌期权。例如：美国钢铁于1937年3月6—11日在126½形成了一个顶部。在一轮超过了50个点的上涨之后，可以预计一轮大幅回调了，因而此时是买进看跌期权的时机。3月22日，美国钢铁下跌到了112½，从顶部下跌了14个点，这轮下跌的50％的反弹将是7个点，即反弹到119½，你应当在此买进看跌期权。3月31日，美国钢铁上涨到了123½，（本次反弹）大于50％，创造了一个买进存续期为30天的看跌期权的良好时机，而结果证明此次买进是正确的，因为美国钢铁30天内下跌了24个点。

何时再次买进同一只股票的看跌期权和看涨期权

假设一只股票向上突破，快速向上运动并且显示出上升趋势。你买进了看涨期权并且第一个月有了盈利。随后趋势仍然显示向上，当该股穿越之前的各个顶部或阻力位时，你就买进下一个月的看涨期权；同时通过买进执行价低于市价的看跌期权保护第一笔看涨期权已有的盈利，并且可以继续持有你最初买进的股票。当2或3个月内发生了一轮50或60个点的运动时，许多交易者都会这样做。他们会继续每月买进看涨期权，同时继续持有股票，而且经常会通过买进看跌期权而不是设置止损单来保护自己的盈利，由此在非常小的风险基础上获得一大笔盈利。

如何对冲看跌期权和看涨期权

假设你买进了一份执行价为50的通用汽车的看涨期权。你买进该看涨期权时通用汽车的价格为47。你买进了一份执行价为50，存续期为30天的看涨期权。当通用汽车上涨到50，在此维持了几天并且看起来不像要穿越时，你就可以卖空50股通用汽车；这样不管通用汽车是上涨还是下跌，你都会获利。如果该股上涨到了55，你将在你的看涨期权上获利5个点；而在你卖空的那50股股票上，你将亏损5个点，但该亏损可以被弥补，因为你可以行权买进 100 股。你以 50 的价格卖空之后，如果你是正确的，通用汽车下跌到了 45 或 40，那么你的看涨期权到期时将没有价值；但是你卖空的股票下跌了 5 个点或是更多个点，因此你可以获利平仓。

对冲看跌期权交易的案例：假设道格拉斯航空的价格在 50 左右，并且你买进了一份 100 股的看跌期权，存续期为 30 天，执行价为 40。道格拉斯下跌到了 46 或 45，在此维持了几天并且看起来好像正在形成底部，不像要继续走低，但是你不确定在你的看跌期权剩下的存续期内它将朝着哪个方向运行，因此你对冲你的看跌期权以 46 的价格买进了 50 股道格拉斯。随后如果该股上涨了 5 个点，你就会在你买进的股票上获利，并且你不可能亏损，因为你有一份看跌期权。如果它竟然下跌了 5 个点，你的看跌期权就可以获利 5 个点，并且你可以把你买进的股票行权卖出 100 股，同时除了佣金和为获得看跌期权而支付的期权费之外你不会有损失。

许多买进看跌期权和看涨期权的精明交易者都通过对冲这些期权进行交易来获利。在看跌期权或看涨期权到期日结束时，该期权没有获利，但是他们却已经获得了盈利，因为他们根据市场的波动进行了交易。你经常可以在这个月内对冲看跌期权买进几次或是对冲看涨期权卖出几次，还可以在任何一轮 2～5 个点或更大幅度的运动中博取微小的盈利，并且很可能获得 10 个点的盈利，同时你可以一直被保护。

一些交易者这样运用看跌期权和看涨期权：假设他们已买进了一只股票执行价为 100 的看涨期权一份，随后该股上涨到了 110；接下来他们就在更高的水平上买进一份靠后 30 天的看涨期权。当他们已经获利的第一份看涨期权到期时，他们行权买进该股并且不立即卖出；然后买进一份看跌期权来保护他们的盈利，并继续买进看涨期权和看跌期权，在上涨过程中一路加码，而且不卖出他们的股票，直到他们认为主要趋势发生变化的时间到了。

在市场下跌时这种交易方式被反过来用。先买进一份看跌期权并卖空，随后在下跌过程中继续买进看跌期权；接下来持有空头头寸；然后买进一份看涨期权来保护卖空的股票，并跟随主要趋势几个月，或是只要市场表明趋势向下就跟随主要趋势。

买进什么类型的股票看跌期权和看涨期权

股票在更高的水平上总是比在低水平上运动得更快，因此一般来说，你可以通过买进价格在 75～150 美元每股的股票的看跌期权和看涨期权来赚到最多的钱。但是，有时候买进价格在 5～10 美元的股票的看涨期权也可以获得相对于风险来说很大的盈利。

接下来是在 20～36 美元之间的价格区间。在这个区间内，你经常可以买进执行价为市价或是与该股的市价距离 1 或 2 个点的看跌期权和看涨期权。股票穿越了 36～40 美元每股之后，它们会运动得快速得多，并且与在更低的水平上买进股票的期权相比，从穿越之后到 60～75 美元每股之间，你将赚到更多的钱。

同样地，通过买进价格在 100 或更高水平上的股票的看涨期权或看跌期权，你将赚到更多的钱，因为这些股票将更快速地下跌，直到它们下跌到 50～40 附近；然后绝大多数情况下，它们将下跌得缓慢一些。因此，你的获利机会少于买进价格更低的股票的看跌期权或看涨期权。我后面将给出案例，通过观察和研究各图表你可以发现，当一只低价股走出吸筹区间时，通常都有机会获得非常大的盈利。同样地，当一只股票在高水平上处在一个横向盘整的区间内，并且在一个狭窄的交易区间内停留了很长一段时间，随后向下突破，此时你就可以通过买进看跌期权获利，因为大幅下跌已经准备好了。

利用看跌期权和看涨期权进行交易的案例

克莱斯勒汽车

1932 年——7 月 30 日，注意在周线图表上，克莱斯勒形成了位于 5 的底部之后，已经在一个狭窄的交易区间内停留了 8 周。当它穿越 8 时，就处在了前几周的顶部上方，预示着更高的价格。这个时候你应当买进一份克莱斯勒的执行价大致在 10 左右的看涨期权。它 30 天内上涨了 16 个点，6 周内上涨到了 21¾，提供了一次获利 10～12 个点的机会。进行这笔交易时应该是先观察图表，发现该股在一个狭窄的交易区间内横向盘整了很长一段时间，这时不能采取任何行动，只是等待该股通过上涨到前几周的各个顶部上方来表明了它的趋势，接下来再买进了看涨期权。

1933 年——4 月 25 日，克莱斯勒再一次穿越了前 8 周的各个顶部。这个时候你应当买进一份执行价大致在 15 左右、存续期为 30 天的看涨期权。该股上涨到了 21½并且趋势没有掉头向下，继续上涨到了 39½，显示出了一笔大约 24 个点的盈利。该股上涨到了你有了 10 个点或更多个点的盈利的位置之后，你就应当买进一份将保护盈利的看跌期权，或是在你行权卖出了你在更低价格买进的股票之后，利用止损单在上涨过程中一路跟进。

1934 年——2 月 3 日至 3 月 1 日，克莱斯勒在 60 附近形成了一些顶部，表明它在此遇到了巨大的阻力。你应当在3月1日左右买进了一份执行价大致为55的看跌期权；随后该股开始了一轮向下的运动并且30天内下跌到了49；接下来反弹到了56，而你很可能已经在该反弹发生之前买进了一份执行价在55左右的看涨期权，这将保护你的卖空交易；然后你应当是持有空头头寸；该股在5月19日下跌到了36½；此后反弹到了44；随后继续下跌到了8月7日的29¼，提供了另外一次在各看跌期权上获利20～25个点的可能性，而如果你在该股下跌之后买进一份看跌期权，然后又买进一份看涨期权来保护你的盈利，那么你的风险就被限制在了280美元以内。

1935年——3月12日，克莱斯勒到达了低点31。它曾在1934年8月份在29¼形成了底部，然后又在1934年9月份在29⅜形成了一个双重底。这次下跌的低点31是位于一个更高水平上的三重底，是一个利用位于29¼下方的止损单买进该股或是买进看涨期权的位置，因为这是一个双重底和三重底。大约在这个时候，你应当买进一份执行价大致在34或35左右的看涨期权，因为该股已经窄幅波动了很长一段时间。随后它在4周内上涨到了37，并且趋势继续向上，直到5月25日到达49½，提供了一次获得至少10个点的净盈利的机会。接下来该股回调到了41½，这是一个老顶，也是一个再次买进一份看涨期权或买进一份看跌期权并对冲该期权交易位置的其他交易。

1935年7月份和8月份，克莱斯勒穿越了1934年的老顶60，并且在此维持了4周，期间没有回跌到57下方。根据我各书中的交易规则，这是一个利用位于57的止损单买进的位置。穿越了1934年的顶部，预示着更高的价格。在一个狭窄的交易区间内维持了4周之后，你应当在9月10日左右买进一份执行价大致为65的看涨期权，随后该股在30天内上涨到了74½，期间主要趋势向上。你应当在第一份合约到期时行权买进了股票之后，买进另外一份看涨期权，并且买进一份看跌期权保护你持有的股票。

1935年11月，克莱斯勒上涨到了90，并且在穿越60之后这期间从未回调5个点。这是又一次在最初的142.50美元的风险的基础上获得25～30个点的净盈利的机会，你应当在有了盈利之后在上涨过程中买进更多看涨期权，并且开始加码，这样将获得大得多的盈利。

如果一只股票形成了一个顶部或底部并在此维持了几个月，期间没有跌破第一个支撑位，那么就要注意了。随后当它开始通过崩跌到新的低点或是上涨到新的高点来表现出活跃性时，就是买进看跌期权或看涨期权的时机（参考规则4）。

1936年——2月3日，克莱斯勒下跌了大约10个点，在91½形成了低点；随后在 4 月 13 日上涨到了 103⅞；接下来再次在 4 月 30 日下跌到了 91⅝，并且在这个区间内维持到了 6 月 5 日，当时该股再次下跌到了91⅝。从 2 月份到 6 月初，该股在一个狭窄的区间内维持了将近 5 个月，期间没有跌破低点 91½，而在这个水平附近形成了这么多个月的底部表明是时候在某个方向上出现一轮大的运动了。6 月初，你应当买进一份执行价大致在 97 左右、存续期为 30 天的克莱斯勒的看涨期权。但是，如果你等到该股穿越了位于 98 的几周的顶部再买进，你就应当在 7 月初买进一份存续期为 30 天、执行价大致在 100～101 左右的看涨期权。随后该股在 30 天内上涨到了 116，此时你将有 12～16 个点的盈利。接下来它径直上涨到了 7 月 27 日的124⅞，从 6 月 5 日低点上涨了 32 个点，期间从未回调 5 个点。如果你在该股接近低点时买进该股或是买进看涨期权，你此时应当行权买进股票了；随后应当买进一份看跌期权来保护买进的股票并且继续持有股票，或者你应当设置一份止损单并继续持有。在第二个月，你应当买进另外一份看涨期权。这次运动必定带给你一个在一份看涨期权上获利 25 个点或是更多个点的机会。

在一轮少于 2 个月的 32 个点的陡直上涨之后，你自然可以预期一轮回调了。一般情况下，在这些快速运动之后，回调会持续前一轮上涨的一半，即 50%（见规则 7）。当克莱斯勒的价格在 124 左右时，你应当买进一份执行价大致在 119～117 的看跌期权。8 月 21 日，克莱斯勒下跌到了 108⅝，下跌了 16 个点，为你提供了一次在一份看跌期权上至少获利 6～7 个点的机会。随后它在 108⅝～117 之间维持了 5 周；接下来开始上涨。当它开始上涨时，你应当再次买进一份看涨期权。它在 30 天内上涨了 18 个点，上涨到了 130½，提供了另外一次在各看涨期权上获利的绝佳机会。

1936 年 11 月 12 日，克莱斯勒形成了其运动的高点 138¾。这是一个重要的点位，因为 1928 年 10 月 6 日形成的顶部是 140½。你应当在这些位置附近卖出做多的股票，并利用位于 140½上方的止损单进行卖空。这也是一个应当买进看跌期权或看涨期权的位置。如果预计该股不会运行到一个新的高点，你就可以买进看涨期权，然后卖空或是买进看跌期权。你应当买进一份执行价大致为 130 或更高价格的看跌期权。随后克莱斯勒在 30 天内下跌到了 121；接下来继续下跌到了 110¾，该价格在 1937 年 1 月 4 日到达，从 1936 年 11 月 12 日的高点下跌了 28 个点。在这次下跌中，你必然会有一次在各看跌期权上获利 15～20 个点的机会，或者在你买进第一份看跌期权且该股下跌之后，你应当买进一份看涨期权做保护，同时继续持有股票。

1937 年——1 月 4 日左右将是一个买进看涨期权或看跌期权的时机，因为该股下跌到了 1936 年 8 月 21 日形成的位于 $108\frac{5}{8}$ 的各个低点附近，如果推测该股不会在一轮像样的反弹之前跌破各个老的低点，你就应当先在这个位置买进一份看跌期权，然后买进股票，或者你也可以在该股到达 $110\frac{3}{4}$ 或这个位置附近的任何一个价位时，买进一份执行价大致为 117、存续期为 30 天的看涨期权。在 30 天结束之前，克莱斯勒上涨到了 124，并且在 2 月 11 日上涨到了 $135\frac{1}{4}$，提供了一次获利 15 个点的机会。如果推测该股将不会穿越位于 $138\frac{3}{4}$ 的老顶，这就将是另外一个买进看涨期权并进行卖空的位置，或者你也可以在看见该股维持在了这个老底且没有穿越该顶部之后买进一份看跌期权。随后克莱斯勒先是下跌到了 124；接下来在 3 月 3 日反弹到了 $134\frac{7}{8}$。这是 $135\frac{1}{4}$ 这个位置附近的第三个顶部，是一个比 $138\frac{3}{4}$ 更低的顶部，$134\frac{7}{8}$ 又比另外一个顶部（即 $135\frac{1}{4}$）略低。这是一个利用位于这几个老顶上方的止损单卖空股票的绝佳时机，也是一个买进看跌期权的好时候，因为这几个老顶如此接近。接下来该股在 30 天内下跌到了 120，此时你应当再次买进一份存续期为 30 天的看跌期权。5 月 13 日，该股下跌到了 $106\frac{1}{2}$，从顶部下跌了 29 个点，提供了一次在看跌期权上获利 20 个点或更多个点的机会。此后克莱斯勒在 5 月 24 日反弹到了 115，这是一轮 $8\frac{1}{2}$ 个点的反弹，是疲软市场中的一轮中等规模的反弹。5 月 24 日，克莱斯勒的价格在 $114\frac{5}{8}$ 左右，此时卖出的看跌期权执行价为 110，存续期为 30 天，买进一份看跌期权的成本是 137.50 美元。

美国钢铁

我们将给出一些关于为了获利，应当在什么位置买进美国钢铁的看跌期权和看涨期权的例子。

1932 年——5 月 7 日至 6 月 28 日，美国钢铁在此期间的高点和低点分别是 $31\frac{1}{2}$ 和 $21\frac{1}{4}$。当美国钢铁下跌到 22 附近时，你就应当买进看涨期权，因为 1927 年的低点位于 $21\frac{7}{8}$。这个时候你应当买进一份执行价大致为 25 或更低价格的看涨期权，或者你也可以买进一份看跌期权并且对冲该期权买进这只股票。另外一种交易方式是等到美国钢铁穿越了位于 7 或 8 周的顶部上方的 32 之后再买进看涨期权。随后该股在 30 天内上涨到了 44，并且在 9 月 6 日上涨到了 $52\frac{1}{2}$，提供了一次在看涨期权上获利 25～30 个点的机会。

1933 年——7 月 18 日，美国钢铁上涨到了 $67\frac{1}{2}$；7 月 21 日，下跌到了 49，3 天内下跌了 $18\frac{1}{2}$ 个点。结果将证明此时买进一份存续期为 7 天或 2 周的看跌期权是正确的。然而，如果你在该股处在各高点附近时买进了一份存续期为 30 天的看跌期权，你将获利，因为该股在 8 月 16 日再次下跌到了

49，并且在1933年10月21日下跌到34¾之前再也没有反弹到58以上。

1935年——1月8日，美国钢铁在40形成了高点。3月18日，下跌到了27½。这是一个应当买进看跌期权或看涨期权的位置，因为这是沿着1934年9月17日形成的低点29¼的一个双重底。此时你可以买进该股并且买进看跌期权作为保护，或是买进看涨期权，或者你也可以等到美国钢铁穿越了1月份的高点40之后再买进看涨期权。该股穿越40之后，在1936年4月9日上涨到72之前就再也没有跌到40。由此你可以看出，如果你买进了该股并且买进了看跌期权，或是买进了看涨期权，它们立即就有了盈利，你应当把止损单上移，或是买进一份看跌期权来保护盈利并继续持有等待大的盈利。

1936年——4月，你应当买进美国钢铁的执行价大致在66左右、存续期为30天的看跌期权。随后该股在30天内下跌到了54¼，提供了一次在30天内获利10～12个点的机会。

1936年10月3日到1937年1月9日，美国钢铁维持在了一个72～80的区间内，即在一个8个点的区间内维持了4个月。当美国钢铁像这样连续几个月收窄时，它是在为某个方向上的一轮大型运动做准备。

该股在11月23日下跌到72时，它就处在了1936年4月9日的老顶处，这是一个买进点，即一个买进看跌期权并买进股票，或是买进看涨期权的位置。但是，买进看涨期权更好的时机和最可靠的位置是该股在1937年1月7日穿越80的时候，这个时候你应当买进执行价大致为85、存续期为30天的看涨期权。最后的低点在1月12日形成于79；30天之后的2月11日，美国钢铁的价格为109½，提供了一个获利24个点的机会。由于此时趋势仍然向上，你应当大致在比109½低5个点的位置买进看跌期权来保护你的盈利，并且继续持有你的股票；你也可以买进存续期为30天的看涨期权。

1937年——3月11日，美国钢铁上涨到了126½，60天内上涨了57½个点。因此，在一个8个点的区间内长时间的沉闷之后，你有了一次通过买进看涨期权在60天内获利50个点以上的机会。随后，你应当在这次快速上涨之后买进一份看跌期权。3月22日，美国钢铁下跌到了112½，下跌了14个点，3月31日，该股反弹，在123½形成了一个比第一个顶部更低的顶部。这将是一个买进看涨期权并进行卖空股票，或是买进看跌期权的时机，因为该顶部接近老顶。这个时候你应当买进执行价大致在117左右的看跌期权。30天之后，美国钢铁下跌到了99。此时如果你已经在买进了看跌期权的基础上进行了卖空，你就应当买进一份看涨期权来保护你的盈利，或是设置止损单来保护盈利。5 月 18 日，美国钢铁下跌到了 91⅝，48 天内下跌了 32 个点。这向你表明了股票在一轮长期的沉闷之后表现活跃时，交易看跌期权和看涨期权会有小风险的基础上获得巨大盈利的大机会。

买进低价股的看跌期权和看涨期权的规则

许多低价股都会在一个狭窄的交易区间内停留很多年，不会提供任何通过买进看跌期权和看涨期权来获利的机会。因此，如果你过于频繁地在没有等待低价股出现确切标志的情况下买进，你就会损失你为获得看跌期权和看涨期权而支付的资金。

你必须有一条用来判断何时买进低价股的看跌期权和看涨期权的规则，因为如果你在股票从低点开始运动时注意研究和观察，有时实际上会有大的获利机会。你必须等待，因为股票会先在一个狭窄的交易区间内维持几年，然后再穿越各个老顶并显示出活跃性。这就是你可以买进看涨期权的时候。例如：

佳斯迈威

1929 年 2 月，佳斯迈威上涨到了高点 242。谈论若是在 1929 年买进了执行价距离市价哪怕 20、30 或 50 个点的高价股的看涨期权，或是买进了其看跌期权来保护人们做多股票的可能已经赚到了多少钱毫无意义，当时机会肯定是存在的。但是我想要保守一点儿，想要指出在正常市场中交易看跌期权和看涨期权可以获利多少。

1932 年——4 月、5 月、6 月和 7 月期间，佳斯迈威每个月都在 10 形成了一个低点，而这期间的高点是 16。该股大致在整体市场形成了底部之后的 1932 年 7 月中旬开始上涨。当然，该股在 10 附近停留了几个月之后，你就应当买进一份执行价大致比 10 低 1 个点的看跌期权并买进股票。但是最安全的、最好的时机在 8 月份该股穿越 16 的时候，此时你应当买进一份执行价大致在 19 或 20 的看涨期权。随后该股的价格处在了一个 4 个月的区间上方，并且显示出该股即将上涨。接下来该股在 30 天内上涨到了 29，它在 9 月初的价格为 33。当时在一只低价股发出了上涨信号之后，买进它的看涨期权一定会有机会获利 10～12 个点。

1933 年——3 月，佳斯迈威下跌到了 13，位于 1932 年老的低点上方 3 个点，这是一个应当利用位于 10 以下的止损单买进该股或是买进看跌期权并买进该股的位置；也是一个应当买进看涨期权的位置。

5 月，该股穿越了 1932 年 9 月份的高点 33，预示着该股的活跃和更高的价格。你应当在它穿越 33 之后买进一份看涨期权，这将使你在 30 天内获利至少 15 个点。7 月，佳斯迈威涨到了 60。

1935 年——7 月，佳斯迈威穿越了位于 57 的一系列顶部，这是买进看涨期权的时机。1935 年 8 月，该股穿越了 1934 年 2 月的顶部 67，这是又一次买进看涨期权的时机，因为这预示着一轮明确的上升趋势。此后该股在 1936 年 2 月份上涨到 129 之前从未回调 10 个点以上。你应当在上涨过程中不断买进看涨期权，或是买进看跌期权来保护你在看涨期权上的盈利，这样将获得巨大的盈利。

波音飞机

1934 年 9 月到 1935 年 7 月，该股有一个 11¼～6¼之间的区间，即一个 5 个点的区间。从 1935 年 3 月到 1935 年 6 月，该股在一个 6¼～8¼之间的 2 个点的区间内运动。1935 年 7 月，该股上涨到了 9，穿越了前 3 个月的各个顶部，这是一个买进看涨期权的位置。然而，如果你等到该股在 8 月份穿越了 12 之后，在它位于所有这些高点上方时再买进看涨期权，你将获得巨大的盈利，因为此后该股在 1936 年 1 月上涨到 26½之前价格从未低于 12。注意该股到达了各个高点之后上涨速度快了多少。我曾告诉过你，当一只股票运行到了 36～40 上方时，它的运动速度将快得多。1937 年 3 月，波音飞机上涨到了 49½，13 天内上涨了 13 个点。

道格拉斯航空

1935 年——3 月，到达 17½。10 月和 11 月，高点 35。12 月，到达 34。随后该股穿越了各个老的高点并在同一个月上涨到了 59，在运行到 36 上方之后的第一个月形成了一个 25 个点的区间。毫无疑问，本次买进存续期为 30 天的看涨期权就赚到了大钱。

1936 年——1 月，道格拉斯形成了低点 50½，并且在同一个月上涨到了 75½，在 30 天内形成了一个 25 个点的区间，再一次证明了股票运行到了 50 上方之后其运动速度会快多少，以及股票运动到了更高水平之后获利的机会会大多少。1936 年 11 月，道格拉斯的高点是 77；12 月的高点是 77¾。

1937 年　　1 月，高点 77，到此为止有 3 个月的顶部都位于同一个水平附近。这将是一个买进看涨期权并进行卖空的时机，因为该股的高点是 1936 年 10 月份形成的 82。这也是一个买进看跌期权的时机，因为此时你可以以大致比市价低 5 个点的执行价买进，或者你也可以等到该股跌破 1936 年 12 月的低点 68 再买进存续期为 30 天的看跌期权。随后该股快速下跌，因而你在看跌期权上有了盈利之后，应当买进一份看涨期权并继续持有空头头寸。

1937 年 5 月，道格拉斯下跌到了 47½，从 1 月份的高点下跌了 30 个点，提供了绝佳的机会，让你在下跌过程中一路加码并卖出股票，或是一旦在看跌期权上有了盈利之后就继续持有空头头寸并利用看涨期权作为保护。这样盈利与风险的比例将会很巨大。

以上案例向你表明了在关键时刻和股票活跃时运用看跌期权和看涨期权的好处和机会。没有人可以期待在任何一个行业取得巨大的成功，除非他不断地研究这个行业，并不断地学习与这个行业有关的知识。即使使用看跌期权和看涨期权，这个世界上也没有任何行业可以回报给你相对于风险来说更大的盈利，以及相对于投机来说更多的资金，除非你绘制了相当多股票的最高价与最低价的月线图表和周线图表，并研究这些图表。遵循我在《江恩股市定律》《江恩选股方略》《江恩趋势预测法》这几本书中所阐述的交易规则，你将学会如何在看跌期权和看涨期权中获得交易成功。

你对市场研究得越多，对看跌期权和看涨期权研究得越多，以及对如何操作学习得越多，你在运用它们时获得的好处就越多。

威廉·D. 江恩

1937 年 5 月 26 日

第二十章　如何卖出看跌期权和看涨期权

许多人都知道如何买进看跌期权和看涨期权，但却极少有人知道如何卖出，以及他们可以卖出并获得该期权的期权费。

当你卖出一份股票的看跌期权或看涨期权时，你只是站在了与买进看跌期权或看涨期权时相反的位置，而卖出期权有更多的好处，尤其是在市场的确定时期，你却没有看到。

假设你打算买进美国钢铁，你自然想要尽可能在最低的水平介入市场买进，但是你却无法确定确切的底部。举例：我们假设美国钢铁现在的价格是66，并且你觉得如果它下跌到62附近，你就愿意买进。你已经在你的经纪人那里开户，并且已经存进了资金以满足买进美国钢铁的保证金要求。你向你的经纪人发出指令卖出美国钢铁一份100股的、存续期为30天的看跌期权——其执行价总是会低于市价，具体低2～3个点到多达10～15个点不等。我们假设经纪人替你卖出了美国钢铁一份执行价为62、存续期为30天的看跌期权，并且收到了112.50美元，存进了你的账户，这是你收到的来自买方的期权费。接下来，我们假设美国钢铁没有在30天的看跌期权到期之前下跌到62。所以，你将拥有你卖出看跌期权而收到的112.50美元。

接下来，如果你仍然愿意并且打算买进美国钢铁，你就可以卖出另外一份100股的、存续期为30天的看跌期权，执行价可以是经纪人能够获得的低于市场任何点数的价格。在这个案例中，我们假设美国钢铁现在的价格在63左右，并且经纪人替你卖出了执行价为59的看跌期权，再次收到了112.50美元，存进了你的账户。然后我们假设美国钢铁下跌到了58，并且在30天结束时收盘于58。此时你的美国钢铁100股的、执行价为59的看跌期权的买方将行权以59的价格把股票卖给你，或是以59的价格把股票交付给你的经纪人，这样你就以59的价格买进了美国钢铁，同时你的账户的贷方将有225.00美元，这是你两次卖出看跌期权所获得的资金。

接下来，我们假设你愿意在美国钢铁上兑现 4 或 5 个点的盈利，你向你的经纪人发出指令卖出美国钢铁的一份存续期为 30 天的看涨期权。我们假设经纪人以 64 的执行价卖出了这份看涨期权，你再次收到了 112.50 美元的期权费。如果美国钢铁在 30 天结束时没有到达 64，你就仍然持有该股并且你的账户的贷方将有 337.5 美元，这是你卖出看跌期权和看涨期权所获得的。

我们假设 30 天结束时美国钢铁的价格是 63，此时你通知你的经纪人卖出美国钢铁的一份存续期为 30 天的看涨期权，而他以 67 的执行价卖出并收到了 112.50 美元，存进了你的账户。假设在 30 天结束时，即该看涨期权到期时，美国钢铁的价格为 69，那么你的看涨期权的买方就会要求交割，此时你的经纪人就会以 67 的价格把 100 股的美国钢铁交付给他。这样你就以 67 的价格卖出了你以 59 的价格买进的美国钢铁，减去佣金和利息之后获得了 8 个点的盈利，即 800.00 美元，同时你还收到了卖出看跌期权和看涨期权所获得的 450.00 美元的期权费，而这完全是额外的盈利，你此时承担的风险并没有比只买进或卖出美国钢铁多多少。

为了在市场上卖空而卖出看涨期权

假设你认为市场大致已经高到足以卖空了，但你又不确定顶部具体将在何时和什么位置到达，当你决定卖空时，美国钢铁的价格在 75 左右。于是你向你的经纪人发送指令卖出美国钢铁的一份 100 股的、存续期为 30 天的看涨期权，经纪人以 80 的执行价替你卖出了该看涨期权，这意味着如果美国钢铁在 30 天结束时价格高于 80，你的该期权的买方就将行权，即从你那里以 80 的价格买进股票，这样你就以 80 的价格卖空了股票，而你收到了卖出看涨期权而获得的 112.50 美元。

你或许能够在该股被行权买进之前卖出 2 次、3 次、5 次或是更多次看涨期权并收入期权费。假设买方以 80 的价格行权买进美国钢铁，使你以 80 的价格卖空之后，你决定卖出一份看跌期权。你以 75 的执行价卖出了一份看跌期权，这使你获利 5 个点，同时你再次收到了卖出存续期为 30 天的看跌期权而获得的 112.50 美元。我们假设 30 天结束时美国钢铁的价格为 74，因而你的看跌期权的买方把 100 股的美国钢铁交付给了你的经纪人，存进了你的账户。这意味着你以 75 的价格买进了 100 股，回补了你的空头头寸，减去佣金和税收之后获利 5 个点，即 500.00 美元；同时你通过卖出看跌期权和看涨期权赚到了额外的 225.00 美元，而且其间没有承担额外的风险。

如何在卖出看跌期权或看涨期权时保护自己

不管你是否想要进入市场，你都可以卖出看跌期权或看涨期权，并且通过在该看跌期权或看涨期权到期前买进或是卖出股票来保护自己。例如：

假设你以 80 的执行价卖出了美国钢铁的一份看涨期权，并且你此时没有做多，即没有买进美国钢铁。当它上涨到 78 或 79 时，你决定不打算卖空，因为市场看起来非常强劲。为了保护自己，你以 79 的价格买进了 100 股美国钢铁。接下来我们假设 30 天结束时该股收盘于 87，你的看涨期权的买方要求交割股票，因而你以 80 的价格把股票交付给了他，或者说卖给了他，你获利 1 个点，因为你是以 79 的价格买进的，同时你收到了卖出看涨期权所获得的 112.50 美元的期权费。

假设你以 72 的执行价卖出了美国钢铁的一份存续期为 30 天的看跌期权，随后市场转向疲软，并且快速下跌。当它到达 74 时，你认为它表现得像是即将大幅走低，因而为了保护自己，你以 74 的价格卖空了 100 股美国钢铁。接下来，我们假设该股下跌并且收盘于 69，因而你的执行价为 72 的看跌期权的买方以 72 的价格把股票交付给你，这使得你离场，同时仍然使你获得了 2 个点的盈利和 112.50 美元的期权费。

当你正在市场上做多或者说已经买进了股票时，卖出存续期为 30 天的看涨期权几乎总是对你有利的，直到你的股票被行权买进，因为即使你判断错误，市场与你背道而驰，你也会收到你卖出看涨期权所获得的期权费，这将帮助弥补你在股票上的损失。

当你卖空了一只股票时，绝大多数情况下卖出一份存续期为 30 天的看跌期权并收入期权费都是值得的，因为如果市场下跌——因为市场经常下跌并且无法到达看跌期权的执行价，你还将拥有你卖出看跌期权所获得的资金，而且将仍然持有该股的空头头寸并且可以卖出一份接下来 30 天的看跌期权，收入另外一个 112.50 美元。

我认识许多这样的交易者，当它们在市场上做多时或者说买进了股票时，他们会每 30 天卖出看涨期权，而且有时候会在看涨期权的买方有机会行权买进股票之前持有该股 6 个月，或是 12 个月。在这期间，他们通过每 30 天卖出一份看涨期权每月获利 1 个点以上。

同时买进一份看跌期权和卖出一份看涨期权

我们假设你以 60 的价格买进了美国钢铁，并且想要保护自己，限制损失，那么你就买进一份存续期为30天、执行价是低于你的买进价3个点的57看跌期权，同时你卖出一份执行价为65的看涨期权。这样你的花费就很小，也就是你为看跌期权而支付的资金与你卖出看涨期权的资金之间的价差很小。如果意外事件发生，一些不利新闻导致美国钢铁下跌并且在30天结束时收盘于50，你就会以57的价格卖出，因为你可以根据自己的看跌期权以57的价格行权卖出。这就是我们所说的在市场的一边卖出一份看跌期权或看涨期权，以便赚钱来为保护另外一边而付钱。

安排卖出看跌期权和看涨期权

你可以通过联系你的经纪人来安全卖出看跌期权和看涨期权。任何一家纽约股票交易所的会员经纪公司都可以背书看跌期权和看涨期权。然而，许多公司不办理这个业务，但你的经纪人可以为你推荐一家乐于为你希望出具的看跌期权和看涨期权背书的公司，如果你的经纪人无法帮助你解决这个问题，你可以联系期权交易商协会的任何一家会员。

为了卖出看跌期权或看涨期权，你通常都有必要至少存入股票价值的30％资金到你的账户，或如果是卖出看涨期权的话，你可以存入股票本身，以便万一该股被行权买进或是股票被行权卖给你的话，经纪人总是可以被保护。

不只可以卖出存续期为30天的看跌期权和看涨期权，也可以卖出60天、90天的期权，有时候还可以卖出更长时间的期权，尤其是在沉闷且不活跃的市场中。此外，期权的执行价经常是市价并且以250美元、300美元、400美元或500美元的费用卖出，而不是按照125.00美元或112.50美元这样的常规价格来卖出；换句话说，你收到的是一笔等于上涨或下跌点数的额外的现金，而不是上涨或下跌的点数。

你的经纪人或是期权交易商协会的会员可以为你提供价格、报价和操作这类交易的细节。

如果你愿意阅读一下“如何在交易看跌期权和看涨期权时获利”，并且通过运用一些活跃股的图表来补充它们所提供的信息，你将能够保护自己，并且还可以在买进和卖出看跌期权和看涨期权时获利。

威廉·D. 江恩

1941年2月